ベトナム革命の素顔

タイン・ティン

中川明子 訳

めこん

上—1946年１月、抗戦連合政府の成立。（『ベトナム政府1945～2000』国家政治出版、ハノイ、2000年）
下—1946年11月の第１期第２回国会で選出された新政府。（同上）

上―1951年２月、ヴィエト・バック地方における共産党第２回大会。毛沢東思想を指導理念とする党規約を採択。(前掲書)

下―1953年、ターイ・グエン地方の土地政策。改革の実験段階でうまくいっていた頃。(前掲書)

上—サイゴン解放のセレモニー。ハノイ。（前掲書）
下—サイゴン解放のセレモニー。サイゴン。（前掲書）

上—ボート・ピープル（在外ベトナム人組織「自由ベトナム連盟」の機関紙『民主ベトナム』2000年4月号。時と場所は不明）
下—再教育キャンプ（同上）

上―配給切符
下―1986年12月、ドイ・モイ路線を採択した第６回党大会。（前掲書）

上—ベトナムから撤退する最後の米兵と著者（中央）

下—1975年4月30日、サイゴンの大統領執務室でハノイへの速報を書く著者

上―1975年４月30日、ズオン・ヴァン・ミン南ベトナム大統領と会見する著者（右）
下―1975年、レ・ドゥック・ト政治局員（中央）と著者（右）

—1997年、ワシントンのベトナム戦争慰霊碑前の著者

—1998年、ヨーロッパ在住のベトナム人若手ジャーナリストと著者

日本語版への序文

現在のベトナムの政治体制は、ドイ・モイの時代にあるとはいえ、もっとその本質が検証されなければならない。なぜなら、ドイ・モイはいまだに遅々として進まず、つじつまの合わない幾多の矛盾を抱えているからだ。市場経済システムをとっているが社会主義志向であり、民主主義を確立すると言いながら一党独裁体制を維持している。

ハノイ政府は「すべての国々と友人になる」「現代世界に参入する」という対外開放路線を標榜している。しかし、共産党内では、政治・国防・治安・文化などあらゆる面で北京と同一歩調をとり、中国を以前のソ連のような同盟国と位置づけている。ベトナムと中国は、社会主義体制、マルクス・レーニン主義、一党独裁で共通しているからである。その結果、二つの国境協定（陸上国境線とバック・ボ湾の海上国境線の画定）のように、あらゆる面で北京に支配されることになった。文化的で民主的な世界に参入するというのも口先だけで、党・政府指導者は、内心では「和平演変」を恐れ、疑い、心配している。

本書は、日本の読者がベトナムの現代史と現状を理解するのに役立つだろう。読者は、ドイ・モイがどのようなプラスの影響をもたらしたか、同時にそれがまだどれほど狭いものかがわかるだろう。

そして、ドイ・モイと門戸開放のこの時代、古参の共産主義革命家から青年層までを包含した一つの新しい政治勢力が形成されつつある。彼らは、平和的な手段で民主主義と多元化を訴え、新たな世界に速やかに、全面的に参入し、厳格かつ明確な法を備えた体制を確立することを望んでいる。そうやって、公平で健全な社会を実現しようとしているのである。

なぜベトナムでは汚職を一掃する闘いが困難で、虚しい努力に終始しているのか、なぜ植民地時代よりも、そして一九七五年以前の南ベトナムよりも深刻な社会問題——偽物の流通、人身売買、麻薬、賭博、密輸など——が発生するのか、そして、なぜ民主化を要求する人々がひどい弾圧を受けるのか……本書によって理解していただけるだろう。

本書を通して、日本の読者がベトナムの状況を知り、民主主義、法治国家、繁栄を求めるわれわれの深い願望をさらに理解してくれるよう願う次第である。また、われわれと力を合わせて、自由に生きる権利を要求し、市民権のある民主的な生活を確立するために、ベトナムが文化的で、発達した、進歩的な現代世界の仲間入りを果たすために闘ってほしい。

既に拙著『ベトナム革命の内幕』を出版していただき、今回また本書の出版にご尽力いただいた㈱めこんに心から感謝を捧げる。また、ベトナムの言葉を深く理解し、その国土と人々への敬意を以て本書を翻訳してくれた中川明子氏に感謝する。最後に、わが国の状況に関心をもって本書を読んでいただいた読者諸氏にも感謝を表する。ベトナム人民に最も必要なことは、アジアおよび全世界の友人の心に触れることである。

二〇〇二年一月一日　パリにて　タイン・ティン

ベトナム革命の素顔・目次

第1章　破壊のシステム　23

第4章　テイク・オフのために　387

◉本文中の（　）は原文のまま、〔　〕は訳者による註。重要な訳註は＊を付け、奇数頁の左端に記した。

「本書に登場する主な人物」（文中に★）と「年表」は訳者の作成による。

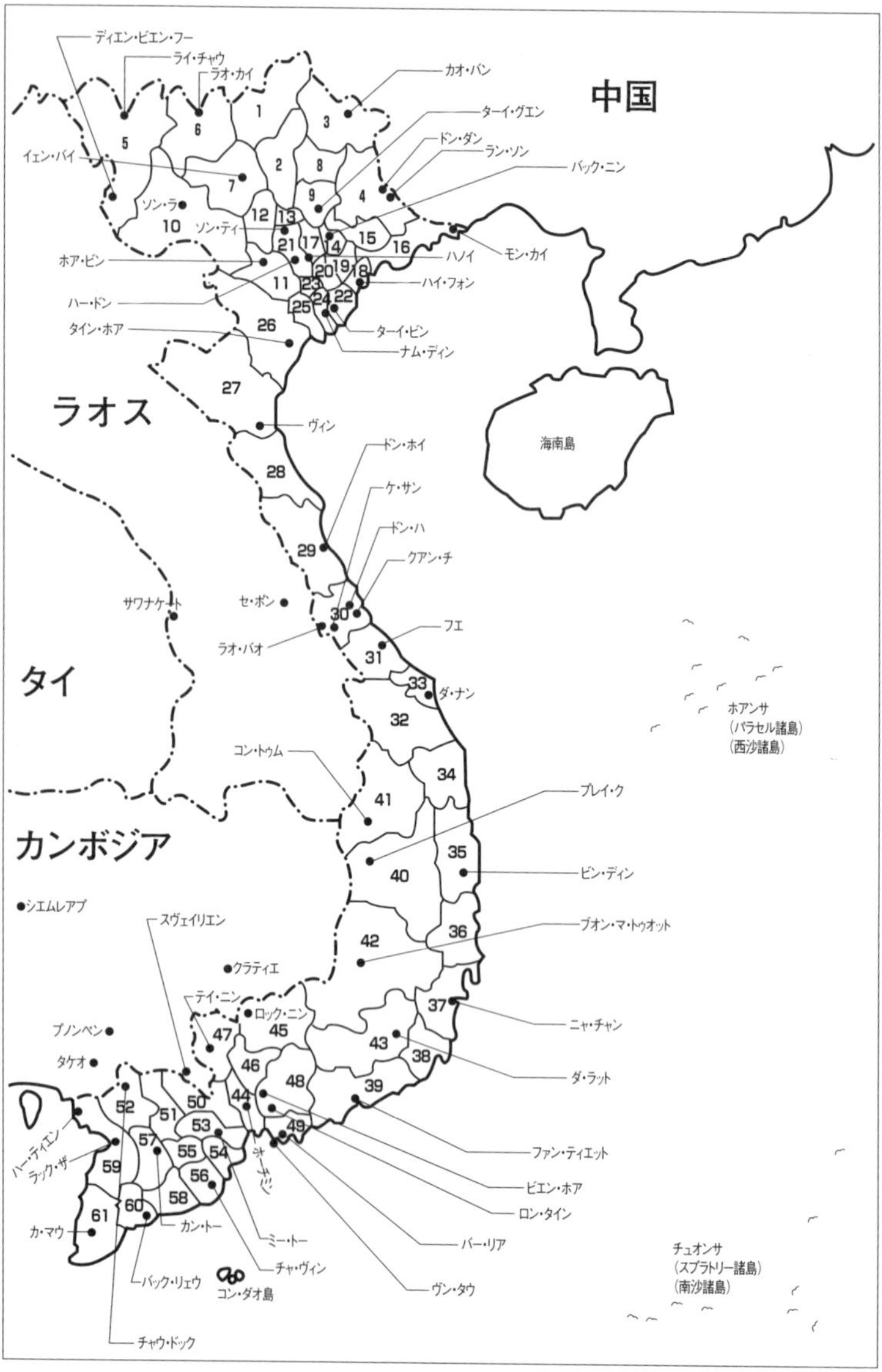
中国
ラオス
タイ
カンボジア
海南島
ディエン・ビエン・フー
ライ・チャウ
ラオ・カイ
カオ・バン
ターイ・グエン
ドン・ダン
ラン・ソン
バック・ニン
イェン・バイ
ソン・ラ
ソン・ティ
モン・カイ
ハノイ
ホア・ビン
ハイ・フォン
ハー・ドン
ターイ・ビン
タイン・ホア
ナム・ディン
ヴィン
ドン・ホイ
ケ・サン
ドン・ハ
クアン・チ
サワナケート
セ・ポン
フエ
ラオ・バオ
ダ・ナン
ホアンサ
(パラセル諸島)
(西沙諸島)
コン・トゥム
プレイ・ク
ビン・ディン
シエムレアプ
スヴェイリエン
ブオン・マ・トゥオット
クラティエ
テイ・ニン
ロック・ニン
ニャ・チャン
プノンペン
タケオ
ダ・ラット
ハー・ティエン
ラック・ザ
ホーチミン
ファン・ティエット
ビエン・ホア
ロン・タイン
カ・マウ
カン・トー
バー・リア
ミー・トー
チュオンサ
(スプラトリー諸島)
(南沙諸島)
チャ・ヴィン
バック・リェウ
コン・ダオ島
ヴン・タウ
チャウ・ドック
1
2
3
4
5
6
7
8
9
10
11
12
13
14
15
16
17
18
19
20
21
22
23
24
25
26
27
28
29
30
31
32
33
34
35
36
37
38
39
40
41
42
43
44
45
46
47
48
49
50
51
52
53
54
55
56
57
58
59
60
61

【ベトナム社会主義共和国省名】

1 ハー・ザン
2 トゥエン・クアン
3 カオ・バン
4 ラン・ソン
5 ライ・チャウ
6 ラオ・カイ
7 イェン・バイ
8 バック・カン
9 ターイ・グエン
10 ソン・ラ
11 ホア・ビン
12 ヴィン・フック
13 フー・ト
14 バック・ニン
15 バック・ザン
16 クアン・ニン
17 ハノイ市（中央直轄都市）
18 ハイ・フォン市（中央直轄都市）
19 ハーイ・ズオン
20 フン・イェン
21 ハー・テイ
22 ターイ・ビン
23 ハー・ナム
24 ナム・ディン
25 ニン・ビン
26 タイン・ホア
27 ゲ・アン
28 ハー・ティン
29 クアン・ビン
30 クアン・チ
31 トゥアティエン・フエ
32 クアン・ナム
33 ダ・ナン市（中央直轄都市）
34 クアン・ガイ
35 ビン・ディン
36 フー・イェン
37 カイン・ホア
38 ニン・トゥアン
39 ビン・トゥアン
40 ザ・ライ
41 コン・トゥム
42 ダック・ラック
43 ラム・ドン
44 ホー・チ・ミン市（中央直轄都市）
45 ビン・フオック
46 ビン・ズオン
47 テイ・ニン
48 ドン・ナイ
49 バーリア・ヴンタウ
50 ロン・アン
51 ドン・タップ
52 アン・ザン
53 ティエン・ザン
54 ベン・チェ
55 ヴィン・ロン
56 チャ・ヴィン
57 カン・トー
58 ソック・チャン
59 キェン・ザン
60 バック・リェウ
61 カ・マウ

本書に登場する主な人物（本文中に★を付けてある人物。ベトナム語のアルファベット順）

【ベトナム共産党およびハノイ政府の要人】

ブイ・キー（Bui Ky）　ベトナム民主共和国（北ベトナム）の土地改革時の祖国戦線要員。

ブイ・ティエン・ゴ（Bui Thien Ngo）　一九八六年より党中央委員。内務相。

カオ・ダン・チエム（Cao Dang Chiem）　別名サウ・ホアン（Sau Hoang）。元南部国家自衛副総長・公安委員会委員長。一九八二年より党中央委員。内務次官。

チュー・フイ・マン（Chu Huy Man）　党政治局員、人民軍政治総局長、大将。

チュー・ヴァン・ビエン（Chu Van Bien）　土地改革時の党中央指導委員会専任委員。

チュー・ヴァン・タン（Chu Van Tan）　北ベトナム初代国防相。一九五一年より党中央委員。北部のヴィエト・バック自治区で影響力をもち、一九七六年に中央委員を解任される。人民軍上将（中将と大将の間の位）。

ズオン・トン（Duong Thong）　治安総局副局長。

ダン・ティー（Dang Thi）　元閣僚評議会メンバー・事務局長。一九八二年より党中央委員。対ラオス・カンボジア経済・文化・科学技術協力委員長。

ダン・ヴー・ヒエップ（Dang Vu Hiep）　人民軍上将、政治総局副局長、国防次官。一九八二年に党中央委員に選出されるが、八六年に解任される。

ダン・スアン・キー（Dang Xuan Ky）　マルクス・レーニン研究所所長。チュオン・チンの息子。

ダオ・ズイ・トゥン（Dao Duy Tung）　党政治局員兼常任書記局員。党機関誌『ホック・タップ［学習］』（現『タプチ・コンサン［共産雑誌］』）編集長。

ダオ・ディン・ルエン（Dao Dinh Luyen）　人民軍上将、総参謀長。一九八六年より党中央委員。

ディン・ドゥック・ティエン（Dinh Duc Thien）　本名ファン・ディン・ズィン（Phan Dinh Dinh）。レ・ドゥック・トの弟。人民軍中将。兵站総局副主任、エネルギー総局長、エネルギー担当相を歴任。

ディン・ニョー・リエム（Dinh Nho Liem）　一九八二年より党中央委員。駐ソ大使を経て一九八七年より外務次官。

ディン・チャン（Dinh　Tran）　人民軍大尉。『クァンドイ・ニャンザン〔人民軍隊〕』紙政治班編集委員。レ・ズアン体制期に逮捕される。

ドー・ドゥック・キエン（Do Duc Kien）　人民軍大佐、作戦局長。レ・ズアン体制期に逮捕される。

ドー・ムオイ（Do Muoi）　一九九一年の第七回党大会で書記長に就任。ドイ・モイを推進。

ドアン・チュオン（Doan Chuong）　人民軍少将、人民軍隊出版社社長。ドアン・クエの弟。

ドアン・クエ（Doan Khue）　人民軍中将、総参謀長。一九八六年より党中央委員。一九九一年より国防相。

ドン・シー・グエン（Dong Si Nguyen）　人民軍中将。副首相・建設相を兼任。一九八六年より党政治局員。

ザップ・ヴァン・クオン（Giap Van Cuong）　トン・キン湾事件当時の提督、海軍司令官。

ホー・ヴィエト・タン（Ho　Viet　Thang）　北ベトナムの土地改革時の党中央指導委員会専任委員。後に国家計画委員会党委書記。

ホアン・ホア（Hoang Hoa）　本名ホー・クアン・ホア（Ho Quang Hoa）。抗米戦争期にパリ和平会談に軍事顧問として参加。カンボジア駐留ベトナム人民軍参謀長。

ホアン・ミン・ザム（Hoang Minh Giam）　北ベトナム外相、文化相を歴任。祖国戦線中央委員、ベトナム社会党副書記長。

ホアン・クォック・ヴィエト（Hoang　Quoc　Viet）　党常務委員。土地改革の責任をとって辞任するが、後に労働総同盟議長、祖国戦線名誉議長を歴任。

ホアン・テー・ズン（Hoang The Dung）『クァンドイ・ニャンザン』紙総編集長。レ・ズアン体制期に逮捕される。

ホアン・ヴァン・ホアン（Hoang　Van　Hoan）　ヴィエト・バック解放区建設の指導者。レ・ズアン指導部の反中国路線を批判し、一九七六年党中央委員・政治局員を解任される。一九七九年中国に亡命。

ホアン・ヴァン・ターイ（Hoang Van Thai）　人民軍大将、国防次官。一九八六年の第六回党大会の前に急死。党中央の方針に反対して職務停止となる。

フィン・タン・ファット（Huynh Tan Phat）　元南ベトナム臨時革命政府首相。南北統一後は副首相、国家評議会副議長、祖国戦線中央委員会幹部会議長を務める。一九八九年死去。

キン・チー（Kinh Chi）　人民軍防衛局長。レ・ドゥック・トの命令でヴォー・グエン・ザップ周辺の人物を調査し、大佐から少将に昇進、傷病兵・社会福祉省の次官となる。

レ・チュオン（Le Chuong）　テト攻勢におけるフエ攻撃の際の指揮官の一人。後に教育省次官となる。

レ・ズアン（Le Duan）　一九六〇年より労働党（一九七六年から共産党）書記長を務める。南北統一後に南部の急激な社会主義化政策を推進。一九八六年書記長在職中に死去。

レ・ドゥック・アイン（Le Duc Anh）　国防相、国家主席を歴任。一九七九年よりカンボジア駐留ベトナム軍司令官を務める。一九九七年党政治局員を引退。

レ・ドゥック・ト（Le Duc Tho）　本名ファン・ディン・カーイ（Phan Dinh Khai）。抗米戦争期に北ベトナム代表としてパリ和平会談特別顧問を務める。レ・ドゥック・アインと共に一九七八年末のカンボジア侵攻を決定。一九九六年党政治局員を引退。一九九〇年死去。

レ・カー・フィェウ（Le Kha Phieu）　一九九一年より中央委員、人民軍政治総局主任。一九九四年に政治局員に選出され、九七年党書記長に就任。

レ・マイ（Le Mai）　党中央委員。一九八〇年代に外務省新聞報道局長、外相補佐官を経て外務次官に就任。アメリカとの国交正常化に努める。一九九六年死去。

レ・ミン（Le Minh）　人民軍大佐。テト攻勢におけるフエ攻撃の指揮官の一人。フエの虐殺の責任者として批判された。

レ・ミン・ギア（Le Minh Nghia）　国防省事務局長。レ・ズアン体制期に逮捕される。

レ・フー・クア（Le Phu Qua）　内務省収容所管理局長。南部の「再教育キャンプ」を管轄。

レ・フォック・ト（Le Phuoc Tho）　ハウ・ザン省党委副書記から一九八六年の第六回党大会で党中央委員、書記局員に就任。

レ・クアン・ダオ（Le Quang Dao）　人民軍中将、中央軍事委員。一九八二年より党中央委員、書記局員（一九八六年解任)。一九八七年より国会議長。
レ・クアン・ホア (Le Quang Hoa) 人民軍少将。抗米戦争期の北ベトナム軍事代表団団長。
レ・タイン・ギ (Le Thanh Nghi) 副首相、外相兼国家計画委員長などを歴任。一九八二年にヴォー・グエン・ザップらと共に党政治局員を解任される。一九八九年死去。
レ・チョン・ギア (Le Trong Nghia) 人民軍情報局長。レ・ズアン体制期に逮捕される。
レ・チョン・タン (Le Trong Tan) 人民軍総参謀長。カンボジア侵攻を指揮。一九八六年の第六回党大会の直前に急死。
レ・ヴァン・ルオン (Le Van Luong) 党中央組織委員長。土地改革の責任をとって辞任するが、後に再び党書記局員に選出される。
レ・ヴィン・クォック (Le Vinh Quoc) 人民軍大佐。第三軍区政治副委員長。
マイ・チー・ト (Mai Chi Tho) 本名ファン・ディン・ドン (Phan Dinh Dong)。一九八六年より党政治局員。一九八七年より内務相。レ・ドゥック・トの末弟。
ギエム・スアン・イエム (Nghiem Xuan Yem) 元北ベトナム農相。南北統一後は農業科学技術相、国会副議長などを歴任。ベトナム民主党書記長。
ノン・ドゥック・マイン (Nong Duc Manh) バック・タイ省人民委員長から国家評議会・国会議長を経て二〇〇一年の第九回党大会で党書記長に就任。
グエン・コ・タイック (Nguyen Co Thach) 党政治局員。一九八〇年より外相としてASEAN諸国やアメリカとの交流に努める。一九九八年死去。
グエン・チー・タイン (Nguyen Chi Thanh) 人民軍大将、党政治局員。一九六四年より労働党南部中央局書記。一九六七年死去。
グエン・ズイ・チン (Nguyen Duy Trinh) 元外相。一九八二年にヴォー・グエン・ザップらと共に政治局員を解任される。
グエン・ドゥック・ビン (Nguyen Duc Binh) グエン・アイ・クォック高級党学校校長。

グエン・ハー・ファン（Nguyen Ha Phan）　元ハウ・ザン省人民委員長。党政治局員。

グエン・マイン・カム（Nguyen Manh Cam）　一九八六年より党中央委員。駐ソ連大使を経て一九九一年外相に就任。

グエン・クェット（Nguyen Quyet）　人民軍上将。一九八六年より党中央委員、書記局員。後に軍政治総局長、国家評議会副議長に就任。

グエン・タイン・ビン（Nguyen Thanh Binh）　党政治局員、書記局長。ハノイ市党委員会書記。

グエン・ティ・ビン（Nguyen Thi Binh）　南ベトナム解放民族戦線中央委員。パリ和平交渉に同戦線代表として出席。一九六九年南ベトナム臨時革命政府樹立時の外相。南北統一後は教育相、国会対外委員長、副大統領を歴任。

グエン・ヴァン・リン（Nguyen Van Linh）　一九八六年の第六回党大会で書記長に就任。ドイ・モイ路線をうち出す。一九九八年死去。

グエン・スアン・トゥン（Nguyen Xuan Tung）　ハノイ市党委員会副書記。

ファム・フン（Pham Hung）　抗米戦争期の労働党南部中央局の指揮官。党政治局員、書記局員。内相、首相を歴任。一九八八年死去。

ファム・ヴァン・ドン（Pham Van Dong）　首相（一九五五〜一九八七年）・外相（一九五五〜一九六一年）を兼務。一九八六年に党政治局員を引退。二〇〇〇年死去。

ファン・アイン（Phan Anh）　北ベトナム国防相、対外貿易相を歴任。一九八一年より国会副議長。

クアン・カン（Quang Can）　人民軍大佐。『クァンドイ・ニャンザン』紙編集長。

タ・ディン・デー（Ta Dinh De）　ホー・チ・ミンが華南で活動していた頃の親衛隊員。汚職の罪を着せられて投獄される。

トー・ヒュー（To Huu）　グエン・キム・タイン（Nguyen Kim Thanh）。トー・ヒューは筆名。一九五〇年代から党中央委員、書記局員。一九六〇年から政治局員。文化相、副首相を歴任。一九八六年副首相・中央委員・政治局員を解任される。

トン・ドゥック・タン（Ton Duc Thang）　北ベトナム内相、労働党中央委員、祖国戦線中央委議長を歴任。一九八〇年死去。

チャン・ド（Tran Do）人民軍少将。党中央文化・文芸委員長、国会副議長を務める。芸術家の自由な活動を支持し、一九八九年に同委員長を、九二年に国会副議長を解任される。その後、党支配体制を批判する論説を公表し、一九九九年党籍を剥奪される。

チャン・クアン・コ（Tran Quang Co）一九八六年より党中央委員候補。外務省北米局長、駐タイ大使を経て外務次官。

チャン・クォック・ホアン（Tran Quoc Hoan）元公安相。一九八二年にヴォー・グエン・ザップらと共に政治局員を解任される。

チャン・クォック・フオン（Tran Quoc Huong）別名ムオイ・フオン（Muoi Huong）。ホー・チ・ミン市委員会副書記、ハノイ市委員会副書記、政権組織委員長を歴任。

チャン・チョン・タン（Tran Trong Tan）党思想・文化委員長。「ニャンヴァン・ザイファム」事件の再評価を否定。

チャン・ヴァン・ザイン（Tran Van Danh）別名ナム・チャン（Nam Tran）。第七軍区副司令官。

チャン・ヴァン・ザウ（Tran Van Giau）南部ベトナムの労働党指導者。南部での影響力の強さからハノイの党中央に恐れられる。一九五二年以降、革命運動から離れる。哲学・歴史学者。

チャン・ヴァン・クアン（Tran Van Quang）国防次官、人民軍中将。テト攻勢当時のフエ戦線の指揮官。

チャン・ヴァン・チャ（Tran Van Tra）元南ベトナム解放民族戦線の指揮官。一九七八年より国防次官。人民軍上将。党・政府を批判したため、戦争期の功績を公表することを禁止された。一九八七年にホー・チ・ミン市で結成された「旧抵抗戦士クラブ」を後援。一九九四年死去。

チャン・スアン・バイック（Tran Xuan Bach）元党政治局員。東欧の民主化運動を支持して政治局、書記局、中央委員会から除名される。

チュオン・チン（Truong Chinh）北ベトナムの土地改革時の党書記長。土地改革の誤りの責任をとって辞任。一九八六年レ・ズアンの死後、後任として再び党書記長に就任。一九八八年死去。

ヴァン・ゾアン（Van Doan）ホアン・テー・ズンの前の『クァンドイ・ニャンザン』編集長。一九六四年にソ連に亡命。

ヴァン・ティエン・ズン（Van Tien Dung）　一九七五年の南部解放作戦（ホー・チ・ミン作戦）の司令官。南北統一後は国防相、党政治局員を務めるが、一九八六年に解任される。二〇〇二年死去。

ヴォー・チー・コン（Vo Chi Cong）　旧南ベトナムで労働党中央委員、解放戦線幹部会副議長、人民革命委員長を務める。南北統一後は党政治局員。国家評議会議長、国防評議会議長を務める。

ヴォー・グエン・ザップ（Vo Nguyen Giap）　人民軍の創設者。元国防相、人民軍大将。抗仏・抗米戦争を指導。レ・ズアンに疎まれ、一九八二年に党政治局員を解任される。カンボジア侵攻に反対したと言われている。一九九一年引退。

ヴォー・ヴァン・キエット（Vo Van Kiet）　党政治局員。一九九一年より首相。南部に基盤をもち経済改革を推進。

ヴー・オアイン（Vu Oanh）　元南ベトナム臨時革命政府顧問評議会委員。南北統一後は党中央委員、書記局員。

スアン・トゥイ（Xuan Thuy）　国家評議会議長、党中央国際局長を務める。ベトナム戦争期に代表団長としてパリ会談に出席。

【知識人・芸術家など】

ブイ・ディン・ケ（Bui Dinh Ke）　国家文書保存局局長。『ニャン・ザン［人民］』紙にホー・チ・ミンについてのタブーに触れた記事を書いたために失職する。

チャン・ティン（Chan Tin）　南部ベトナムの神父。南ベトナム政権下の政治犯救援に努めるが、統一後共産党政府の南部政策を批判したために投獄される。

チェー・ラン・ヴィエン（Che Lan Vien）　詩人。国会議員。文学・芸術政策に携わる。

チュオン・ディン・ズー（Chuong Dinh Du）　南部の弁護士、政治家。南北統一後に共産党政権から政治的立場を疑われ、投獄される。

チュオン・ディン・フン（Chuong Dinh Hung）　チュオン・ディン・ズーの息子。アメリカ在住時にベトナム共産党のスパイをした罪に問われ、オランダに移住。

ズオン・トゥー・フオン（Duong Thu Huong）　土地改革時の事実を小説に著して逮捕された女性作家。邦訳に『虚構の楽園』（加藤栄訳、段々社、一九九四年）がある。

ドアン・ヴィエト・ホアット（Doan Viet Hoat）　仏教徒。一九九〇年に表現の自由を主張する雑誌『自由フォーラム』を発行して逮捕される。

ハー・シー・フー（Ha Si Phu）　本名グエン・スアン・トゥ（Nguyen Xuan Tu）。生物学者。マルクス主義批判の著作を発表した最初のベトナム人とされている。思想のドイ・モイについて国家指導部に多くの意見を提出。

ヒュー・マイ（Huu Mai）　ヴォー・グエン・ザップ大将専属の作家。邦訳に『忘れられない年月』（中野亜里訳、穂高書店、一九九二年）がある。

キム・ハイン（Kim Hanh）　『トゥオイ・チェー［若者］』紙編集長。朝鮮民主主義人民共和国の指導者の世襲を批判。ホー・チ・ミンについてのタブーを記事にしたために更迭される。

レ・リュー（Le Luu）　作家。邦訳に『はるか遠い日』（加藤則夫訳、めこん、二〇〇〇年）がある。

マー・ヴァン・カン（Ma Van Khang）　作家。少数民族による抗米の闘いなどを描く。邦訳に『夏の雨』（加藤栄訳、新宿書房、一九九二年）がある。

グエン・チー・ティエン（Nguyen Chi Thien）　ハイ・フォン出身の知識人。共産党政府の言論弾圧を批判し、一九五八年から二七年以上投獄される。

グエン・ダン・クエ（Nguyen Dan Que）　医師。一九七五年までサイゴン医科大学で教鞭をとり、その後共産党体制の人権侵害を批判する運動を行なう。一九七八年、一九九〇年に逮捕。釈放後も公安当局の監視下に置かれている。

グエン・ディン・ティ（Nguyen Dinh Thi）　作家協会書記長。社会主義リアリズムの作品『突撃』で文芸家協会賞を受賞。

グエン・ホ（Nguyen Ho）　「旧抵抗戦士クラブ」創立者。

グエン・ヒュー・ダン（Nguyen Huu Dang）　ベトミンの幹部。ホー・チ・ミン政府の青年担当次官・情報省次官。「ニャンヴァン・ザイファム」事件で有罪判決を受ける。

グエン・カック・ニャン（Nguyen Khac Nhan）送電工学の専門家。党が決定した南北縦断送電線の建設計画に反対する。

グエン・カック・ヴィエン（Nguyen Khac Vien）医師、文筆家。タイン・ティンに続いて自らの政治的提言を公表。

グエン・マイン・トゥオン（Nguyen Manh Tuong）「ニャンヴァン・ザイファム」の活動に参加して失脚した知識人の一人。

グエン・ゴック（Nguyen Ngoc）作家。社会主義リアリズムの作品『腐敗の村』で文芸家協会賞を受賞。

グエン・ゴック・ラン（Nguyen Ngoc Lan）南部ベトナムの元神父。南北ベトナムの和解に努めるが、共産党政権の南部における政策を批判して投獄される。

グエン・トゥアン（Nguyen Tuan）作家。その作風からブルジョア的と批判される。

ニャット・リン（Nhat Linh）一九三三年に結成された文学団体「自力文団」の中心人物。機関紙『ファン・ホア［風花］』を主宰。代表作に『断絶』（一九三五年）など。一九六三年自殺。

クアン・ズン（Quang Dung）詩人。その作風からブルジョア的と批判される。

フン・クアン（Phung Quan）作家。「ニャンヴァン・ザイファム」事件で有罪とされた作家たちの補償を司法当局に訴える。

タ・バー・トン（Ta Ba Tong）「旧抵抗戦士クラブ」メンバー。

トー・ホアイ（To Hoai）作家。小説以外のジャンルでも活躍する。代表作に『コオロギ漂流記』（一九四二年）など。

ティック・ドン・ハウ（Thich Don Hau）南部ベトナムの仏教僧。共産党政府の宗教委員会の政策を批判。

ティック・トゥエ・スィー（Thich Tue Sy）南部の統一仏教会の僧侶。共産党政府の宗教者弾圧を批判し、一五年間投獄される。

ティック・チー・スィエウ（Thich Tri Sieu）南部の統一仏教会の僧侶。一九八八年に「政府転覆を企てた」として死刑宣告を受けるが、諸外国の圧力で二〇年の懲役に減刑、一〇年後に釈放され、自宅軟禁の状態にある。

チャン・ザン（Tran Dan）「ニャンヴァン・ザイファム」の活動に参加した作家の一人として創作活動から追放される。

チャン・ディン・バー（Tran Dinh Ba）『クァンドイ・ニャンザン』紙記者。住宅に関する不平等問題を記事にしようとして失職する。

チャン・フイ・クアン（Tran Huy Quang）作家。『ヴァン・ゲ［文芸］』紙記者協会支部長。同紙にホー・チ・ミンをモデルにした人物を批判する小説を掲載して解任される。

チュオン・トゥー（Truong Tuu）「ニャンヴァン・ザイファム」の活動に参加した知識人の一人として起訴される。弁証法的唯物論を研究。筆名グエン・バイック・コア（Nguyen Bach Khoa）。

ヴァン・カオ（Van Cao）ベトナム国歌「進軍歌」の作詞作曲者。抗米戦争前の「戦前音楽」の代表的音楽家として知られる。

【歴史上の人物および南ベトナム要人】

バオ・ダイ（Bao Dai）帝　阮《グエン》朝最後の第一三代皇帝。一九四五年の八月革命（ホー・チ・ミン率いるベトナム独立同盟［ベトミン］による抗日一斉蜂起）後に退位。一九四九年にフランスとの協定に基づき南部で「ベトナム国」元首となるが、一九五五年にその地位を退きフランスに渡る。一九九七年死去。

ズオン・ヴァン・ミン（Duong Van Minh）ベトナム共和国（南ベトナム）で一九六三年にゴ・ディン・ジェムに対するクーデターを首謀。一九七五年南ベトナム大統領に就任し、北ベトナムと解放戦線に対する無条件降伏を声明。二〇〇一年死去。

ズイ・タン（Duy Tan）帝　阮朝第一〇代皇帝。越南光復会と連携して反仏運動を行なう。

ハム・ギ（Ham Nghi）帝　阮朝第七代皇帝。勤王党を結成して反仏運動を指導。

ハー・フイ・タップ（Ha Huy Tap）一九三〇年設立のインドシナ共産党指導者。一九三五年書記長に就任。フランス当局に逮捕された後、一九四一年に処刑される。

レ・ホン・フォン（Le Hong Phong）インドシナ共産党の指導者としてハー・フイ・タップと共に同党海外委員会を設立。フランス当局に逮捕された後、一九四二年獄中で病死。

レ・ロイ（Le Loi）　一五世紀に明軍を駆逐して黎《レ》朝を起こした英雄。

ゴ・ディン・ジェム（Ngo Dinh Diem）　一九五四年より南ベトナム首相に就任。一九五五年にバオ・ダイ元首を廃位し、大統領に就任。一族への権力集中とカトリック教徒優遇政策で国民の反感を買い、一九六三年のクーデターで殺害される。

グエン・アン・ニン（Nguyen An Ninh）　二〇世紀前半の南部ベトナムの革命家。労働者階級の権利擁護運動を行ない、フランス当局に逮捕されてコン・ソン島の牢獄で死亡。

グエン・ビン・キエム（Nguyen Binh Kiem）　一六世紀の官僚、文人。漢詩、字喃《チュ・ノム》詩で名高い。

グエン・ハーイ・タン（Nguyen Hai Than）　ベトナム革命同盟会総裁としてベトナム民主共和国の連立政権に入るが、政府の政策を批判したため中国に亡命。

グエン・トゥオン・タム（Nguyen Tuong Tam）　ベトナム国民党指導者。

グエン・ティ・ミン・カイ（Nguyen Thi Minh Khai）　インドシナ共産党初期の女性活動家。一九四一年フランス当局に処刑される。

グエン・チャイ（Nguyen Trai）　一四世紀末～一五世紀前半の黎朝創立期の重臣。レ・ロイと共に明への抗戦に参加し、明からの独立戦争勝利宣言『平呉大誥』を著す。

グエン・ヴァン・ティエウ（Nguyen Van Thieu）　一九六七～一九七五年南ベトナム大統領。北ベトナム・解放戦線との交渉を拒否する路線を貫く。

ファム・ゴック・タイック（Pham Ngoc Thach）　八月革命以前の南部で「前衛青年団」を組織、ホー・チ・ミン政権下でサイゴン-ザ・ディン地区の抗戦行政委員長、医療相を務める。

ファム・クイン（Pham Quynh）　二〇世紀前半に活躍した著述家、政治家。『ナム・フォン〔南風〕』誌を創刊、八月革命後にベトミンに捕えられ、処刑される。

ファン・ボイ・チャウ（Phan Boi Chau）　一九世紀末～二〇世紀初めの民族主義者。日露戦争後の日本に軍事的援助を求め、東遊《ドン・ズー》運動を起こしてベトナム青年の日本留学を進めた。

ファン・チュー・チン(Phan Chu[Chau] Trinh)　一九世紀末〜二〇世紀初めの民族主義者。非暴力闘争を追求し、東京《ドン・キン》義塾を創設して民主主義による近代化を提唱した。

ファン・ヴァン・フム（Phan Van Hum）　南部ベトナムのトロツキスト・グループの指導者。フランス当局に逮捕され、コン・ダオ島に投獄され、一九四五年ベトミンによって殺害される。

クアン・チュン（Quang Trung）帝　一九世紀後半の阮朝の皇帝。別名グエン・フエ（Nguyen Hue）。シャムと清朝の軍を駆逐し、一八世紀に国家を統一。

タ・トゥー・タウ（Ta Thu Thau）　南部ベトナムのトロツキスト・グループの指導者。『ラ・リュット』紙を発行。一九四五年にベトミンに殺害される。

トゥ・ドゥック（Tu Duc）帝　阮朝第四代皇帝。共産党政権によってフランスの侵略に屈した皇帝と評価されていたが、ドイ・モイ以後は再評価されている。

タイン・ターイ（Thanh Thai）帝　阮朝第九代皇帝。反仏運動への支援を日本に求め、フランス当局によって退位を強いられる。

チャン・フン・ダオ（Tran Hung Dao）　一三世紀の陳《チャン》朝の将。元寇を迎え撃った英雄。

チャン・フー（Tran Huu）　インドシナ共産党初代書記長。グエン・アイ・クォック（ホー・チ・ミン）によるベトナム共産党結成を批判。一九三一年フランス当局に逮捕された後に病死。

チャン・フイ・リョウ（Tran Huy Lieu）　元ベトナム国民党員。一九三六年にインドシナ共産党入党。歴史学者。一九六九年死去。

チャン・チョン・キム（Tran Trong Kim）　一九四五年三月の日本軍の仏印処理（植民地権力を解体したクーデター）の後、日本軍の後盾で独立した「ベトナム国」の首相。

チャン・ヴァン・タイック（Tran Van Thach）　南部ベトナムのトロツキスト・グループの指導者。仏領期のコーチシナ評議会議員となるが、フランス当局に逮捕され、一九四六年に暗殺される。

ヴー・ホン・カイン（Vu Hong Khanh）　ベトナム国民党指導者。

第1章　破壊のシステム

現存社会主義陣営が急激に破綻し、社会主義諸国が次々と崩壊したのは偶然の出来事か、あるいは法則に従った必然的な帰結なのか？　これはこの数年間、特に一九八九年末以降の大きな問題である。

一九二二年のソビエト社会主義共和国連邦の成立で、ソビエト・ロシアは一九一七年の一〇月革命以後の版図拡大の第一歩を記した。第二次大戦の末期、ソ連赤軍に「解放」された東欧の国々によって社会主義陣営が形成された。戦後になると、ベトナムや北朝鮮が独立した。朝鮮半島は一九五二年から分断され、北朝鮮は社会主義の側に属することになった。ベトナムは一九五四年に国土を分断され、北部が社会主義陣営の仲間入りをした。そして、一九七五年四月三〇日［南ベトナムの首都サイゴンの陥落］以降は、ベトナム全体がこの中に入ることになる。

一方、世界最大の人口を有する巨大な中国は、一九四九年一〇月一日に社会主義の側に加わった。一九五九年一月には、キューバが米州で初めての社会主義国となった。アフリカでは、その数年前にエチオピア、アンゴラ、モザンビークが一党制とマルクス・レーニン主義を国是とし、ソ連はこれらの国を社会主義「予備軍」とみなした。マダガスカルと南イエメンは社会主義の「候補」となった。ラオスおよびフン・セン政権下のカンボジアも共産主義国と同様にみなされた。

マルクス主義の正統派をもって任じる理論家や宣伝担当者たちは、社会主義陣営の出現は、あたかも無から有へ、小から大へ、少から多へ、弱から強へ移るような必然的な法則で、いずれ全世界に広がるものだと懸命に証明しようとした。それは、「全世界的規模の資本主義から社会主義への過渡期」と呼ばれ、今日の世界の基本的な特徴であり実態であるとされた。

この基本命題は、世界中の資本主義は必然的に消滅しつつある、という二つ目の基本命題と表裏一体にあった。

この世で最大の日和見主義者

一九九〇年九月、私はハノイからアエロフロート機でモスクワに行き、そこでソ連共産党機関紙『プラウダ』の本部に行って、パリ行きの飛行機のチケットを受け取った。いかんせん、ちっぽけで貧しいベトナムは、他人の足でパリまで歩かなければならなかったのだ。この本部で、党国際委員会のあるジャーナリストが、退屈しのぎにこんな話を聞かせてくれた。

ベトナム共産党書記長グエン・ヴァン・リン★が、一九八九年一〇月にベルリンで、ドイツ民主共和国〔旧東ドイツ〕の建国四〇周年記念式典に出席した時のことだ。ソ連共産党書記長ゴルバチョフが、リン書記長に向かって慇懃《いんぎん》に帽子を脱いで笑いかけ、こう挨拶した。「ごきげんよう閣下、この世で最大の日和見主義者です」。ベトナム語の通訳はびっくりして赤くなり、しどろもどろでリン書記長に通訳した。後日、書記長閣下は病気になり、右頬の第七神経系が麻痺して口がゆがんでしまった。閣下が病気になったのは、式典の時、寒い中を壇上で閲兵したせいか、それともこの思いがけない挨拶のせいだったろうか?

ロシア人のジャーナリストの話を聞いても、私は大して驚かなかった。ハノイでもこのての話は珍しくなかったからだ。この挨拶の文句を知っているのは、ゴルバチョフと、グエン・ヴァン・リンと、通訳の三人だけのはずだ。にもかかわらず、ハノイでもモスクワでも大勢が知っていて、噂し合っているのだ。いったい何割までが事実なのだろう?

この独創的な挨拶に関連した、二つの事実があるのは確かである。一九八九年六月の天安門事件と、同年末のベルリンの壁崩壊後、ベトナム共産党中央委員会は第七回と第八回の総会を開き、ソ連・東欧情勢を慎重に分析、評価した。評価の内容は様々だったが、最も重要な点は、「ソ連指導部の中には、右傾化して日和見主義に走り、帝国主義に頭を下げるという重大な過ちを犯した極めて危険な勢力があり、その代表はゴルバチョフである」というものだった。

ゴルバチョフを最も強く非難した者たちは、やはりかつてチャン・スアン・バイック★を最も激しく告発した者たちだった。* つまり、ダオ・ズイ・トゥン★、グエン・ドゥック・ビン★、グエン・ハー・ファン★、ノン・ドゥック・マイン★、レ・フォック・ト★らの面々である。ゴルバチョフはＣＩＡの手先で、アメリカ帝国主義の回し者に違いない、などという「仮説」を持ち出す者もいた。この話はオフレコとするよう命じられたが、それでもそれはバー・ディン広場中に広まり、五〇〇メートルほど離れたソ連大使館の誰かの耳にも届いたに違いない。

二つ目の事実はこうだ。グエン・ヴァン・リンが一九八六年末に新書記長に就任した当初、彼は広い視野を持っており、芸術家たちに向かって、「自らを解放し、自らを救済してどんな圧力の下でも筆を曲げてはならない」と励ましたものだった。彼は一九八二年の第五回党大会で政治局のメンバーからはずされ、労働総同盟議長という閑職に置かれた時期があったので、政治的に疎外された人々の運命に同情したのだった。

にもかかわらず、天安門事件とベルリンの壁崩壊後、グエン・ヴァン・リンは人が変わったようになってしまった。体制を擁護し、あらゆる代価を払って後進的なものを守り、最も保守的な理念を守る方に変節してしまったのだ。権力を失うのではという強迫観念が、彼の中に激しい保身意識をかき

＊　党政治局員であったチャン・スアン・バイックは、東欧諸国の民主化運動を支持する立場をとり、政治局員と中央委員を解任された。第2章「秘められた過去」のうち「人民軍防衛部門」参照。

立てた。一九八六年当時、彼はソ連のペレストロイカ〔再建〕とグラスノスチ〔公開〕を褒め称えたので、グエン・ヴァン・リンがベトナムのゴルバチョフになることを期待した者もいた。しかし期待は裏切られた。いざバトンを手渡されると、彼は手を震わせ、恐れおののいた。そして本来の自分に戻ってしまったのである。体制派の人間、体制のために生涯をかける官僚機構の忠実な下僕となり、事実や真理などは無視して、官僚機構に全身全霊を捧げるようになったのだ。

　一九八九年九月初めの独立記念日の大集会の時、本来なら国家評議会議長*のヴォー・チー・コン★が正式な演説をするはずだったのだが、リン書記長は自分に演説させろと要求した。「われわれは極めて特殊な状況に直面している」からだという。演説の中で、彼が最後に強く言い渡したのは、「歴史はベトナム革命を指導する唯一の勢力としてベトナム共産党を選んだ、これは昔も今も、そして未来永劫変わらない」ということだった。それが必然的な法則だというのだ。

　政治的多元化は、絶対に触れてはならないタブーになった。その珍妙な「きわめて必然の法則」なるものをリンが強調するのを聞いて、フランスやロシア、アメリカ、ドイツ、日本からの特派員たちが、ある者は鼻をつまみ、ある者は苦笑し、あるいは肩をすぼめ、首を横にふり、目を見開いたりするのを私は見た。

　当時、リン書記長の補佐をしていたグエン・スアン・トゥン★（現ハノイ市党委員会副書記）が語ったところでは、本来はヴォー・チー・コン国家評議会議長とドー・ムオイ★首相が、ベルリンの建国記念式典に出るのが正当だったのだが、やはりリン書記長が、自分が行かなければならないと言い出したそうだ。自分が行ってホーネッカー同志を説得し、ゴルバチョフと談判してやる、彼らを説得しなければ危険極まりない状況になるだろう、と言うのだ。そして、説得するチャンスが来ないうちに、ゴルバチョフ書記長が不意に独創的な挨拶をしたので、彼は一瞬呆気にとられて硬直してしまったというわけだ。

当時の語り草になったのは、リン書記長がベルリンで建国記念式典に出席し、閲兵を終え、ホーネッカー書記長に挨拶して帰国したところに、ホーネッカーが失脚したというニュースが伝わったこと、そして、「この世で最大の日和見主義者」の挨拶をされた後で、リンが病気になったことだった。主治医の話では、書記長は膀胱炎もひどく、話したり笑ったりする時に口がひきつり、口をすごうとすると水を吹き出してしまうということだった。書記長夫人は非常に心配した。そして、かつてサイゴン婦人連合の指導者だった彼女が、突如として占いに凝り出したのである。占いでは「門の方角がよろしくない。土地の神が不満に思っておられる」と出た。そういうわけで、ファン・ディン・フン通りに面していた書記長の家の門はすぐに固く閉鎖された。そして、党中央財政管理委員会の建設隊が新しい門を造ったのだが、それはグエン・カイン・チャン通りに面し、チュオン・チン★（故人）とホアン・クォック・ヴィエト★の家のはす向かいであった。書記長が回復したのは、鍼灸治療のおかげだったのか、それとも、北方（中国）に向いた門を閉ざして東方（太平洋とアメリカ）に向いた新しい門を造ったおかげだったのか？

罪の報い

＊　国家評議会　一九八〇年憲法で設置が決められ、「国会の常務活動を行なう最高機関」であり、国家の「集団主席」と位置づけられた。国家評議会議長は国家元首の役割を果たした。一九九二年憲法で廃止された。

ハノイの最高指導者たちは、ソ連と東欧で現存の社会主義体制が崩壊したのは一時的な性格のものだと考えた。一時的な思いがけない災難だったというのである。それは偶然の出来事で、決して必然ではなく、法則によるものではないので、単に一過性の現象だと言うのだ。『ニャン・ザン〔人民〕』や『クァンドイ・ニャンザン〔人民軍隊〕』『タプチ・コンサン〔共産雑誌〕』の社説は、みなこの公式見解を反映していた。これはただの台風で、通り過ぎれば空は晴れて雨も上がるだろう、これは一時的に雲がたち込めただけで、雲はすぐに行ってしまうだろう、これはインフルエンザの流行のようなもので、症状は重くても回復するだろう、そして共産主義運動はさらに強力に発展するだろう、という調子だった。

法則は法則であって、誰もそれを拒むことはできない。彼らは相変わらず、今日の世界は「地球レベルで資本主義から社会主義に移行する過渡期」にある、という基本命題を繰り返し唱えている。ダオ・ズイ・トゥンは、今の状況を発展の途中の一時的な曲折、一時的な障害だと語った。この嵐を通して、共産主義運動はもっと強くなり、もっと成長するというのである。

融通のきかない、ひからびた、幻想を抱きがちな思考のために、彼らは主観的な願望を現実ととり違え、いっそう唯意志主義的*になった。できないことは何もないので、盲目的な思い込みに捕われているのだ。心の中では信念が揺らぎ、あるいは消えてしまったかも知れない。それでもいまだに、右のようなことを言ったり書いたりしている。決議に従って話し、決議通りに書くと、こういうことになるのだ。

さる一九九二年一一月七日のロシア一〇月革命七六周年の際に、モスクワの小さな広場で小規模なデモが行なわれた。大部分は老人や主婦などから成る数百人の人々が、マルクスやレーニン、さらにはスターリンの古い写真を掲げて行進した。ベトナム通信社が直ちにこのニュースを伝え、ベトナムの各紙がそれを報じたのは偶然ではない。その貴重な珍しいニュースは、ハノイ指導部の空しい希望をしばしの間つなぎ留めたのだった。

ベトナムの大勢の国民と、まだ共産党にいる多くの党員に対して、ここ数年の間にソ連と東欧で発生した歴史的な天変地異が必然的なもので、もはや元に戻せないことを証明しなければなるまい。それは因果律に従ったものなのだ。農民が種を蒔けば、何らかの収穫があるものだ。庶民の間には「風の種を蒔けば嵐が起こる」という諺がある。私がこの本に書くことが、その法則をはっきりと映し出すのに役立てば幸いである。

つい先頃、ハノイのある若い新聞記者が「罪の報い」というタイトルの記事を送ってくれた。チャン・フイ・クアン★という若い作家が書いたものである。彼は「からっぽの王様」「被告の供述」「荒野の愛」「証人」などの短編で一時期世論を沸かせたかなり有名な作家だった。彼が一九九二年七月の『ヴァン・ゲ〔文芸〕』紙に、爆弾的に載せた「霊験」という作品は、激しい非難を浴びた。というのも、敢えてホー・チ・ミンを暗示する人物を描き、率直に批判していたからだ。雑誌のこの号は没収されて廃棄処分になった。彼は職を失い、二年間休筆を余儀なくされ、さまざまな嫌がらせを受けた上に、『ヴァン・ゲ』の記者協会支部長の座を追われた。編集長のヒュー・ティンは、長い始末書を書かされた上に、「遠くに出かけて戻って来たばかりで、注意を怠った」という理由で警告処分になった。

さらに、あまり知られていないが、一九九二年六月三〇日に出た『ティエン・フォン〔前衛〕』紙——

＊　唯意志主義　歴史の発展の客観的法則を軽視し、恣意的な主観でのみ行動する政治的態度。

前述の『ヴァン・ゲ』より二週間前に出たもの——が、やはりチャン・フイ・クアンの「罪の報い」という題の記事を掲載していた。この記事も激しく非難され、『ティエン・フォン』のこの号も没収されて廃棄された。

この一〇〇〇字ばかりのごく短い作品は、農村に住むトームという名の女性の話だ。ずいぶん前に夫を戦争で失った彼女は、動員解除された同村の未婚の若者と出逢い、愛し合う。村の党支部の書記長は、これを不健全で許しがたい不正行為とみなした。というのも、書記長自身もトームを狙っていたからだ。ある夜、トームと若者は、逢い引きのために、ひそかに遠くの農地に入り込む。党支部の書記長は、村の民兵部隊に命令して、二人を追跡して現行犯で逮捕すべく「作戦を展開」する。元兵士の若者は軽々と「包囲」から逃れるが、部隊はトームを捕縛して支部に連行する。

村の書記長は彼女を尋問し、怒鳴ったり、罵倒したり、脅したりするが、トームは証拠がないからと頑固に何も認めない。書記長は、「口のへらない淫売め。民兵諸君、こいつを検査しろ。男の精液が検出されたら、こいつも思い知るだろう」と民兵に命じる。尊厳を犯された彼女は、その夜、村の池に身を投げる。二年後、書記長は「自然に二つの目が破裂して顔の外にとび出し、どこに行っても治すことができなかった」。

簡潔で明瞭な作品である。この聡明で繊細な若い作家が言わんとしたのは、横暴な権力者が庶民の生存権を踏みにじり、命さえも奪ってしまうということだった。しかし因果応報で、罪の報いは確かに現れるのだ。

村で権力を濫用する党支部の書記は、国家の中で権力を濫用する共産党、あるいは社会主義陣営の中で権力を濫用する各国の共産党を暗示している。そして因果応報で、悪人は遠からずその報いを受けるのである。歴史のこの時点において、この作品は実に深い意味を持っている。ほとんど必然的な法則となっている伝統的な民衆の道理によって、各国の共産党の運命を理解しているのだ。善良な者は報われ、悪人は罰を受けるという道理は、つねに誰の目にも明らかなのである。

歴史を振り返れば、ベトナム共産党は、民族を率いて抵抗戦争を指揮したという点では、確かに功績があったと言えよう。しかし、それは民族の伝統と国民の限りない犠牲のおかげだった。党は戦争の功績を盾に、人間の権利や市民権を侵害した数えきれない罪を消すことはできないのだ。確かに、戦闘の際には祖国と社会を救うために人々が犠牲になり、捨て身になることも必要だったろう。市民の自由を侵害するような行為も、ある程度はやむを得なかったかも知れない。

しかし平和になってからは、右の短編に出てくる書記長のように、悪辣に人々の運命を踏みつけることは許されない。件《くだん》の書記長が目をやられたのは、明らかに罪の報いが人生に直接はね返ってきたのだ。ソ連共産党は七四年間権力を握っていたが、それは決して長いとはいえない。そしてベトナムでは、共産党が権力の座についてから、北部ではたかだか五〇年、南北全体ではやっと一八年たらずである〔本書が執筆された時点〕。五〇年といえば一世代、一八年なら人生の三分の一だ。

マルクス主義の祖カール・マルクスは、現存社会主義がこのように早く消滅するとは決して思わなかっただろう。彼は、資本主義が死滅する日は遠くないと楽観していた。彼は、資本主義の運命が尽きる時が来た、収奪者が逆に収奪される時が来た、と警鐘を鳴らした。

『反デューリング論』のエンゲルスも、負けず劣らず楽観的だ。彼は、奴隷制度は三〇〇〇年続き、封建制度は一〇〇〇年続いたが、資本主義の寿命は三〇〇年にも満たないと見ている。

最近ベルリンに行った時、私はドイツのある新聞記者からこのような笑い話を聞いた。ソ連で現存社会主義が潰え去った時、ベルリンのビヤホールでは、こんな話が飛びかった。「七四歳ではもう老い先短い。ソ連じゃ六五歳が定年だから、その後九年も働いたら、その分だけ人生が無駄になる。七四歳で引退したんじゃ遅すぎる」というものだ。

こんななぞなぞもできた。「最近の歴史で、いちばん長いものといちばん短いものは何だ?」。「いちばん長いのは社会主義に向かう道、いちばん短いのは社会主義そのものの歴史」。社会主義には生命力がなかったのだ。社会主義、共産主義は人類の春として永遠に続くという、マルクス主義の提唱者の願いと希望はかなえられなかった。

髭をはやした外国の伯父さんたち

現在のベトナムが深刻な混乱に見舞われ、かくも遅れてしまった原因はどこにあるのだろうか? これは容易に答えられない難問だ。原因は過去数十年の歴史の流れを遡って、間接的なもの、直接的なもの、理論上のもの、実践上のものなどいろいろあるだろう。

私の記憶では、一九五〇年頃から中国とベトナムの国境はどんどん開けていった。中国人の専門家、中国製の武器、織物、薬品、ポット、自転車などが、続々と憑祥《バン・トゥオン》やドン・ダン［ラン・ソン省］経由で汽車で運ばれてきた。ディエン・ビエン・フー［ライ・チャウ省］の戦い以後は、中国からの貨物列車がハノイの北のイエン・ヴィエンまで来て、さらにハノイ駅を経てタイン・ホア［タイン・ホア省］、ヴィン［ゲ・アン省］、ドン・ホイ［クアン・ビン省］まで走るようになり、中国の人や物がさらに大量に流入した。中国の輸送部隊も、国道一号線を南下して次々とベトナム入りした。ハイ・フォン—ラオ・カイ［ラオ・カイ省］―雲南府間の鉄道も急速に復旧した。

タ－イ・グエン［タ－イ・グエン省］やヴィエト・チ－［ヴィン・フック省］の町は、だんだん中国の色に染まっていった。タ－イ・グエンでは、三〇以上もの丘陵を削って平らにした場所に、広大な製鉄地区を建設し始めた。ホン河とロ－河沿いに、発電所や化学調味料、殺虫剤、砂糖、紙、飴、器械、織物などの工場が造られ、ヴィエト・チ－の町はみるみる大きくなっていった。それらはみな中国が資本を投じ、技術を提供し、労働者を訓練した賜物だった。ヴィエト・チ－の鉄道と歩道のついた橋は、武漢からやって来た中国人の建設労働者が造ったものだ。しかし、それを渡って何千、何万、そして何十万にものぼる「外国人」が、カオ・バン［カオ・バン省］、ラン・ソン［ラン・ソン省］からヴィン・リン［クアン・チ省。南北ベトナム境界線の北側］に至るあちこちの村にまで入り込んでいるのを想像した人は少なかった。

外国人とはつまり、北京や南寧（広西）あるいは広州（広東）で印刷されたカ－ル・マルクス、エンゲルス、レ－ニン、スタ－リン、毛沢東にホ－・チ・ミンを加えた肖像のセットだった。八〇×六〇センチとか、六〇×四〇センチのこれらカラ－写真は、中国からのプレゼントだった。あらゆる村の人民委員会本部や共産党支部で、村や県や省や首都の経済・文化・軍事・社会関連の機関で、木の額縁に入れたそれらの肖像が飾られた。後にはソ連のマレンコフの写真も加わった。

顎と鼻の下がすべすべしている毛沢東とマレンコフ以外は、みないろいろなタイプの髭をはやしていた。農村では普通、家ごとにそのようなカラ－の肖像を飾っていた。当時、農村では家族の写真はまだ非常に珍しく、家に入って目につくカラフルな物といえば、それらの肖像だけだった。祖先を祀る祭壇の上に、髭をはやした老人たちの肖像が飾られた。

その独特の装飾は、一つの時代を刻んでいた。当時、軍隊は農村地帯を回って村々に駐屯していた。私は、村の子供たちが両親に「あれは誰？　あれは誰？」と尋ね、親がいつも「偉い指導者の伯父さんたちだよ」と答えるのをしょっちゅう耳にした。ある若い農夫が幼い子供に「髭をはやした私たちの側［社会主義陣営］の伯父さんたちだよ」と答えるのを聞いた時には、私はぐっと笑いをこらえたものだ。当時は敵味方の立場が実にはっきりしていて、誰も中途半端ではいられなかった。

後に、中国の広州で織られたナイロン製のタペストリーが登場し、人民書店で格安の値段で売られた。やはりマルクス、エンゲルス、レーニン、スターリン、ホー・チ・ミン、毛沢東のシリーズで、いろいろなサイズがあり、白黒のもカラーのもあった。続いて「社会主義兄弟諸国」の一二人の最高指導者の肖像と、一二の国旗シリーズも出た。ティエン・ボ、チャン・フー、ニャン・ザンなどの印刷会社も、これらの人物の写真を印刷し、大衆宣伝のために販売したり、無料配布するキャンペーンを企画した。

土地改革*の時、ゲ・アン省のある農村地帯では、何人かの貧農や小作人が大急ぎで党に迎え入れられた。その時、土地改革部隊*に参加して戻って来た仲間が話してくれた笑い話がある。入党宣誓式の時、ある素朴で感動しやすい農民青年が、緊張のあまり何を言えばいいのかわからず、「私レ・ヴァン某は、外国の方々と、ホー主席と、その下の祖先の祭壇に誓います」と一気にまくしたてたというのだ。

一時期、ベトナムの各家庭に広まった「外国の方々」「髭をたくわえた外国の人たち」は、社会生活の中に実に深く刻み込まれ、民族全体、個々の家庭、そして一人一人のベトナム人の運命に、非常に決定的な影響を与えたのだった。今や、その影響の善し悪し、幸不幸をはっきりと評価しなければならない時に来ている。

カール・マルクスとマルクス主義

ベトナムの生徒や学生、知識人、党員、中堅幹部、青年団体のメンバーで、カール・マルクスとマルクス主義について多少なりとも勉強したり本を読んだりしたことがなく、知識もないという者がいるだろうか？

マルクス主義の学習は強制されている。普通教育省には政治教育局があり、その中にはマルクス・レーニン主義教育の部署があって、本の編集から教員の養成、試験問題の選択、すべての学校におけるマルクス・レーニン主義学習の指導まで担当している。各大学にも必ずマルクス・レーニン主義教育の部署がある。普通教育省と大学・中等専門学校省の二省が統合されて教育訓練省になった時、マルクス・レーニン主義教育の各機関も統合された。卒業試験の時には、すべての学生はマルクス・レーニン主義を復習して試験を受けなければならない。それは最も基本的な学科で、これで合格か落第か、進級か留年かが決まるのだ。

一九六七〜六八年のことだが、私は一時期、第四軍区［タイン・ホアからトゥア・ティエンに至る中北部］

＊　土地改革　一九五三年、労働党（現共産党）は地主による土地所有制度を全廃する本格的な土地改革の実施を決定した。しかし、大規模土地所有の少ない北ベトナムで中国の方式が機械的に適用されたため、一九五四〜五六年に行なわれた土地改革では、地主を「越奸反動地主」（敵に奉仕する裏切り者）」「郷紳（農民を搾取する暴力的地主）」「普通地主」「抗戦地主（抗仏戦争に協力する愛国的地主）」に区分し、それに基づいて処遇を決定した。しかし、後期にはこの区分が無視され、地主だけでなく富農、中農までが弾圧され、数千人から一万数千人に及ぶ地主が処刑される結果となった。党中央は土地改革の誤りを自己批判し、チュオン・チン書記長は責任をとって辞任した。

＊　土地改革部隊　一九五三年一二月、国会で「土地改革法」が採択され、執行機関として土地改革委員会が設置された。農村に派遣された工作員は、最も貧しい農民の中から「積極分子（骨幹）」を選び、貧農・雇農を中心に隊伍を組織した。

で理論の教員*を務めてから、宣伝訓練局の仕事に戻った後、国防省の決定で国家試験選考委員会に加わり、陸軍士官学校の政治学の卒業試験に携わる任務を与えられた。

未来の小隊長や中隊長たちは、マルクス・レーニン主義を深く着実に理解していなければならなかった。規定により、マルクス主義の学科には、哲学（弁証法的唯物論と史的唯物論）と党史（ソ連共産党史、ベトナム共産党史と国際共産主義運動の歴史）、そして科学的社会主義の課程が含まれていた。試験は必ず筆記試験と口頭試問の両方があった。

党政治局と党中央組織委員会および宣伝・訓練委員会（後に思想・文化委員会*と改名）の規定では、党と国家の幹事クラスの職員は、みな初級党学校*で一学年を修了していなければならなかった。専門家クラスの職員は、みな中級党学校の一学年を終えていなければならず、第七級以上の高級専門家*は、みな中央グエン・アイ・クォック学校を修了していなければならなかった。

政治やマルクス・レーニン主義についての卒業証明書がなければ、幹部にはなれなかった。党学校に入るよう選ばれた党要員は、みな互いに祝福し合い、祝賀パーティーを催し、父母や妻子に報告して喜びを分かち合った。それは、党に選ばれてもっと高い地位につき、幹部候補になる、つまり出世を約束されたエリートとして名簿に名前が載ることだと信じられていた。

したがって、ベトナムの政治情勢をよく理解したければ、マルクス・レーニン主義の思想体系が実際にどのように広められたかを見ないわけにはいかない。マルクス・レーニン主義は、今や過ちと罪悪に満ちた裏の顔をすべて露呈し、とうとう現実的な生命力を見出すことはできなくなった。そんな今、この思想の広まり方を見れば、社会の中の極めて大きな、極めて重要な部分を理解できるだろう。

海外で出ているベトナム語の文献には、マルクス主義を扱う時の一般的なやり方に従って書いている本が少なくない。つまり、マルクス主義を罵倒し、誹謗し、最も低俗なあらゆる主義と十把ひとからげにして切り捨てるものだ。「マルクスは召使いとの間に私生児をこしらえた奴で、こんな奴は首を切り落として、墓穴に放り込んでやればさっぱりするだろう。実際、カール・マルクスの遺体は、ロンドン郊外のある場所で焼かれたのだ」云々……。

マルクスの著書を全部燃やしても何にもならないのに、こんなことを言っていたのでは、政治的、文化的に問題を根本から解決することにはならない。こういうことを言う者の多くは、マルクス主義の中味を理解せずに、感情的に反発しているのである。こういう者たちには、嘲りよりむしろ憐れみを覚える。

カール・マルクスは哲学と思想と政治の研究者であり、社会を非常に深く研究していた。その活動力、思考力、著述力はずば抜けており、良心的で、勤労者階級を解放し、搾取のない豊かな社会を建設する道を見出そうと努めたのだった。『資本論』は彼の偉大な労作で、資本主義社会をあらゆる視角から分析したものだ。この本は、無数の数字やパーセンテージ、統計、比較のデータを駆使して、

＊ 理論の教員　当時は旧ソ連の教科書に基づいた社会主義理論が教えられていた。革命後の社会について、社会主義への過渡期から社会主義、さらに共産主義へと発展段階を設定し、過渡期の段階にあるベトナムでは社会主義的生産関係の樹立、特に社会主義的工業化が中心的任務とされた。

＊ 思想・文化委員会　党中央の委員会の一つ。党員に対する思想工作、マスメディアにおける思想統制、情報管理を任務とする。

＊ 党学校　国家機関で枢要な役職につくためには、党指導下の学校で政治教育を受ける必要がある。政府の各省の長官・次官となる可能性のある者、地方の省人民委員会で正副主席になる可能性のある人物は、党中央直属の国家政治学院で所定の課程を修了しなければならない。地方の省・県レベルの行政機関で指導的地位につく可能性のある人物は、地方各省に設置されている政治学校で教育を受けることが昇格の前提条件である。

＊ 第七級以上の高級専門家　政府機関の要員は専門家としてのランクで区分される。第五級専門家以上が「高級幹部」と呼ばれ、最高は第九級。高級幹部は次官またはそれに相当する給料を受けている。

現実の社会を観察した上で書かれている。マルクスは深遠な博学の人だった。そういうわけで、今でもドイツ人はみな、どんな政治的立場にあっても、祖国が生んだ偉人として彼を誇り、高く評価していると思う。

一九九二年八月、私はベルリンの旧東ドイツ側に行ってみた。マルクスとエンゲルスの像はまだ、アレクサンドル・センターの真ん中の一風変わったテレビ塔の近くに残っていた。スターリンの像は一九五六年に破壊され、レーニン像は一九九〇年の初めに引き倒された。しかし、マルクスとエンゲルスの像はそのままだ。私が見た限りでは、ドイツではその彫像を破壊しろと要求する者は誰もいなかった。奇妙に思う人もいれば、何とも思わない人もいるだろうが、西ベルリン側では、カール・マルクス大通りと名づけられたメイン・ストリートがある。最大の反共の砦の中で、カール・マルクスの名声はいまだに健在なのだ。

パリでと同様ベルリンでも、私はジャーナリストや大学教授たちと、マルクスや、弁証法的唯物論や、彼が剰余価値説を確立するに至った商品生産、労働力、賃金、利潤の理論について話し合った。フランスや、イギリスや、アメリカと同様、ドイツでも経済学と政治経済学専攻の大学生、大学院生には、研究資料や参考書として、マルクスの講読は必修となっていた。

この二年間、私は各図書館でマルクスの著作を読み直し、マルクス主義に関する西側の学者の著作を読み耽った。そして、マルクス主義の欠点と誤りは二つの部分にあるようだと思うようになった。一つはマルクス自身の誤りと欠点、もう一つは彼の弟子を自認する人々の誤りと欠点である。世界各地のマルクス主義者が、その主義をどう受け継ぎ、それにどう対処したかが問題なのだ。

マルクス自身の最大の誤りは、おそらく史的唯物論にあるだろう。彼は社会の発展を、原始共産社会から奴隷社会、農奴社会、そして封建社会、資本主義社会に至り、その後社会主義社会に移行する、というモデルで単純に表した。社会主義以前の各制度については、すでに現実となっている事実を観察して記録しているのだから、理にかなっている。生産力と生産関係の相互作用の理論は非常に明確で、マルクスがその中で生きた資本主義制度についてまでは、これを検証することができる。しかし、資本主義から社会主義に移行する部分と社会主義の内容には問題がある。この問題に、マルクスの誤りと欠点がかなりはっきり現れている。

実際には、各国の社会は、マルクスが生きていた時代でも、彼のモデルと比べると遥かに複雑であった。純粋に一つだけの生産方式でやっている社会は、まずほとんどない。ある地域では、封建制度の中でまだ遅れた奴隷制度が残っており、それが一部の初期的資本主義様式と共存している。それらすべてが重なり合っている。マルクスは、このアジア的生産様式についてはわけがわからず、明確に示していない。アフリカの各生産様式も複雑で込み入っており、マルクスの単純すぎるモデルでは説明できない。

マルクスのもう一つの誤りは、帝国主義について単純で主観的で短絡的に考えたことだ。帝国主義は資本主義の発展段階の頂点にあり、そこまで行き着いた資本主義は衰退して滅亡するというのである。レーニンはマルクスのこの説を発展させた。実際には、帝国主義は資本主義の最初、あるいは途中の段階でしかない。植民地への侵略と搾取の時代を通じて、資本主義は拡大し、自らの生産様式を強化し、資本主義がさらに発展するための条件を作ったのだ。植民地を手離し、非植民地化が進んだ後でも、資本は高度に集中し、蓄積されていた。これはマルクスの予想外のことだった。加えて、国際的な資本主義が発達して、新植民地主義による経済帝国主義が発展すると、資本主義はさらに勢いを得たのである。

マルクスのさらに大きな誤りは、暴力革命とプロレタリア独裁を提唱し、暴力を新たな政治制度に移行する唯一の手段とみなし、他の闘争手段を軽視したことである。『フランスの内戦』の中で、マルクスは「暴力は革命の産婆である」と繰り返し主張している。蜂起が成功した後の段階に関する理論で、勝利を確かなものにするために新たな民主的制度を築くことをマルクスは軽視しているのだ。つまり、市民権というものを重要な武器として、市民一人一人の自覚によって新たな民主的社会、市民社会を建設することを重視していないのである。この点についてはグラムシが指摘し、批判して補っている。

マルクスは、現代の資本主義的生産の国際化の本質と、労働運動の国際化の趨勢を指摘している。しかし、彼はやはり主観的で、単純で、労働運動の複雑さ、困難さを認識していない。労働運動は穏健派から過激派まで多くの傾向に分裂し、そのため、高度に発達した資本主義国で同時にプロレタリア革命が起こるということはない。その一方で、資本主義は、確固たる国際的な同盟のネットワークを速やかに作り上げてしまった。マルクスの「国際労働者階級」なる概念は、今に至るもまだ現実になっていない。

労働者階級の絶対的な貧窮化という論点も、主観的で教条的な推論のために誤りに陥っている。新しい科学技術によって生産が発展した時、その社会の生産効率は飛躍的に高まり、労働者の生活も改善され、彼らは合法的な闘争を通じてかなりの権利を勝ち取ることができる。一週間の労働時間は、かつては八二時間とか七五時間だったのが、現在では四八時間とか四二時間、あるいは三九時間に減り、週休は二日、年次有給休暇は二週間から三週間という状態にまでなっている。マルクスはそのことを予見できなかった。失業手当てや失業保険、健康保険なども労働者が闘って勝ち取ったのだが、マルクスはこういうことも予見できなかった。

これらの権利は非常に大きなもので、市民社会における市民と労働者の権利を強化する闘いを通じて、さらに大きくなっていくだろう。これらの権利には非常に多くの具体的な規定や細目があって、語り尽くせないほど多くの側面がある。マルクスの時代では、そのイメージさえ湧かなかっただろう。マルクスはまた、多くの労働者が株主として経営に出資し、会社の運営に携わることも考えなかった。

マルクス主義には他にも誤りがたくさんある。というのも、聡明な頭脳を持ち、優れた論理と予測を展開しながらも、マルクスはなお具体的な歴史の環境に支配されていたからだ。何十年も先の経済と社会の発展を正確に占ったり予言することは誰にもできない。カール・マルクスは一八一八年に生まれ、一八八三年に六五歳で亡くなった。彼は蒸気機関や電力の奇跡しか知らない。原爆や水爆の威力を知らないのだ。その後コンピューターやスーパー・コンピューターが発達したことも知らない。人工衛星やスペースシャトルや大陸間弾道ミサイルは、今では子供でも知っており、高校生ならみな製造原理と使用方法が理解できるが、マルクスはこういったことも知らないのだ。もし彼が生きていたら、六歳の子供でもカラーテレビをつけたり消したりできるのを見て、たじたじとなるだろう。

マルクス主義のさらに大きな間違いは、彼の死後に誤った扱いを受けたことだ。後継者たちはマルクスを持ち上げ、神格化し、今日の世界のあらゆる変化をはっきり予見できた予言者として彼を賞賛したのだった。もし彼が今まで生きていたら、きっと自分の主義に多くの点を補い、修正していただろう。学者として、マルクスは、すべての事物は突然の質的変化を伴いながらつねに発展すると考える弁証法的唯物論を発見し、応用したのだから、きっと彼の意見や観点や理論も彼が残したものとは違ったものに発展し、変化し、突然変異する（否定の否定）に違いない。彼のマルクス主義は、今でも相変わらず「マルクス主義」と呼ばれているものとはまったく違っていただろうし、違うものになっていくはずだ。彼が死んでから一一〇年の間に、どれほどの変動があったことか。一〇年先を予見することさえ困難になった。一〇〇年先を予見するなど、無謀な冒険にすぎない。

ロシアの雄レーニン

ハノイのディエン・ビエン・フー通りの傍の旧カイン・ノン花園に、東南アジアで唯一のレーニン像が立っている。

レーニンは片方の手を上着の襟にかけ、片方の手で前方の軍事博物館の国旗掲揚台を指した姿で立っている。一九八七年にハノイで一〇月革命七〇周年が祝われた時、歩道の上にこんな詩を書いて揶揄した者がいた。

ロシアの雄レーニンよ
あなたはなぜこの国の花壇にやって来たのか
顔を上げ、前方を指さして
この国の社会主義はまだまだ続くと言っている。

また、道徳が衰えて、盗みと賄賂が横行する惨めな世相を、こんなふうに皮肉り、風刺した者もいた。「ハノイにやって来たばかりのレーニンは、片手で懐中の財布を押さえ、片手で指さして『泥棒！　泥棒！　そいつを捕まえろ』と叫んでいるんだ」

一九九一年九月二日の建国記念日に、こっそりと像の台座に登って、ぼろぼろの菅笠をレーニンにかぶせた者がいた。夜が明けてから、警察官が像によじ登ってそれを取り除かなければならなかった。ベトナム人は、もともとこのように政治を風刺するユーモア感覚を持ち合わせている。プロレタリアの指導者が統治しているからだろう。

マルクスと同様、レーニン（一八七〇～一九二四年）も、過去半世紀近くベトナム共産党とベトナム国民の生活に最も深い影響を与えた人物である。

レーニンはつねにマルクスの忠実な弟子を自認し、マルクス主義を創造的に発展させ、新時代を開くためにマルクス主義を現実の闘争に応用した人物として称えられている。新時代とは、「ソ連と全世界の一〇月革命の時代」である。レーニンの論理はマルクスのそれとは違っており、むしろ正反対である。つまり、ロシアのような「帝国主義の最も弱い環」で、プロレタリア革命が成功するという論理である。

マルクスはその時代に、プロレタリア革命は西欧諸国のように経済が最も発展し産業労働者が階級意識に目覚めた国々だけで、同時に成功するものと考えた。レーニンの論理は正しかったか、間違っていたか？　ソビエト連邦とソ連共産党の崩壊によって、この論理は主観的で、性急で、強引な性格のもので、唯意志的な思考の産物だということが証明された。

レーニンはまた、暴力革命と階級闘争のイデオロギーを極端な形で適用し、武装蜂起と内戦の役割を強調するようになっていった。共産党の役割も過度に絶対化され、党をプロレタリア階級から切り離し、経済社会生活から切り離し、唯一の前衛政党が弱小な労働者階級を取り込んで後進国においてプロレタリア革命を成就させるのだという、主観的で唯意志的な考え方をした。

レーニンがベトナムに「出現」したために起きた最大の災いは、第一に、遅れた農業経済の国でベトナム共産党が自らの役割を強めたことと、第二に、民族の諸問題が見えなくなるほど階級闘争が強化されたこと、第三に、資本主義の発展段階を経ずに社会主義へと移行するという性急なやり方に走ったことである。そのツケはあまりに大きかった。民主的な法制に従い、広範な市民権に基づいて市民社会と真の民主主義を築くという要求を軽んじ、なおざりにしてしまったのは、レーニン主義の影響に他ならない。党が国家の上に立ち、最高位を占め、国家のあらゆる権力を独占し、国家を強権的なまでに支配し、「党は法律であり、国家である」という状態にまでなったのは、共産党がソ連とレーニンから学んだ結果なのだ。この過ちはあまりにも重大だった。現在でも、党を国家と切り離すと決定したにもかかわらず、この二つの実体は相変らず固く癒着して、多くの弊害を生んでいる。

右のような考え方に従って、レーニンはまた民主集中制*の理念、もっとはっきり言えば民主的な性格を帯びた集中制を提唱して、党内部でも、社会でも、民主的な権利を制限した。その結果、独裁と専制に陥り、民主主義を壊滅させたのである。したがって、ソビエトの民主主義はブルジョア民主主義の一〇〇〇倍も値打ちがあると主張した時、レーニンは自己矛盾に陥ってしまった。あきれるほどの皮肉である。ベトナムで、民主集中制の理念が全社会にもたらした災いはごまかしようがない。ベトナム共産党の中の民主主義はゼロで、社会の中でもやはり「大きな卵［ゼロ］」である。

共産党のリーダーたちは、レーニンを革命の師と仰ぎ、自らその忠実な弟子をもって任じた。そのレーニンがベトナムに出現したために、このような過ちが起こったのだ。今やもう盲目的に追従している時ではない。客観的に、冷静に、レーニンを正面からありのままに見るべき時が来ているのだ。ホー・チ・ミンの遺書の中に、「私がマルクス、レーニンに会いに行く時」と言っている部分がある。それは、プロレタリア独裁があらゆる大計の礎とみなされ、階級闘争がベトナム社会の発展を貫く赤い絆とみなされた、歴史の一時期を記している。この二つが組み合わさって破壊のシステムを形作り、民族の団結心と伝統的な友愛の精神、市民の民主的権利、法律による生活といったものをうち壊し、現在の救いようのない悲劇と停滞をもたらしたのだ。その原因は深いところにあり、つきつめれば、ベトナムの全共産党員と公務員、人民すべてが、マルクス・レーニン主義に従った徹底的な教育を受けた時にまで遡る。われわれは民族のあらゆる知性と血と汗の努力を費やして、その教育を受け入れたのである。

私は、アフリカはエチオピアの首都アジスアベバの中央広場で、六メートルの高さのレーニンの銅像を仰いだことがある。像はアフリカ諸国機構の堂々たる本部の建物を見下ろしていた。一〇年前、エチオピアの国家元首で、マルクス・レーニン主義を標榜する政党の党首でもあったメンギスツ・セラシエがその像を建造し、「レーニンとレーニン主義はアフリカに根付いた」と大喜びで認定した。ところが、一九九一年の末にその銅像は引き倒され、かつて何度もモスクワに出向き一度はハノイにも来たことのあるメンギスツ・セラシエ閣下は、祖国エチオピアを捨てて逃げ出し、一九九二年六月にジンバブエに定住を申請したのだった。歴史上の栄枯盛衰を考えさせる出来事である。

＊民主集中制　共産党における民主集中原則とは、すべての党員が平等に議論に参加すること（民主）、すべての党員が党の決定に従い、個人は組織に、少数派は多数派に、下位レベルは上位レベルに、地方は中央に従うこと（集中）と説明されており、この民主と集中は両立するものとされている。

モスクワではレーニンに関するジョークが流行している。ある日、レーニン廟に入った人が、レーニンの遺体がどこにもないのを見て仰天した。その近くの台座の上に、このように書いた紙きれがあった。「私はスイスに戻る旅に出る。すべて最初からやり直さなければならないのだ。署名・レーニン」（一九一七年の初め、レーニンはスイスにいて、ロシア国内の情勢を見ながら革命運動を指揮していた）。さらにもう一つのジョークを、ロシアの若い作家が私に話してくれた。ある日、文豪マキシム・ゴーリキーがレーニンを飲みに誘った。二人は生き返ったばかりで、会えて喜んでいたのだ。誘いを受けたレーニンは、少し考えてからこう答えた。「親愛なる同志マキシム君、お誘いは大変嬉しいが、昔の教訓があるので、今日のところは半ルーブル分のウォッカだけで勘弁願いたい。昔、一ルーブル分も飲んでしまって、うっかり『ロシアで共産主義は単独で完全に勝利するだろう』と大ぼらをふいて、それをプロレタリアの連中に聞かれてしまったんだ。私は酒の勢いでとんでもないことを言ったと謝罪したよ」。これもまた、辛辣で味のある民間伝承の一つである。

封印された政治報告

一九九〇年に、レーニングラードの街の名前がペトログラードまたはペテルスブルグと改められた時、ハノイの宣伝当局は、そのことをさりげなく伝えただけだった。指導部の保守的な教条主義者たちは、一九九二年四月一五日に採択された憲法に、マルクスとレーニンの名を書き入れようと再度頑張った。彼らは憲法の前文に相変わらず「マルクス・レーニン主義とホー・チ・ミン思想の光の下で」という文言を組み入れ、第一章「政治制度」の第四条で「ベトナム共産党はベトナムの労働者階級の前衛であり、労働者階級と労働人民と民族全体の権利を忠実に代表し、マルクス・レーニン主義とホー・チ・ミン思想に基づいた国家と社会の指導勢力である」というお題目を繰り返した。それゆえ、彼らは、ロシアが街の名前を変えたのは誤りで、浅薄な行為であり、帝国主義に毒されて右傾化した日和見主義だと考えたのである。ハノイの指導者たちは、深い決意でその類稀なる都市にピョートル大帝の名を復活させた、ロシアの良心的な知識人や市民の真の意図と気持ちを理解できなかった。

それゆえ、ベトナムで民族主義的な真の民主主義のために闘っている人々は、最近のロシアの政治情勢をベトナム国民が正しく理解するために、まだいろいろな努力をしなければならない。ベトナムでは事実が隠され、歪曲されているからだ。

避けて通れないのはスターリンの問題である。一九九〇年の中頃、党思想・文化委員会の指示で、すべての新聞、ラジオ局、テレビ局では、「多元化」と「スターリン」の二つの言葉が禁句となった。二つのタブーである。従わない者は重罰を受け、たちまち職を失うことになるだろう。

なぜスターリンがこれほどまでにタブーになったのだろう。

なぜなら、スターリン（一八七九～一九五三年）は、マルクス・レーニン主義とはかけ離れていても、マルクス、レーニンと共に、遥か彼方の東南アジアの地に消え難い足跡を残した人物だからである。ベトナムの子供たちは、幼稚園の時からスターリンへの絶対の尊敬を強いられ、口髭のスターリンの写真を拝まされ、写真の下で歌わされたからである。御用詩人トー・ヒュー★のこのような詩も残っている。

　スターリン！　スターリン！
あなたをこよなく敬愛する　私たちの歌声を聞いて下さい

私たちが心から呼ぶ「スターリン」という声を。

（この詩人はどうかしていたのだろうか？　やっと片言で話せるほどの子供たちにとって、「スターリン」と発音するのは非常に難しいのに）

その後、トー・ヒューはさらに「一〇月革命の歌」という詩の中で、このようにスターリンを褒め称えた。

スターリンに歓呼を送る
何世代にもわたって聳える大樹のような彼に
涼やかな平和の木陰を作り
風を遮って立つ大樹に。

果たして、スターリンに対するトー・ヒューの認識は、今はどうなっているだろう。少しは変わったのか？　相変わらずそのままか？　それとも、さらに度を加えているのだろうか？　自分はうっかり間違ったと言っても、その間違いは軽いものではない。特に、過去のスターリン崇拝が度を越していた場合には。

ベトナムの国民とベトナム共産党員は、スターリンに関するこの重要な文献をぜひ読むべきだと思う。つまり、一九五六年二月のソ連共産党第二〇回大会でN・フルシチョフが読み上げた、スターリンに関する秘密報告である。秘密報告なので、ソ連はそれを公表しなかった。ソ連側では、兄弟諸国の各党代表団の団長に、原文を公開しないという条件で資料を配布した。ベトナム労働党（現共産党）代表団長チュオン・チンは、その特別な資料集を慎重に扱った。

この資料は、第二〇回党大会でやはりフルシチョフがスターリンの個人崇拝を批判した報告文よりも、遥かに詳しいものだった。大会の直後、秘密報告は、第二〇回党大会に出席したポーランド共産党代表団のザムブロースキーによって、ポーランド共産党の中に漏れてしまった。ベトナム共産党を含む他の国々の党は、この資料を厳重に管理し、政治局の内部で回し読みしただけで、党中央委員会には原文を公開しなかった。どの国の党にも多かれ少なかれ個人崇拝があったので、彼らは連鎖的に騒ぎが起こるのを恐れたのである。彼らは一般党員と民衆が強い反応を示すのを恐れた。民主主義とはいえ、民主集中制をとっていれば、こういうことは当然だった。フランスに来てから、私は最近初めて、この資料の五〇頁を超える原文をすべて読むことができた。

スターリンの犯罪、そう、確かに犯罪と呼ぶべきものは、ソ連共産党の特別委員会によって追究され、調査され、明らかにされている。スターリンこそ、自分の意見に背く者はすべて「人民の敵」として排除した最初の人物だった。スターリンこそ、自分に背く者に「罪」を白状させるために、虐待や拷問で脅しをかけ、あらゆる極刑を与えた人物だった。

一九三四年のソ連共産党第一七回大会で選出された一三九人の中央委員と候補委員のうち、その後、特に一九三七年と三八年の二年間で、九八人が「人民の敵」として投獄され、銃殺された。第二〇回党大会に出席した代表者は、それを知った時には茫然となり、パニックに陥った。第一七回大会に出席した一九五六人の代表者のうち一一〇八人が、その後スターリンによって「反革命」の汚名を着せられ、逮捕されていた。つまり、半数以上が逮捕されたことになる。一九三三年のキーロフ暗殺は、自分の意見に賛成しない指導者を抹殺しようとスターリンが仕組んだものだ。後に、この暗殺事件に関与した者はみな次々に裁かれ、罪を清算した。

スターリンは非常に恣意的に「反動」とか「党の敵」「人民の敵」「帝国主義のスパイ、手先」などの呼び方を使い、その悪辣な専制に従わない者を日に日に大規模にすべて弾圧した。それは、「社会主義建設が進むほど階級闘争は激化し、敵の数は増え、危険も増す」という、彼の有名な命題に基づいて行なわれたのだった。スターリンは、自らスパイ機関と治安当局を支配し、正直で良心的な人々を何のためらいもなく逮捕し、拷問し、暗殺していった。彼は、すべての判決は直ちに執行されなければならず、異議申し立てや再審は許されない、という命令を出した。

スターリンは、部下に命じて、でたらめにでっち上げた「裏切り者」のリストを作らせ、自分でそれをチェックして、三八三冊のリストに載った数万人の人々を処刑した。彼はまた、レーニングラードにおける大きな裁判に続いて、「反逆者の医師たち」を大々的に告発し、治安担当相イグナチェフ（一九五六年当時はまだ生きていて、第二〇回党大会にも出席していた）を、「もし君が、あの医者から罪を認める自白調書を取れなかったら、クビにするぞ」と脅した。二万五〇〇〇人を超えるポーランドの捕虜をカチンの森で殺すよう命令し、それをファシスト・ドイツの仕業に見せかけようとしたのもスターリンだった。最近初めて、この虐殺に加わった九〇歳近くになるソ連軍の元将校が、モスクワ・テレビでこの事件について語っている。

優れて人道的なソビエト体制の名の下で、何百万という富農の家族——実際は、大部分が中農の上層で、社会で最も農業技術に長けた階層の人々だった——を酷寒のシベリアの地に追放したのもスターリンだった。サハロフ博士はスターリンの重大な犯罪を振り返って、「スターリンのさらに大きな罪は、自分の犯罪によってソ連社会全体の活力を麻痺させてしまったことだ」と述べている。

一九七五年以後にベトナムで作られた何百という再教育キャンプ*を思い出すと、私は身震いする。何十万もの人々がそこに追いやられ、苛酷で屈辱的な労働を強いられ、その中で病気になり、死んでいった。妻子はとり残され、家庭は崩壊しているのに、政府はそれでも人道的な政策だと開き直っていた。そして、社会の反応はまったく鈍かった。人間が同胞の凄惨な苦しみに無感覚になるとは、何と恐ろしいことだろう。

さて、そのスターリンは、ベトナムに多大な影響を及ぼした。スターリンが手ずから検分して修正を施した、六〇〇〇頁を超える分厚い『ソ連共産党史総括』は、ハノイのス・タット〔事実〕出版社によって一〇回以上も版を重ね、ベトナムの高級幹部たちの座右の書となった。この本は、ホー・チ・ミンがカオ・バン省パク・ボの洞窟にいた時に、ベトナム語に翻訳したものだ。この本では、自分を持ち上げようとするスターリンの意図に従って、歴史が歪曲されている。単純な暴力革命の理念と、プロレタリア独裁の極端な原理、社会主義に移行するにつれて階級闘争も激化するという命題が、スターリンによって大袈裟に描かれている。教条主義に染まったために、ベトナム共産党、特に党指導部が各国共産党の中で最もスターリン色の強いグループになってしまったことは否めない。盲目的にスターリンを崇拝する精神は、何も詩人トー・ヒューに限ったことではない。それは現在の政治局や中央委員会に、非常に根強く残っているのである。

＊　再教育キャンプ　改造教育センターとも呼ばれる強制収容所。一九七六年一二月の第四回党大会で、南部ベトナムにおける早急な社会主義的改造、社会主義建設が決定された。南部ベトナムの住民は抗米戦争中の立場によって分別され、旧南ベトナム政府と軍の関係者二〇万人以上が各地の収容所で社会主義改造教育を受けた。口絵写真参照。

スターリンの大著『社会主義経済の諸問題』も、世界各国の共産党員の座右の書だった。スターリンが発見した社会主義の基本法則と九つの必然的法則が、この中で紹介され、解説されているが、これはまさに現存社会主義国が被った災厄と停滞の元凶だった。重工業を中心に据える工業化の法則から生産関係の改造、私的所有の廃止から徹底した計画化まで、柔軟性のない機械的なやり方で進められた。その結果、党が支配権を独占し、社会主義リアリズムという唯一の形式に沿った文化活動しか認めなくなった。これらはみな、社会の生産にはかり知れない損失と混乱と破壊をもたらし、国民を悲惨と貧困と停滞の極みまで追い詰めた根本的な誤りである。

カリフォルニア大学のバークレー校で出会ったあるロシア人の教授によると、スターリンは自然や社会について体系的に研究したわけではないのに、自分が何でも知っていて学問に干渉できると思い込んでいた。スターリン自身は「いわゆるアジア的生産様式などどこにも存在しない」と断定し、この問題についての議論を禁止した。また、社会学という分野は存在せず、史的唯物論に含まれると強引に決めつけた。さらに、計量経済学というものも存在しないと決めつけたのである（現在では、計量経済学は非常に発達しており、計量経済を専攻する学部もあることは周知の通りだ）。彼は、当時のこの分野の研究者たちを統計委員会に移すよう命令し、そのせいでソ連は計量経済学ではたち遅れてしまった。ソ連がこの分野で非常に遅れていることは、一見しただけで明らかだ。

さらにスターリンは、『マルクス主義と言語の問題』という本で、言語学の権威であるマレの論理を、何もわからないまま批判している。生物学については、「博学のスターリン」は、遺伝学の論理に従う者はみな反動的な人間だと決めつけた。そして、似非《えせ》学者ルイセンコの研究を過大評価し、優れた生物学者バビロフを銃殺刑にしたのである。

スターリンの唯意志主義は、ベトナム民族に言い尽くせないほどの損失を与えた。ベトナムの指導者たちは、その主観的な発想に従って、ダー河の水力発電所建設の技術的な問題を極めていい加減に扱った。岩に穴を穿って水を通し、核戦争に備えて(!!)、はかり知れない時間と材料と金を浪費したのだ。ホア・ビン［ホア・ビン省］からサイゴン［現ホー・チ・ミン市］やカン・トー［カン・トー省］にまで電気を送るために、現在南北ベトナムを縦断する送電線が建設されているが、これもスターリン的発想によるもので、決定はずさんで、行政は独断的で、技術者は従順に何にでも喜んで従うしかなかった。

スターリンは『マルクス主義と民族問題』という本も書いたが、民族問題では彼自身が最大の誤りを犯している。内戦の後、彼は多くの少数民族に、先祖代々の居住地から他の土地に移住するよう命じ、各民族を遠く離れた場所に追いやった。カラチャイやチェチェン、イングーシ、バルカルなどの民族をである。現在カラバフ地域で起きている民族紛争*は、スターリン時代の強制移住政策の結果である。

スターリンの専制的な態度、つまり、知識を軽んじ、技術者を家来のように考え、民族を軽視するやり方は、兄弟社会主義諸国に伝わり、ベトナムにも取り入れられ、深く根づいてしまった。彼を見習って、ベトナム共産党の指導者たちは学問を疎かにし、学もないのに厚かましくもあれこれ演説をし、学校でいい加減な政治理念を学者たちに教え込もうとさえした。少しでも早く理論認識の非スターリン化を図るべきだったのだが、ベトナム共産党の最高指導者たちは荒唐無稽な偶像を守るために、

＊　一九九〇年一月、アゼルバイジャン共和国でアゼルバイジャン人とアルメニア人の衝突が発生、同共和国のナゴルノ・カラバフ自治州に非常事態宣言が出された。

スターリンについて触れることを禁じ、それをタブーとした。民族と国民に対して、これはあまりにも無責任な態度である。彼らはいつまでこの崇拝を続けるつもりだろうか。本家本元のソ連ではスターリンが葬り去られて久しいというのに。

党中央委員会の政治局員であるダオ・ズイ・トゥンとグエン・ドゥック・ビンは、一九九二年までは相変わらずこう主張していた。「何であれ、スターリン同志は欠点より功績の方が大きかったのだ（彼らは敢えて「犯罪」という言葉を使わずに「欠点」と言った）。ファシストとの戦争で勝利したのだから、大元帥スターリンは、やはり最大の功労者だ」というのである。まったく筋の通らない議論だ。

ソ連では、誠実な戦史家、理論家、政治家たちによる何百冊もの文献が出て、スターリンによる功績の記録が捏造され、過大評価され、欠点は念入りに隠されていたことを証明しているのだが、ベトナムの指導者たちはそういうことも知らないのだから驚きである。スターリンはまったく主観的に、ヒトラーが独ソ不可侵条約を尊重する「善意」を持ち、「物事をわきまえて」いるという幻想を抱いていた。その結果、ソ連の大本営は警戒を怠り、ソ連は受け身になり、不意を突かれ、軍は大規模な後退を強いられ、何百万という国民と兵士の命が犠牲になったのだ。

後のソ連の戦功は、ジューコフのような名将たちの戦術的な手腕によるものである（後にスターリンは、「厚かましくも」スターリン以上の能力を見せたジューコフ元帥の態度は卑しい、と悪口を言っている）。一〇名以上もの有能な将軍たちの功績を横取りすることで、スターリンがまた一つの罪を犯したことは、はっきりと証明されている。

それゆえ、ハノイの教条主義的な共産党指導者たちが、「偉大な」指導者スターリンの神聖さを守り、全党と社会がスターリンの犯罪について触れるのを禁じたところで、何にもならないのである。

ソ連人自身が、彼を野蛮な血に飢えた男、三〇年以上も権力の座にあって横暴をふるった残虐な野獣、ソ連社会と国民および世界に、極めて重大な損失を与えた男として告発しているのだから。

モスクワでは、アルバート通りの歩道に書いてあった、こんなジョークが話題になっていた。スターリンが狩りに行く準備をしたが、狩るのは熊だけと決めた。すると、その他の動物たちは、おとなしいウサギから臆病なリスまで、みなたちまち逃げてしまった。なぜなら、動く動物なら何でも射殺するのがスターリンの本性で、熊だけを撃つと嘘を言うのは、できるだけたくさんの種類の動物を殺すためだったからだ。

スターリンは、ベリヤのような腹心の部下を何人か側に置いていた。ある日、スターリンはベリヤを呼びつけて言った。「私はパイプを盗まれた。直ちに犯人を捜して捕えなければならん」。半時間後、スターリンはベリヤを部屋に呼んで言った。「パイプが見つかった。あの引き出しに入れて忘れていたんだ」。ベリヤは素早く言った。「偉大なる同志スターリン、同志のかけがえのないパイプを盗んだと認めた奴らの自白調書が、ここにちょうど二〇〇あります」

これは荒唐無稽だが、いかにもありそうな話で、スターリンとその手下の、悪辣で愚かな心を巧みに表現している。こういうところにジョークの真髄があるのだ。

もう一つ、こんなジョークがある。スターリンが死ぬと、すぐに緊急の党中央委員会が招集された。モロトフが「スターリンが亡くなった」と弔意を述べると、みなは沈黙した。突然、一人の政治局員の声が響き渡った。「実に重大な事態だ。それではわれわれの中の誰が、偉大なるスターリン同志にこの恐ろしいニュースを伝えたらいいんだ？」。実話ではないが、スターリンは死んでからも、部下にこれほどの恐怖心を抱かせる存在だったということだ。

登る太陽、沈む太陽

かつて、中国でこんな意味の歌が広まっていた。

毛沢東よ
登る太陽が現れた
中国に毛沢東あり……

最後の歌詞は、「彼こそ人民の救世主」というものだ。

一九五〇年から七八年までの時代、ベトナムの人民書店や公営書店には、毛沢東の書物が溢れていた。ハノイの国立図書館では、毛沢東の本が最も基本的な「経典」として配置されていた。各機関の図書館をはじめ、各地区、学校、企業の書棚まで、すべて毛沢東の著作が溢れていた。『持久戦論』『新民主論』『実践論』『矛盾論』『人民内部の矛盾』などが大量に印刷され、初級から中級、高級幹部までの党員の正式な学習カリキュラムに組み込まれていた。一九五一年二月、ヴィエト・バック〔中国と国境を接する山岳地帯〕の抗戦拠点で第二回党大会が開かれた時には、毛沢東に対する盲目的な崇拝は頂点に達し、代議員は全員一致で党の新規約を採択した。それは、白い紙に黒いインクで、「ベトナム共産党はマルクス・エンゲルス・スターリン主義と毛沢東思想を礎石とする」と明記されたものだった。

毛沢東思想という輝ける太陽は、その後しばらく「地主」階級〔しかし大部分は富農か中農上層の農民〕

を告発する闘争が荒れ狂っている間、北部のあちこちの農村を照らし続けた。妻が夫を、子供が父親を、嫁が夫の父母を告発し、兄弟どうしも互いに告発し合った。みな断固たる階級的立場と深い階級的自覚を持つ忠堅な共産党員であることを示し、マルクス・レーニン主義と毛沢東思想を徹底的に理解し、全党員が学習するための模範となることを顕示した。

「中国の」または「中国的な」特色のある言葉が氾濫した。「強権地主」「悪徳地主」「苦しみの証言」「意見交換」「対話集会」「深い理解」「検討」「反省」「連係」「関連」「懺悔」「告悔」「素直に罪を認める者と、頑固に認めない者」「階級に伏する」「階級的感情」「階級成分の分類」「思想の分類」「中心人物」「一網打尽」「敵愾心をかき立てる」「思想をかき立てる」等々である。

その頃行なわれた人民裁判は、農民の敵愾心を煽り立て、異常なほど盲目的にさせるもので、その結果、一万人以上が銃殺刑にされた。無学で狂信的な群衆が、ヒステリー状態になって、命じられるままに暴走したのだ。毛沢東は、自分が東南アジアの数十億の農民の先頭に立っていると豪語していた。

中国から来た「毛主席の優秀なエージェント」は、土地改革の事実上の主人となった。それら「哲同志」や、「兆同志」や、「王同志」の命令として出される判決やスローガンは、みな偉大なる毛主席の指令だとされた。党の規約は毛沢東思想を礎石とすると定めていたので、ベトナムの「弟子」たちが、何かおかしいとか不合理だとか感じることがあっても、はいはいと頷いてすぐに実行しなければならなかった。

「弟子」たちとは主に誰のことかといえば、党書記長で土地改革指導委員長の地位にあったチュオン・チン、党中央常務委員（政治局員に相当）でターイ・グエンで土地改革の実験指導委員長を務めていたホアン・クォック・ヴィエト、党中央組織委員長兼組織調整指導委員長でタイン・ホア、ゲ・アン、ハー・ティン各省で実験をしたレ・ヴァン・ルオン★、党中央指導委員会の専任委員のホー・ヴィエト・タン★、チュー・ヴァン・ビエン★らである。

　彼らが土地改革に関する「毛主席の重要なエージェント」たちに相対する時には、いつも中国の専門家の意見を受け入れ、何も尋ねず、何も反論しなかった。一九五四～五六年当時、指導委員会事務局で働いていた友人が言うには、「哲顧問」「兆顧問」「王顧問」らは、ただ大きな椅子に坐っているだけで、着物の前をはだけ、時には机の上に脚を載せて、マオタイ酒の杯を片手に、大きな音を立てて唾を吐きちらしながら、ベトナムの運命を決める命令を下していたという。ベトナムにとっては実に悲惨な現実だった。

　見過ごしにできない一つの事実がある。土地改革隊がターイ・グエン郊外のドン・バムの農園に行き、グエン・ティ・ナムという婦人が所有する農園の農民を土地改革に動員した。ナム女史は、一九三七～三八年当時から、まだ地下に潜っていた共産党の戦士たちを支援した人だった。チュオン・チンやホアン・クォック・ヴィエト自身、彼女に匿われ、養ってもらったのである。彼女の二人の息子は、ベトミン*が秘密活動をしていた時代からこれに参加し、解放軍に入り、一九五四年にはその一人グエン・コンが連隊の政治委員になり、もう一人のグエン・ハインは通信中隊の副隊長になっていた。

　中国人の顧問は、彼女が悪徳地主だといい加減に断定した。それは死刑を意味していた。何人かの素朴な農民が、ナム女史は非常に慈悲深い善人で、信仰篤い働き者で、多くの党員や兵士を子供のように養ってきたし、抵抗戦争にも貢献したのだから抗戦地主とみなされるべきだ、と主張した。すると、中国人顧問とゲ・アン出身の土地改革隊長は、彼らが地主の手先で、地主を庇う共犯者だと糾弾した。たちまち重苦しい空気になった。彼らは捕えられて農民たちの前に連行され、人民裁判で銃殺刑を宣告された。

ホアン・クォック・ヴィエトは当時のことをこう語っている。彼はハノイに駆け戻り、ホー・チ・ミンにこの一大事を告げた。ホーはこの話に熱心に耳を傾け、そして言明した。「とんでもないことだ。一人の婦人、しかもかつて共産党員を養い、人民軍連隊の現職の政治委員の母でもある婦人を敵に回して、銃を向けるなど許されない」。そして、チュオン・チンにこの緊急事態を報せ、処刑を止めさせると約束した。

にもかかわらず、実際には何もなされなかった。すべてはもう手遅れだという理由だった。農村に下放されて、土地改革に参加した新聞記者や作家たちが、すでにナム夫人を起訴し、有罪判決を下す文書を作成していた。「毛主席の特別エージェント」たちの主張はこうだった。「ナム老女は、破壊工作を目的に革命組織の内部に潜り込み、高い地位に上ったのである。地主階級の本性は非常に頑迷かつ狡猾、残忍で、革命を転覆させるためにあらゆる手段を使うのだ。やつらがどんな手段を用いようとも、農民はつねに怠りなく自分の敵を見極めなければならない」

私はホアン・クォック・ヴィエトに、この件についてどう思うか尋ねた。一九八七年のことで、すでにドイ・モイ*［刷新］路線下で「率直に事実を語ろう」というキャンペーンが始まっていた。ヴィエトは言った「ホー主席にまで報せたのは正しくなかったし、また彼らに対しても何も言えなかった

＊ ベトミン　ベトナム独立同盟の略称。一九四一年五月、北部のカオ・バン省パク・ボでホー・チ・ミン指導下のインドシナ共産党中央委員会が創設を決定。フランス植民地当局とインドシナに進駐した日本軍の双方に抵抗するために、広範な民族戦線として成立した。

んだ」。彼は嘆息し、そして話題を変えた。「彼ら」とは、天の使者たる毛沢東のエージェントたちのことだ。

この事件には重大な意味があると思う。第一に、ホー・チ・ミンは大きな誤りを犯した。この話について、むしろ何も知らなかった方が良かったのだろう。しかし、知らなかったとしても、国家主席として、党首として、彼にも責任はある。ましてや、彼はナム婦人の冤罪をはっきり具体的に知っていた。にもかかわらず、何も言わずに放っておいたのである。これは無責任な態度と言うしかない。彼が手を動かさなかったら、他の誰がやるというのだろう。彼は、外国の者たちが彼の国、彼の党を踏み荒らし、横暴を働くのをそのままにしていたのだ。実際、彼は自分の地位や責任を放棄したのである。

これは土地改革の実験段階の話だったので、仮にホー・チ・ミンができる限り精一杯介入していたら、土地改革はどのように変わっていたか知れない。以前、彼自身が、民族の愛国心は深く広く、フランス植民地主義者に抵抗したハム・ギ帝★や、ズイ・タン帝★や、タイン・ターイ帝★も愛国者だった、と言明したことがあったではないか。あちこちにどれだけの抗戦地主や、民主的知識人、愛国的郷紳たちがいたか知れない。

「東方の太陽」を崇拝し、北京の「天朝」を崇敬するあまり、ホー・チ・ミンは、周囲の他の指導者たちと全党に理不尽な受け身の態度を強要し、反抗や自衛の可能性を閉ざしてしまった。ホー自身もまた、マルクス・レーニン主義と毛沢東思想を奉った山車《だし》の上に担がれてしまったのだ。ベトナムの党と社会がその車輪に粉砕されているその時にである。

ベトナムが今のように惨めになったのは、その「太陽」と、「太陽」に屈服したわれわれの態度のせいである。少なからぬ原因がそこにあると言えよう。その太陽自身は、一〇年以上も前に歴史の闇に没しているというのに（毛主席は一九七六年に死去）。その時の『ニャン・ザン』は、「中国革命の偉大な父、ベトナム人民の大いなる友人」を悼む社説を第一面に掲載したものだ。

兄弟の分け前

ポーランドでは、現存社会主義体制が崩壊してから、人々の間でこういう笑い話が広まっている。あるソ連人が、ポーランドの友人と、人通りのない道を歩いていて、ふとサイフが落ちているのを見つけた。ソ連人は嬉しそうに言った。「さあ、あそこのロータリーまで行って開けてみよう。そして兄弟として中身を分けようじゃないか」。ポーランド人は即座に言った。「いや、そうはいかない。中身は半分ずつ分けなきゃ」。二人は納得し、握手してにっこり笑った。

なぜかというと、従来はソ連とその属国たる「弟」の国、つまりポーランドのような国との間では、不平等な関係が当たり前だったからだ。だから、「兄弟」として分け合うと、五五対四五とか、七〇対三〇とか、場合によっては九〇対一〇のような割合になってしまうのだ。二人の小さな兄弟がキャンディーを分けるとする。親が上の子に「弟と半分ずつ分けなさい」と言うと、ずるい兄が五五対四五の割合で「半分ずつ」分けるか、それとも自分がそれ以上を取ってしまう。そういうわけで、ポー

＊ ドイ・モイ［刷新］　一九八六年一二月の共産党第六回大会で新書記長グエン・ヴァン・リンによって発表された路線。民主化・公開化、対外開放、市場経済体制の導入を骨子とする。一九七〇年代後半～八〇年代前半の、南部の急激な社会主義改造、カンボジア侵攻、中国との戦争などによる経済的破綻と国際的孤立から脱却するため、経済・外交・軍事など各領域で抜本的な改革が図られた。

ランド人は「兄弟として」分けるという原則を即座に拒み、五〇対五〇で分けようとしたのだ。

兄弟諸国間の平等とは、かくも美しく高尚なものなのだ。最近、フランスのミッテラン大統領がベトナムを公式訪問した時、世界のメディアはこのように論評した。今振り返ると、共産党が四七年以上前に北部で政権を取り、その後全国を支配するようになったのに、ソ連や中国の「大統領」は誰もハノイを訪問したことがない。ゴルバチョフは一九八二年にベトナムを訪問しているが、当時彼はまだソ連のナンバー5で、農業計画を担当していた。スターリン、フルシチョフ、ブレジネフ、アンドロポフ、チェルネンコ、そして毛沢東、鄧小平、江沢民、いずれもベトナムの地を踏んだことはない*。片や、ホー・チ・ミンをはじめ、トン・ドゥック・タン★、レ・ズアン★、チュオン・チン、グエン・ヴァン・リン、ドー・ムオイは、何度北京やモスクワを訪問したか知れない。大きな兄たちに対する末弟の立場とは惨めなものだ。

第七回党大会の前後には、グエン・ヴァン・リンやファム・ヴァン・ドン★、ドー・ムオイ、ヴォー・ヴァン・キエット★、レ・ドゥック・アイン★らベトナムの最高指導者たちが中国を訪問した。それなのに、中国からは最近やっと李鵬が訪越しただけである。そして、レ・ドゥック・アインは、地方都市である成都にしか受け入れられなかった。香港の新聞は、鄧小平はレ・ドゥック・アインに向かって、「あなたはクメール・ルージュの兄弟たちと事を構えるという大きな罪を犯したのだ。われわれはそれを忘れてはいない」と毒づいたと伝えている。

にもかかわらず、グエン・アイ・クォック党高級学校では、「プロレタリア国際主義に基づいた、完全に平等で純粋無垢の、社会主義陣営の兄弟諸国の新しい関係」について長たらしい講義さえしているのだ。教員たちは、明白な事実を用心深く隠し、事実でないことを肯定して恥じることもない。

真理を堅固に着実に守ると彼らが言っているのは、実はこういうことなのだ。

マルクス・レーニン主義が「兄」にあたる国によって実際に運用された時には、その傲慢かつ専制的、強権的、家父長的な態度で、民族の独立と主権をぶち壊したというのが現実なのだ。「チトーの奴をひっくり返すには小指一本で十分だ」（ソ連共産党第二〇回大会におけるフルシチョフの秘密報告）という、スターリンの非常に象徴的な言葉がある。

ベトナム共産党が二〇万近い軍隊をカンボジアに投入して、そこに一〇年も駐留させたのは、ブレジネフの特異な「制限主権論」を適用したからに他ならない。ブレジネフは、全ソ連の名誉元帥にふさわしい軍事の天才と称えられたこともあったが、彼の最も新しい功績といえば、一九七九年にソ連軍をアフガニスタンに投入したことで、そのために両国ははかり知れない犠牲者を出したのだった。

ベトナムの指導者たちは、党員と国民に対してそれぞれ違う理屈を唱えた。党内部では、カンボジア介入はプロレタリア国際主義の義務であり、革命運動を強化して、他国に拡大するのだと説明した。そして国民と諸外国には、（ベトナムが作り上げた）カンボジアの運動、カンボジアの戦線、カンボジアの政権からの要求に基づくものだと説明したのである。自分で自分を他人の家に招待したようなものだ。

国連の圧倒多数の反対決議や、各国の経済制裁にもかかわらず、ベトナムが軍隊をカンボジアに一〇年も駐留させたのは、兄であるソ連を手本とし、兄弟国キューバが、アンゴラやエチオピアやモザンビークに志願軍を派遣したのに学び、またそれと競争したためでもあった。

クメール・ルージュの共産勢力は、キェン・ザン、アン・ザン、ロン・アン、テイ・ニンからラム・

＊　江沢民主席は一九九四年にベトナムを訪問。

ドンに至る国境地域各省のベトナム人を虐殺した。カンボジアにおけるジェノサイドは、ベトナム軍をカンボジアに投入する理由となった。カンボジアの人々がベトナム軍の介入を熱烈に歓迎したのは事実だ。おかげで彼らは死を免れ、殺人的な多くのシステムから解放され、都市も、貨幣も、市場も、学校もない奇怪な制度から逃れることができたのだから。もしベトナム軍が二、三年後に、落ち着いたカンボジアから撤退し、この国をそのままカンボジア人と国連の手に委ねていれば、理にかなった崇高な行為であったろう。しかし、インドシナ三国の共産主義連盟という誠に結構な代物を作りたいがために、一〇年も駐留し続けたのである。

ベトナムの指導者たちは、戦略に関しては非常に主観的に考えていた。そして、軍隊の駐留にかかる莫大な費用を国民に負担させたのである。五万人以上の若い兵士が命を失い、二〇万人近くが負傷した。カンボジア人の死傷者はそれよりもっと多い。戦闘のために極めて巨額の軍事費が費やされた。ベトナムは長期間にわたって一五〇万から一七〇万の軍隊を抱えていたのである。ベトナムの政治、経済、財政、そして社会心理が混乱の度を加え、遂に今日のようにまでなった直接の原因はみなここにある。カンボジア侵略を理由に、全世界がこぞってベトナムに禁輸や経済封鎖で制裁を加えた。この戦争を指導した権力者たちの罪は非常に重い。実際、一九八二〜八三年頃からすでに、カンボジアの泥沼から脱出すべきだという声が出ており、すぐに撤退しなければ手遅れになるという切羽詰まった提言も出ていたのだ。指導部の態度は、度しがたいほど専制的で非民主的だった。

レ・ドゥック・トやレ・ドゥック・アイン★のような最高指導者をはじめ、カンボジアに派遣された各部門、各級のベトナム人専門家は、たいてい大国主義的で傲慢な思想の持ち主で、カンボジア人の自尊心を傷つけた。彼らの傲慢さについては、拙著『雪割り草』［邦訳『ベトナム革命の内幕』めこん、一九九七年」の中で、いくつか触れた通りである。ここでは、カンボジア人を蔑視する奢った態度は、東欧諸国に対するソ連の態度そっくりだった、ということをつけ加えておくべきだろう。なぜなら、ベトナムの態度も、プロレタリア国際主義とか、社会主義的国際親善とか、無私無欲な平等といった謳い文句を鋳型として鋳造されていたからだ。

カンボジアの友人たちは私にこう教えてくれた。カンボジア人民革命党書記長兼国防相ペン・ソバンが罷免されたのは、レ・ドゥック・トとレ・ドゥック・アインが前もって決定したことで、ベトナム共産党政治局でこの決定が通過してから初めて、カンボジア人民革命党政治局の信頼できる数名の人物に伝えられ、彼らを使って行なわれたものだった。「プラハの春」の際、チェコスロバキアのドプチェクの解任が、ソ連のクレムリン内部で決定されたのと同じである。

時局に関心のあるカンボジア人なら、次のようなことは誰でも知っている。もはや公然の秘密だ。ペン・ソバンは、もともと何十年も「ベトナムの声」放送局の職員を務め、「クメールの声」放送の局長の上にいた。チャン・シは、一九七九年初めに、突然政治総局主任に任命されてプノンペンに派遣された。その後国防相になり、さらに首相の地位まで上った後で、一九八五年に突然病死している。彼はもともとベトナム共産党員で、ヴィン・フー省ヴィエト・チー〔現ヴィン・フック省〕の火力発電所の一部署の責任者だった。カンボジア人民革命党政治局員のブー・トゥーンは、最初は中央宣伝・訓練委員会の責任者で、大将の階級で副首相兼国防相の地位に上ったが、一九七八当時は、まだベトナムのテイ・グエン地方〔カンボジアと国境を接する高原地帯〕にある一省〔コン・トゥム省〕のサー・テイ県で、大尉として県の部隊を指揮していた。チャー・ヴィン〔チャー・ヴィン省〕の第七軍区の看護婦だったミアン・サマンという名の二六歳のベトナム共産党員の女性は、レ・ドゥック・アインによって、なぜか唐突に中央委員会のメンバーにされ、党中央宣伝・訓練委員長の地位につけられ、その後「友党」の政治局にまで入ったが、ベトナム軍が撤退する直前に「失脚」している。彼女は、ソルボンヌ大学を卒業して宣伝・訓練委員会の社会科学部門を担当していたワンディ・カオン博士よりも上の地位にいた。

ペン・ソバンの書記長就任や、その後の解任について、カンボジア人は一切関与しなかった。彼は何の罪を犯したのだろうか？　どこが悪かったのだろうか？　幹部人事に関するベトナム人専門家の話では、ペン・ソバンはベトナムに逆らったこともなければ、自分の党に反抗したこともなかったそうだ。彼は書記長兼国防相なのに、自分がまったく実権を持っていないことに不満で、またレ・ドゥック・アインが軍事に関する決定権を奪っていることにも耐えられない、という気持ちを表に出したばかりに失脚したのだという。レ・ドゥック・トとレ・ドゥック・アインは、自分たちの言うことを聞く人間だけを残したのだ。ペン・ソバンはその不文律を学んでいなかった。解任された後、彼はベトナムに連れ戻されて、一〇年の拘禁を言い渡された。一九九二年の半ばになって、カンボジアの状況が変わり、国連暫定統治機構が設置されると、彼は初めてタケオに戻された。

もし彼が回想録を書くつもりになれば、それは非常に興味深いものになるだろう。彼はもともと軍の報道官で、非常に口が固く、口数は少なく、笑うことも少ない。考え深い性格で、よく書物を読んだ上で慎重に考える人だった。こういうタイプの人間には、高い地位の職務を全うするのは難しく、長く権力を握っていることもないと思う。

プロレタリア国際主義とマルクス・レーニン主義の定番となった「伝統」に沿って、クレムリンはつねに、ソフィアにおけるトドール・ジコフのような人物を求めた。つまり、ソフィアの空は雨が上がっているのに、モスクワでは今雨だからと言って、相変わらず嬉しそうに傘をさしてはばからない人物である。ペン・ソバンの罪は、その日ハノイでは豪雨だったがプノンペンでは晴れていたので、ホー・チ・ミン通りに雨傘を置き忘れてしまったことだろう。二人のレ・ドゥックは、それを見て機嫌をそこねたのだ。

シエムレアプ事件

マルクス・レーニン主義の理論家たちが、市民権が保証された市民社会に基づく真の民主主義の建設を説くのを失念していたので、現存社会主義国では、消費物資も、自由も、両方とも欠乏していた。各国が自由と平等を欠いていたので、社会主義国の国際関係にも自由と平等が欠けていた。つまり、兄と弟の関係だったのである。貧しい親が、二人の兄弟にバナナを半分ずつ分けなさいと言うと、ずるい兄はそれをちぎって、弟には小さな一切れしか食べさせないのだ。

スターリンが小指でチトーを罰したやり方、一九五六年にハンガリーのブダペストにソ連軍という招かれざる客を乱入させ、いつまでも駐留させたやり方（いつまで？　ブダペストの歩道の落書きには、「彼らを招いてくれた人を見つけるまで」とあった）、ベトナム軍をカンボジアに進入させて一〇年も駐留させておくやり方、鄧小平が一九七九年二月にカオ・バン、ラン・ソン、クアン・ニンの各省を攻撃したやり方――みな大家族の中の、無秩序で、理不尽で、不公平な力関係を映し出している。

それは必然的なものだった。鄧小平は、自分が可愛がっていた小さな弟［カンボジア］を上の弟［ベトナム］がいじめたので、兄として、上の弟を縛って尻に鞭をふるった。それはまた、当時の長兄ソ連が、松花江（スンガリー河）で中国を痛い目にあわせたのに対する間接的な仕返しだったのだ。そういうわけで、プロレタリア独裁とか、階級闘争とか、プロレタリア的国際関係といったイデオロギーを持つマルクス・レーニン主義は、破壊のシステムとなり、各国の自由を踏みにじり、「同盟」国である兄弟諸国の主権までも破壊したのである。

シエムレアプで起こった事件は、ベトナム共産党とカンボジア人民革命党の関係、そしてベトナムとカンボジア両国の関係に深い爪痕を残した。私の記憶違いでなければ、この事件は一九八四年に起こったものだ。

当時レ・ドゥック・トはベトナム共産党政治局でカンボジア情勢を担当しており、プノンペンに常駐し、メコン河岸のチャムカモン宮殿の裏にある別邸に住んでいた。レ・ドゥック・アインはベトナム志願軍の司令官で、カンボジアにおけるベトナム軍各部隊のあらゆる活動に責任を負っていた。軍事について彼を補佐していたのは参謀長のホアン・ホア★で、かつてパリでベトナム代表団の軍事顧問としてアメリカ側との交渉に参加した人物である。その代表団はスアン・トゥイ★を長としていたが、レ・ドゥック・トが「顧問」という肩書きで事実上の主導権を握り、スアン・トゥイとグエン・ティ・ビン★が率いる二つの代表団をコントロールしていた。

一九八二年前半の第五回党大会で、ホアン・ホア（本名ホー・クアン・ホア）を中央委員会に入れ、彼を少将の資格でカンボジアに派遣したのは、レ・ドゥック・トの意向にほかならない。ホアン・ホアにとっては、将来の大きな成功が約束されていたはずだった。そんな時にシエムレアプ事件が起きたのである。

当時クメール・ルージュの軍隊は、大部分がタイとの国境地域に集結していた。ある時、「クメール・ルージュは省内のあちこちに拠点を構えており、プノンペン政府の多くのスタッフがクメール・ルージュのために働いている」というニュースが、シエムレアプ住民の間に広まった。二つの顔を持つ行政組織が、昼間はプノンペンのために、夜はクメール・ルージュのために働いていると噂された。情勢は緊張し、不信感が広まった。ある日、志願軍第四七九部隊のヌオンというクメール人青年が、「自分はもともと村の幹部だったから、クメール・ルージュのために働かされたことがある」と告白した。軍の中堅幹部は、部隊の参謀当局にそれを報告し、直ちに事実を調査するよう求めた。二つの顔の行政組織のメンバーを捕えたというのである。

ヌオンは、国境地帯に商売に行った時にクメール・ルージュに捕えられ、彼らのために働かされたのだと語った。うっかり間違ったことをしてしまったので、今ベトナム軍にそれを告白したのである。クメール・ルージュの兵士について、彼が語ったことは完全に信用できた。この話を聞いたプノンペンの志願軍司令部の情報要員は、さらに策略を考え出して、シエムレアプに命令を発した。その結果、ヌオンは国境地帯に送られ、もう一度クメール・ルージュの部隊に入って、ベトナム軍のためにスパイをするよう命じられた。

三週間後、シエムレアプに戻ったヌオンは、ベトナム軍情報部のスタッフにこう報告した。「緊急の事態だ。クメール・ルージュは、シエムレアプ北方の地域に二〇台の迫撃砲を含む八〇〇台の砲を運び入れた。彼らは各県に二つの顔の行政組織を持ち、省レベルでも彼らのために働く二〇名以上のスタッフがいる」。この時は四月だったが、彼らは八月に行動を起こし、攻撃をかける以外に蜂起も起こして、政権を奪うつもりだというのだ。ヌオンの話では、クメール・ルージュの第九〇六師団第二連隊の連隊長が、彼を信頼して連隊の防衛委員長に任命した。いつも連隊長と政治委員の傍に控えている役職なので、彼はこの二人が相談している機密事項を耳に入れることができたという。

この報告は、いろいろな尾鰭がついて住民の間に伝わった。クメール・ルージュが大攻勢を準備している、彼らは多くの村に武器庫を持ち、県と省の行政当局の中に「巣」を構えている、彼らは内通者を確保している、等々である。ヌオンは再び敵の部隊に派遣され、任務を続行した。

ちょうど一週間後、シエムレアプの街の西側、トンレサップ湖の近くで戦闘があり、ベトナム軍は六名のクメール・ルージュの兵士を捕虜にした。その中に中隊の副隊長が一人いた。ベトナム軍情報部の「専門的方法」で調べられて、この副隊長はヌオンの報告を補うような内容のことを白状した。最終的に、プノンペンの司令部の情報要員が、直接捕虜を尋問して再度取り調べ、敵の行動方針を把握できたと確信した。敵が行動を起こす前にそれを封じる計画が提出された。プノンペンの司令部の検討を経て発動された最初の作戦は、省の二重の行政機構にいる敵を摘発することだった。

省の農業局と文化局にいた二人の幹部が、容疑者として捕えられた。数日間「専門的方法」によって取り調べられた後、彼らは罪を認め、自白調書に署名した。彼らは「一味の者」の名前も白状したので、続いて大量逮捕が行なわれた。教育局長、交通局長、省行政委員会副委員長、省人民委員会事務局長、省人民委員会常務のような人までが捕えられたのである。それらの機関にベトナム軍のジープが乗りつけると、人々は震え上がった。

恐怖が支配するようになった。誰もがクメール・ルージュの手先とみなされる可能性があり、誰もがベトナム軍の士官に捕えられ、ジャングルに連れ去られて消息を断つことになるかも知れないのだった。

そして遂に、省人民委員会の書記長——アンコールワットとアンコールトムの遺跡を有する巨大な省シエムレアプで、最高の地位にあるとみなされていた人物――が自殺する事件が起こった。

ベトナム軍の車が人民委員会の門から乗り入れ、ロシア製のマシンガンを携えた二人の兵士に続いて、ベトナム軍士官がものものしく上がって来るのを見ると、書記長は落ち着きを失い、震える声で尋ねた。

「何が言いたいのか知らんが、私は党中央委員会にこのことを問い合わせるぞ。プノンペンから私に何も言って来ないはずはない」

ベトナム軍の士官は、「いずれにせよ、私と一緒に来てください。そうすれば全部はっきりします」とせき立てた。

書記長はさらに言った。「わかった、少し待ってくれ。しばらく私の部屋に行かせてくれ」。そして階上に上がり、部屋に入ってしっかり鍵をかけた。

その直後に拳銃の音が響いた。扉を壊して部屋に入ってみると、書記長が正装してネクタイを締めた姿でベッドの上に倒れていた。頭は横に向き、こめかみから血が流れていた。拳銃は枕元にあり、机の上にはこのように書いた紙切れがあった。「ベトナム軍の同志たちは間違っている。私と私の同志たちは忠実な革命派だ。カンボジア人民革命党ばんざい！」

この重大なニュースを聞いて、フン・セン政府の内務省と、ベトナムの内務、治安、参謀、軍情報部、検察など各部門の専門家たちが調査にやって来た。結論はすぐに出た。逮捕された四〇人以上の人間はみな無実である。クメール・ルージュは――中国の顧問の入れ知恵に違いないが――われわれが「自分で自分を叩く」よう罠を張ったのだ。ヌオンという青年は、愚かさゆえか、それとも本当にクメール・ルージュだったのか、ベトナムとカンボジアの関係を攪乱する陰謀のために働かされたのである。

最大の過ちを犯したのは、功を焦って捕虜に自白を強いたベトナム軍情報部だった。「専門的方法」とは拷問に他ならない。それは巧妙な虐待だった。眠らせない、持続的な尋問で神経を極度に緊張させる、自分の罪を認めるまで食べ物や水を与えない、ドラム缶の中に立たせて外側を叩き、鼓膜が破れるような音を立てる、というようなものだ。かつてのコン・ダオの牢獄*や、ＫＧＢや旧東ドイツのシュタージ〔国家保安警察庁〕のやり方、ベトナムが考え出したやり方、それらを合わせたものである。そして次から次へと自白を強いるのだ。明らかにスターリン時代のやり方に倣ったものだ。

もっと重大なのは、尋問の際、ベトナム軍の士官たちがクメール民族のことまであれこれ罵り、蔑んだことだ。さらに重大なのは、ベトナム側があらゆることを決め、「友人」国の政府や党に何も知らせず、何も相談しなかったことである。「友人」の主権は、隣人たちにすべて横取りされていた。

事が暴かれると、シエムレアプ各地やプノンペンにまで激しい怒りが湧き起こり、それは全国に広がった。ベトナム軍に対する怒り、怨み、軽蔑の念だった。なぜベトナム軍の高級幹部は浅薄で、幼稚で、これほど簡単にクメール・ルージュの罠にはまるのか？　なぜ彼らは露骨にクメール民族を蔑視し、クメール人の名誉を汚すようなことをするのか？

ハノイ側はさすがに不安になり、何とかこの事態を収めようと、レ・ズアン書記長が「謝罪」して「罪を認め」に出かけることまで考えた。しかし、情勢が少し落ち着いたように見えたので、政治局員で軍政治総局長のチュー・フイ・マン★大将が、謝罪してカンボジア側を宥めるために派遣された。カンボジア西方の第四七九戦線司令部の二人の将校は、大佐に降格されて第七軍区に戻されるという処分を受けた。直接手を下した志願軍司令部の情報部大佐は、党から除名され、軍から解任され、ベトナムに戻されて、他の六名の士官と共に最も重い判決を受けた。志願軍参謀長ホアン・ホア少将は党中央委員を解任され、大佐に降格されてトゥー・ドック（サイゴン）に送られ、陸軍第二学校の校長として、南部の各部隊のために士官を養成する任務を与えられた。

しかし、本来なら最高責任者であるはずの二人の人物、レ・ドゥック・トとレ・ドゥック・アインはのうのうとしていた。誰もその責任には触れず、彼らは部下が過ちを犯したという「欠点」を認めただけで、事件当時は病気治療や会議で帰国していて留守だったのどうのと、言い訳を並べたのだった。

結局、責任と罰則には、上層部のそれと末端のそれというダブル・スタンダードがあるのだ。そして、褒章を与え、功績を認める時にも、それぞれの基準があるのだった。

これが専制支配というものである。

「兄弟」に突きつけられた自動小銃

シエムレアプ事件は決して特殊な事件ではなかった。チェコスロバキア共産党で短期間書記長を務めたアレクサンドル・ドプチェクは、一九六八年の「プラハの春」をもたらした立役者だった。彼はさる一九九二年一一月に自動車事故で不慮の死を遂げ、チェコスロバキアの人々に限りなく惜しまれ

＊コン・ダオの牢獄　コン・ダオ島（コン・ソン島。マレー語名はプロ・コンドール）は現在のバーリア・ヴンタウ省に属する南シナ海の島嶼。フランスのインドシナ総督府によってここに政治犯収容所が作られ、「虎の檻」と呼ばれた。南ベトナム体制下でも共産主義者とみなされた者が収容された。

た。ちょうどその時、私はプラハにいて、チェコの人々の新生活を目のあたりにすることができた。そして「憲章七七*」を組織した人々にも出会った。プラハの春から二〇年以上たって、彼らは多くの困難と同時に、希望にも満ちた真の改革を実現したのだった。

　プラハの春について、ドプチェクが興味深い回想録を執筆中だったことはよく知られていた。残念ながら、それを完成させることなく彼は生涯を終えた。しかし、著書の中で結論がほとんど出尽くしていたのは、せめてもの幸いだった。そして、その未完の作品はすぐさま新聞に掲載され、「プラハの春の暗い物語」として普遍的なテーマを呈示した。「物語」といいながらも、それは全編にわたって事実を詳しく正確に描いた回想録である。誰も疑いようのない、誰の想像も及ばないような細かい事実が登場し、しかもそれが小説のような語り口調で描かれている。本のタイトルは、『そして希望は死んだ』である。

　そう、一九六八年七月一九日の出来事は疑いようもない。その日、ソ連はチェコスロバキアに対して、事実上の最後通牒である「ワルシャワ書簡」を突きつけ、「民主主義がなければ社会主義もない」とするドプチェクの理念を、受け入れ難い妄言として糾弾したのである。その書簡はまた、ソ連軍はチェコスロバキアから撤収を始めよというドプチェクの求めを拒絶していた。

　同じ頃、ボヘミアの西方のある橋の下にアメリカ製の自動小銃二〇丁と多くの弾薬の入った包みが五つ隠してある、と警察に通報した者がいた。治安部隊がその武器類を押収しに行く前から、ロシアとドイツ民主共和国の新聞はアメリカ帝国主義者がチェコスロバキアの「反動一味」と手を組んでいると断定した。チェコスロバキア内務省は、その武器類を調べてドプチェクに報告した。奇妙なことに、そのアメリカ製の小銃にはソ連製のグリースが塗ってある、これは間違いようがない、というのである。ソ連の工作員たちの手でそれらの銃が東ドイツから運ばれて来た可能性は十分にあった。工作員たちはつねづね、ドプチェクがアメリカ帝国主義者の手先だと証明する機会を窺っていた。

さらにブレジネフは、ハンガリー共産党の最高指導者ヤノシュ・カダールに命じて、新聞と本の検閲制度を復活させ、旧体制関係者と共産党以外の者による政治結社を禁止するよう、ドプチェクに伝えさせた。ヤノシュ・カダールはまた、七月一八日にモスクワで開かれた五ヵ国共産党会議（ソ連、東独、ハンガリー、ブルガリア、ポーランド）において、ブレジネフの列席する前で、ドプチェクは右派勢力と同盟していたと報告した。カダールは、その会議が五ヵ国の軍隊によるチェコスロバキア侵攻準備を決定したことを固く隠していた。侵略作戦計画がその時に完成したことは疑いようもない。「兄弟」五ヵ国の戦車部隊は出撃態勢に入った。

一九六八年七月二〇日の火曜日、チェコスロバキアの党政治局は、第一四回党大会の準備のための会合を開いた。その大会はブレジネフの反対と妨害を押しきって改革路線を採択し、新指導部を選出するはずだった。会議の最中に緊急の報告が伝えられた。同盟諸国の大部隊がチェコスロバキア国境に迫っており、ソ連大使館内部でただならぬ動きが起こっているということだった。そのすぐ後、日が暮れる頃になって、ジュール国防相が会議に出席中のチェミク首相に電話で報告してきた。「国防省でソ連の軍人に拘禁されている。ソ連軍は国防省の建物を占拠した」というのである。

会議はにわかに緊迫した。それでも、ある政治局員はドプチェクの改革を支持し、会議の間にこんな皮肉を飛ばした。「連中が戦争をしたって、せいぜい新聞に風刺漫画が載るくらいだよ」（チェコの新聞に、ソ連を統べる大元帥ブレジネフがアメリカやフランス、スウェーデン、イギリス、西ドイツなどの自動車のコ

＊　憲章七七　チェコスロバキアの人権保護団体。一九八八年以降、主としてチェコ地方で民主化運動を主導した。

レクションに没頭している風刺漫画が載り、ブレジネフを激怒させたのだ)。

ドプチェクは、国民にアピールを発表してこの緊急事態に対して明確な態度を示そう、と政治局に提案した。彼はこのようにしたためた。

「ソ連は、プラハに反革命の動きがあるという言いがかりをつけ、他の四ヵ国と共にわが国に侵入し、われわれを押し潰そうとしている。チェコスロバキア国民は改革を支持する態度を表明しており、われわれが呼びかければ、あらゆる手段で侵略に抵抗するだろう。しかし、そうなれば不安定と混乱を招き、広い範囲で虐殺が起きるだろう。われわれの軍隊は相手側よりも弱小だからである。それでも、われわれは武力による侵略を告発する態度を表明しなければならない」

政治局はこの声明草案を検討し、補充した後に採決を取った。

一一名の政治局員のうち七名がこれに賛成し、四名が反対した。しかし、反対した者たちが何らかの代案を提示することはなかった。賛成した七名とは、シムコフスキー、クリーゲル、シュパチェク、チェミク、ピレル、バルビネク、そしてドプチェクである。ビリャク、カルデル、シュヴェシュトとジーゴの四名は反対した。中央委員会の大多数は賛成し、僅かにヤケシュ、カペク、インドラの三名が反対した。後にわかったところでは、反対票を投じたこれらの人物は侵攻作戦のことをソ連から秘密裏に通告されていたのだった。ソ連はさらに、ソ連側の武力行使の「合法的な理由」をでっち上げるよう、彼らに求めたのだが、これればかりは彼らにもどうすることもできなかった。

結局、ソ連側の大失敗だった。ブレジネフがタス通信に命じて、この武力介入は「兄弟チェコスロバキアの党と国家の要請による」ものだと報道させたため、モスクワ市民は当惑した(またしても「隣の家に自分で自分を招待した」ということだ)。

ドプチェクは書いている。

「その夜、抵抗運動の指揮をとるために、こっそり抜け出そうと考えた者も何人かいた。しかし、ソ連側が裏切り者を代わりの指導者として擁立するかも知れないので、われわれはそこに留まって反対し続けることにした。彼らは武力でこちらの首をすげ替えようとするかも知れないが、われわれが任務を放棄することはないだろう。その夜、若者が多く混じった群衆が、われわれが詰めている党中央本部前の河岸に集まり、祖国の旗を掲げ、国歌と〝インターナショナル〟（実に皮肉だが）を歌い、私の名を叫んだ時には、本当に心が痛んだ」

午前四時、黒いボルガと戦車と装甲車が、党中央本部の前庭に乗りつけた。群衆は立ち上がった。ソ連の戦車は群衆に向かって発砲し、一人の青年が殺された。ソ連のパラシュート部隊の一団が、車から走り出て本部を包囲した。電話線はすべて切断された。七月二一日の午前九時近くになると、ソ連軍の二人の下士官と八人の兵士が会議室に入り込んできた。まるで強盗のようだった。ドプチェクは電話の受話器を持ったまま立ちつくした。ソ連兵は荒々しく受話器を奪い取り、壁の配線をすべて切断し、ドプチェクに自動小銃を突きつけた。胸にたくさんの勲章をぶら下げた小柄なＫＧＢの大佐が、通訳を伴って入ってきた。その男はチェコ指導部の名簿を取り上げて、ペンでそれをかき消し、「今から君たちはわれわれの保護下に置かれることになった」と宣言した。「そのような形で保護され、改革派の政治局員たちは、みな首筋にソ連の自動小銃を突きつけられるという恩恵に浴した」。ドプチェクは苦々しく回想している。

こうして、チェコスロバキアの改革派指導部は捕えられ、ポーランドに連行され、さらにソ連に連れて行かれた。その後ドプチェクはモスクワに連行され、そこで拘禁されたのである。マルクス・レーニン主義とプロレタリア国際主義を信奉する者たちは、一九五六年のブダペストと一九六八年のプラハの事件を、普通の人よりも恥ずかしく思い、理不尽で醜悪で屈辱的だと感じたことだろう。それは、「社会主義陣営の固い兄弟的信義に照らして」、国家の主権と人間の自由な生存権を踏みにじる破壊のシステムだったのだ。

表面は穏やかだが、実は恐るべき破壊のシステムから解放されるまでに、ハンガリーは一九五六年から八九年までの三三年間、チェコスロバキアは一九六八年から八九年までの二一年間を費やさなければならなかった。マルクス・レーニン主義は、実際に歴史を前に進ませたのか、それとも停滞させ、遅らせたのか？　事実が照らし出したものを見れば、もはや論争の余地はないと思われる。

間違ってもなお偉大な党

各国共産党の教育カリキュラムの、マルクス・レーニン主義の項には、共産党について述べた重要な部分がある。それは、共産党の起源、共産党の階級的本質、党の歴史的役割、党建設の方法と経験などについての理論の部分である。これらが党建設のイデオロギーを作り出しているのだ。

ハノイのグエン・アイ・クォック中央党学校には、党建設のイデオロギー教育専門の専任教員が揃っている。二年間も続く課程の間、実に四ヵ月以上が党建設の学習に費やされ、最終試験でチェックされるのである。

これまでに多くの共産党が破綻し、教条主義的な党建設イデオロギーの欺瞞性をさらけ出したのに、その教員たちは相変わらず古い教育課程を維持し、党についての誤った嘘だらけの命題を守るために、同じ理論をくどくどと唱えている。

彼らが懸命に主張しているのは、基本的に次のようなことだ。

「共産党の出現は、祖国の歴史で最も重要かつ偉大な出来事である。他の政党はすべて間違っており、改良主義の路線をとって敵に降伏したために衰退し、失敗した。唯一、共産党だけが最も革命的で、英明で、正しかったため、勝利をおさめたのである。共産党とは、時代の道理、真理、良心、知性と同義語である。革命の成果と祖国を守るために、永久に、全面的に、絶対的に、共産党一党支配を貫かなければならない。つまり、共産党がいつでもどこでもつねに指導権を握り、誰とも権力を分け合うことはないということだ。党は階級と民族の前衛としての性格を持ち、最も積極的かつ進歩的な人間を擁している。つまり、共産党員とは非党員より善良で、より大きな意志と能力の持ち主なのである。党員はプロレタリア精神を持つ専門家、つまり高い道徳性と革命思想と精神を有し、同時に専門分野に秀で、社会の模範でなければならないのだ」

私はパリで多くの友人たちからこう聞かれた。土地改革の誤りが判明して、世の中は党を怨んだだろうが、党の威信は低下したのか？　中国との関係はどうなったのか？　ベトナム国民は中国を憎んだのか？　それには私自身も興味があっていろいろ観察してみた。私は努めて記憶を呼び起こし、当時の実情を想像し、再構成した。一九五六～五七年の二年間に、誤りを正すキャンペーンが行なわれたのだが、残念ながらそれについてルポや物語を書いた者はまだいない。

土地改革の誤りが判明した時点では、改革はまだベトナムの北部全体に広がっていなかった。改革の実験段階の後、四つの段階*を経て第五段階に移った時点で、誤りが判明したのである。そこで停止命令が出され、各段階が白紙に戻された。多くの場所では改革が中途半端になった。ターイ・グエンでの実験段階*の直後、もしベトナムの指導者が、中国とベトナムでは事情が異なり、中国の経験を適用するのには慎重になるべきで、中国人顧問の身勝手を許さず、主体的にやるべきだと気づいていたら、状況は変わっており、多くの命が失われるのを防げたのだ。一方、もし第五段階までいって誤りが判明せず、中止命令を出して訂正せずに改革を進めていたら、状況はもっと悲惨で、どれほど恐ろしいことになったかわからない。

訂正キャンペーンにあたって、指導者たちは中国人顧問のマニュアルを引っ張り出してもう一度読み返し、吟味して、次のような点を明らかにした。

第一に、「毛主席の土地改革特別エージェント」たちのマニュアルによると、中国では国民党がもともと華南で大きな勢力を誇り、社会にかなり深く根づいているということだった。当時、国土の相当広い範囲で国民党の力は共産党を遥かに凌ぎ、まだ弱体な共産党を圧倒していた。国民党の行政機関と党細胞しか存在せず、共産党のことは誰も知らないという「白い」地域がごまんとあった。その膨大な国民党人口と比べれば、台湾や諸外国に逃亡した党員の数は微々たるものだった。一度は逃亡しても、一時的に辺りをさまよってから再び故郷に戻る者もいた。したがって土地改革とは、長期間権力の座にあった国民党と、それに付随する無数の青年、婦人、社会、宗教、慈善、スポーツ、芸術などの団体を発見して根絶するための基本的な手段だったのである。

中国では農地は高度に集中しており、何千ヘクタールもの土地を所有する大地主が農家のかなりの割合を占めていた。ベトナム北部では、大土地所有者はごく稀で、一〇ヘクタールとか六ヘクタール、あるいは三ヘクタールとか二ヘクタール程度の土地の所有者までが地主とみなされたのである。

中国人顧問たちは、中国の目でベトナム社会を見て、このような偏見を持っていた。つまり、新たに解放されたハーイ・ズオン〔ハーイ・ズオン省〕、フン・イエン〔フン・イェン省〕、ターイ・ビン〔ターイ・ビン省〕、ナム・ディン〔ナム・ディン省〕、ハー・ドン〔ハー・テイ省〕、ソン・テイ〔ハー・テイ省〕などの地域（以前戦場になった場所）の共産党組織は、すべて敵によって建設されたか、国民党あるいはフランスのスパイ機関によって作られ、整備されたものだということである。顧問たちは、ベトナムの事情を中国のそれと取り違え、どこにでも敵がいると思ったのだった。

第二に、組織の整理について、「哲同志」「兆同志」「王同志」などの名で呼ばれる顧問たちのマニュアルは、みなこのような中国の状況を強調していた。中国では、国民党の手先または国民党関連の者が社会に深く入り込み、高い地位についている。それらをぬかりなく発見し、必要ならば従来の組織を完全に解体して全く新しい組織を作り、革命闘争で鍛えられた忠実で志操堅固な人材を配置しなければならない。顧問たちは、ベトナムの党や政府組織や専門家たちを、そんな偏見の目で見ていたのである。

中国を崇拝し、毛沢東を崇拝する卑屈な意識（一九五一年一二月に採択された党規約は、ベトナム共産党の政治的土台は毛沢東思想であると規定していた）のために、みな現代的な中国の先生方の経験や教えを金科玉条とし、敢えてそれを疑う者はなかった。実になさけない時代だった。私が『雪割り草』の中で書

＊　四つの段階　土地改革は四段階に区分された。第一段階では中央から農村に工作員（多くは労働党員）が派遣されて改革のための組織化を行なう。第二段階では農民の階級区分を判定し、地主を政治的立場によって「越奸反動地主」「郷紳」「普通地主」「抗戦地主」に分類する。第三段階ではこの判定に従って地主の土地・財産を没収する。第四段階では農村に貧農・雇農・一部の中農からなる指導部と、地主を排除した農民の諸組織を整備する。

＊　ターイ・グエンでの実験段階　土地改革の本格的実施に先立ち、一九五三年にターイ・グエン、フー・ト、タイン・ホアで実験的な小作料引き下げが行なわれた。

いたように、ベトナムの指導者は、白い紙の上に落ちた黒いインクの染みを、輝ける真理の光と勘違いしたのである。まさにそういう時代だったのだ。

こうなった責任は誰にあるのか？　その答えもすんなりとは得られない。すべてを思い出して理解できるのは当事者だけである。現在、フランスや、アメリカや、カナダにいるベトナム人や、南部に住んでいた人々には想像もつかないだろう。中国が、その罪を、責任を負うべきなのか？　本来はそのはずだが、しかし「哲同志」や、「兆同志」や、「王同志」のマニュアルをもう一度開いてみるとよい。始めから終わりまで、「私の経験は豊富ではなく、限界があるが、同志たちの役に立つように、未熟を承知で紹介させていただく」という、使い古された謙遜の決まり文句ばかりだ。そして、「私にはベトナムの状況はわからないので、同志たちの参考になり、いくらかでも役に立てば幸いである」となっている。何と、中国の傲慢不遜もここに極まれりである。南方の民族は野蛮で未開の民だと思い、使い古された上っ面だけの言葉を並べて、めいっぱい謙遜したふりをしているのだ。中国人の官僚のことがわかっていながら、誰もそれを感じなかったのだろうか。彼らは柔らかい物言いをしながら、具体的なケースについては強引に命令し、ベトナム側が手も足も出ないようにしたのである。

したがって、中国人顧問の傲慢さがすべての間違いの源であるにもかかわらず、党中央の訂正決議は「毛主席の優れたエージェント」の責任に触れるのを避けたのだった。決議では、誤りは「ベトナムの側に」あり、現実に即さぬ教条主義的で極左的なやり方が原因だったとされた。経験から厳しく真の教訓を引き出そうとしなかったのである。

土地改革の誤りのせいで、党の威信は低下しただろうか？　私の記憶では正しい答えを出すのは難しいので、その当時のことを述べるだけにしておこう。

訂正決議の後、キャンペーンの要員が組織され、手続きを定めた資料が公表され、訂正についての法律に相当する文書が広く発行された。資料は山のようにあった。訂正キャンペーンは大々的に展開され、各地域で四ヵ月とか、場合によっては六ヵ月も費やして行なわれた。訂正の諸手続きと同時に、末端の党と行政組織の強化も行なわれた。無実の罪で捕えられた人々は、自由を取り戻した。彼らが釈放される時には、集会でこのような内容の声明が読み上げられた。

「党は下級の組織に対するチェックを怠って、故意ではないが無意識の過ちを犯してしまった。党は悲痛な思いで、自らの過ちを認めるものである。党は同志と同胞たちに謝罪し、その名誉と権利の回復に努める。この災いの中で、党は、同志たちが党と共に、過去の過ちから完全に離脱するよう望んでいる。同志たちにできる最大の貢献は、党に理解を示し、党と共に誤りを訂正し、情勢を安定させ、これ以上党にとっての困難を引き起こさないことである」

実に調子のよい、言葉巧みな声明だった。病み衰えた党員たちは、家に戻される前に滋養物を与えられ、栄養をつけた。病気の人々は、病院に紹介されて、特別な手当てと薬を与えられた。間違った階級に分類されていた者は、「地主」なら「富農」か「中農」に、「反動地主」なら「反動」の部分を削除して、書き換えた証明書を発行された。誤って没収された家屋や家財道具、貴重品などは、元の持ち主に返された（当然、元通りの形ではなく、数も足りなかったが）。無実の罪で党から除名された者は党籍を回復した。彼らの子弟は優先的に学校や工場に入れられた。

では、無実の罪で処刑された者はどうだったただろう？　これらの者の遺族の家には、県レベルの中堅幹部や、村の主席が謝罪と慰問に出向いた。無罪の証明書と、党員だった場合は党籍回復の証明書が各所に行き渡り、勲章や表彰状が返還され、加えて省の印を押したホー・チ・ミン主席の写真も贈呈された。無実のまま死んだ人の墓は、民兵がもう一度土盛りをして作り直し、改めて丁寧な葬儀が行なわれ、親族一同をはじめ、近在の人々や、地域の要職にいる者がそれに参列した。

一九五六年の後半には、一時緊迫した情勢になった。無実の罪を着せられて、まだ訂正されていない者の遺族たちが、ハノイの党中央本部や主席官邸の前に押しかけたのである。彼らは激昂して陳情書を突きつけ、返答を迫った。喪章の白い鉢巻きを付けた者、喪章を付けたよちよち歩きの幼児の手を引いている者もいた。党中央は彼らを迎え入れて陳情書を受け取り、事情を説明し、故郷に送り届けなければならなかった。おかげで情勢は少し和らいだ。

一九五六年一〇月二九日に、北部全域の犠牲者の遺族代表に謝罪が行なわれた後は、情勢はさらに落ち着いた。ハン・デイの競技場で、ヴォー・グエン・ザップ★大将が、ホー・チ・ミン主席と政治局に代わって罪を認め、謝罪し、早急な対策を示すと、空気は和らいだ。この大集会では、祖国戦線の要員ブイ・キー★が推されて開幕の辞を読み上げた。その後に、ヴォー・グエン・ザップ大将が話をして人々を説得した。戦線の論理で、こう説得したのである。ディエン・ビエン・フーの戦線では、兵士たちは命を惜しまず大砲にわが身を縛りつけ、何千という兵士が身を投げ出した。土地改革では惜しむべき犠牲を出したが、それも革命が前進するための尊い犠牲なのだ……。

その少し後で、『クァンドイ・ニャンザン』が「間違いの中にあって、ますます偉大なわが人民、ますます偉大なわが党」という社説を掲げた。それはこのような主張だった。

「党が勇気をもって誤りと責任を認め、早急に念入りな訂正措置に着手したことは、その党全体の力の現れであり、党の偉大さの証明である。党と人民の肉親のような絆は、この大きな試練を通じてますます強くなった」

神を恐れぬ弁舌ではないか。マルクス・レーニン主義とプロレタリア革命の名で、数千人を虐殺するという罪を犯したというのに、それでも党はなお偉大だというのだ。最も戦慄すべき誤ちを犯しながらも、党は偉大なのだ。道理と真理は党のものであり、党は永遠に正しいのだった。

それからまもなく、中国のスタイルに倣って「党の日」というのが設定された。毎週土曜日、普通は午前中に、すべての機関で党のための集まりが催された。私の記憶では、軍隊でも土曜日に行なわれていた。党員以外の職員は、掃除をしたり、兵舎や家屋を修理したり、勤労奉仕（これは大衆動員と呼ばれた）をし、党要員か一般党員なら、党について学習したり、批判・自己批判や思想の修養に励んだ。党の日には、党の宣伝訓練局が編纂した「党はつねに変わらず、継続的、全面的かつ絶対的にわが軍を指導する」というパンフレットによる三時限の学習が義務づけられていた。われわれは教室に行って疑問点を見つけ、みなで討論し、個々人に連絡して、疑問点を解決し、成果を出した上で最終的な総括をするのだった。

学習の班長は、みな討論と総括の議事録を作り、「間違った意見」と間違った意見の持ち主、あるいは「正しくない」「混乱した」「明確でない」「立場が堅固でない」「非プロレタリア的思想の影響を受けた」「不徹底な」認識の者を発見しなければならなかった。もしたびたび抗弁すれば、態度が「素直でない」とか、「頑迷」とか、「反党」とまで言われるのだった。そういう人間は、直ちに各機関の要員から目をつけられ、名簿に線を引かれ、「従順でない」「路線と政策を理解しない」「危険な反抗的認識」の要注意人物とみなされた。そして、それは生涯つきまとったのである。

そういうわけで、スローガンは「思想の自由」とか、「口を開く者に罪はない、人の意見を聞けば自分のためになる」とか謳っていたが、自分の本当の意見を敢えて口にする者はほとんどなく、集会はきわめて穏やかに、滞りなく進んだ。人の言う通りに言い、完全にそうだと思っていなくても、そうとしか口に出さず、一人一人の良識からくる健全な考えや、率直な疑問は、決して口にしないのだった。こうして、裏表のある偽りの人間、正直でなく、保身ばかり考えている「条件づけられた」人間がだんだん増えてゆき、社会的な問題になっていった。

うっかりと毛沢東思想に疑問を示し、土地改革の誤りを生んだ農民思想に疑問を持ち、商工業改造政策を疑い、スターリンと毛沢東の個人崇拝を批判して、「労農同盟を主軸とする路線を理解せず」、その後ずっと目をつけられ、監視され、職につけなかったり、昇進・昇給の道を閉ざされた人がどれほどいただろうか。

共産党は、言うこととやることが、いつも天と地のようにかけ離れていた。

海外に住む多くのベトナム人は、その当時続々と発刊された新聞、『ザイファム・ムア・トゥー〔秋の佳品〕』*や『ザイファム・ムア・スアン〔春の佳品〕』『ニャン・ヴァン〔人文〕』『チャム・ホア〔百花〕』などの記事を繰り返し読んだことだろう。内容がどうであれ、当時、当局はこれらの新聞の執筆者を訊問し、逮捕し、再教育労働に送り、新聞の発刊を停止した。作家協会は解散させられ、作家は癩病患者のように追い出され、訴えられて法廷に引き出された。彼らは一生を台なしにされて、その両親や妻子、友人にまで累が及んだのである。どうしてこんなことが起こったのだろう?

現在では、最初の第一歩とはいえ、社会は発言し、自分自身に忠実に生き、率直に事実を話す権利を取り戻した。そんな今から見れば、当時の人々が告訴された理由は、ごくちっぽけなものだろう。だが、当時の状況を念頭に置いて考えてみよう。人々がみな同じような生活をし、男性は幹部服、女性は白と黒の農民服というように、社会全体が同じ服を着て、同じようなことを話し、同じことを考えるように強いられていた時に、一人だけネクタイを締め、一人だけパーマをかけていたら、人々の目にはいかにも奇妙に映っただろう。ましてや、認識や思想が変わっていたらどうなったか。

現在と同様、当時もスターリンと多元化の二つは禁句になっていた。それは度しがたいほど理不尽なことだった。それでも、物事をわきまえた多くの人々にとっては、そんなタブーも子供騙しに過ぎなかった。このタブーは不合理だが本当のことで、それによって深い傷を受けた人々は、今でもまだ世の中に対して口を閉ざしている。

モスクワの爆弾

停滞と蒙昧に満ちた、あの「熱い」時代を今振り返ると、世界のいくつかの出来事が影を落としているのがよくわかる。土地改革は、誤りが判明したのが遅すぎて、すでに第五段階に入っており、いくつかの山林の過疎地を残すのみとなっていた。歴史を書き直そうとする人は、次の出来事を覚えておく必要があろう。一九五六年二月、ソ連共産党第二〇回大会は、まるで爆弾のように世の中を大きく震撼させた。スターリンは一九五三年に死去していたが、その僅か三年後に、その「ソ連共産党と全社会主義勢力および進歩的人類全体の天才的指導者」が、大量虐殺の首謀者、良心的人間の血に手を染めた赤い独裁者と糾弾されたのである。

＊　一九五六年、中国の百花斉放に影響を受けた北ベトナムの芸術家、知識人らが党の文芸政策を批判し、創作活動の自由を要求する運動を展開した。彼らが発行し、当局によって発禁処分となった新聞・雑誌の名から「ニャンヴァン・ザイファム事件」とも呼ばれる。運動に携わった芸術家、知識人の多くは弾圧され、創作活動から追放された。

第二〇回党大会が伝えた事実は、西側が以前から告発しており、帝国主義者の安上がりの中傷と思われていた話を、遥かに超える内容だった。ベトナムの無数の家庭に浸透していた、偉大な大元帥スターリンのいかめしいイメージが縮まったように思われた（しかし、党中央委員会の大会議室や祖国戦線、各公共機関に飾られたスターリンの額縁は、一九六四～六五年頃までそのままだったことを思い出していただきたい。というのも、「わが党」は相変わらず、スターリンの功労は正しく、欠点は微々たるものだったという揺るぎない立場をとっていたからだ）。

世界の領袖スターリンの品格あるイメージが足元から崩壊したことで、まだ健在だった毛沢東の肖像も揺らいでしまった。毛はスターリンを忌み嫌っていたが、それでもスターリンに最大の賛辞を贈り、「東方の革命と被抑圧民族の師」と呼んでいたのだ。

各共産党では、指導者に対する個人崇拝がいかに危険でどこまで犯罪的か、他の弟たちに警告したのである。しかし、毛は東方で最も崇拝されていた人物だった。中国ではあちこちに毛の銅像があり、彼の書物が溢れていた。彼の写真は、古今東西の世界で最も広く印刷された写真だった。

スターリン批判の風潮は、ベトナム共産党にも決定的な作用を及ぼし、党は「勇敢にも」誤りを公式に認めるまでになった。ベトナム共産党の指導体制は、いつも停滞して保守的で、他人の後追いをし、つねに外の世界より数年から数十年遅れていた。こういう性格がいつも「志操堅固」とか「謙譲」の美徳という美辞麗句で飾られていたのだ。第二〇回党大会の爆弾はアジアまで揺るがし、ベトナム共産党も自らの過ちを認め、訂正しなければならなかった。もしスターリン批判の一撃がなかったら、土地改革の誤りも隠匿されたか、それとも他の方法で解決されることになっただろう。つまり、「新たな犯罪者、人民の敵」を発見して懲らしめ、すべての罪と国民の怨みを彼らに押しつける、というスターリン的な方法である。「敵はつねにわれわれの周りにいる。闘えば闘うほど多くの敵が出てくる」。それが偉大なるスターリンの教えだった。

土地改革に対するベトナム共産党指導者たちの態度を研究してみると、非常に興味深いことがわかる。公平に見て、ホー・チ・ミンは、決して土地改革に熱心ではなかったと言えるだろう。彼には自分の考え方があった。もともと彼は、他の指導者より遥かに経験豊かで、物事をわきまえていたので、つねに「箍《たが》をじわじわと締める」と主張していた。彼は柔軟な策略を立てる人だった。それは考えられないほど柔軟だった。一九四六年三月六日の予備協定で、ベトナム北部にフランス軍が入るのを許し、グエン・ハーイ・タン★、ヴー・ホン・カイン★、グエン・トゥオン・タム★との連合政府を作り、魯漢や竜雲ら中国の将軍たちとうまくつき合った。八月革命の直後には、バオ・ダイ★を再び元首に立てて、自分は首相のポストにつくことさえ考えた（チャン・フイ・リョウ★とグエン・ルオン・バンが、八月末にまだヴィエト・バック地方にいたホー・チ・ミンの意見を聞かないまま、慌ててフエに駆けつけて、バオ・ダイの帝位を奪ってしまったため、このアイディアは結局実らなかったが）。彼は周りの人々よりも遥かに広い視野をもち、考え深かった。

ホーは、まだ土地改革は必要なく、フランス植民地主義者への抵抗戦争に集中すべきだと考えていた。二兎を追う者一兎を得ずである。貧しい農民の支持を勝ち取るという目的を維持しながら、静かに穏やかに実行するつもりだった。彼は、ベトナムの社会状況はソ連や中国のそれとは違うとも考えていた。以前中国の陝甘寧や延安地域で行なわれた土地改革のことも知っていた。ベトナムには大地主は少なく、多くの抗戦地主がいた。

ホーは、数人の人士を相手にこう漏らしたことがある。

「抵抗戦争に勝って全国が喜びに湧けば、地主は喜んで土地を献上するだろう。そして政府は農地を再分配するんだ。巧みに易々と目的を達することができるだろう。柔らかい箍できつく締める、それが一番だ」

しかし、ホー・チ・ミンはすべての決定権を握っていたわけではなかった。彼よりも大きな勢力がいたのだ。中国の革命が成功し、一九四九年一〇月一日に中華人民共和国が成立してからは、毛沢東は世界とアジアで最大の国家の正式な指導者となり、アジアの共産主義運動の厳然たる指導者になったのだ。一九五〇年初め、中国政府はベトナム民主共和国を承認した。羅貴波大使が、ヴィエト・バックの一拠点に外交文書を届けて来た。中国人の顧問や専門家たちが、続々とベトナムに入って来た。毛は情勢を把握していた。彼は、土地改革を進めるべきだと、何度もホー・チ・ミンに教え諭した。共産主義の世界では、兄弟の関係とは、すなわち兄が弟を指揮し、指導する関係だからだ。説得や勧誘は、つねに命令と解釈された。ホーはそれでも、ずるずると決定を引き延ばし、宣伝・訓練当局には租税削減の成果を強調するよう指示した。そうすれば毛も安心するだろうと考えたのだ。

秘密の旅立ち

一九五〇年の初め、北方の中国との国境がまだ閉ざされており、カオ・バン［カオ・バン省］からラン・ソン［ラン・ソン省］に向かう国道四号線で、ル・パージュとシャルトンの各兵団が殲滅される前、ホー・チ・ミンはモスクワに向けて出発した。それは秘密の訪問で、モスクワには二、三日しか滞在せず、素早く行って帰って来ることになっていた。モスクワでホーはスターリンと面会した。北京を経由する際に、伍修権と、そして毛沢東までが汽車に同乗して、ホーと共にモスクワに向かった。公表されている伍修権の回想録は、フルシチョフの回想録と共に、ホー・チ・ミンのソ連訪問と、スターリン-ホー会談について語っている。

スターリンは、グエン・アイ・クォックつまりコミンテルンで活動していた頃のホー・チ・ミンのことを知っていた。二人の関係は決して良好ではなかった。スターリンは、長い間ずっと、グエン・アイ・クォックは堅固なプロレタリアの立場をもたない人間で、民族問題を階級闘争より重視しているようだとみていた。ホーの回想録は、一九三一年から四〇年までの時期があいまいである。その一〇年間、彼はどこで何をしていたのか。

その当時、スターリンとコミンテルンの指導部は、グエン・アイ・クォックよりも、チャン・フー★やレ・ホン・フォン★、ハー・フイ・タップ★らを信頼していたと思わせる事実がいくつかある。ハー・フイ・タップの「打倒大地主。徹底的に隅から隅まで打倒せよ」というスローガンは、スターリンの好みに合っていた。グエン・アイ・クォックは「選ばれて」東方勤労者共産主義大学*に学習（再教育クラスか？）に行ったという情報もある。しかも、中級の生徒という資格でだ。当時のモスクワの「赤い教授」グエン・カイン・トアンが、こう語ったことがある。「ホー伯父さんは非常に謙遜して下のクラスに入り、アジアの植民地の学生と交流して、各国の情勢を知ろうとしたのだ」。グエン・アイ・

＊　東方勤労者共産主義大学　コミンテルンによってモスクワに作られた共産主義政党の幹部を養成する学校。一九二〇年代、グエン・アイ・クォックは青年革命同志会からチャン・フー、レ・ホン・フォン、ハー・フイ・タップなどを訓練のためにソ連に送った。

クォックがスターリンの寵愛を失っていた時期をうまく言っている。

チャン・フーがコミンテルンの指導委員会に送った報告書の中には、このように明記したものがある。「この報告は、仲介者の手を通さず、特にグエン・アイ・クォックの手を通さずに送るものである。彼はベトナム革命の戦略について、チャン・フーと意見が一致していない」。チャン・フーとハー・フイ・タップはコミンテルンの執行委員会に席があったのに、グエン・アイ・クォックにはなかったという時もある。

紅河を見渡すハノイのオペラハウスにほど近い、ベトナム革命博物館で働くスタッフの話では、一九五九年の終わりに博物館のオープンの準備をしていた頃、ホー・チ・ミンが展示物の説明をチェックしに来たことがあった。チャン・フーの隣にハー・フイ・タップの写真がかけてあるのを見ると、ホーは薄笑いを浮かべ、同行のスタッフに向かって口を開いた。「彼はね、以前私をこっぴどく批判していたんだよ」。そう言ってから、それが漏らしてはいけない話だったことを思い出したように、彼は急ぎ足で別の部屋に行ってしまったという。最近モスクワで公開されたコミンテルンの資料では、グエン・アイ・クォックは、さらにコミンテルンの規律委員会の審問を受けたとされている。委員の一人は、中国共産党のベリヤと言われた治安責任者、康生だった。

スターリンが一九四五年九月二日に成立したベトナム民主共和国を承認するのをためらい、遅らせていたのは、長い間グエン・アイ・クォックを疑っていたせいではなかっただろうか？　五年後の一九五〇年に中国が承認した後で、ソ連政府は初めてベトナムを承認したのだった。

スターリンは、クレムリン宮殿でホー・チ・ミンと個別に面会した時、六〇歳近いこの東方の老人が、二〇年前のグエン・アイ・クォック青年だとすぐ認めたという話である。スターリンはすぐ問題に入ってゆき、ホーに二つの質問をした。なぜインドシナ共産党を解散させたのか？　なぜまだ土地改革を実行しないのか？

ホーはスターリンに説明した。一九四五年にインドシナ共産党を解散させたのは見せかけで、実際には、党はマルクス主義研究会という表向きの仮面をつけて潜伏している。二つ目の問題については、フランス植民地主義者への抵抗戦争が激化しているので、土地改革は後回しになり、かわりに小作料と利息の削減キャンペーンを行なったのである。

それを聞いたスターリンは、持ち前の乱暴な調子で、おそらく声を荒だててこう指示した。

「共産党を早期に公開して活動せよ。もはや共産主義者が闇の中に隠れているべき時ではない。抵抗戦争が激しいからこそ、土地改革をして、農民の精神と物質的パワーを戦闘に動員する必要がある。階級闘争と労農同盟がプロレタリア革命の基本原理だということを思い出さねばならない」

ホーは帰国した。そして、ベトナム共産党は一九五一年二月にヴィエト・バックで第二回大会を開き、ベトナム労働党の名で党を公開した。同時に、ラオス人民革命党とカンボジア人民革命党も設立された。

ピエール・ジラールが英語からフランス語に訳し、一九九一年に出版したニキタ・フルシチョフの『未公開回想録』によると、ホーのモスクワ訪問の際、スターリンは非常に傲慢な態度をとったという。フルシチョフはこう記している。

「ホー・チ・ミンは、フランス占領軍に抵抗するベトナム人のための物資と武器援助を請いにモスクワにやって来た。しかし、スターリンはベトナム人にいかなるチャンスも与えなかった。彼はホー・チ・ミンに対して、ばかにしたような態度をとった。会見の席で、ホー主席は書類鞄から『ソ連邦建設』の画報を取り出してサインを求めた。スターリンは、どこにでも裏切り者とスパイを見つけ出す例の疑り深い官僚的な態度で応じた。彼はすぐにサインをしたが、それをこっそり取り戻すよう秘密警察に命令したのである。その後で、スターリンは私に向かっておかしそうに言った。『彼はきっとあの画報を一生懸命に捜すだろうが、骨折り損だろうな』

ホー主席との会見で、ソ連のベトナム民主共和国承認が決定された。しかし、その後スターリンは、『あの承認に関しては、われわれは事を急ぎ過ぎた』と悔やみ続けていたのだ」

それだけではなかった。フルシチョフはさらに続けている。

「ホー主席は、この訪問が正式に公表され、彼がベトナムの国家主席の資格で迎えられることを望んでいた。しかし、スターリンはその願いに反駁した。『われわれはすでに時を逸した。同志がひそかにやってきたのだから、もはや公開はできない』。ホー主席はさらに、飛行機を一機と、歓迎の演説を用意してくれるように頼んでいたのだが、スターリンは笑って、『彼はいろんなことを注文しているがね、私の答えはやはりノーだ』と言った」

スターリンのプロレタリア国際精神とはこういうものだった。

土地改革の件はどうなったかというと、ホー・チ・ミンがモスクワから帰った後も、改革を遅らせようとしたことを指摘しておかねばならない。抵抗戦争は熾烈をきわめており、スターリンはあまりにも遠い所にいた。勝利をおさめることが最優先だった。勝てばすべてははっきりする。勝利がホーの立場を弁明してくれるはずだった。

私が出会った海外のベトナム人には、次のような疑問を持つ人たちもいた。ホー自身が土地改革の実行を主張し、わざと間違ったことをやった（間違いとわかっていてやった）のではないか？　完全に新しいシステムを作るために、寺院や廟を取り壊し、農村の風俗習慣を根絶し、村や農家の社会関係をズタズタにしたのではないか？　党支部と党の下部組織だけしか存在を許されず、住民はみな党に従い、意識も、働き方も、感情さえも党の指示に従うよう強いられたのではなかったか？　そう考える人たちは、土地改革の修正さえも、目的を果たしてから住民の怒りを和らげるための免罪符だったのではないかと思っている。

当時を顧みて考察した結果、私はそうではなかったと見ている。憶測やこじつけは避けて、冷静に公平に考えるべきだ。私の考えでは、ホーは土地改革にあまり熱心ではなかった。彼は毛沢東とスターリンに強要されたのである。彼は独自の考えを持っていた。実際、土地改革の直接の責任は他の者たちにあった。しかし、ホーは当時の国家と党の主席として、かなりの責任を負わねばならない。当時、ホーはまだ土地改革を遅らせたいと望んでおり、まず抵抗戦争に勝つことだと考えていた。しかし……。

「ニャン」の計算書

当時、ヴィエト・バック地方では、「ニャン」すなわちチュオン・チンの政治勢力は、まだごくおとなしかった。党の役割もまだ徹底していなかった。

『ニャン・ザン』やベトナムの声放送で、チュオン・チンの名が出ることもごく稀だった。彼は、一九四六年末から地下に潜った共産党の表向きの組織である「マルクス主義研究会」の会長だった。抗戦政府の役割は深く浸透していたが、政府の組織は非常に簡単なものだった。政府各省の長官や次官を務める専門家や知識人の中には、共産党員でない者もいて、少なからぬ実権をもっていた。それらは、ファン・アイン★、チャン・ダン・コア、グエン・スィエン、ギエム・スアン・イェム★、タ・クアン・ビュー、チン・ヴァン・ビン、レ・ディン・タム、ホアン・ミン・ザム★、チャン・ズイ・フン、ファン・ケー・トアイ、レ・ヴァン・ヒエン、ダン・フック・トン、グエン・ヴァン・フェン、トン・タット・トゥン、チャン・フー・トゥオック、チャン・コン・トゥオン、チャン・ダイ・ギア、ホ・ダック・ジーなどの面々だった。党員と非党員の区別は、まだ大した問題ではなかった。この中で世間が党員だと知っているのは、レ・ヴァン・ヒエンとチャン・ダイ・ギアだけである。それも知識人、専門家として登用されたのだった。

　当時、南部でも北部と同じような意識だった。南部の新政府は、非常に優れた愛国的知識人の中から選ばれていた。南部抗戦行政委員会委員長のファム・ヴァン・バイックは法学博士の資格を持ち、フランスの大学で文学の学位をとっていた。医師ファム・ゴック・タイック★は、パリで医学部を卒業した人だった。数学教授のファム・ティエウ、文学教授のカ・ヴァン・ティン、物理学教授のダン・ミン・チューもフランスで学んでいた。技師のグエン・ゴック・ニャットとグエン・ゴック・ビックは、パリの工科学校を卒業していた。そのほか、工業技師のカー・ヴァン・カン、法律学者のファム・ゴック・トゥアン（ファム・ゴック・タオ大佐の実兄）、弁護士のターイ・ヴァン・ルンなどがいた。法律に詳しいことと、その清廉さで有名なサイゴン督府使［南部の植民地行政機構におけるベトナム人の最高官位］ファン・ヴァン・チュオンも新政府に加わった。

　チャン・ヴァン・ザウ★はフランスで学び、活動していた知識人で、モスクワのコミンテルンの幹部養成学校では、モーリス・トレーズとブロス・チトーの級友だった。彼は、インドシナ共産党の党派意識と偏見のために、彼ら「旧ベトミン」から「新ベトミン」*と言われてけなされ、見下された。彼らはあらゆる面からチャン・ヴァン・ザウを非難した。地主階級出身の分子だとか、コン・ダオ島に投獄されている共産党員の早期解放に関心がないとか、グエン・ビン大将（元国民党員でインドシナ共産党に移った人物）と親しすぎる、等々である。ザウはまた、「前衛青年」（ファム・ゴック・タイックを代表者とし、ターイ・ヴァン・ルンをサイゴン-ザ・ディン地区のリーダーとする）の設立を提言した時には、親日的な傾向があるとして告発された。彼は投獄もされず、国外から戻って来たというので、国内のプロの革命家たちは、当然彼には用心し、信頼しなかったのである。

中国人民解放軍が南進し、二つの共産主義国家が同じ時期に連続して成立した時には、誰もが喜びに湧いた。誰よりも欣喜雀躍したのは、きっと「ニャン」だったろう。周知のように、コード・ネーム「ニャン」、または「タン」ことチュオン・チンは、毛沢東思想を最も早くから深く明確に吸収し、毛沢東主義の経典に類する『持久戦論』や、『新民主主義論』を精読し、『抗戦は必ず勝利する』『新民主主義について』という作品を著した人物である。それらは、毛沢東思想の内容と形式をそのままベトナム化したものだった。

それはあまりにも露骨なコピーで、中国式に抗戦を「防御」と、「態勢立て直し」と、「総反撃」の三段階に分けていた。後になって、ベトナムでは態勢立て直しの段階はいつから始まり、どの時期から総反撃に移るのか、彼ははっきり規定できなかった。チュオン・チン〔長征〕という名前は、きっと毛とその側近を得意がらせ、満足させたであろうことも指摘しておかねばなるまい。長征というの

＊　「新ベトミン」は一九四五年三月の仏印処理（日本軍によるフランス植民地政府の権力奪取）以後にベトミンに加入した者。「旧ベトミン」はそれ以前からの加入者をさす。

は中国の専売特許で、勢力を守るために中原地域から西北に撤退した中国共産党の偉業とされているからだ。インドシナ共産党の書記長の名前は、「中国共産主義」以外の何ものでもなかったのだ。

チュオン・チンと共に歓喜して「偉大なる中国共産党」を歓迎したのは、ホアン・クォック・ヴィエト、レ・ヴァン・ルオン、グエン・チー・タイン★、トー・ヒューなどの人物だった。彼らは、帝国主義者の牢獄で鍛えられた老練なプロの共産党員で、体系的な教育を受けておらず、革命活動以外に専門職は何も身につけていなかった。同じような人物として、第三連区のレ・タイン・ギ★、第四連区のホアン・ヴァン・ホアン★、第五連区のグエン・ズイ・チン★、南部のレ・ドゥック・ト、首都周辺区域のチャン・クォック・ホアン★、国道五号線［ハノイ―ハイ・フォン間］区域のドー・ムオイ、南部のファム・フン★らがいた。彼らは地方で党中央のエージェントの役割を果たし、党の革命工作を専業として、他に職業は持たず、政治活動に専念していた。

彼らは、真の知識人たちをプロレタリア革命家特有の目、つまり毛沢東と同じ目で偏見をもって眺めていた。知識人とは、プチ・ブルあるいはブルジョアと同じ立場の人間で、確固たる革命精神をもたず、共産主義者を手本として再教育され、訓練されるべき人間だった。そうしなければ、彼らの知識など糞ほどの役にも立たない――知識人諸氏には失礼だが、毛沢東がそう言ったのだ――というのである。糞は肥料として役に立つが、あいつらの間の抜けた知識など有害なだけだ、というわけだ。

知識人に対する偏見から、彼らは人類全体の知識にも偏見をいだき、自然科学や技術面の知識を軽視した。すべてを支配し、決定するのは政治であり、党のやることはすべて正しいと考える主観的で恣意的な病根は、もともと体系的な教育を受けず、プロレタリア革命活動を専業としてきた者のこのような基本的な認識が原因になっている。

グエン・カック・ヴィエン★は、このように嘆いたことがある。

「プロレタリア独裁より怖いのは、無学で知識を軽蔑する人間の無知蒙昧な独裁だ。しかも、本当の学問を身につけていないせいで、彼らはプロレタリア独裁を機械的に、有害なやり方で押しつけているのだ。マルクスとエンゲルスが生きていたら、そのあまりのひどさに恐れおののいて、ひたすら天に助けを求めることだろう」

毛沢東を崇拝するグループは、彼らのやり方で政権を獲得するまで、もっぱらプロレタリア革命活動に全力を注ぎ、土地改革を天命として押し通し、また特に、そのやり方に沿った組織改革を押し通したのだった。彼らは成功しつつある中国革命と、続々とベトナムに入って来る中国人顧問団に力を得て、彼らを毛主席の特使として崇拝した。そして早々と好機を見出した。ホー・チ・ミンは土地改革をためらい、熱意をもたなかったが、彼らが改革を押しとどめることはなかった。

そういうわけで、第二回党大会が毛思想を党規約に盛り込んだことは、彼らにとっての勝利だった。彼らの立場は公式化され、合法化された。毛の教えに従って、ミニ造反を実現したのである。ホー自身が言葉を尽くして毛を褒めたため、彼らも最初から毛をホーより上にみており、毛の勢力の方が強いと思っていた。第二回党大会では、彼らは人事問題でも勝利をおさめた。大会で選出された党中央委員会と政治局のメンバーは、大半がプロレタリア革命の専業活動家で、毛に自発的な忠誠を誓う者たちだったのである。

＊　連区　一九四六年憲法はベトナムの行政単位を中部・南部・北部の三部に区分し、各部を省に区分した。この部と省の中間に、憲法で規定されていない「区」という行政単位が現実に存在した。一九四六年一一月、北ベトナム政府は全国を一二の「行政区」・「軍区」に分け、一九四八年にこれらを六つの「連区」に再編成し、各連区に行政抗戦委員会を設置した。これは、抗仏戦争によって行政と軍事が一体化したことを示している。

それは一つの岐路だったのだが、それがはっきりわかっていた者はほとんどいなかった。毛はかねてから、政権獲得は最も基本的なことだと言っていた。どの階級、どの政党、あるいはどの派閥が政権を獲得したとしても、その階級あるいは政党、派閥はすべてを手にすることになる。権力と権威を持ち、将来を支配し、特権や利権を享受するのだ。

「ニャン」と専業のプロレタリア革命家たちの目的は実現した。抗戦政府とその行政機関にいた知識人やテクノクラートは、上から下まで徐々に淘汰され、無力で低い地位の閑職につけられるようになった。それまでもっていた実権も徐々に奪われていった。土地改革のキャンペーンで、彼らは名誉を汚され、罵られ、蔑視され、彼ら自身も自信を失って、帝国主義者の教育を頭に詰め込んだという罪の意識に苛まれた。そして、労農同盟を主軸とする路線を主張する労農階級出身の党員たちに席を譲ったのである。

権力を奪われた彼らは、野に下って民主党と社会党に役職を求めた。この二党は、ベトナム祖国戦線*の中でベトナム労働党と対等という建て前だったが、実際には労働党傘下の別種の大衆団体にすぎなかった。もし彼らが、政府内のどこかのポストに残っていたとして、それがたとえ省の長官だったとしても、やはり彼らは実権を奪われただろう。省の次官は、党中央委員や党傘下の大衆団体の書記、あるいは党委員会書記であり、大きな方針から最も小さなことまで彼らに相談——実際は意見を請うのだが——しなければならなかっただろう。土地改革後は、そのような状況になっていた。このことが公式に間違いと認められて、訂正されたことはない。

ホアン・ミン・ザム文相や、ギエム・スアン・イェム農業相、グエン・ヴァン・フェン教育相、ダン・フック・トン運輸相、ヴー・ディン・トゥン医療相、チャン・ダン・コア水利相、ファン・アイン貿易相、タ・クァン・ビュー大学教育相、ファン・ケー・トアイ内務相らの悲劇*は、個人的な悲劇ではない。いや、それ以上の意味があった。それは、一つの体制の悲劇、自分の魂を失った国家の悲劇だった。マルクス、エンゲルスから毛沢東、スターリンまで、西洋や中国の髭をはやした貴人たち、人類の知恵の結晶たる知識人を見下すプロの革命家たちの手に、将来を委ねることを強いられた国家の悲劇だったのだ。その貴重な英知をなくしたまま、祖国はなおも無益な作戦行動をとり続け、わが愛する国民はそのツケを支払わなければならなかったのだ。

長い歴史の第一歩を踏み出したばかりの祖国は、独立戦争では英雄的に闘ったが、別の面では、スターリンと毛沢東に従ったプロレタリア独裁のために破壊されてしまったと言えるだろう。グエン・カック・ヴィエンが辛口に表現したような無学な独裁でなくても、学識と教育を欠いた独裁であり、近隣諸国の知識人と比べても決してひけをとらない有能な真の知識人たちが、無能者に仕える立場にいるのだ。彼らは自分自身と自分の世界を怨み、自分の不幸な祖国を怨んだ。

有害な手

＊　祖国戦線　北ベトナムでリエンベト戦線（一五九頁参照）を改組して一九五五年に形成された各種の大衆団体からなる政治団体。組織原理上は労働党（現共産党）も祖国戦線の一団体だが、事実上、各大衆団体の主席は党員が務めてきた。一九七七年に南部の南ベトナム解放民族戦線とベトナム民族民主平和勢力連合を組み入れ、労働総同盟・農民連合・婦人連合などの社会階層ごとの集団、ジャーナリスト協会・映画協会・美術協会などの職能集団で構成されている。

＊　彼らはいずれもフランスで教育を受けた知識人、教授、技術者、法律家などで、ホー・チ・ミンの政府の閣僚となった人々。愛国者であるにもかかわらず、党に利用されるのみで、つねに政治的立場を疑われて重要な仕事を与えられず、脅かされ、冷遇され続けた。

『雪割り草』の中で、私は、土地改革の修正キャンペーンには手落ちがあり、教訓を引き出すには至っていないと評価した。なぜなら、もし早く間違いに気づいて、徹底的に教訓を引き出していたら、毛沢東主義は激しく批判され、その無知な農民的性格が暴かれただろうからである。現実はそうではなかった。毛沢東主義や極端な階級闘争についても、「苦しみの訴え」「反省」「検討」といった奇妙なやり方についても、誰も敢えて取り上げなかった。逆に、「造反」的な専業のプロレタリア革命家たちが、ますます多く政府の要職を占めるようになった。そして、愛国的で専門分野に秀でた民族知識人階級をことごとく排除し、毛沢東主義の影響はますます強まったのである。

「ニャンヴァン・ザイファム」に対する暴力的な弾圧、商工業の改造、民族ブルジョアジー階級の排斥などの政策が実行に移された。これらも、上海や天津、北京での改造キャンペーンの経験に従ったもので、商工業改造に関する毛主席の特別エージェントの支援に相変わらず依存していた。顧問の「王同志」や「劉同志」らは、私営生産を全廃させたホットな経験の持ち主だったのだ。

少しでも幸運だったことがあったとすれば、土地改革の後で中国の大きな街で起こったような現象が、ベトナムでは起こらなかったことだ。つまり、最も金持ちの資本家の手を縛り、紙の帽子をかぶせて街頭に連行したり、資本家たちを捕えて強制労働に送ったり、「こいつは帝国主義者だ」と書いた板をぶら下げて射殺する、等々の行為である。資本家たちは、「自発的に」倉庫や商店や企業を進呈し、公然、非公然の私財を、政府と大多数の国民のために「自発的に」「喜んで」譲ったのだった。

新聞や対話集会では、マルクスとエンゲルスの「収奪者が収奪される」という有名なスローガンと共に、労働と搾取、職人と雇い主、社会的公平と不公平についての理念が明らかにされた。

階級成分の判定は、かなり厳しく行なわれた。誰が買弁資本家、反動的資本家、資本家兼地主なのか？　誰が普通の資本家、進歩的資本家、民族資本家、愛国的資本家なのか？

労働者や農民の苦しみが訴えられ、ブルジョアの搾取の規模が明らかにされ、搾取や強制的な労働、詐欺的商法、ごまかしの計算、密輸、非道徳的な蓄財や資産形成がどうやってなされたかが語られ、弱肉強食の現実、ブルジョア階級の贅沢三昧、堕落した生活などが暴露され、調査され、統計がとられた。各都市で血気盛んな闘争が展開し、その中で理不尽なことが次々と起こった。フランスや香港の企業に関係する伝票や書類などは、帝国主義のブルジョア階級とのつながりの証拠とみなされ、国際的反動主義者と糾弾される材料になった。

ブルジョアの家族の写真も展示された。ドー・ソン〔ハイ・フォン市〕の海辺で水着姿で肩を抱き合った夫婦あるいは恋人の写真、結婚式や花嫁を迎える様子、宴会の写真などは、ブルジョアの贅沢で堕落した享楽的なライフ・スタイル、搾取階級の退廃的なライフ・スタイルとして指弾された。個人の家にあったラマルティーヌやボードレール、果てはヴィクトール・ユゴーの作品やフランス語の辞書までが、帝国主義の退廃文化崇拝のしるしとみなされた。質素な暮らしをして、煙草も酒もたしなまない働き者の主人夫婦でも、使用人をもっと搾取するために偽りの芝居をしている、と決めつけられた。階級的立場から搾取者の心の奥底まで見通さなければならない、やつらに良いところなど一つもない、やつらの陰険さはとどまるところがなく、あいまいなところなどない、というのだ。

再教育担当のスタッフは、資本家一人一人の政治的態度を認定し、各レベルに分類した。政府と党の政策を理解している（Aランク）、政策に従う（Bランク）、政策を理解せず階級的な対応をする（Cランク）、という具合にだ。各ランクの中でさらに相対的な格差が設定された。

極端な党の政策のために、再教育を受ける資本家たちは芝居までしなければならなかった。ハン・

ダオ通りで布を商っていたある資本家の女性は、友人と対話した後で、しばらく涙を流すほど笑うふりをした。ある男性は夜間不眠に苛まれた。財産が惜しかったからではなく、子供たちに累が及ぶのを恐れたからだ。それでも冷静に、模範的に「笑う」ことを学ばなければならなかった。再教育担当のスタッフは、やはり非常に無学だったので、その顔色を窺わなければならなかったのだ。ある若い男性は、集会の途中で眠気を催したが、居眠りすると、無意識な階級的意識があると決めつけられ、子供たちは学業を続けられず、大学にも入れなくなるので、つねに口元に微笑を浮かべて「はい、はい」と返事をしていた。再教育が終わると、彼の表情から笑いは消えたが、「はい、はい」と返事する癖はその後もずっと残っていた。

詩人のクアン・ズン★が叩かれたのも、ちょうどこの時期だった。それも、ただ一つの詩が原因だったと言ってよかろう。彼は若く健康な兵士で、加えて陽気で冗談好きだった。私は、一九四九年の末に第三連区で、愛すべき口髭の彼と知り合った。打てば響くようなプチ・ブルの彼の詩、「西進」や「ソン・テイの夕暮れ」を、私たちはいつも憶えていて、ジャングルの中で夜を過ごす時に口ずさんだものだ。階級闘争の風潮が高まり、ブルジョアの再教育が行なわれた時、ある集会で思想・文化担当の詩人トー・ヒューが、クアン・ズンにはプチ・ブル的本質があり、さらにブルジョア的な性格が増えていると断定した。「ハノイの夢の夜は香しき麹《キョウ》＊の如し」とは何だ？　ブルジョアの子弟の夢か！　不健全な！

トー・ヒューがクアン・ズンに悪意をもっていたわけではないだろう。だが、指導者の声は金科玉条だった。宣伝・訓練担当のスタッフは急いでその言葉を広め、「クアン・ズンは危険な『ニャンヴァン・ザイファム』のメンバーに突然抜擢されたと友人が証言した」という尾鰭までつけたのだった。

あげくに、クアン・ズンは、あの世にまで続く怨みを抱きながら、貧困と病苦の中に世を去ったのである。

　作家グエン・トゥアン★も、フォー［米麺］についての面白い文を一つ書いたがために、文化担当官からやり玉にあげられ、大資本家のレッテルを貼られた。階級闘争の気炎は燃え上がり、フォーのことさえうかつに書けないほどになっていた。それは人民に寄生して搾取するブルジョア一味の享楽的な精神だ、というのだった。それは、文学における警戒主義（これほどまでイデオロギッシュな！）だったのである。グエン・トゥアンは長い間、家で臥せっていた。というのも、友人たちにがろくに挨拶もせずに、彼から遠ざかってしまったためである。みな、政治的に問題のある作家と関連していると見られるのを恐れたのだった。

　一九五六年末以降、ブルジョア階級の再教育で名を馳せたのがドー・ムオイである。彼は最初、ハノイとハイ・フォンを結ぶ国道五号線の戦線を指揮し、その後ハイ・フォン市党委員会書記長となった。ハノイに転任を命じられた彼は、「ブルジョア打倒キャンペーン」の指導に加わった。このキャンペーンは、「私営資本商工業改造のための大衆動員運動」という名で通っていた。これは彼にとってのチャンスだった。というのも、彼の履歴の中には伝家の宝刀があったからだ。彼は手工業労働者の階級出身で、一四、五歳の時から、ヴァン・ディエン［ハー・テイ省］、タイン・チー［ハノイ市］、フー・スエン［ハー・テイ省］などの地域で、鍵の修理と扉の漆塗りの職人をしていた。カール・マルクスが研究した資本主義大工業の生産単位から出た職人というものは、ベトナムにはいなかったので、

＊　翹　中国清朝期の小説『金雲翹伝《キム・ヴァン・キョウ》』を下敷きにグエン・ズーが一八世紀末ないし一九世紀初めに翻案を著した韻文六八体の字喃《チュ・ノム》文学の傑作『金雲翹新伝』のヒロイン。

手工業の職人でとりあえずはＯＫだったのだ。
もし彼に、どのように搾取されていたか？　どこかの雇い主に骨の髄まで搾取されたことがあったか？　かと尋ねたら、彼もうまく答えられないだろう。しかし、彼は首尾よく労働者階級に分類された。労働者は指導的階級であり、それは誰にも譲れないものだった。彼はハイ・フォンとハノイで、さらにナム・ディン［ナム・ディン省］で、大きな功績を成し遂げた。彼は集会の場でよく発言した。いつも非常に強い調子で、敵をこま切れにするように手を上げ下げしながらしゃべり、声が嗄れてもまだしゃべろうとした。闘争にあけくれていたので、フランス語であれ、英語であれ、中国語あるいはロシア語であれ、外国語はどれも勉強するチャンスがなかった。しかし話題が豊富で、あらゆるテーマ、あらゆる地域や世界の情勢について、社会科学や技術について、立て板に水の如くしゃべるのだった。

一九七五年四月以降、全国規模で社会主義建設を行なうことを党が決定すると、政治局は私営資本主義商工業の改造を指揮するために、南部に人員を送ることにした。ドー・ムオイが司令官、すなわち全南部商工業改造指導委員会の長を務めるよう命じられた。彼の下には六人の副委員長がいた。サイゴンは最も重要で問題の多い場所だったので、彼はここに指導機関と一一の工作隊を設置した。隊員は軍隊と公安警察の要員が中心に据えられ、その他の機関の要員が各隊を補佐した。軍は第七軍区副司令官ナム・チャン、本名チャン・ヴァン・ザイン★が指揮する六つの隊をかかえていた。公安部隊はカオ・ダン・チエム★、コード・ネーム「サウ・ホアン」が指揮する五つの部隊を持っていた。

私は一九七三年に、タン・ソン・ニュット空港のキャンプ・デーヴィスで、ナム・チャンと知り合った。当時、彼は当事者四派＊軍事連合委員会の南ベトナム臨時革命政府の副団長を務めていた。彼はもともと軍情報部におり、後に建設省次官としてチ・アン水力発電所*の建設指導責任者となった。ブルジョア改造キャンペーンの時には、統一会堂すなわち独立宮殿で毎日行なわれる委員会どうしの会合で、彼はいつも独自の情報を私に伝えてくれた。

私は一九七五年四月三〇日に、独立宮殿でサウ・ホアンと知り合いになった。公平を期するために言っておくと、彼は南ベトナム臨時革命政府首相のフィン・タン・ファット★に正式に命じられて、サイゴンの政権をひき継ぐためにサイゴンに入る任務を最初に請け負った人物だった。彼のサイゴン入りは遅く、午後の三時頃だった。彼はその時、まだ独立宮殿に残っていたズオン・ヴァン・ミン★政府のいろいろな人たちと面会した。その後で、ズオン・ヴァン・ミンが私にこう言ったのを憶えている。「サウ・ホアン氏は、一九四五年当時にサイゴン自衛局を指揮していたカオ・ダン・チエム氏ではありませんか?」。私は「まさにその人です」と答えた。

ブルジョア改造の時期、サウ・ホアンは、チャン・フン・ダオ通りのサイゴン市公安司令本部（旧サイゴン市警察隊）に本営を設置していた。私は彼自身の口から、「米穀王」とか、「屑鉄王」とか、「化学製品王」とか、「農機具王」などの財産のことや、彼らがどうやって財をなしたか、改造キャンペーンにどんな態度をとっているか、等を聞かされた。

いつも思うことだが、共産主義のリーダーたちは、破壊的な活動が得意なように見える。建設的な性格の仕事よりも、破壊的な仕事が上手なのだ。戦争とは破壊である。最終的には敵の生命力を破壊

＊　当時和平交渉を進めていたベトナム戦争の当事者。北ベトナム政府、南ベトナム臨時革命政府、南ベトナム政府、アメリカ政府をさす。
＊　チ・アン水力発電所　ドン・ナイ省ドン・ナイ河のチ・アン・ダム。南部最大の水力発電所で、最大四四〇メガワットの発電が可能。

することだ。私は一九四六年に、ヴィン［ゲ・アン省］の街の破壊作戦に参加した。僅か二、三週間で、数百年を経た家屋敷が壊され、壁の一つすら残らなかった。破壊の道具はきわめて単純で、巨大な鉄の棒や鑿《のみ》などだった。そして、いちばん効果的な方法は、鉄道のレールを三本組み合わせて立てた破砕器で、真ん中に一本のレールをぶら下げ、田んぼの水を汲み出す桶のように、反動をつけて壁をぶち抜くというものだった。それでぶち抜いていくと、だんだん壁の穴が広がって、とても簡単に倒れるのだ。

このように、破壊の道具も破壊作業もしごく単純だが、建設となると何百万倍も複雑である。抗戦で街は数時間で焦土となったが、一つの街を建設するには数十年から数百年もかかるのだ。木を植えて森ができるまでに、一〇年とか二〇年、あるいは数百年もかかることは誰でも知っている。だが、森林の伐採には一ヵ月しかかからないのだ。

人を育てるのも同じである。良い性格で、有能で、美しい心をもった知性的な人間を育てるのは実に大変なことだ。だが社会が衰退している時には、人間の品位もたちまち下がり、堕落し、解体してしまう。それが現在のベトナムの状態なのだ。資質の良い人間を育てるために何世代もかかることを考えると、気が遠くなるほどだ。そのためにどれほどの労力と条件が必要か考えてみるとよい。階級闘争を極端なやり方で進め、暴力と武器を崇拝し、破壊と虐殺の思想をもつ指導者が、善良で優れた人間の住む社会を築くことができないのは明らかだ。たとえ口で「新しい人間」について何百万回繰り返そうとも。彼らはコンパスや計算機や物差しやノートよりも、そして人間的な心よりも破壊装置を好み、それに習熟しているのだ。

一九九二年の半ば頃、私は、パリにやって来たハノイの社会科学委員会に属する研究所の若い研究

緑色の野帖

東南アジアの歴史を歩く

桜井由躬雄

定価二八〇〇円＋税　四六判上製四四四ページ

東西の二人の歴史学の始祖、ヘロドトスも司馬遷も、いろいろな所を歩き、さまざまな話を拾っては、時間軸に整理してみせてくれた。歴史家とは本来、旅のガイドのようなものではないのだろうか。風景の積み重なりが歴史を読み解く鍵になる……。これが著者の持論です。そこで、彼は歩きまわります。ベトナム、ラオス、タイ、カンボジア、インドネシア、シンガポール、さらには南インド、八重山列島まで。もちろん「東南アジアの歴史を歩く旅」です。スタートはベトナムのドンソン文化。そして、インド化、港市国家、イスラムの到来、商業の時代、高度成長を経て、最後はドイモイ。つまり、東南アジアをひとまわりするうちに三〇〇〇年の歴史の流れを学んでしまうという仕掛けなのです。写真もたっぷり、楽しく考える旅をどうぞ。

【関連書】

ハノイの憂鬱

桜井由躬雄

定価二〇〇〇円＋税

一九八五～八七年、まだ暗かったハノイ。ベトナム社会主義の変容と「あの」ベトナムへの愛着を綴る滞在記。

カルティニの風景

土屋健治

定価一九〇〇円＋税

心に残る一枚の絵と一冊の本からインドネシア民族意識の形成を語る。惜しまれつつ世を去った著者の代表作。

メコン

石井米雄・横山良一（写真）

定価二八〇〇円＋税

タイ[illegible]

日本占領下・インドネシア旅芸人の記録

猪俣良樹

定価二〇〇〇円＋税　四六判上製二六四ページ

第二次大戦中、インドネシアを占領した日本軍は、アメリカ映画の上映を禁止するなど、欧米文化を排除し、インドネシア民族文化の高揚と日本文化の浸透を計りました。この「宣伝戦」の中で急激に脚光を浴びたのが「サンディワラ」と呼ばれるインドネシア人の劇団でした。しかし、「サンディワラ」がきらめいたのはほんの一瞬で、日本の敗戦と共に忘れられ、今では知る人もほとんどいません。本書は旧日本軍関係者や三〇名をこすインドネシア人へのインタビューをもとに、この幻の劇団の全容と日本軍の宣伝戦の実態を明らかにしたノンフィクションです。資料としての価値はもちろんですが、戦争という苛酷な運命の中ではかなく散っていった名花たちへの哀惜の念が伝わってくる労作です。

ジャワの音風景

風間純子

定価一九〇〇円＋税

大衆演劇「クトプラ」の魅力。

なぜ西洋古典音楽よりガムランが面白いのか。

ジャワ夢幻日記

松本亮

定価一七〇〇円＋税

ワヤンの親方松本亮のジョクジャ滞在記。

流麗な名文はまさに至芸の一冊。

【書評再録】

香料諸島綺談

Y・B・マングンウイジャヤ著
舟知　恵訳

インドネシアのマルク(モルッカ)諸島は、良質の香料を産するゆえに、十六世紀以来ヨーロッパ各国の進出闘争の舞台となった。ポルトガル、スペインに続き、十七世紀の初頭設立されたオランダ東インド会社（本書ではVOCと記されている）によって、オランダの直接支配下に入る。昔、高校世界史の授業でこんなふうな筋書きを習ったものだ。

この作品はその時代、香料諸島と呼ばれていた島々に暮らしていた人びとの数奇な運命の物語である。読みはじめて、私は通り一遍だった歴史の知識が、換羽期の鳥の羽毛のように虚しく抜け落ちていくのを感じた。作者は列強の代表者たちを大型の鮫に、確執しあう島国の王たちを中型魚の鰹に、船大エミオティのような人びとを群れなす小鰯たちにたとえている。単純な筋書きではない。美しい南海をおびただしい血で汚しながら鮫と鰹と小鰯たちが、権利をめぐる必死の駆け引きや生きのびるための数々の秘策をくり広げる面白さは、一度手にとったら置くのが惜しくなる。

官能的島民 目くるめく絵巻

インドネシアの文学は、ほとんど日本では紹介されていないので比べる機会が少ないけれど、本書の奥行きの深さは、作家としてのマングンウイジャヤ氏の才能の豊かさを信じさせるものである。濃密な文体が、読んでいる私の五官に働きかけ、香料諸島の海と浜と森、官能的な島民の世界を目くるめく絵巻のように現出させる。

しかも作者には別の意図もあるらしい。一五九四年に始まり一六二一年に終わるこの物語は五章だてになっているが、ところどころで唐突に現代の島民に対して行った聞きとり調査票や幽閉中のスルタンの釈放願いの手紙などが挿入されてくる。あたかも快い叙事詩の流れにのみ、読者の身をまかせることを防ぐかのように。作者は他のエッセーでこう書いているそうだ。「歴史は我々の生活にぐんと身近に触れる興味ぶかいフィルムであり、ドラマであり、コメディであり、またとりわけ深い意味にみちた悲劇である」と。この作品にはそれらすべてがつまっているのである。

インドネシアをはじめ、多くのアジアの国々のことを私たちは知らなさすぎるのではないか。地図の上ではこんなに近いのに。理解するための重要な手だての一つが、文学であることにまちがいはないだろう。その意味でも会えてうれしい本であった。

（めこん・二〇六〇円）

（加藤幸子）

信濃毎日新聞

'97.2.20
週刊文春

私の読書日記

作家　池澤夏樹

×月×日

旅はある程度まで馴れであり技術だが、その先は才能である。門田修《もんでん》を見ているとそう思う。たぶん今の日本でいちばんの旅の名人。太平洋の西半分の島々と沿岸、それにインド洋の全域について最も詳しい。二十年近く前に彼の最初の著作である『海のラクダ』（中公新書）を見た時、日本にもこんな旅をする奴がいるのかと感心した。行く先々で人の暮らしの中に入ってゆく。その土地の生活が何でなりたっているか、官庁の統計ではなく、人が働く姿から推測する。土地の人が食べているものを食べ、飲んでいる酒を飲み、同じ床に坐って喋る。生活を写真に撮る。しかし、居つかない。あくまでも旅人。

『**海が見えるアジア**』（めこん　三六〇五円）はその門田が海と陸の接点に生きる人々をアジア各地にたずねての報告集である。そういえば門田は内陸に入ることが嫌いらしい。今までの旅もすべて海の旅だった。

「できれば、旅に出るまえに、『インドネシアに行く』とか、『タイに行く』などと言いたくない」と彼は言う。「『ジャワ海に行く』、『南シナ海に行く』と、言いたい」。

国境は人と人を分かつが、海は人をつなぐ。われわれはフィリピン人とインドネシア人は別の種類の人々と信じて疑わないが、スールー海には両国の間を行ったり来たりしている漂海民がいて、門田が興味を示すのはそのような人々、国家の決める条件ではなく自然やその時の財の流れによって生きかたを選んでいる人たちなのである。亡くなった鶴見良行の方法に似ているが、あそこまで学問的ではなくて、その分だけ自由。

今回の本がカバーする範囲も広くて、北は間宮海峡のあたりから、アジアの沿岸に沿って南下し、セレベス海・ジャワ海・南シナ海を細かく回って、最後はインド洋とアラビア海の境にまで至る。出てくる地名の大半は普通の日本人が聞いたことのないものではないだろうか。パリの鞄屋の所在は知っていても、スラウェシがどこにあるかは知らない。寿司ネタの新顔トビッコを口にして、それがどこから来たかを思う者はいない。われわれにとってそれほどアジアは遠い。

バシー海峡（どこかわかりますか?）に浮かぶサブタン島で出会ったシン君というインド人の青年の話――「高校を卒

たとき、父親から

行って商売

た。

資本金をいくらか持って、雑貨を仕入れては段ボール箱に詰めて行商している。何の伝手もない。二年がたち、来年ぐらいにはパスコに店を開きたいという。その場所もほぼ決まったらしい。すごいものだ。華僑に対して印僑という言葉があるが、まさにその最前線にたった一人で立つ青年だ。可愛いところもあり、毎晩のようにインドの実家に甘えた声で電話している」。

日本でも若い者の貧乏旅行は話題にはなっているが、みんなが同じコースを同じように回っているのでは意味がな

球の歩き方』

先々の日本人の定宿の情報ノートに頼らず、自分でリスク・コントロールをしながら人の行かない土地に踏み出す秘訣を門田の本に習うといい。

アジア映画の考

松岡環

定価二八〇〇円+税　A5判上製三〇四ページ

アジア映画といえば必ず名前が出てくるのが松岡環
雑誌や新聞などでエッセイや紹介記事を書くだけでは
たらず、自宅に「スペース・アジア」というビデオ劇場を設けてインドや香港の映画を上映するという尋常ではないのめりこみようはよく知られたところです。本書はその彼女の待望久しい初の書きおろしです。一九五〇年代・六〇年代はマレー語映画の黄金時代といわれていますが、それを支えたのが「映画先進国」インドの監督たちだったことはあまり知られていません。優れた映画は軽々と国境を越え、人の心の垣根を越えるものですが、アジア映画製作現場ではその頃すでにボーダーレスの時代が始まっていたわけです。松岡さんは香港、マレーシア、シンガポール、フィリピン、インドと「映画交流史」をひもとく旅に出ます。もちろん現在の香港映画、インド映画、タイ映画の話もふんだんに出てきます。なにしろミーハーなんですから。アジア映画の熱気が伝わってくるような楽しい本です。

シリーズ・アジアの現代文学⑬［インドネシア］

香料諸島綺談

鮫や鰹や小鰯たちの海

Y・B・マングンウイジャヤ　舟知恵訳

定価二〇〇〇円+税　四六判上製二九八ページ

すごい小説が出てきました。十六世紀のマルク(モルッカ)諸島を舞台とする歴史綺談ですが、スケールの大きさ、物語の巧みさ、登場人物の魅力……どれをとっても今の日本ではまずお目にかかれないすばらしい作品です。

副題の「鮫」とは香料貿易の利権を狙って魔の手を伸ばすオランダ、スペイン、イギリス。「鰹」とはテルナテ、ティドレ、ハルマヘラなどのイスラム土侯国の王たち。「小鰯」とは鮫や鰹の殺し合いの中で右往左往する漁民たちです。悪逆非道の総督、武勇に優れた若き親王、白面の船大工、そして絶世の美女たち。大きな歴史のうねりの中でこの魅力的な登場人物たちが愛に生き、義に死んでいくのです。十年の歳月を費やした名訳。インドネシア文化の底力を感じさせる一冊です。

イン

フィリ

寺見元恵編

定価二〇〇〇円+税

映画・演劇・スター

豊富なイラストと写真

フィリピンの魅力を探る。

……

【アジアの現代文学・既刊】

❶さよなら・再見［台湾］　黄春明◉定価一五〇〇円+税
❷わたしの戦線［インド］　カーシーナート・シン◉定価一三〇〇円+税
❸果てしなき道［インドネシア］　モフタル・ルビス◉定価一五〇〇円+税
❹マニラ―光る爪［フィリピン］　E・M・レイエス◉定価一二〇〇円+税
❻残夜行［シンガポール］　苗秀◉定価一八〇〇円+税
❼メコンに死す［タイ］　ピリヤ・パナースワン◉定価二〇〇〇円+税
❽スンダ・過ぎし日の夢［インドネシア］
アイプ・ロシディ◉定価一五〇〇円+税
❿タイ人たち［タイ］　ラーオ・カムホーム◉定価一八〇〇円+税
⓫蛇［タイ］　ウィモン・サイニムヌアン◉定価二〇〇〇円+税
⓬七〇年代［フィリピン］
ルアール・ハティ・バウティスタ◉定価一九〇〇円+税

❖以下続刊・❺❾品切

生と出会った。私は、パリに三〇年近く住み、前からこの研究生とつき合いのあった越僑〔在外ベトナム人〕の友人と一緒だった。若い研究生は私のことを知らず、私もこちらに長く住んでいると思ったに違いない。われわれは、民主主義のことや、ベトナムの選挙や、政治指導者たちのことを話した。越僑の友人が若い研究生にドー・ムオイ書記長のことを尋ねると、彼は興奮した口調でこう言った。

「ムオイ書記長ですか。あなた方は何もご存じないんですよ、やれやれ。彼は破壊者です。ハノイでは私たちはみんなそう思ってます。北部の私的所有や、民族ブルジョアジーを根絶やしにしたのは彼です。南部でブルジョアジーを根絶やしにしたのも彼でした。あの改造委員会の委員長だったんですからね。それが今になって、資本を投下して職を作り出し、生産を高めよう、などと呼びかけているんですよ。あなた方は何もご存じないんです。あの糞ったれ（読者には失礼だが、この若い知識人の言葉通りに引用させていただく）は、ハ・ソン・ビン省〔現ハー・テイ省、ホア・ビン省〕に中心都市を建設すると決めて、スアン・マイのある場所に、建物の土台にするセメントや鉄をしこたま運んで、あげくにそれを放棄したんです。どれだけ金がかかったかわかりますか？　何百億ですよ。それからまた、あの糞ったれは、スアン・ホア（ヴィン・フー省〔現ヴィン・フック省、フー・ト省〕フック・イェンの街に近い場所）に省都の中心街を建設すると決めて、莫大なセメントや鉄を費やしたあげく、またまたそれを投げ出したんです。

あなた方は、党大会であった選挙と国会議員選挙のことをご存じですか？　何もご存じないでしょう。何を選挙するというんですか？　指導者たちは議席を分け合い、分配しただけです。全部あらかじめ決まっているんですよ。その後で、国民に投票しろと強制して終わりです。ただ自分で自分を選んでいるだけなんです。あのお偉方たちに聞いてごらんなさい。『みなさん、自分の額に手を当ててよく考えてみて下さい。みなさんは国民に選ばれ信頼された方々ですか？』と聞いてごらんなさい。みんな顔を赤くして黙りこくってしまうでしょうよ」

越僑の友人と私は、君はハノイへ帰っても敢えてそういうことを口に出すかね？　と尋ねた。彼は勢いよく大声で笑い、首を横にふった。

「まだまだそうはいきません。でも、気心の知れた友達が集まれば、恐れずに何でも話すし、これ以上のことだって話してます。私たちが事実を即座に知って理解するのを、邪魔することはできません。私たちが事実を即座に知って理解するのを、邪魔することはできません。御し易い子供じゃないんですからね。いずれその時が来るでしょう」

私たちが、レ・ドゥック・アインが国会議員選挙で一〇〇パーセントの支持を得たことについて尋ねると、若い研究生は、再び激昂して語気荒く言った。

「わかりますか？　彼らは世の常識にことごとく逆らっているんです。タイでは何十年も続いた軍事体制が倒れました。国民が民主的な政府を要求するならそうすべきだし、現にそうなったんです。韓国でも軍事政権が終わりを告げました。ところが、ベトナムでは逆にレ・ドゥック・アインが担ぎ出されました。私たち知識人は、彼がどういう人なのか全然わかりません。カンボジア戦争を企てて、ベトナムが全世界から制裁を受けるようにした張本人だということしか知りません。でも、今は建設と発展の時代なんです。レ・ドゥック・アインの発想は、破壊の発想、戦争と対立の発想です。時代は経済の発想、建設的な発想を求めているというのにね。彼らのやっていることは完全に逆なんです。すべてをぶち壊しにしているんです」

それは、若い知識人の怒りを物語る言葉だった。祖国の現状を前に、彼は初めて怒ることを知ったのである。

殺される栄誉

ここで、一九五七～五八年当時の北部の社会主義改造と、一九七七～七八年当時の南部の改造を振り返ってみよう。農業改造の責任者だったトー・ヒューや、商工業改造の責任者だったドー・ムオイのような主観的な思考の持ち主は、改造すなわち社会主義だと考え、あらゆる人々にその考えを押しつけた。彼らは、生産力と生産関係についてのマルクスの理論とは逆のことをしたのである。マルクスは、受精後に卵が孵化してヒヨコになるように、また人間が九ヵ月と一〇日間母の胎内で生長するように、生産力をくまなく発展させなければならない、そして初めて新たな時代に移行するのだと繰り返した。また、主観的な欲望に流れると失敗し、罰を受けるだろうとも言った。

ベトナムでは、資本主義的な生産力がようやく芽を出したばかりだった。しかし、ベトナムの共産主義者たちは社会主義改造を急ぎ、焦るあまりに常軌を逸し、法則に反し、逆のことばかりしてしまったのである。農村でもしかりで、農地の再分配をしたばかりなのに、農民は一片の土地さえ所有できず、強制的に合作社に組み込まれ、号令に合わせて集団的に働かなければならなかった。資本主義的な生産方式は、ようやく経営者が育ち、発展しようとした矢先だった。それが、「資本主義の発展段階を経ずに社会主義に移行する」と聞かされ、資本家たちはとび上がって驚いた。

指導者たちはスターリンを見習い、西欧に比べてまだ非常に弱体だが、敢えて社会主義に移行しようというロシアの資本主義生産をモデルにしていた。さらに、ベトナムは一九三二年から社会主義の第一歩を踏み出し、社会にはもはや失業も恐慌もなく、これからも決してないだろうと自慢した。その後さらに、一九七〇年代からは社会主義建設を基本的に完成するとうそぶいたのである。今から歴史の新しい時期、つまり共産主義の物質的基礎を建設する時期に入ったというのだ。

彼らは毛沢東をもモデルにして行き過ぎた。いつも行き過ぎ、ずっと行き過ぎを繰り返したあげく、後ろに後退してしまったのだ。最近、ドイツの新聞は、鄧小平の指導する今日の中国は、社会主義から資本主義への過渡期にあると論評した。このように、多くの事実が白日の下にさらされているというのに、ベトナム共産党のリーダーたちは、まだ社会主義を建設していると言い張っている。一九九五年までに基本的に混乱を解決し、二〇〇〇年までに一人当たり年間所得を四〇〇ドルに伸ばすと言っている。二〇〇〇年には、人口は八〇〇〇万を超えると予想されているのに。彼らはロマンティックで想像力のある頭脳には事欠かないとみえる。

そして、彼らは聡明さにも事欠かなかった。細かい策略をめぐらすという意味での聡明さである。広い視野は欠けていたが、商工業改造の最終段階では、怠りなく策略をめぐらせた。ブルジョアジーはみな、自分の動産・不動産を寄贈するという権利を持ち、それを許可された。これは自覚のみに基づき、誰も強制されなかった。

資本家たちは寄贈の書類を作成し、それを提出した後は、政府と党が喜んで受け取ってくれるかどうか心配しながら待たなければならなかった。彼らはまた、共同経営の企業に入る申請書も作成し、それが受け入れられるかどうか、不安な気持ちで待たなければならなかった。公式な申請制度というものはなく、党のスタッフが自ら進んで忠実に申請書を書くよう資本家に勧め、書き方を指導したのだった。「改造が本人や家族の大きな栄誉であり、幸福であるなら、労働者になるために奮闘することは、もともと長年胸に固く秘めてきた願望だった。ついては、ここに完全なる自覚をもって、自発的に生産手段を譲渡するので、各関係当局で宜しくお取り計らい願いたい。重ねて、党と国家のあらゆる政策が成功することを祈る」という具合にだ。

ブルジョアジーは、生産手段を譲り渡すか、または合営企業に入った後に、初めて肩身の狭い悪徳資本家のレッテルから解放され、祖国戦線や愛国商工業者の会に加入する栄誉を与えられた。そうすれば、企業か商店の副社長になるチャンスもあった。彼らの子供たちは、履歴書と通信簿に「家族は党と国家の政策を忠実に守っている」というお墨つきを得て、やっとまともな教育を受けることができた。ゴ・トゥー・ハやグエン・ソン・ハー、ブイ・フン・ザー、チン・ヴァン・ボー夫妻らは、そういう栄誉に浴した人たちである。彼らはほとんど無一文になったが、社会的に尊重される存在になったことを誇り、もはや改造が始まった当初のように軽蔑されないですんだ。

南部でも、おおむねこのようにして財産の提供が行なわれた。北部と比べて違っていたのは、ブルジョア階級の財産の規模がやや大きかったことだ。地主の所有する賃貸住宅から、運送業者の所有する車輌や船舶、何百という紡績や繊維などの大規模な工場群、農業機械やラジオ、テレビの組み立て工場、さらには石鹸やタバコ、照明機具、ポットの製造工場、コンデンスミルクやヌォック・マム［魚醤］の工場まで、男女のオーナーたちはみな自発的に、喜んでこれらを党と政府に譲渡し、栄光ある労働者になるという転換に幸福を感じたのである。

かつてサイゴンで有名だったある経営者は、共産主義体制の政策をよく理解しており、このように評した。

「私は二つの体制の下で生き、両方をはっきり理解している、君がもし家のそばに果樹園や養殖池を持っていたとしたまえ。ティエウ大統領の体制下では、兵隊が来て果物をすっかり摘み取り、ニワトリやアヒルを捕まえ、魚を捕って食べてしまい、畑をめちゃめちゃにするだろう。それでも池は残り、畑も自分の土地も残る。一方、共産主義の下では、一本の木にも一個の卵にも手はつけられず、そのままになっている。その状態で、君は何事もなかったかのように家も畑も池もすべて差し出し、それでも幸せなふりをしなければならないんだ。彼らは略奪の天才なのさ。財産のある者は、笑いながら彼らに殺して下さいと請わなければならないんだ」。彼は苦々しく笑った。「マルクス・レーニン主義ときたら、腹黒いもいいとこだ」

三種の人材

社会主義に躍進する性急な改造政策のために、育ち始めたばかりの経営者の層は、ことごとく絶滅してしまった。肉体が滅びたのではなく、その経営活動が滅びたのである。彼らは生産や工場の建設、労働者の選抜などに詳しく、生産の法則に従い、内外の市場価格の動きに敏感だった。彼らは生産力の発展に欠かせない人々だった。資本金から経営のノウハウ、経験まで、あらゆる意味で資源を持っている人々だった。マルクスは『資本論』の中で、資本主義の勃興期から発展期までの経営者の役割を非常に高く評価している。彼らは制度の中心をなす存在である。自由と民主主義の旗を掲げた彼らは、働き口を増やし、労働者に正当な賃金を払い、共に自由と民主主義を求める存在として、労働者から恩人とみなされた。雇用主と労働者の対立はまだ激しくなかった。

彼らこそ、シンガポールや香港、韓国、台湾というドラゴンを生み出した重要な階層である。リー・

クアン・ユーは、それを象徴する天才的な人物として、俄かにハノイの最高指導者たちに尊敬されるようになった。その階層とは、かつて彼らが自分の手で盲目的に、愚かしくも、根絶してしまった階層なのだ。先に述べたような巧妙なやり方で、彼らは社会全体を損ない、労働者全体を苦しめたのである。

今、ベトナムにはそのような人物、経営者たる人材が必要なのだ。日本の『朝日新聞』は、一九七〇年代の初めから、社会の発展のためには三種類の人材が必要と結論している。つまり、経営者、技術者、そして政治家である。人間は資本である。これら三種類の人材が、質的にも量的にも揃っていれば発展は可能だろう。

経営者は筆頭に挙げられるべき人材だ。というのも、彼らは社会の基盤である経済の発展を促進するからである。アメリカと日本の文学には、貧乏で財産も元手もない人物が正当な手段で大金持ちになる物語がよくある。主人公は気力にあふれ、組織力と創造力を持ち、チャンスを作り出して、それを活かし、上昇して行く。彼らは社会全体、民族全体に尊敬され、賞賛される。私は海外在住のベトナム人コミュニティーの中で、こういう成功した人たちと出会った。彼らは、サイゴンの社会主義改造キャンペーンに追われて逃げ出し、財産をそっくり失ったが、一から出直して成功した。大成功をものにした人物もいる。

現在、ベトナムにはまだ健全な競争をする環境が整っておらず、新たな経営者の階層ができるほどの十分な法律もない。かつて権力側が告発し、蔑視し、抹殺してしまった階層だからだ。

今のベトナムに不足している第二の人材は、自由な弁護士である。わが国にはいまだにまったく法律大学がなく、まだ民法と商法（これはフランスの助けに頼っている）をはじめ、いろいろな法律が整っていない。現在いる弁護士はみな御用弁護士で、国家を擁護する者ばかりだ。

法治国家では、自由な弁護士の地位は非常に尊重されている。市民の権利や名誉、財産、自由を擁護し、たとえ最高位の官吏であれ、国家機関であれ、市民の権利を侵害させないようにするのが彼らの役目である。誰もでたらめを言うことは許されない。それが弁護士という職業が尊敬される所以である。毎日のように法律が作られ、補充され、修正されている。法規は厳粛で、判決は公明正大だ。市民は堂々として、法律に違反しない限り誰も恐れる必要はなく、思うようにのびのびと暮らしている。

いったいいつになれば、ベトナムに皆から尊重されるような自由な弁護士と十分な法律や法規ができるのだろうか？ 党が法律に干渉したり、法律を歪曲したり、勝手な判決を下したり、悪人を庇って正直者を罰したりする権利を持たないようになるのだろうか？ 法律に違反すれば、党の最高指導者でも法に基づいて罰せられるようになるのだろうか？ 厳粛な法律がないということは、野生の状態ということだ。現在の指導者たちは、法律が必要だ、新しい法律を作らねばならない、法律を尊重しなければならない、と口やかましく言うが、本気でそう言っているのではない。彼らはいやいや言っているだけで、実行する気などないのだ。

現代社会に不可欠だが、今のベトナムには存在しない第三の人材は、自由なジャーナリストである。記事を書き、ニュースを伝える、コンピューター通信やラジオ、テレビのリポーターを含むジャーナリストのことだ。彼らは世論を形成する一つの勢力を成しており、政府や大統領、大臣などを批判し、評価し、褒めたりけなしたりする権利をもっている。誰もそれを阻止したり妨害することはできない。

同時に、ジャーナリストは法律と世論に対して責任も負っている。もし虚偽の報告をすれば、その罪を問われるだろう。彼らは社会の世論を代表して、あらゆる問題について、あらゆる人物に質問し、聞かれた者はそれに答えなければならない。マスメディアは、立法、行政、司法に次ぐ第四の権力を形成している。報道の自由がない社会では、民主主義は偽りの民主主義、麻痺した民主主義でしかない。

ベトナムでは、憲法は報道の自由と言論の自由を認めているが、マスメディア法が私的なメディアを禁止している。マスメディア法は憲法に違反しているのだ。私的なメディアを禁じるということは、現在の党と政府が世論を非常に恐れ、自分以外の声を聞くつもりがなく、民主主義を極度に恐れ、市民の自由な権利を恐れていることを、はっきりと証明している。民主的な社会では、私的なメディアが隠しごとをしたり、でたらめを報道したり、誹謗や中傷をすると、処罰され、世間からボイコットされて、すぐに倒産するということを知っておくべきだ。

ここで挙げた三種類の人材がベトナムに欠けているのは、マルクス、レーニンとその主張に依存しているからだ。マルクス・レーニン主義は、社会主義下の市民社会の形成については見落とし、議論していない。彼らは階級の本質と階級闘争を強調し、プロレタリア階級の独裁と党を法律の上に据えることを強調した。市民社会を建設し、そこで市民が最大の権力を持ち、その権利を日々の生活に活かせる条件を作り出すことは考えなかったのである。

この大きな欠陥は、近年、現存社会主義諸国を次々と崩壊に導いた一つの原因なのである。「社会主義的民主主義は、資本主義的民主主義より何倍も高尚だ」と言ったレーニンの言葉は嘘であり、むしろ大きな皮肉となったのである。

現在のベトナムで行なわれている、人事に関するドイ・モイでは、才能ある経営者や、正義感と優れた手腕を持つ自由な弁護士や、私営の放送局やテレビ局と自由な新聞記者やリポーター（記事を書く方も話す方も）を生み出すことを重視していない。したがってドイ・モイといっても、ドイ〔変わる〕だけで、モイ〔新しい〕はなく、タイ〔交代〕してもドイはしないだろう。相変わらず進歩の遅れた社会でしかなく、現代世界の仲間入りはとうてい無理だろう。

ファン・チュー・チンの手紙

ホー・チ・ミン主席は、ベトナムにマルクス・レーニン主義を広め、次いでスターリン主義と毛沢東主義を広めた人とみなされている。これらの主義は、彼にとって至上のイデオロギーであり、武器であり、理論と思想であり、ベトナムとインドシナおよび全世界を、独立と解放と幸福に導く真理だった。したがって、彼は積極的に、誠心誠意それらを宣伝し、紹介した。

彼は正しかったのか、間違っていたのか？　彼のしたことは功績だったのか、罪だったのか？　あるいは、何割が正しく何割が誤りだったのか？　功績の方が多いのか、罪の方が多いのか？　これは非常に大きく複雑な問題で、容易に簡明な答を出すことはできない。また、祖国の運命や過去と現在の評価に関わる問題でもあり、わがベトナムの将来を占うことにもなる。

この問題については様々な政治的意見が存在し、当然対立する意見もある。

国内では、ホー・チ・ミンの再評価は絶対的なタブーとなっている。なぜなら、彼こそは、社会主義路線と政治的安定の維持をめざす指導者たちの最後の拠り所、つまり彼らが支配権を失わないための拠り所だからだ。

指導者たちは、ホー・チ・ミンが社会主義に進む道を選んだことを口実に、他の道を認めようとしない。ホー・チ・ミン思想は党の綱領にも、党規約にも、一九九二年憲法にも盛り込まれている。新聞記者のキム・ハイン★は、ホーは中国で結婚していた可能性があるという歴史学者ダニエル・エメリーの本を紹介したというだけで、たちまち『トゥオイ・チェー〔若者〕』紙の編集長の職を失った。国家文書保存局のブイ・ディン・ケ★局長も、『ニャン・ザン〔人民〕日曜版』に同じような記事を書いたために懲戒処分にされ、その後「退職扱い」となった。

思想・文化委員会の主張はこうだ。

「これらの話は、みな祖国の破壊を企む者の根も葉もないデマである。ホー主席はつねに変わらず全世界の人々から慕われている。そうでなければ、主席の生誕一〇〇周年にあたる一九九〇年に、どうしてユネスコ（国連教育科学文化機構）が、主席を傑出した世界的文化人として、世界各地で盛大なシンポジウムを催したりするだろうか」

委員会は、この問題について、当時西側で起こった激しい論争を慎重に隠していた。論争のために、結局ユネスコの記念行事は慣例通りに行なわれただけで、ハノイとハバナ、そして後にニューデリーで、記念式典が行なわれただけだった。

ベトナムの宣伝当局は、相変わらずホー・チ・ミンを正統とみなす評価に固執している。つまり、英雄的で英知に富み、民族解放に功をなしたベトナム史上最も偉大な人物、道徳の模範、完全無欠の革命家、堅固で創造的なマルクス・レーニン主義者、模範的なプロレタリアの国際的闘士、理論家にして哲学者、詩人、ジャーナリスト、教育者、ベトナム民族史上のいかなる英雄をも凌駕する傑出した人物、というものである。彼らに言わせれば、これは議論の余地のない問題なのだ。

一方、極端な意見を持つ一部の国家主義者〔旧南ベトナム政権側のナショナリスト〕たちは、ホー主席を完全に否定的に評価している。彼らに言わせれば、ホー・チ・ミンは虚偽と悪意と残忍さに凝り固まった人間で、ベトナム国民党やダイ・ヴィエト〔大越〕、ズイ・タン〔維新〕などの、他の政治結社〔一五五頁参照〕のライバルをことごとく抹殺し、コミンテルンに忠実に仕えた人間であり、「ニャンヴァン・ザイファム」弾圧や、土地改革の誤りを犯した最大の責任者である。ホー・チ・ミンは他人の詩を自分のものとして『獄中日記』に載せた、と考えている者さえいる。また、ほかならぬホー・チ・ミンこそ、フランスのスパイに密告して、ファン・ボイ・チャウ★を香港で逮捕させた張本人だと訴える者もいる。さらに、ホー・チ・ミンは自分が王様のように後世に語り継がれるよう、自らホー・チ・ミン廟を設計したのだ、というい加減な話を、自信をもって主張する者もいる。

一人の人間を評価する時は、何よりまず客観的で公平であるべきで、予断と推測を避けなければならないと思う。個人崇拝のために捏造された、おとぎ話を切り捨てる必要もあろう。ホー・チ・ミンは人間であって聖人ではないのだから、長所も欠点もあれば、間違いもあるだろう。それが当然なのだ。

私は『雪割り草』の中で、ホー・チ・ミンについて自分の意見を述べた。すると、ハノイでは即座に宣伝当局が、「ホー伯父さんについて歪曲を行ない、さらに裏切りを重ねた」と私を糾弾した。私が書いたのは、一九四五年当時、やっと五五歳のホーが民族の父を自認し、七〇歳や八〇歳の人も含む国民に対して「伯父さん《バック》」と自称したのはよろしくない、ということだった。また、主席がチャン・ザン・ティエンとか、T・ランなどの署名で自分自身のことを書き、自分をレ・ロイ★やチャン・フン・ダオ★より偉いと褒め、「ホー伯父さんは非常に謙遜で、決して自分のことを話したがらない人だ」などと自分で言ったのは笑止千万だ、とも書いた。

国外の新聞では、私がまだホー・チ・ミンを愛国者と称えているので、たとえそれがホー独自の愛国主義であろうとも認めることはできない、と非難する声もある。そういう人たちは、ホーに対する私の見方も否定する。つまり、彼は革命闘争の犠牲になり、簡素な生活をし、ソ連と中国に依存しながらも戦争指導には自主的な態度を貫いた、という見方である。ホーは、毛沢東や林彪が「ベトナム南部では中隊規模で攻撃するゲリラ戦術に留めよ。もし大隊や連隊規模で攻撃すれば、アメリカの空軍と砲兵隊の火力で全滅するだろう」と説得するのにも従わなかった。ソ連が「ベトナムは軍事ではアメリカに対抗できないのだから、銃を下ろして平和的解決を求めた方がいい」と勧めるのにも耳を貸さなかった。ワルシャワ条約機構軍の司令官クリコフ元帥が「ベトナムがしぶとくアメリカにたち向かえば、国土は破壊し尽くされて、身につける下着さえなくなってしまうだろう」とまで言ったにもかかわらず、である。

ホー・チ・ミンを否定する人々は、彼はいつどんな時でも、コミンテルンとソ連と中国の、従順で忠実で盲目的な手先であり、それ以外のものではなかった、と頑固に言い張っている。

国内の新聞は、私がなぜホーを「翁《オン》」と呼び、普通の人々と同じように「伯父《バック》さん」と呼ばないのかと非難した。一方、国外の新聞は、なぜ私がホー・チ・ミンをまだ翁と呼んでいるのかと非難した。もし、レ・ロイやクアン・チュン★を翁と呼んだら、何か不敬なことがあるだろうか？　何か不都合があるだろうか？　ホー・チ・ミンは、一九四五年から一九六九年まで、ベトナム民主共和国の主席を務めた人ではないか。翁《オン》でなにが悪いのか？

国内の人々、特に若い人たちにとっては、今やホー・チ・ミンを冷静に、客観的に理解すべき時だと思う。盲従することなく、偏見を持たず、それぞれが自分の頭で考え、評価する必要がある。宣伝当局が作り出した過剰な個人崇拝を克服しなければならない。当局にはホーを神のごとく絶対化する傾向があるが、それは実際には彼を貶め、威信を低下させることなのだ。また一方で、残酷で不公平なやり方で、彼を過剰に罵るようなこともしてはならない。

もし本当に、若い頃のホーに恋人がいて、結婚していたとしても、何か不都合なことがあるだろうか？　もし、フランスのビエルや中国の雪芹、ロシアのヴェーラ・ヴァシリエラなどが彼の友人で、恋人で、妻だったとしても、それはごく自然で普通の話であり、ホーも皆と同じ人間的な心を持っていたということだから、むしろいい話ではないか。見せかけの人徳者だけが、彼を聖人扱いしたがるのだ。

一九九三年の初め、アメリカの新聞記者ソフィー・クィン・ジャッジが、モスクワからの帰途パリに立ち寄り、私と会って、ホー・チ・ミンに関する国際共産主義運動の資料をいくつか見ることができたと語った。彼女の話では、グエン・ティ・ミン・カイ★が自分の経歴を明かした時に、夫の名前は「リン」すなわち当時のグエン・アイ・クォックだと語ったそうだ。さらにジャッジは、ミン・カイがグエン・アイ・クォックの妻だと書いている一九三五年のハー・フイ・タップの手紙も見た。こういう史料をもっと検証しなければならない。

生年月日が一八九〇年五月一九日だというのも、きっと正確ではないだろう。だから正確には、あるいは最も近いのは何日なのか、何年なのか、もう一度確定するべきだろう。一九一一年に彼が植民地官吏養成学校に入学願書を出した時には、一八九二年生まれと書いている。一九二〇年九月二〇日にパリの警察本部で供述したものでは、一八八四年一月一五日が誕生日と書いている。さらに、一九二三年六月にベルリンのソ連大使館で書いたものでは、一八九五年二月一五日生まれとなっている。ホーの姉タインは、中部諜報本部で、弟は一八九三年生まれだと語っている。一方、兄のキエムは一八九一年と言っており、ホーの故郷キム・リエン村の行政当局は、彼が成泰六年の旧暦三月、つまり一八九四年四月生まれだと言っている。一八九〇年か九一年か？　それとも一八九二年？　一八九三年？　あるいは一八九四年か？　それとも一八九五年だろうか？　六年も差があるのだから、ややこしい限りだ。しかも、どの年にしても証拠があるのだから。

ホー・チ・ミンの命日も、当時の指導者たちによって「調整」され、宣伝当局の要求で一日遅らされた。本当は、一九六九年九月二日だったことが明らかになっている。指導者たちは、主席が独立記念日に死亡したことにしたくないというつまらぬ見栄から、敢えて事実をねじ曲げたのだ。私は、ホーの遺書の全文が白日の下に公開され、それを機会に、彼の命日が改めて確定されるのに役立てたことを嬉しく思う。

歴史家チャン・クォック・ヴオンは、実地見聞の旅に出て新事実を発見するのが好きで、自らフィールド・ワークと呼んでいる。ヴオンは、ホーの故郷ゲ・アン省のナム・ダン県、キム・リエン村の地域を調査し、注目すべき話をたくさん発見した。その地域の長老たちは、ホーの父グエン・シン・フイ（後のグエン・シン・サック）は、グエン・シン家の血を引いておらず、同じゲ・アン省クイン・ルー県クイン・ドイ村出身で、挙人［科挙の一次試験合格者］ホー・シー・タオという名の儒学者の子供だと語った。

挙人タオは、セン（キム・リエン）村と同じ社《サー》にあるサイ村のハー家に学問を教えに行った。この家にはハー・ティ・ヒーという名の娘がいた。彼女は歌舞音曲に優れていたが、良縁に恵まれなかった。

挙人タオには妻子があったが、一つ屋根の下で才子と美女が一緒に暮らすことになり、やがてヒーは妊《みごも》った。家の主人はすぐに対策をひねり出し、村のやもめの農夫に娘を片付けた。そういうわけで、ヒーは農夫グエン・シン・ニャムの後妻となり、後にホー・チ・ミンの父となるグエン・シン・サックを産んだのである。

グエン・シン家は、もともと田を耕すだけの無学な農民の家系である。グエン・シン・サック少年は非常によく勉強し、その上実父である挙人タオの教えも受けたので、後には副榜［科挙試験の進士の試験の第二位合格者］となり官職についた。才子と美女の遺伝子のおかげで、グエン・タット・タイン少年も勉強がよくできた。グエン・タット・タイン、後のグエン・アイ・クォックが、ホーという姓を使ってホー・チ・ミンと名乗ったのは、自分の本当の出自を思ってのことではないだろうか。

当然のことながら、国内の現在の保守的な指導者たちは、教条主義的な個人崇拝の態度をとり、歴史家の新しい発見を認めようとしない。チャン・クォック・ヴオンも率直な性格で、たとえ指導部の意向と一致しなくても、敢えて自分の考えを話したり、書いたりするので、一九九一年にコーネル大学を訪問して帰国してからは、厳重に監視されている。指導者たちは、相変わらず事実に対してアレルギー反応を示すのだ。

歴史上の人物は掛け値なしに評価すべきだ。政治的な要求に従って、この人物を美化したり、あの人物を汚したりするのは、良心に悖《もと》る行為である。ホー・チ・ミンについては、明らかにすべき問題、正確に見極めるべき問題が山とある。現在、フランスの資料やモスクワの文書館が研究者たちに公開され、検証を待っている。

最近、フランスの歴史家ダニエル・エメリーが、雑誌『アジアへのアプローチ』の一九九二年一一月号に、「一九九一年までのホー・チ・ミン」という長い記事を書いたが、それには二一点に及ぶ史料が添えられていた。グエン・シン・フイが中部理事長官［阮《グエン》朝の中部行政官］に送った手紙や、グエン・タット・タインが中部理事長官に送った手紙、中部諜報本部の公文書、キム・リエン村長の証言、キム・リエン村行政官たちの証言、グエン・タット・ダット（ホー主席の兄）の証言、グエン・ティ・タイン（ホー主席の姉）の口述、南部諜報本部のメモ、インドシナ総督の電文などである。

一九九三年一月、エメリーはこの記事を私に手渡し、「私は歴史学科の教授で歴史研究家だが、学者として事実を探求して事実を記すという態度をとっている」と言った。彼はベトナム史に関する学識を買われて、ベトナムへの公式訪問団に参加するよう、ミッテラン大統領から誘いを受けたばかりだった。帰国した彼は、ハノイで作家のズオン・トゥー・フオン★の家を訪ねるという冒険までやってきた、と私に語った。

彼の記事は確かな資料に基づいており、ベトナムの史家が押しつける説とは違って、一九一一年に船出したグエン・タット・タイン青年が、まだそれが救国の道を求める旅になるとは思っていなかったことを証明していた。青年が持っていた学位証書は小学校の卒業証書だけで、その後改めて、今の普通教育九年生に相当する中等学校の二年生で学んでいる。彼はまず生計を立てるために、補助教員としてファン・ティエット［ビン・トゥアン省］のズック・タイン校に勤めた。

家族の悲劇はタイン青年にも影を落とした。グエン・シン・フイは、フエで官職にある頃から重いアルコール中毒だった。姉タインの話では、当時酒を浴びるように飲んで酔っ払った父親に、拳や鞭でひどく殴られたという。一九〇九年五月、グエン・シン・サックはビン・ディン省ビン・ケ県の知事に任ぜられた。その半年後の一九一〇年一月、四七歳の時に、彼は農民のタ・ドゥック・クァンを鞭と棒で殴り殺してしまったために、重罰に処せられた。諜報部は調査を行なって、この過失致死事件は、サックが酒に酔って引き起こしたものと断定した。フエの摂政会議は、彼の知事の職権をすべて剥奪し、四階級下の官位に降格することを決定した。

これは実に深刻な悲劇だった。官位の象徴である印璽《いんじ》を取り上げられた知事は、名声も希望もうち砕かれてしまった。教師として数ヵ月働いた後、彼は南部のロック・ニン［ビン・フォック省］へ行き、ゴムのプランテーションの監視人になり、行政機構とは縁を切って、失意と屈辱のうちに極貧生活を送ることになる。彼は中部理事長官に職を請う手紙を送り、自分の窮乏した暮らしぶりを訴えている。グエン・タット・タインは一九一二年一二月にさらに中部理事長官に手紙を送り、父の窮状に対してなさけを請い、長官閣下に、父のために フエで何かの職を見つけていただきたい、省の承弁でも教授でもかまわないとして、次のように書いている。

「閣下に、父のために中央の省の承弁や訓導、あるいは教授［いずれも阮朝の教育行政部門の官吏］のような職を見つけていただき、父が閣下の御高配の下に生活できるようになれれば幸甚です。

なにとぞ私の願いをお聞き入れ下さい。もはや閣下だけを希望としておすがりし、閣下に対する義務を果たさんと思う次第です。閣下の恩恵に浴する臣民として、慎んで閣下にご挨拶申し上げます。

署名　ポール・タット・タイン

ニューヨークにて　一九一二年一二月一五日」［フランス語原文添付］

したがって、船で洋上に出た時には、グエン・タット・タイン青年は、悲憤にくれて行き詰まった心境にあった。学業は中途半端で、父親は官吏として立身出世の途上で突然その地位を失った。青年は何よりも自分を救うために、仕事を見つけて、いくらかでも家族を助けるために旅に出たのだった（彼が一九一一年一一月一三日にニューヨークからポール・タット・タインの署名で出した手紙では、中部理事長官に託してインドシナ紙幣一五枚ばかりを父親に届けてほしいと頼んでおり、理事長官側は彼の願いを聞き入れている）。

フランスに到着すると、タイン青年は一九一一年九月一五日付けでマルセイユから植民地官吏養成学校に入学願書を出したが、植民地省はこれを拒否した。入学を認められる者は非常に少なく、本国で高い地位にある官僚の子弟で、高等教育を受けた者でなければならなかった。その後、タインは船のボーイとして働き、ホテルかレストランのオーナーになる夢を持ったこともあった。

申請書の中で、彼は「この臣民がここに忠誠心を表すことをおわかり下さい」というような公式辞令を用い、母国の開化の恩恵に浴する者、と自認している箇所もある。グエン・タット・タインの政治思想が明確に形成されたのは、一九一四〜一八年の第一次世界大戦の後、フランス社会党、後にはフランス共産党の面々と接触してからだったと言わねばなるまい。

党の指導に従うハノイの歴史家たちは、グエン・シン・サックを美化して、筋金入りの革命的人物に仕立て上げ、フランス植民地主義に反対したので失職したと書いているが、これは故意に事実を歪曲した作り話だ。グエン・タット・タイン青年は、東遊運動《ドン・ズー》*の主張と改良主義が失敗したために革命が行き詰まったのを見てとり、救国の道を求めて船出したという話になっているが、これはホー・チ・ミンがごく若い頃から革命意識を持っていたと粉飾するためのでっち上げで、やはり歴史上の事

＊　東遊運動　ファン・ボイ・チャウが提唱した日本への留学運動。明治維新を達成し、ロシアに勝利した日本で、抗仏・独立のために近代的知識・技術を身につけた人材を養成することを目的とした。一九〇七〜〇八年にかけて一〇〇〜二〇〇人のベトナム青年が来日し、犬養毅、根津一らの支援を受けて振武学校、東京同文書院、成城学校などで学んだ。

実に反している。彼がニャー・ゾン［ホー・チ・ミン市］の船着き場から船出したというので、その場所に記念館が建てられたが、これもこじつけである。なぜなら、当時は税関の建物はまだできておらず、船は通常、その場所からかなり下流の船着き場に入港していたからだ。

歴史の真実を正確に評価しなければならない時が来ている。話を水増ししたり、捏造したり、非科学的で歴史を損なうようなことをすれば、すべての話がその信憑性を疑われるだろう。

ホー・チ・ミンについては、きわめて大きな問題が一つある。それは、彼が民族主義的な愛国者だったのか、それとも共産主義者だったのかという問題である。私は、彼はもともと愛国者だったと考えている。コミンテルンを選んだ時でさえ、愛国心からそうしたのだと思う。彼はこう記している。「第二、それとも二・五、あるいは第三インターナショナル［コミンテルン］か？* 私は第三に従う。なぜなら、第三インターナショナルだけが、植民地解放運動への支持を初めて明確にうち出したからだ」。その後、徐々に第三インターナショナルの中で地位を固めるにつれて、彼はスターリンと毛沢東の大きな影響を受けることになる。彼の目標は民族を解放し、祖国の独立を勝ち取ることで、さらに高い目標はインドシナとアジア、そして世界におけるプロレタリア革命だった。

ホー・チ・ミンが民族解放と祖国の独立に功績があることは明らかである。それは誰も否定できないだろう。彼は投獄され、追われ続けながら、その活動のためにすべてを犠牲にした。国家主席でありながら、その暮らしぶりは質素で、決して自ら特権を握ることはなかった。彼の果たした役割は重大で、ベトナムの独立の最大の功労者として、世界中で敬愛されていると言えよう（何が独立か、ただソ連と中国の手先になっただけではないか、と議論する人もいるだろう。その意見は尊重すべきだが、それではわが国の独立を否定することになると私は思っている）。

民族全体にとってもホーにとっても悲劇だったのは、彼自身が率先してマルクス・レーニン主義、なかんずくスターリン主義、そして毛沢東主義をベトナムに導入したことである。中でもスターリン主義は最悪だった。というのも、マルクスとレーニンの著作は、多少ともスターリン化されて導入されたため、マルクス・レーニン主義はほとんど入っていなかったからだ。それらの著作はスターリンによって解説され、総括され、紹介されたものだった（『ボルシェヴィキ・ソ連共産党史』『社会主義経済の諸問題』『マルクス主義と民族問題』『マルクス主義と言語の問題』など）。スターリン時代に編集された教科書のシリーズもあった。

ソ連であれ、東欧であれ、中国やベトナム、キューバ、北朝鮮であれ、現存社会主義の災いはみなそこから出たものだ。生産関係を変えさえすれば社会主義になると考えられ、農業の集団化を急ぎ、すべての生産単位、すべての業種を国有化し、個人の所有権をなくし、経営の自由と競争をなくし、性急な工業化を進め、重工業を中心に据え、文学は社会主義リアリズムを唯一の手法とするよう強制した。みなスターリニズムに則って行なわれたのである。

党が独裁的に指導し、党内に派閥を作らせず、統一的な集団指導体制を維持したことまで、みなスターリンの専売特許である（レーニンの時代には、党内に各グループや多数派、少数派の派閥が、様々な割合で

＊　第二インターナショナルは一八八九年にドイツ社会民主党とフランス社会党を中心に創設された社会主義政党のゆるやかな連合体。第一次世界大戦勃発と同時に民族的排外主義のため機能停止に陥り、一九一四年に崩壊。大戦後の一九一九年に再建された。二・五インターナショナル（ウィーン・インターナショナル）は、社会主義運動の大同団結をめざしてオーストリア社会党、フランス社会党が中心に組織した国際社会主義党活動同盟。第三インターナショナル（共産主義インターナショナル＝コミンテルン）は、ロシアのボリシェヴィキによって一九一九年に創設された。マルクス主義政党のみで構成され、各国共産党を支部とする。一気に世界革命を達成することをめざした一枚岩の世界共産党。一九四三年解散。

存在することが許されていた)。そして、党と国家が一体化し、党がすなわち法となり、本来の国家の法律は軽視され、立法府も司法府もなくなった。みなスターリンと毛沢東が引き起こした弊害である。そして、個人崇拝は、党と政府を一つの指導グループのもの、唯一の領袖のものにしてしまった。独裁者の専制的支配、弾圧や逮捕が日常茶飯事となった。これらもみなスターリンと毛沢東の賜物だった。さらに、中国に倣って大躍進や土地改革を進め、「ニャンヴァン・ザイファム」の芸術家と知識人を弾圧したのも、毛沢東思想に盲目的に従ったためである。

共産党の指導委員会と並んで、ホー自身もまた、現存社会主義建設の過程で生じた重大な過失の責任者なのである。たとえ彼に善意があって、すべてうまくいくよう望んでいたとしても、実際には国民を苦難に追いやり、経済破綻と社会の慢性的な停滞、貧困状態を招き、大勢に不公平を強いることになったのだ。そのような問題は、ホーの存命中から発生し、一九七五年の南北統一から現在まで、日に日に深刻化し、拡大してきたのである。

現在、指導者たちはホー・チ・ミン思想の研究機関を設立して、この思想を宣伝し、「ドイ・モイ」の拠り所にしようとしている。相変わらず強引でこじつけばかりの、露骨で有害なやり方だ。そのまさに彼らが、以前は毛沢東思想だけで充分だと考えていたのである。ホー・チ・ミン思想ではなく、ホー・チ・ミン的な手法というものがあっただけだった。指導者たちは、ファム・ヴァン・ドン、ヴォー・グエン・ザップらを、この一貫性のないホー・チ・ミン崇拝に加わらせた。というのも、ホー・チ・ミンは、実際は政治路線について、自分の意見をあまり持っていなかったからだ。

ホーは、ユーゴスラビアのチトーのように、マルクス・レーニン主義を取り入れる中で民族精神に至るということもなかった。ソ連の路線と経験を絶対的に信頼し、いささかも批判せず、教条的な態度をとったのである。ただ一つ優れていたのは、党の指導者たちと共に戦争を指導する中で、南部ではゲリラ戦だけに留めよ、という毛沢東の勧めに盲従せず、平和共存のために何としても停戦と交渉による解決を図れ、というソ連の圧力にも屈しなかったことだ。他方、建設については、ホーはまったく優柔不断で、少しも自主的なところがなかった。

　この結論は実に重要である。これからわが国で政権を握る者たちに、この結論は繰り返し語りかけるだろう。あれこれのイデオロギーや国家に盲目的に従ったり、あちらこちらの制度を模範にして真似たりしてはならない、と。われわれに最もふさわしく、われわれの方法、政策、国家路線に最も適した制度、しかも世界に受け入れられる制度を作るために、あらゆる国の経験を慎重に吟味しなければならない。それは、過去数十年間の現実から得た、最も苦しい教訓なのだ。わが国で誰が政権の座につこうとも、その日を大きく開けさせておかなければならない。

　数十年を経たベトナム革命は、従来の道と違う道に進むことができるだろうか？　一部の人たちはこういう仮説を立てている。タイやインドネシア、韓国、台湾、シンガポールは、われわれとは全く違う道を辿ってきた。それでも独立を達成し、民主化の問題を抱えながらも、繁栄を謳歌している。過ぎてしまったことに「もしも」という言葉で問題を設定するのは難しい。

　考える道を開くために、ここでファン・チュー・チン★が一九二二年二月一八日にグエン・アイ・クォック青年に送った手紙を参照しよう。当時、チンは五〇歳になったばかりで、マルセイユで活動していた。彼は、一九〇八年から一九一一年までコン・ダオの獄中にあり、釈放後フランスに渡って『インドシナ政治論』を著した。その中で彼は、非暴力闘争の路線を提唱し、フランスの世論に対して、残虐な植民地制度と官僚の腐敗ぶりを告発した。彼は、文化と教育と民衆の知性に長期的に依拠した闘争路線を主張した。その方針は「開民智・振民気・厚民生」というもので、人民大衆の知性を高め、人民の意気を奮い立たせ、国民生活を改善するという意味である（この「厚民生《ハウ・ザン・シン》」は雄厚《フン・ハウ》の厚で、一部の本が誤訳しているように「後民生《ハウ・ザン・シン》」、つまり民生は後という意味ではない）。グエン・アイ・クォックはこの主張を保守的だと考えていた。

手紙にはこのように書かれている。

「長い間、私と君とファン（ファン・ヴァン・チュオン。当時、高い知性と愛国心で名を知られた弁護士）は、いろんなことを話し合ってきた。君は今でもやはり、私の『開民智・振民気・厚民生』の方針が好きになれないようだ。一方、私もやはり君の『臥外招賢・待時突内』（海外にいて祖国から才能ある者を呼び集め、帰国して行動する時を待つ）なる方法論と、ファンの『収人心』なる論理を好ましいとは思わない。方法論が一致しないので、君はファンに、私が保守的な古くさい儒学者だと言ったね。君が何かのことで私をあげつらっても、私は決して君に腹を立てたりはしない。なぜなら、考えてみれば、私はフランス語は大して読めず、したがってこの文明国の書物に明るくないと自覚しているからだ。その点では、私は君に遠く及ばないのだから、ファンと比べてどうこう言わないでくれたまえ。私は、今の自分をレースを終えた馬のように思っている。だからといって、君を子馬禄石と思っているわけではない（研究家ホアン・スアン・ハンの意見では、この四文字は、ファン・チュー・チンによく見られる冗談めいた比喩に従って、「石をはむ若い馬」と訳すべきだという）」

手紙はさらにこう続いている。

「古今東西において、誰一人として君のようなことをした人間はいない。君は、自国では四方を敵に包囲されており、帰国したらきっと危機に陥ると言っているが、それればかりではない。国民は気力を失っている。強権的な政策ゆえに、理解力が不足しているのだ。それなのに、君はいわゆる『臥外招賢・待時突内』の方法にこだわり続けている。その方法に従って、君は新聞雑誌に記事を書き、国民同胞が国のために精神力を注ぐよう呼びかけている。私は、その方法は徒労に終わると思う。君は私の言葉に耳を貸さず、ずっとこちら側にいる。そんなやり方では、君の才能は無意味なものにしかならないだろう」

ファン・チュー・チンが、グエン・アイ・クォックの父グエン・シン・フイと同期の科挙試験合格者であることを憶えておくべきだろう。ファン・チュー・チンも副榜［科挙の二次試験第二位合格者の称号］に合格している。彼はグエン・アイ・クォックより二一歳か二三歳年長である。右の手紙の中で、彼ははっきりと、グエン・アイ・クォックの革命の方法論を批判している。チンは、グエン・アイ・クォックが彼を保守的な儒学者で改良主義者と見ていることを怨んではいないが、自分の方法論が正しいと思い込んではいけない、と戒め続けている。また、古今東西でグエン・アイ・クォックのようなことをした者はいない、と評している。そのやり方は単なる徒労だというのである。そして、彼を石をはむ馬にたとえている。チンは、自分の「開民智・振民気・厚民生」が正しい路線だと、あくまでも自認した。

チンが主張する路線は、インドのガンディーとネルーの成し遂げたやり方に近い。それは非暴力の路線であり、人民の知的水準を高め、教育を普及させ、闘争精神を鼓舞すると同時に、宗主国の民主的、進歩的勢力の支持を集める路線である。チンは、同胞の意識を覚醒させ、心を一つにして闘うよう導き、多くの賛同者が支援の環を広げ、敵に譲歩させる力を持つ、というイメージを描いた。

多くの知識人が、次のような仮説に同意している。もし当時、ファン・チュー・チンが示した闘争路線が受け入れられ、現実になっていたら、ベトナムはおそらく現在とはまったく違っていただろう。独立、統一を果たしつつ、民主的で発展し、戦争を回避できただろう。共産党を通じてスターリン主義と毛沢東主義の破壊のシステムがもたらされることもなく、いつ癒えるとも知れない、はかり知れない深刻な後遺症を残すこともなかったろう。

破壊のシステム――残された問題

マルクスとエンゲルスは、遥か彼方の極東アジアの一民族の間で、これほどまでに自分たちが知られ、その論理が学ばれるとは、夢にも思っていなかっただろう。二人の名前は、新聞で、ラジオで、学校で、毎日くり返し登場する。二人の写真は家の中や街角に氾濫している。そして一九九〇年代初めの現在、二人のことを耳にする時、全ベトナム社会が苦々しい心境に陥るのだ。もし二人が生きていたら、悲憤慷慨して抗議しただろう。「われわれの学説は、こんなに単純で粗野で不合理なものではない」「われわれの思考は有害なやり方で、こじつけに使われているが、そんなに幼稚で硬直したものではない」「われわれは、ただ当時の人間に婉曲な方法論をもたらしたかっただけだ。それが、融通のきかない無機的な原理に解釈されたのだ」「われわれの名前をつけたり、われわれ自身の姿を真似たものを認めることはできない。いや、われわれはまったく違う存在なのだ」と。

ベトナムにとっての最も重い負債といえば、スターリンと毛沢東のことに触れないわけにはいかない。この二人は傑出した指導者だったのか、それともいかさま師だったのか？　人民から出た、人民による、人民のための、新しいタイプの指導者だったのか、それとも独裁者だったのか？　救いの神だったのか、それとも人民の生活の破壊者だったのか？　今やすべては明らかである。この二人の人物は、ベトナムに最大級の嵐、最大震度の地震をもたらし、ベトナム人の家庭や個人をめちゃめちゃにしたのである。それは当然、ベトナム共産党の「盲目的な善意」を通じて行なわれたものだ。すべての悲劇はそこから来ている。

そこで、共産党の指導者の方々と、マルクス・レーニン研究所の一〇〇人以上の方々、グエン・アイ・クォック党学校の八〇〇人を超える理論教育要員に、慎んで問題提起したい。あなた方は、マルクス・レーニン主義が、まだ今日のベトナム国家にとって何らかの現実的な価値があると全社会に表明し、一九九二年憲法の文面に載せるのか？　あなた方はスターリンをどう評価するのか？　相変わらず「七割の功績と三割の罪」などと言うのか？　ベトナム社会主義共和国のすべての人々に、社会主義がどのように、どこで、どんな状態で残存しているかを知らせていただきたい。そして、あなた方が綱領に書き込んでいる、紙の上だけの社会主義なるものと、建設途上にある社会主義とはどのようなものか、教えていただきたい。

また、どうしてあなた方は、新しい法律の草案を作るためにリー・クアン・ユーを顧問に招いたり、フランス政府の法律の専門家を招いたりするのか？　彼らがマルクス・レーニン主義を標榜しているとでもいうのか？　社会主義への過渡期にあるベトナムの道を明るく照らしてくれる傑出した人物だとでもいうのか？

過去の過ちからきっぱりと決別しなくては、未来に至る正しい道を見つけることもできないだろう。「ベトナムの社会主義とはどのようなものか、われわれはまだ描くことができない。さらに研究が必要だ」と声明したのは、チュオン・チンの息子で、ハノイのマルクス・レーニン研究所長ダン・スアン・キー★にほかならない。同研究所の多くのスタッフも「ベトナムに社会主義のモデルはまだない。今、実践しながら探求しているところだ。そうやって、目が見えなくなっていくのだ。恐るべき暗黒に迷い込むのだ」と語っている。

中国では鄧小平が、市場経済システムに従って共産党が指導するというスタイルで、資本主義に戻る過渡期の中華国家をリードしている。むしろこのように率直な言い方をした方がよいだろう。

ベトナムでは共産党が、市場経済システムに従って、五つの経済セクターを設定し、しかも国営部門が主導し、主軸になるというスタイルで、社会主義への過渡期にある国家をリードしている。ゴー・ミン・ソーはこのようなモデルを描いている。社会主義ではなく、ましてや資本主義でもなく、水と火の混合、相反し、否定し合うものどうしの結合になるだろう。それでは化け物を生み出すことになる。社会は混乱し、無法状態になり、一握りの特権階級が支配し、汚職と密輸が蔓延し、貧富の二極分化が生じ、国土は狡猾で老練な外国の資本家にいいように牛耳られ、国家の財産は内外の貪欲な人間に食い潰されるだろう。理論と路線についても、すべてあいまいな空気に包まれるだろう。

その責任は誰にあるのか？　党だろうか？　党とは誰のことか？　指導当局のことか、それとも二〇〇万近い共産党員全体のことか？　集団責任である。集団責任とはすなわち、個人的に責任を負う者が誰もいないということだ。破綻を迎えた時、個人は集団の後ろに身を隠してしまう。みな責任逃れをするのだ。

土地改革の誤りだけは、個人が処罰の対象になった。しかし、処罰はないも同然だった。チュオン・チンは党書記長の座を失ったが、後に国家評議会議長になり、その後党書記長に返り咲いた。ホアン・クォック・ヴィエトはその後、労働総同盟議長、祖国戦線議長を歴任した。レ・ヴァン・ルオンは処罰後ふたたび党書記局員となり、ハノイ市委員会書記を兼任した。

一九五六〜五七年頃に北部で私営商工業を廃絶し、民族資本家階級の新しい生産力を潰し、全労働者を苦しめた最大の「功労者」は誰だったか？

インドシナ三国の同盟という野望のためだけに、ベトナム軍を泥沼に陥れ、五万人の兵士が無意味に命を失い、二〇万人が負傷する（その大部分が中国製の地雷で足を吹き飛ばされた）という恐るべき結果を招き、途方もない軍事費の増大と世界各国の禁輸、経済制裁を招いた責任者は誰なのか？

もし個人の責任がはっきりしていれば、レ・ドゥック・アインが一〇〇パーセントの支持率で当選するのはきわめて難しいだろう。おそらく遥かに低い率、たぶん五〇パーセント以下かもっと低くなるだろう。もし真の民主主義と報道の自由、言論の自由があれば、さらに低くなるに違いない。

ベトナムの災いはどこから来ているのだろうか？　誰が責任を負うべきなのか？　この疑問は、全社会の犠牲者すべての頭の中に深く根を下ろしている。外来の看板を掲げた破壊のシステムと、この国でそのシステムを操る者たちこそ、民族が今直面している悲劇の元凶であり、その責任者なのである。

この本によって、ベトナムの現在の混乱状態の原因と責任がいくらかでも明らかになるなら、祖国の歴史にとって重大な問題を提起し、その解決を見出すのに役立てたという意味で、筆者としては幸甚である。

第2章　隠蔽された過去

どんな国家でも自分で自分を守らなければならない。国家の主権と領土、そして社会の治安を守るために、軍隊と警察が作られる。ベトナムとてその必然的な法則の例外ではありえない。

しかし、もし階級闘争とプロレタリア独裁の押しつけが専制体制につながり、政府当局と意見の異なる市民を弾圧するようになれば、それは事実上市民の自由を奪い、踏みにじっていることになる。特に、市民が法律および自分の権利と義務を把握するのを助けるような、自由な弁護士が社会に存在しない場合、市民は容易に自由を奪われ、それを取り戻す術もない。党が国家と一体化しているような一極集中的な体制下では、われわれが普通言うような市民、民衆、あるいは庶民が被る被害ははかり知れない。正直な人々、勇敢な人々、あるいは思慮の足りない人々は、いつも損をし、虐げられる。それがソ連や東欧、中国、キューバ、そしてわがベトナムの現状、同じ鋳型から作られた現存社会主義諸国の現状なのだ。

今こそ、ベトナムの全社会が過去半世紀を振り返り、そこで犯された過ちをはっきり認めるべき時だ。そこから経験を引き出し、無実の罪を着せられた人々に公平を実現するために。法律が存在し、その中で市民が悠々と安心して生活し、個人の名誉と人格が保証されるために。誰もが怖気づいたり怯えたりせず、堂々と頭をもたげていられる社会を建設するために。過去をはっきりと率直に見つめ、責任を果たしてこそ、初めて公明正大で近代的な民主主義と、生きるに価する社会を建設できるのだ。

抹殺?

「過去の事実を敢えて暴きたててどうする!」そう声を上げる者もいるだろう。彼らは「まっすぐ前を見るべきだ、過ぎたことは放っておけ！」と考えている。「不正な扱いを受けた当事者が声を上げているのではなく、無関係な者が混乱を引き起こそうとして大声を上げているのだ！」

この主張は当てにならない。過去のあらゆる不正行為を振り返って事を明らかにし、無実の罪で刑に処せられた人々のために、必要なら再審を行なって冤罪を晴らすべきだ。復讐のためではなく、誰かの罪を追及するためでもなく（その必要がある場合もあるとはいえ）、社会のために教訓を引き出すことを大きな目的として。

ベトナム民族は非常に高潔で、人民の多くは仁愛と寛容の心を持っている。市民を無実の罪に陥れるという過ちを犯した人間でも、進んで許してやるだろう。だからといって、すべてをもみ消し、市民の名誉や身体や財産を著しく侵害したあらゆる罪を闇に封じ込めるために、その美しい心を利用するわけにはいかない。そして、冤罪に陥れられた人々は、責任者が過ちをはっきり認め、正式かつ公に謝罪した時にのみ寛容になれるだろう。それが社会生活の常識というものだ。

さらに、ベトナムの歴史を再検討して書き直す必要もあろう。正義感のある市民と誇りと責任感を備えた歴史家たちが手を携えて、自国の歴史を客観的かつ忠実に、権力者の一時的な要求に従って歪曲することなく、書き直すべきである。

民族の歴史は、歴史を作った人々を評価すること、そして、歴史から抹殺され、否定され、排除された人物を正しく見直すことと結びついている。そこから、間違って排除されたり、告発されたり、無実の罪を着せられた集団や個人を、公平に位置づけし直すのだ。

私は、これまで数千もの人々が、無実の罪を負ったまま名誉を回復されていないことを知っている。最高裁判所、最高検察院などの司法機関、政府の調査機関、党中央の監査委員会、治安当局、警察、報道機関などに、何百通という陳情書を送って訴えたが、何の音沙汰もないという人もいる。『ニャン・ザン〔人民〕』紙の事務室で、私ははっきりとこの目で見ていたが、手紙の受付係が受け取る陳情書には、「二四通目」とか「七六通目」、中には「一二〇通目」などと明記してあった。まったく、神も仏もいないのだろうか。当局はそれをたらい回しにし、下から上に、上から下に、押しつけ合ってそれで安心し、事件そのものはほったらかしで、誰も顧みようとしなかった。冤罪が堂々とまかり通り、幾多の家族や個人を苦しめてはばからなかった。それは、彼らが死んだ後も、あの世で怨み続けるほどひどいものだった。

社会に明確な法律がなく、市民生活を守るような職務に忠実で自由な弁護士も存在せず、報道と言論の自由もない。だから、これ以上理不尽なことはないという場合でも告発ができず、対策を求める世論の圧力を引き出すこともかなわない。

検察院や各調査委員会の責任者たちは、陳情書が床から天井まで積み上げられていることを認めている（首都ハノイとホー・チ・ミン市の人民検察院でのことだ）。しかし、対応策は微々たるものだ。正義感のあるジャーナリストたちに、いくつか代表的なケースを暴露してもらいたいものだ。

専制的で独断的な体制、市民の権利を軽視し、個人が集団に隠れて責任を回避し、責任をうやむやにする体制の下で、人々は長い時代を生きてきた。その結果、世間の人情が石のように固くなり、巷に溢れる無実の罪を負った人々にまったく同情せず、憐れみも感じなくなってしまったというのだろうか。そんなことがあるはずはない。

農村ではさらに悲惨な状態だということも、私は知っている。革命によって登場した新しい地元のボスの手に、政治権力が握られてしまっている場所は少なくない。彼らは血縁や派閥による権力機構を作り上げ、互いに不当な利益をものにし、互いに庇い合い、無力な庶民を脅し、邪魔者に罪を着せ、良心的な人間を貶めるために多くの作り話を捏造し、正直で正義感のある人間を攻撃し、はかり知れない冤罪事件を引き起こし、無数の市民の生活を脅かしているのだ。

多くの農民はもはや、誰に、どこで無実を訴えればいいのか、知る術もない。「官」は遠く、「吏」は近い。官とは官僚、吏とは村の世話役のことだ。弁護士とは何かも知らず、誰が正義の審判を下すのかも知らず、ただ恥辱を耐え忍ぶだけである。社会の市民的権利のことも知らず、それを教えてくれる者もなく、法律についてはごく初歩的な知識すらない。農民は事実上二流の市民で、市民権を奪われ、脅かされながら、自分を守るためにどう対応すべきかを知らないでいる。彼らは田畑で勤勉に働き、家族のことに心を配るが、それでもなお安逸を得られず、子供たちは差別待遇を受ける。

かつて敵の体制下にいた者は、味方になってくれる者もなく、ましてや権力などない。敵に一時占領されていた時期に、むりやり保安隊や民兵隊の兵士として使われたり、数ヵ月間行政機関で働かされたために、履歴書に「要注意人物」「対敵協力者」と書かれ、その後も訂正されず、一生が台無しになってしまった人もいる。

反対に、以前実際に旧政権に仕え、人民を弾圧し、権力をかさに農民を抑圧していたにもかかわらず、党幹部にうまくとり入って、党と政府の内部で新たな政治勢力を確立し、人民を圧迫する者もいる。

国外に目を向ければ、ほとんどの国では、市民は法の下の生活を享受している。彼らは、法律とはどういうものか理解している。いかなる形でも他人の自由を侵害することを禁じ、戒める法律を作ることもできる。自分の身体や財産や名誉を侵害する者から身を守る方法も知っている。社会の中ではあらゆる人間は平等で、最高権力者でさえも自分たちと平等だということも理解している。市民は誰に威圧されることもなく、悠々と、堂々と生活している。たとえ首相でも、罪を犯した時には裁判を受けなければならない。元フランス首相ローラン・ファビユも、六、七年前に血液製剤で数千人をエイズに感染させた責任で、一九九三年の初めに裁判所に召喚されて審問を受けたのだ。

四八年前の事件

さる一九九三年三月、フランスのＲＦＩ放送で、第四インターナショナル（トロッキスト・グループ）のメンバーだったホアン・コア・コイが、一九四五年当時ベトナムで起こったトロツキストの指導者たちの暗殺事件について語った。彼は、タ・トゥー・タウ★、ファン・ヴァン・フム★、チャン・ヴァン・タイック★らの死のことを取り上げ、それらの事実が明らかにされるように希望した。

一九八九年に、パリで一〇〇名を超える政治家や学者や文化人が、タ・トゥー・タウの名誉回復を求める請願書に署名した。なぜなら、彼は一九四五年九月にクアン・ガイ省ミー・ケの海沿いの牢獄でベトミンに殺害された時、日本軍国主義者の手先になった越奸と宣告されたからである。

ファン・ヴァン・フムとチャン・ヴァン・タイックも、同じ時期にベトミンに捕えられ、サイゴンのトゥー・ドゥック地区のジー・アンで殺されている。

タ・トゥー・タウは一九〇六年に南部のロン・スエン〔アン・ザン省〕に生まれ、サイゴン・シャッスル・ローバー校に学び、一九二五年にフランスの大学入学資格試験に合格した。一九二七年に数学の博士課程で学ぶためにフランスに渡った彼は、ベトナム独立党の設立に加わり、新聞『ラ・レジュロツキスト運動に加わり、植民地問題に関するフランス共産党の狭量な政策を批判した。一九二九年、彼はフランスのトロツキスト運動に加わり、植民地問題に関するフランス共産党の狭量な政策を批判した。

一九三〇年五月二二日に、パリのエリゼ宮前で、フランス政府がイェン・バイ蜂起［一九三〇年のベトナム国民党による反仏蜂起］の指導者たちを処刑したことを告発するデモを組織した後、タウはサイゴンに送還された。帰国後の彼は、左派の反体制運動を組織し、新聞『ラ・リュット（闘争）』を発刊した。一九三五年五月、サイゴン市議会議員に選出され、三六年と三七年に行なわれた大規模なストライキとデモで、最も有名な指導者となった。一九三九年四月には、ファン・ヴァン・フムとチャン・ヴァン・タイックの両名と共に、コーチシナ植民評議会議員に選出された。第二次世界大戦が勃発すると、大規模な弾圧が始まり、タウは一九四〇年四月に逮捕され、一〇月にコン・ダオに投獄された。一九四四年末に釈放された彼は、四五年半ばに北部に向けて旅立った。しかし、旅の途中で八月革命が起こり、サイゴンにひき返したところをベトミンに捕えられたのだった。

非常に皮肉だったのは、出色のトロツキストの知識人だったタ・トゥー・タウが、第三インターナショナルの共産主義者らと強く手を結び、帝国主義者に抵抗する共同戦線を設立するよう主張していたことだ。タウは、元フランス共産党中央委員のグエン・ヴァン・タオ（一九〇八〜一九七二年）やインドシナ共産党員のズオン・バイック・マイ（一九〇四〜一九六五年）の親友だった。ター・トゥー・タウとチャン・ヴァン・タイック、グエン・ヴァン・タオ、ズオン・バイック・マイはみな一九三五年五月にサイゴン市議会議員に当選しており、当時非常な影響力をもっていた『ラ・リュット』の精神の体現者でもあった。

フランス人民戦線の広い精神に沿った、トロツキストと共産主義者の結束のおかげで、革命運動は拡大し、労働組合の各組織が発展した。しかし、一九三七年末になると、人民戦線は衰え、フランス社会党は植民地問題についての自らの綱領を裏切るようになり、共産党はスターリン化され、『ラ・リュット』グループは壊滅してしまった。

人民戦線が解体すると、タ・トゥー・タウとグエン・アン・ニン★、そしてインドシナ共産党書記長ハー・フイ・タップの間で、革命の路線と方法をめぐって対立が強まった。インドシナ共産党はスターリニズムの強い影響下に置かれ、さらに毛沢東主義を受け入れるようになり、共産党が指導権を握る民主戦線の形成を提唱した。一九四一年のベトミン戦線の結成は、そのような党派主義の精神によるものだった。

一九三九年になると、大がかりな諜報網による逮捕が相次ぎ、革命運動は下火になった。コン・ダオの牢獄で出会った共産主義者とトロツキストたちは、ベトナム革命の路線をめぐって論争を続けた。不毛な論争は、時として両派の間で喧嘩や私刑までひき起こしたのである。そして、モスクワでは、スターリンがトロツキーを裏切り者と断定する審判を下した。トロツキーに従う者たちは、党を裏切り、ナチス・ドイツのスパイになったという汚名を着せられ、スターリンによって殺害された。

一九三九年の末、グエン・アイ・クォックは、コミンテルンに送った報告の中で、「トロツキスト一味に対しては、いかなる妥協も譲歩も許されない。ファシストの手先であるやつらの化けの皮を剥がし、政治的に抹殺しなければならない」と明記している。後に中国から祖国に送った手紙には、「トロツキスト一味は悪の集団で、日本軍国主義と国際的ファシズムの犬である」と記している。

＊コーチシナ植民地評議会　植民地当局がコーチシナ（南部ベトナム）に設置したベトナム人による諮問機関。タ・トゥー・タウは一九三八年の植民地評議会選挙で共産党に圧勝した。

モスクワで発行している『プラウダ』の一九三七年三月一四日の紙面に、スターリンがこう書いているの思い出していただきたい。

「トロツキズムの闘争方針は最も卑しく、汚く、くだらないものだ。闇に紛れて、トロツキストの犬どもは、人間性を失った犯罪者の予備軍を結集している。個人的なテロこそ、トロツキストの犬どもの行動方針なのだ」

グエン・アイ・クォックは、さらに祖国にこのように書き送っている。

「ソ連におけるトロツキスト一味に対する判決をまだ読んでいない人は、ぜひ読んで、友人にも読ませるようお勧めする。トロツキズムとトロツキスト一味の恐るべき実態を知るのに役立つだろう」(『ホー・チ・ミン全集』第三巻、九七頁)。

ベトナムのトロツキストを誹謗、中傷し、ある時期は共産主義者と共に闘ったター・トゥー・タウやファン・ヴァン・フム、チャン・ヴァン・タイックらトロツキスト指導者を暗殺することで、インドシナ共産党の指導者たちはスターリニズムを体現し、民族独立闘争の歴史に犯罪の汚点を残したのである。現在のベトナムのトロツキストたちの要求は、国際的な知識人の支持を得ている。それは、「越奸」の汚名を着せられて殺された人々の名誉回復という正当な要求であり、見過ごすことのできないものである。

歴史家が注目する時代

ベトナム史の専門家であるフランスの歴史学者ダニエル・エメリーは、最近「赤いサイゴン」と題する長い記事を書き、その中で、第二次世界大戦前の数年間のサイゴンの状況を語っている。エメリーは、当時のフランス植民地省とインドシナ諜報本部の書庫から新たに検索した資料を参照している。彼の書いていることは、その時期の独立闘争についてハノイの書物が語っている内容とは非常に異なっている。

ダニエル・エメリーによれば、一九三〇年代のサイゴンは、独立闘争が最も活発な場所であった。ベトナムの民主化を求める運動は、そこから発生した。それは、儒教に反対すると同時に植民地制度に反対する運動だった。コーチシナの植民地制度は、保護領であるアン・ナンとトン・キンの制度とは違って、独立闘争に有利な条件を生み出した。サイゴン市議会とコーチシナ植民地議会の選挙が行なわれ、フランス市民と共に、選挙権を持つ植民地住民によって、一つの政治的土壌と世論が作り出された。フランス語とベトナム語の新聞、雑誌が、アン・ナンやトン・キンよりも盛んに発行された。『ラ・デペシェ・ダンドシャーヌ〔インドシナ情報〕』『ランパルティアル〔公正〕』『ラ・トリビューネ・アンドシノワ〔インドシナ論壇〕』、ブイ・クァン・チューとグエン・ファン・ロンの『エコ・アンナミ〔アン・ナンの声〕』、グエン・ファン・ロンの『ドゥック・ニャー・ナム〔祖国を照らす火〕』などである。社会党系の『ル・ビューレタン・ソシャリスト・ドゥ・ラ・コシンシャーヌ〔コーチシナ社会主義ニュース〕』も発行された。

法学士になったばかりのグエン・アン・ニン（一九〇〇〜三四年）が、一九二三年後半に提唱した社会改革運動は、儒教を批判すると同時に、フランスによるいわゆる「開化の使命」を批判し、市民の自由と社会改革を求めるものだった。彼は東洋文明が西洋文明と結合し得ることを示した。彼は文化と生活様式の改革を強調したが、それは、父母が「孝」の名の下に子供に絶対服従を強いたり、女性を抑圧するような古い規範を否定するものだった。一九二九年にサイゴンで発行された『フーヌー・タンヴァン〔婦人新聞〕』は、その精神に則ったものだった。グエン・アン・ニンはまた、一九二四年初めから新聞『ラ・クロシェ・フェレ（潰れた音の警鐘）』を発行し、さらに広く世の中に呼びかけた。

一九二六年三月のグエン・アン・ニンの逮捕と、同年四月四日のファン・チュー・チンの葬儀は、大規模な闘争の引き金となった。サイゴンだけで、縫製職人や靴職人、理容師、左官、大工、車引き、港湾労働者など、各職種の労働者が何万人も結集し、学生の隊列と一緒にデモをした。何人かの学生が逮捕されると、広範な授業ボイコットが起こった。グエン・アン・ニンは、続いて青年や学生、労働者を中心にベトナム希望党を設立〔一九二七年南部ベトナム〕し、一九二七年と二八年の二年間活動した。

当時、サイゴンはベトナム最大の工業地域となっており、五万人の工員が造船所や船の修理場（一五〇〇人の工員がいた）、タバコ工場、精米工場、鉄道、港などで働き、その中にはかなり高度な技術を持つ熟練工もいた。労働者の運動は、農村やプランテーションにも強い影響を及ぼした。一九三〇年二月、フー・ジエン〔ビン・フオック省〕のプランテーション労働者三〇〇〇人がストライキを行ない、この広大なプランテーションの一部を占拠した。インドシナ諜報本部のデータによれば、一九三〇年の夏だけで、南部二一省のうち一三省で一二五件の労働争議が起きている。サイゴンでは、争議の際に、警察の捜査官ルグランが弱冠一四歳の少年グエン・フイによって殺されている。この勇敢な少年はギロチンで処刑された。

非常に残虐な弾圧が、コーチシナとゲ・アン省で同時に展開された。一九三一年四月、インドシナ共産党の中央委員のほぼ全員が逮捕され、書記長チャン・フーは諜報部で拷問を受けて殺された。サイゴンだけでも、三五〇〇人の革命戦士が裁判にかけられた。一九三三年五月二日から七日にかけて行なわれたサイゴン重罪裁判だけで、一三一人が裁かれ、八名が死刑判決を受けた。一〇一名の者が、合計すると九〇〇年に及ぶ懲役を宣告された。その結果、革命運動も下火になっていった。

フランスで人民戦線の運動が勃興した時、革命運動が急速に、強力に息を吹き返したのも、まさにこのサイゴンからだった。その主力となったのが、フランスから戻ったトロツキスト・グループだったのである。彼らは共産主義者と手を組みながらも、インドシナ共産党は狭量なところのある一国社会主義路線をとり、労働者解放の精神が不足していると批判し、また共産党はスターリン色に染まっているとも批判した。『ラ・リュット』のグループは、前述のように活発に活動したが、第四インターナショナルの鎌とハンマーの赤旗を掲げたトロツキストの勢力は、サイゴンの知識人や学生、生徒、造船労働者の中で非常な勢いを得ていたこともつけ加えておくべきだろう。

インドシナ大会の運動は盛り上がり、サイゴンとその周辺地域で六〇〇もの行動委員会があり、トロツキスト・グループは相変わらずその中で主導的な立場にあった。当時、共産党の勢力はまだトン・キンとアン・ナン（主にゲ・アン省、ハー・ティン省）、そして華南とタイの一部に限定されていた。

このような闘争はすべて、共産主義者が指導して編集した革命運動と労働運動の歴史書では、正しく描かれてこなかった。歴史を記す時には、共産党を持ち上げて他の組織を低める傾向があり、党に従わない者には「越奸」の汚名を着せ、事実を歪曲した。これは非科学的で不誠実な態度である。真の歴史家たちは、歴史を正しく書き記すという重大な使命を負っているのだ。

様々な愛国者たち

現在、学校の歴史の授業では、多くの事件や人物がやはり歪めて伝えられている。歴史の授業では、イェン・バイ蜂起が失敗した後、ベトナム国民党は完全に解散したと教えている。ベトナム国民党*をはじめ、大越国民党*、大越維民*、革命同盟会*などは、みな反動的組織で、中国国民党やフランス植民地主義者、あるいはアメリカ帝国主義者の手先とみなされている。要するに、これらはみな越奸の組織であり、民族の敵なのだ。

それは、共産党に従わない者や、党と違う政治的意見の持ち主に、片っ端から敵の烙印を押す論理である。党の指導者たちは、共産主義者だけが民族のために闘い、共産主義者であってこそ愛国者であると自認し、他はみな敵の陣営に属し、祖国と人民に対立するものだとみなした。歴史書や新聞、雑誌、電波メディアは、一九四五年三月九日のクーデター後に首相となったチャン・チョン・キム★のような人物を、日本帝国主義者の傀儡、手先とみなしている。『ナム・フォン〔南風〕』を編集した文化人にしてジャーナリストのファム・クイン★は、バオ・ダイ政府の教育省と内務省の大臣を歴任した人物だが、彼も越奸、フランス植民地主義者の手先という審判を下されて、一九四五年九月初めにフエでベトミンに殺害された。南ベトナムの首相から大統領になったゴ・ディン・ジエム★は、アメリカのCIAに訓練され、養成された反動主義者、越奸とみられている。さらに、ヴー・ホン・カイン、グエン・トゥオン・タム、カイ・フン、ホアン・ダオなどの政治家や文化人たちも、反動主義者、売国奴、越奸、植民地主義者と帝国主義者の手先などと認定されている。

共産党内でも、やはり非常に勝手な内部告発で、一部の人間に反動主義者、修正主義者、反党のレッテルが貼られた。政治局員のホアン・ヴァン・ホアンは、党指導部と意見が対立し、パキスタン滞在後に中国に向かう海外任務の間に、裏切り者と断定されて死刑判決を受けた。党内部で、裏切り者、修正主義者、反党、外国の手先と認定された人物には、ヴィエト・バック軍区司令官で党中央軍事委員兼国会副議長のチュー・ヴァン・タン上将★［中将と大将の間の位］、党中央統一委員長のグエン・ヴィン中将、兵站総局副主任のダン・キム・ザン少将、哲学研究所長ホアン・ミン・チン、外務省渉外局長ヴー・ディン・フイン、外相ウン・ヴァン・キエムらがいる。

共産党と政治的意見の異なる者に越奸のレッテルを貼るのは、国共内戦の時期の中国共産党のやり方に倣ったものだろう。中国共産党は、日本軍国主義者に協力した者を漢奸とし、汪兆銘政府を漢奸、日本の手先とみなした。後に漢奸という言葉は広く用いられるようになり、中国共産党に共鳴せず、その路線を批判する者は誰でもみな漢奸にされた。漢奸という熟語から、越奸という熟語が生まれたのだ。越奸であることは、殺されて当然であり、死刑に価する犯罪だった。

共産主義者と対立する、ふつう国家主義者と呼ばれる側［旧南ベトナム政権側］が海外で出している紙誌には、やはり極端な論理の持ち主が登場する。彼らに言わせれば、共産党指導者こそ反動主義者

＊ ベトナム国民党　一九二七年結成。一九三〇年のイェン・バイ（イェン・バイ省）における蜂起後、中国に逃れ、第二次大戦後に中国国民党と共にベトナムに復帰。ベトミンと対立し、南部で「ベトナム国」を作った。

＊ 大越国民党　一九三〇年代後半に北部ベトナムで結成された国家主義的な政党。

＊ 大越維民　大越国民党から分離した政党。この時期、北部では「大越」の名を冠した政党が次々と誕生した。これらは日本軍のベトナム進駐後、日本を利用してフランス支配を打倒する路線をとり、一九四四年新ベトナム国民党と共に「大越国家連盟」を結成したが、日本の敗北と共に勢力を喪失した。

＊ 革命同盟会　ベトナム革命同盟会。一九四二年に亡命ベトナム人組織が中国の柳州で結成。一時期ベトナム民主共和国の連立政権に入るが、勢力を喪失。

であり、「ソビエト・ロシアの手先」「コミンテルンの手先」「ロシアと中国の共産党に国を売った者」であり、身内に災厄を引き込んだ張本人、兄弟が殺し合う戦争をひき起こした下手人、同胞のあらゆる苦しみと損失の元凶である。彼らはためらうことなく、最悪の罵詈雑言を連ねて共産党の指導者たちをこきおろす。

これもすべて、歴史の一時期がもたらした悪しき結果である。今こそ醒めた目で過去を見直し、冷静に客観的に評価するべきだろう。おそらく、いずれの側でも、金銭や名望が目当てで政治活動をした人間は、ごく僅かといってよいだろう。政治活動をした人の大部分は、祖国の独立と社会の進歩をめざしていたのだ。闘いの中で犠牲と損失に耐え、時には逮捕されて投獄されることもあった。それでも、みな自分が信じた価値を求めて、自分が正しいと考えた路線と方法に従ったのである。各大国の存在も考えに入れなければならず、大国どうしの地域レベルと世界レベルの対立も考慮しなければならなかった。そして、自分たちが政治組織を設立したり、組織に参加して闘う中で、頼るべき相手を求め、あちら側やこちら側に援助と支持を求めたのだ。

したがって、われわれは客観的な見方をする必要がある。つまり、どちらの陣営につくにせよ、どの組織に入るにせよ、過去の歴史上に政治活動を行なった者たちは、それぞれ自分なりに国を愛したのであり、自分なりの路線と方針に行き着いたのだ。敵どうしとして激しく闘ったために、互いに憎み合い、相手を過剰に敵視しているのである。だが、歴史はもはや次の頁に移っている。醒めた目で過去を見直し、愛国者どうしとして互いに尊重してもよいだろう。路線や方法を批判し合うとしても、もう互いに殺し合うような憎しみを抱くべきではない。

共産主義者たちは、国民の間に愛国の大義を掲げることによって、戦争では勝利をおさめた。しかし、自主自立の路線を守ることができず、国家建設では失敗した。それは彼らの悲劇でもあり、彼らが権力を独占する国家の悲劇でもある。遅かれ早かれ、かつて対立した二陣営の中から健全な勢力が登場して、互いに歩み寄り、手を携え、大義のために協力するようになるだろう。つまり、独立し、民主的で、発展、繁栄したベトナム、法律が尊重され、社会的公正が実現され、現代世界の仲間入りのできるベトナムを建設するという大義である。

その時までには「傀儡」という名詞もなくなっているだろう。サイゴン解放から現在まで、記録書類や履歴書、政府の文書、本や新聞、話し言葉の中で、傀儡軍や傀儡政権に属していたという理由で貶められたり、軽視されたり、差別待遇を受ける人々がいたが、そういうこともなくなるだろう。傀儡という名詞が用いられなくなれば、同じように、「改造学習〔再教育〕」という言葉が使われなくなっても不思議はない。再教育キャンプとは、事実上、勝者が敗者を拘禁し、抑圧する目的で作られた牢獄だった。「解放」という言葉は、数百万の人々にとって災難を意味するようになり、本来なら早く怨みを鎮め、絶ち切るべきところに、いつまでも怨みが残ってしまったのである。

団結・和解・和合

共産党の文献には、数えきれないほど「団結」という文字が登場する。民族の団結、国家の団結、「団結・団結・大団結、成功・成功・大成功」のスローガン、『ドアン・ケット〔団結〕』新聞、団結クラブ、団結商店、団結印のお菓子まで出ている始末だ。

団結とは、互いに手を結び、心と力を一つに、一心一体となって頑張る、というような意味だ。

しかし、共産党指導者にとって、団結という文字は、普通使われているのとは違う意味がある。彼らに言わせれば、団結の意味はつねにただ一つ、「われに従え」ということだ。ベトミン戦線やリエンベト*戦線、祖国戦線の中の団結とは、共産党の指導に従い、共産党の言うことを聞き、共産党のあらゆる圧力に甘んじることを意味していた。党と違うことを言ったり、党に反論するのは団結の精神に反し、団結を壊すことになった。それは犯罪であり、それも時として非常に重大な犯罪であった。

党の内部では、党の団結を守るということは「自分の瞳のように大切な」ものであり、つねに指導部の意見に従い、違った意見を持たないことを意味していた。もし違った意見を持てば、すぐさま団結統一を壊そうとする分裂工作という罪を着せられ、裏切り者、反党の烙印まで押されるのだった。

ベトナム民主党とベトナム社会党が、ベトナム共産党と共に、祖国戦線で平等と相互尊重の精神に立って団結していたことがあった。しかし、実際には両党は共産党の絶対的な指揮と指導に従わねばならなかった。団結、平等という二つの言葉は、両党を共産党の神輿《みこし》に縛りつけるための二本の紐だったのだ。共産党指導部は、団結には指導が必要だと説明していた。民主集中制とはそういうものだったのだ。

社会主義陣営の団結、ソ連との団結も、つねにソ連の指導と指揮に従うことを意味していた。ソ連の意見はつねに、厳格に実行しなければならない指示と解釈された。

インドシナ半島に存在する共産党どうしの関係、ベトナム、カンボジア、ラオスの関係も同様で、団結とはベトナムの指導権を認め、ホー・チ・ミンを三党「ベトナム共産党、カンボジア人民革命党、ラオス人民革命党」のリーダーと考えなければならないという意味だった。大国と小国、兄の国と弟の国の関係はつねに明確で、あいまいなところはなかった。

団結はあらゆる個人を党に縛りつけ、あらゆる組織を共産党に縛りつける見えない糸となり、民主的権利と平等を抹殺し、あらゆる有害な専制支配と独断の基礎となった。これもまたホー・チ・ミン流の、箍《たが》をじわじわと締めつけるやり方である。

互いに対等な立場に立って、団結という言葉の真の意味を回復する必要があるだろう。

ここで、「民族の和解と和合」という言葉についても述べさせてもらいたい。民族和解の問題は、これまでに海外のメディアで数多くの論争を引き起こしているからだ。「これは最も緊要な問題だから見過ごしてはならない」と言う人もいれば、「そんな必要はない。それは甘言を弄して誘いこむ危険な罠だ」と言う人もいる。一九九三年の初め、サイゴンで行なわれた越僑との対話集会で、ヴォー・ヴァン・キエット首相は、団結と和合には七回も言及したが、和解については口にしなかった。和合とは、互いの断絶や分裂、齟齬《そご》、不和、無理解を解決するために必要なものだ。いがみ合いや偏見のせいで歩み寄れず、良好な関係が築けなかった状態に終止符を打つものだ。和解とは、過去に端を発するいがみ合いや衝突を解消するために必要なものだ。以前は互いに怨み合い、条件を比べ合った者どうしが、今は過去を清算するために直接話し合い、穏健に相互理解と歩み寄りに至り、過去から脱皮した親密な関係を築くために必要なものだ。

このように理解すれば、ベトナムの社会に和解と和合がいかに必要かわかるだろう。歴史的な条件のために、北部と南部の体制が対立し、兄弟どうしが干戈《かんか》を交え、彼我《ひが》の陣営に分裂してしまったせ

＊リエンベト戦線　一九四五年の日本降伏後、ベトナムにフランス軍や中国国民党軍が進駐し、周囲に敵の勢力を抱えた情勢下で、ホー・チ・ミンは一九四六年、ベトミン政府にベトナム革命同盟会とベトナム国民党を加えた民族連合政権「ベトナム国民連合（リエンベト）」を形成した。一九五一年、ベトミンとリエンベトは統一され、「リエンベト戦線」となった。

いで、政治のことをよく理解していない人民まで、考え方に影響を受けている。庶民レベルでは、一九七五年四月三〇日以来、多くの家族や友人知人の間で、自然な和解が遂げられている。もともと人情が厚く良識ある人々の間では、すでに和合がかなり広く深く実現しているのだ。

それでも、国家レベルではまださらに和解、和合策を進める必要がある。認識の中で、文献資料の中で、新聞雑誌の上で、考え方の中で、充分かつ広範に、一貫して実現させるのだ。歴史上の事件や人物を評価する時にも、そして現在の事件を処理する時にもである。歴史の新しい頁を開くために、しなければならないことは無数にある。憂いなく将来を見つめるためには、過去に縛られたり、押し潰されたりしてはいけないのだ。

国家と市民の関係でも、和解と和合は広く実現されなければならない。現在の行政や公安当局、共産党の機関において、また行政や経済、文化、教育、科学の諸機関と市民との間で、また越僑と本国との関係の中で、これ以上「われわれの」側の市民と、旧「傀儡軍」「傀儡政権」側の市民とを差別するべきではない。こうした関係において、国家とそれを指導する共産党は、主体的な役割を誠実に果たさなければならない。「諸君をわれわれと和解させ、和合させてやる」というような傲慢で恩着せがましいやり方ではなく、互いに平等な立場で、人格と品性を尊重した上で、和合と和解をめざすのだ。そうしなければ、相変わらず相手を屈服させ、自分に従わせるという意味の団結でしかないだろう。そして、和解、和合とはやはり、頭を下げて赦しを請い、その後で初めて握手の手を差しのべることになってしまうだろう。

それゆえ、和解と和合は善意から出発するものでなければならない。同じ家の兄弟としての感情、同じ国の血を分けた肉親としての信義から始まるものでなければならない。そうやって過去に理解のある寛容な目を向け、互いに共感してこそ、平等な精神に立って互いに尊重し、敬愛することができるのだ。

海外のベトナム人コミュニティーには、様々な過去と歴史的背景があり、さまざまな組織や政治理念をもつ人々がいて、互いに敵対することもある。ここでもまた、和解と和合の問題を考える必要がある。民主的で多元性を認める精神に立って、互いに尊重し合い、力を合わせて発展したコミュニティーを築き上げ、祖国の建設のために最も効果的に貢献しなければならない。

ベトナム人コミュニティーの中には、共産主義に対して極端な意見もある。和解や和合など問題外で、共産主義者を退け、彼らに政権を譲らせる道しかない、なぜなら彼らは犯罪者であり、祖国を破壊したからだ、と主張する者もいる（どのように退け、政権を譲らせるのか、はっきりと言える者はいないのだが）。これは傲慢な見方で、現実的でない。国の内外で、強い圧力を培う必要がある。そうして初めて、共産党の指導者たちに、多元的な理念に従った真の民主的な選挙を認めさせることができるだろう。

海外のベトナム人コミュニティーでは、極端な考え方をする者は多くないし、その数も明らかに減っている。私はいろいろな国に住む何千という人々に会う機会があったが、彼らは、経歴にしても、党派活動や昔の職業にしても、国を離れた動機や現在の活動にしても、非常に様々な特色があった。そして、実に豊富な人材が揃っていた。大学教授もいれば、社会科学や自然科学の各分野の知識人がいた。ビジネスマンもいれば、旧南ベトナム軍の少将、中将、大将などの将校もいた。元サイゴンの国会の上院、下院の議員もいた。ジャーナリスト、芸術家、医師、薬剤師もいた。私はどんな相手とでも面会し、議論や対話をすることをためらわなかった。

私は、二年以上の間に多くの人々と会い、すべてのやりとりを記録した。一人一人に個性があり、同じような人物はいなかったが、それでも全員に共通したものがあるのを認めた。つまり、彼らは良心的で善良で、みな多少なりとも愛国心を持ち、故国の繁栄を願っているということだ。個別にみれば、極端だったり、盲目的、感情的だったり、過去に捕われたりしている人もいたが、こういう人たちはいずれ感化されてゆくだろう。

私は、二〇歳から三〇～三五歳ぐらいの若い世代を特に重視している。つまり、学生や各分野のテクノクラートで、過去に束縛されず、広い視野で、独立した主体的な見方のできる人たちだ。まさにこのような、科学技術や経営管理の経験豊富な、若いテクノクラートこそ、仕事の必要に応じて短期、長期の帰国が可能になれば、きっとこれからの祖国に役に立ってくれるだろう。こういった若いテクノクラートや知識人は、非常に素直な和解と和合の心を持ち合わせており、しかも思慮に欠けることはない。「和解、和合は上の方々の話で、私たちはあの方々の分裂の伝統を受け継ぎたくありません」と言う若者たちもいる。内外のベトナム人の若者たちは、すでに友人どうし、兄弟どうしなのだ。

民族を分裂させるあらゆる偏見や陰謀、虚構の対立などは、両方の陣営が作り出したものだ。愛国者と反動主義者、愛国者と売国奴、愛国者と越奸、国家主義者と共産主義者、アメリカ帝国主義の手先、ロシアや中国の手先、誰それの傀儡……こういう観念を徹底的に清算すべき時が来ている。わが民族の生活にのしかかった重荷から解放され、人々はみな嬉々として、新しい大事業に向かわねばならない。つまり、祖国を発展させ、遅れと貧困を克服し、近隣諸国に追いつくという大事業である。

井の中の蛙

北ベトナムでは、幼稚園に通う年齢になると、子供たちは先生から敵愾心を教え込まれた。悪いのは帝国主義者、地主、傀儡である。米兵、米軍の飛行機、傀儡軍の兵士に向かって銃を撃つ練習、侵略者を攻撃し、敵を捕える練習、捕虜を尋問し、釈放する練習をする。数を数えたり、四則計算をする時にも、一回とか二回の大小の戦闘で殺された傀儡兵や米兵の数を用いる。敵と味方で呼称もはっきりと分かれている。ホー伯父さん、幹部の叔父さん、スターリンお爺さん、毛伯父さん、軍隊の同志等々。他方、敵のことは野郎呼ばわりする。アメリカの大統領野郎、傀儡政権の大統領野郎、越奸野郎、米軍将校野郎、傀儡軍の指揮官野郎、特殊部隊の野郎、省知事野郎という具合だ。

純朴な年寄り向けの講話の中では、スターリンお爺さん、毛伯父さん、ホー伯父さんは、聖人か神仏のように語られ、軍隊の叔父さんたちはみなひたすら優しく、勇敢で、機知に富み、才知に長けており、仲間を嵐や洪水から救う正直で純真な人たち、ということになっている。一方、凶悪で、嘘つきで、貪欲で、馬鹿で、愚かな者は、みなアメリカの傀儡か手先なのである。幼少の頃から、学校や先鋒少年隊*の教育を通じて、子供たちの中には、明確この上ない敵と味方の観念ができてしまうのだ。こちらの陣営とあちらの陣営、われわれと奴ら、われわれは必ず勝利し、敵は必ず敗れる、というように。

当然ながら、戦時には、後方で人々を動員、鼓舞し、前線を支援する宣伝が必要である。しかし、先に述べたように、強制的で歪んだ教育、事実に反した教育を幼児期から押しつけられて、子供たち

＊　先鋒少年隊　ホー・チ・ミン先鋒少年隊。ホー・チ・ミン共産青年団（一七一頁参照）の姉妹組織。

の心には誤った認識が植えつけられてしまった。公正とか仁愛の心はないがしろにされた。大きくなって自分で現実を理解するようになれば、事実は違うということがわかって、すぐに疑いを抱き、戸惑い、認識の方向を見失うだろう。

味方のものは何でも美しく完璧で、敵のものは何でも悪く卑劣だという一方的な宣伝は、一時的には効果を上げた。それは、北ベトナム国民が軽率で、明晰さに欠けていたせいだけではない。主な原因は、気づいていた人は少ないが、当時の北ベトナムが外部から徹底的に隔離されていたことにある。北部と南部の間の情報は遮断されていた。私には一九五四年の南北分断後に南部に行った姉と妹がそれぞれ一人いるが、五年の間ずっと音信不通だった。一九六〇年になって初めて、フランスに住んでいる遠縁の人を通じて、姉妹の便りを聞くことができた。大部分の人々は、このように連絡を断たれていたのだ。北緯一七度の臨時境界線も固く閉ざされていた。ヒエン・ルオン河［クアン・チ省のベン・ハイ河。南北ベトナムの境界に位置する］の両岸は、まるで別々の世界のようだった。国土の南半分と、そして全世界との間で、電話、電信、郵便による通信が断たれていたのである。

一九五〇年から北方の国境が開通し、まず中国、そしてソ連とのつき合いが始まった。それ以外の国との関係については、一九五四年以後も固く閉ざされたままだった。僅かに味方の陣営との関係だけ、それも非常に限られた関係しかなかった。ソ連と中国、その他の社会主義諸国から、武器や消費物資、医薬品、食糧、機械などが届くようになった。一年間に何十もの政府代表団が、「わが陣営」の諸国を訪問して協定を結んだ。一方、外国を訪れる労働組合や青年、婦人、文学者、ジャーナリストなどの大衆団体は、片手の指で数えられるほどだった。モスクワかベルリンで開かれる世界青年親善大会に出席した一部の芸術家やジャーナリストたちは、四ヵ月も続けて北ベトナム各地に講演しに行き、国外の情勢を知りたがっている好奇心の強い人々の関心を引きつけた。農業生産競争の戦士チン・スアン・バイや、農業英雄ホアン・ハインは、中国とソ連から戻って来た後に、思う存分みやげ話をしゃべり、半年たっても話が尽きることがなかった。講演のたびに、野外の人民劇場がぎっしりと人で埋まった。みな喜んで熱心に、ソ連の集団農場とか、畑の耕耘機や刈り入れ機とか、中国の人民公社とか、高生産を上げる耕地の話などに耳を傾けた。

誰もが、今日のソ連や中国は明日のベトナムだという希望を抱いていた。講演から戻っても、さらに夜を徹して話し合い、その後一ヵ月もその話でもちきりになった。ソ連や中国、北朝鮮、モンゴル、ハンガリー、アルバニアなどの歌舞団やサーカスが来て、ハノイや地方各省で公演すると、その後一、二年の間は皆の思い出として残り、話題に上るのだった。

この時代、若者たちは自己犠牲と闘いの中に生き、物質的には何の高望みもしない生活をし、皆が平等に暮らし、意識さえも似通っていて、感情や精神生活は楽観的で、ロマンティックだったということも言っておかねばなるまい。援助物資が道路や岸辺や花壇に積み上げられていても安全で、紛失することはなかった。

南部や世界はどうなっているのか？　人々はニュースや宣伝を通じて、南部は独立を失い、最初はフランス、その後はアメリカに従属している、という大筋しか知らなかった。南部の人民は困窮して悲惨な状態で、共産主義者を告発し殲滅する残虐な作戦によって愛国者が殺されており、いたる所にギロチンがある。都市には偽りの繁栄しかなく、社会は衰退し、文化は退廃し、麻薬と売春と賭博が横行し、汚職が蔓延している、等々。南部からのこの情報は、すべて篩《ふるい》にかけられ、粉飾されてから、新聞やラジオに送られるのだった。

そんな宣伝を一〇〇万回も聞かされたため、一九七五年四月三〇日以後に南部に行った北の人間は、予想だにしていなかった美しく立派な商品に目を眩まされた。社会や人間についても同様だった。南部の社会は混乱して腐敗しているというほどではなかった。解放区の中で一時的にサイゴン政府軍が制圧していた地域や、都市部には、立派な家庭も慈悲深い人間も存在した。以前は敵とみなされていた家々にも、正直で、教養と良心を備え、資格と知識を持つ人々が少なからずいた。

世界を見る時も同様だった。以前の北部では、西側世界に行ける者は非常に少なく、きわめて慎重に選ばれた一握りの外交官だけだった。外国に行くというのは、普通は「わが陣営」の諸国に行くことだった。書物も手紙もほとんど入って来なかった。したがって、メディアでおなじみの概念を通して西側世界を理解するしかなかった。つまり、恐慌、失業、犯罪、インフレ、不平等、売春、賭博、労働者のストライキと闘争、といった概念である。

政治や経済、社会主義の理論と実践についての教育カリキュラムは、すべてこのように伝えていた。優越した社会主義には恐慌はない。なぜなら、針からパンツやマッチ箱まで、すべてが統一された計画に従って生産されるからだ。みな国家に仕事を割り当てられるので失業もない。搾取階級はもはや存在しないので、搾取もない。ブルジョアジーも地主も富農も存在しないのだから、どうして搾取があり得ようか。ただ一時的な不足があるだけだ。生産はひたすら増加する一方で、決して減少することはない。

やつらよりわれわれ、あちらの陣営よりこちらの陣営が勝っているのは理の当然だった。社会主義の優越性は明白で議論の余地はないと主張するために、ソ連の実際の一部の成果（最初の人工衛星を打ち上げ、宇宙に初めて人間を送った、等々）が拠り所になった。欠点はすべて二〇〇年以上も続いた資本主義のせいで、社会主義はまだ始まったばかりだから仕方がないのだ、ということにされた。

西側世界の様子が見えず、本も新聞もなく、手紙もやりとりせず、まだテレビもなかったため、全社会が偏って歪んだ見方で情勢を理解していた。一九七一年、ハノイで初めてテレビの試験放送が夜間に一時間行なわれた。一九七三年に初めて正式な放送が始まったが、ロシアのテレビ局からボン・セン〔蓮〕のパラボラ・アンテナ*を伝わってきた世界情勢しか見られなかった。劇映画もわが陣営、つまり社会主義諸国のものしかなかったのだ。

一九七五年四月三〇日以後は、世界を見る目は広がるようになった。それでも、外国に行く者は相変わらず厳しくチェックされた。ドイ・モイと開放によって外の風が吹き込むようになり、仕事で西側に行く者が日毎に多くなった（それでも六〇〇〇万を超える行政機関、経済機関のスタッフの中で、やっと一〇〇〇人に一人程の割合でしかなかったが）のは、やっと一九八六年以後のことである。

まさに、百聞は一見に如かずである。外国から送られて来る家族の手紙や写真、各家庭や個人に届く何千何万の手紙や写真が、視界を遮っていた帳《とばり》に穴を開け、偽りのイメージをうち壊した。電話やファックス、ビデオ、カメラ、映写機、カセットテープ、ビデオテープなどは、真実の情報をもたらす諸刃の剣となった。それらは、理解と考えを深めたいと渇望する大勢の人々に対して、一日また一日と、まわりの世界についての認識を、忠実かつ豊富に、リアルタイムで広めていった。

高等動物たる人間が他の動物と違っているのは、観察し、比較し、模倣することができるという点である。

＊　ボン・セン〔蓮〕のパラボラ・アンテナ　モスクワからの衛星放送を受信するために、ソ連がベトナムに援助したパラボラ・アンテナ。「ロータス・パラボラ」のベトナム語名。

数十年前、世界と通商もなく、音信もない閉ざされた生活の中で、国民大衆は、世界認識については井の中の蛙も同然だった。ただ互いに眺め合い、比較し合い、模倣し合うだけだった。そうやって自分の生活に満足していたのである。衣食住と人間関係は穏やかで、問題がないように見えた。配給制度のために、判で押したように同じような服を着て、同じような物を飲み食いしていたのだから。

結婚も似たり寄ったりだった。「党と組織の許可を得て」簡単な結婚式を挙げる。結婚してしまえば安泰で、離婚はあり得なかった。なぜなら、離婚は秩序を乱し、世間の嘲笑を買い、両家の恥になるので、調停を引き受けて円く納めるための組織があったのだ。だから夫婦は自分の身分に甘んじ、結婚前にやったように相手を支配したり、必要以上に喜ばせることもなく、仲のよい夫婦の幸福を育てる必要も感じなかった。寂しく運命に甘んじている夫婦も少なからずいた。それは、父母が子供を仕切っていた昔と少しも変わらなかった。つまり組織が仕切り、党が仕切って何事も円く納め、面倒を避け、嘲笑されないようにするのだ。

このように三〇年間、戦争という環境と閉鎖的な政策のために、数千万のベトナム人は世界の一員となる権利を奪われてしまったのだった。彼らは他の人間がどんな生活をしているか知らず、そこから長所を学ぶことも、自分の欠点を補うことも知らず、比べたり目標にしたりする対象もなかった。祖国がこれまで、あらゆる方面で、恐ろしいほど遅れてしまった原因はそこにある。もし、数十年前からわれわれが他国の生活を知り、人々がどのように自由に話し、考え、行き来しているかを知り、人間がいかに法律の前に平等かを知っていれば、そして、明確な法律と、自由な弁護士と、ジャーナリストを持つ社会の利点を知っていれば、ここまで遅れてしまった自国の状態に甘んずることなど、決してなかったのに。われわれは固く目隠しをされ、観察して比較する対象を持たなかった。ただお互いを見ているだけで、人のようになる、人と同じようになる、人を超える、という向上のエネルギーをすっかり失ってしまったのだ。

この時代、開放とかドイ・モイと呼ばれる時代になっても、相変わらずベトナム国民は、現代の世界から隔たった別個の惑星に、別個の法則に従って住んでいるような状態である。わが国の価値を測る尺度も、世界の尺度からずれている。まったく逆の観念が存在しているのだ。民主的な国々では、そこに生まれた市民は厳然たる多くの権利を持っている。考える権利、発表する権利、移動の権利、海外渡航の権利、信仰を持つ権利と持たない権利、外国の友人と交流する権利などだ。市民には幅広い自由があり、それは、国家やいずれかの党から与えられるのではなく、自分が生まれた時から備わっており、成長した時にはすでに持っているものだ。彼らは何事も自分の意志で行ない、誰かの許しを請う必要はなく、法律に違反しなければそれでよいのだ。法律が禁止していることも、社会全体の自由のために考えられたことである。

ベトナムでは、長い期間にわたって何もかもが禁じられてきた。移動の自由が禁じられており、南部や国境地域に行くには許可書が必要だった。海外へ行くことも禁じられており、特別な許可書がなければ渡航できなかった。いかなる外国人とも会ったり話したりすることは禁じられ、手紙のやりとりも禁じられていた。食糧政策に違反するからと、バイン・クオン［米皮蒸し餃子］を作ったり、フォー［米麺］屋を開くことも禁じられていたのだ。さらに、青年が髪を伸ばしたり、パンタロンをはいたりするのも禁止され、赤旗組（警察の補助組織）が作られて、人々を押さえつけて髪や服を切らせたのである。当然、こういう行き過ぎた政策は今はもうないが、恩を着せ、許可を与え、自由を制限するやり方の名残は今でも残っている。ベトナムでは、どこにでも人民に奉仕するという建て前があり、どの国家機関も人民に仕えることを教えられているが、その精神に逆行する「お上《かみ》」意識と官僚主義が、まだ当たり前のようにまかり通っている。

外国では、人民に奉仕するというスローガンこそないが、誰でもそういう意識を持っている。自分が仕事をするのは、ここに来る必要がある人々に奉仕するためだ、その人たちにできる限り満足してもらえるよう、自分が責任を果たさねばならないのは当然だ。法律とか、道理とか、社会のマナーというものは、こうでなければならない。「ありがとう」「ごめんなさい」という言葉をちゃんと口に出し、それが形式ではなく社会の普通の考え方、生き方、マナーになるべきなのだ。

外国に行く機会が多いわが国の指導者たちは、法律が整った民主的な社会の生活を理解するために、じっくりと観察し研究する必要がある。これは差し迫った要求である。行って、見て、観察して、自分と比較して考えてみることだ。外国に行く機会があっても、セレモニーと金儲けにかまけて、理解と観察の努力をしない者がいる。そしていつか、近隣諸国へ、そして遠くや近くの国々へ出かけるベトナム人が増えるようになれば、ベトナムの社会状況もますます速く根本的に変化してゆくだろう。これまで開放政策によって交流が拡大し、訪問や旅行を通して関係が拡大したおかげで、また電話や電信、ファックス、手紙、写真、映画、カセットのおかげで、また各国のラジオや衛星テレビのおかげで、ベトナム人民はもはや井の中の蛙ではなくなった。それは、われわれが世界にますます深く参入し、今日の世界共同体の真の一員になるために欠かせない条件である。

不安

民主主義が不足するか、まったく欠如している社会では、普通の人々は、普通の生活をしたいと思えば、いつもいろいろな不安を抱えていなければならない。まず不安、そして不安から恐れが生じる。以前の北部がそうだった。人々は自分自身と家族が平穏に暮らせるかと案じ、自分の経歴と家全体の経歴に汚点がないかと案じた。毎年無事に配給票が貰えるように、書類が規定に合っているか案じ、子供が途中で支障なく、無事に教育を受け、大学に入り、国家の選抜試験に合格して就職できるようにと案じた。子供がホー・チ・ミン共産青年団*に入れるよう、その後は頑張って共産党に入れるよう案じた。少し高望みするなら、子供が大学の試験で毎年の規定に従って高い得点を取り、ソ連か中国、またはいずれかの兄弟諸国への留学の推薦を受けられるように案じた。

みなが制服を着ているような社会では、誰の不安も似たり寄ったりだった。人々は順調に昇給、昇格するよう案じた。昇給や昇格によって、初めてもう少し広い部屋のある家が与えられ、より高級な食品や日用品の配給票が与えられるからだ。一般スタッフから幹事に、幹事から中級専門職員に、そして高級専門職員に出世するのは、容易な道のりではなかった。

ほとんど誰もが国家公務員だったので、各人、各家庭の不安の中味も似通っていた。自分や妻や子、または子供の妻や夫が国家公務員なら、みな「進歩的労働者」に選ばれるかどうか案じた。ほとんど誰もが進歩的労働者だったので、何か重大な過失を犯してその称号を失わないように案じた。称号の

---

* ホー・チ・ミン共産青年団　一九三一年に創設された大衆団体。一五～一八歳の青年男女からなる共産党の予備勢力。一八歳になって入党を申請する時にはホー・チ・ミン共産青年団の紹介が必要である

剥奪は非常に重い罰だったのだ。

そう、あの時代、狭い生活圏の中で、優越しているとみなされ、優越を自認する体制の枠の中で、一人一人が些細な、しかし重大とみなされている不安を抱え、それで神経をすり減らし、やりくり算段で疲れきっていたのだ。

社会生活の中に法律がないため、人々は尋常ではないやり方で身を処するしかなかった。つまり、いかに当局の人間を満足させるかに心を砕いたのだ。しかし、当局の人間はあまりにもたくさんいた。まず、その機関の長を務める男女のお歴々のおめがねに適うように、気を配らなければならなかった。しかし、一つの行政機関、一つの企業で、最高責任者と二、三人から四、五人の副主任だけではおさまらない。さらに「四部」があった。一九七六〜七七年頃、南部から来た友人が、四部とはカードゲームの組のことかと私に尋ねたことがあるが、そうではない。四部とは一つの基礎組織を統括する四つの役職のことで、普通はその組織の長、党委書記、労組の議長または労組担当、共産青年団書記の四者から成っている。その職場に女性が多ければ、女性労働者のリーダーを加えて五部になっている所もある。場合によっては、生産競争委員長か、監査または調査委員会の委員長を加えて六部になっている。

気配りができる人間というのは、つまりこれらの上役すべてとうまくやっていける人間ということだった。上役たちとうまくつき合うのが偉い人間、賢明な人間だった。さらに賢明な者は、勢力と地位を求めて、これらの上役の誰かに庇護してもらうのである。

一年の間には、最も重大とみなされるイベントがいくつかあった。それらのために、職場全体が落ち着きのない議論を繰り返し、あれこれ調べ上げ、情報をやりとりし、一喜一憂し、共に喜んだり残念がったりした。一つは入党、入団のイベントで、普通は大きな記念日に行なわれた。誰が対象に選ばれるか、誰が落とされるか？　また、年末の褒賞、昇進、選抜の審査もあった。年半ばの五月と年末の一一月に、優秀労働者、進歩的労働者を選ぶ生産競争の褒償審査もそうだった。昇格、昇進、昇給審査もそうだった。そして、住宅供給の審査である。広い部屋か狭い部屋か、上の階か下の階か、近くか遠くか、新築か中古か、どれぐらいの面積を補充するか？　一家族で一六平方メートルか、二〇平方メートルか、それとも二六平方メートルにするか？

今ならこういう話はみな、けちくさいとか、何の関係もない、ピンと来ない、無縁の話だと思う人もいるだろうが、当時はどれだけ人の心をかき乱したかわからない。損得を比べるが故に、互いに嫉妬する故に、互いに悪口を言い、中傷し、あることないことを言いふらし、あげくに不毛な論争になったり、後々に禍根を残すことになった。無実の罪を着せられ、無実故に怨みを抱く人々は数知れない。正直で阿《おもね》ることのない人は損をし、日和見主義者は取り立てられた。

そして、つねに少なからぬ日和見主義者たちがいた。元旦になると、彼らは真っ先にきれいな花束と高価な土産を持って、妻子ともども上役の家に挨拶に行くのだった。下から上まで、政治局員や中央委員会の各委員長までがそうだった。下には下の、上には上の日和見主義者がいた。それら忠実な弟子たちは、「私どもの願いに関係した審査の時には、私を忘れないで下さい」と、上役に働きかけるのだった。

そして、新年の挨拶の言葉といえば——昔のブルジョア搾取階級のように「一の資本で万の利益」などと祈る者はいなかった。古くさい封建的階級のように富貴を祈る者もいなかった。健康を祝い、入党できるように、子孫が入団できるように、外国に留学できるように、昇給、昇進できるように、家を貰えるように、数平方メートル広い部屋に移れるように、と祈るのだ。その時代、上昇志向とは単にそういう願望だった。

その時代、人々は自分の能力についてはあまり案じなかったが、政治的な立場を非常に案じた。履歴書は半年に一度ずつ書き加えられたからである。人物評価はすべて履歴書に書き込まれた。「関連」という項目は最も煩わしく悩みの種になった。地主や資本家との関連があるか、ということである。搾取家庭に属していることも問題になった。妻か夫が搾取分子に属しているというのも重要な関連問題になった。南部に兄弟姉妹がいるというのも問題で、彼らが何をしているか、今も繋がりがあるかどうかを報告しなければならなかった。もし南部の公務員や軍人だったら、もっとやっかいだった。親類や兄弟が外国にいる場合も同様だった。もし「帝国主義」の国にいれば面倒なことになった。履歴書に斜線を引かれたり、「?」をつけられた人には、もう将来はなかった。入団、入党をはじめ、大学進学、留学、昇給、昇格など、すべての話はなかったことにされてしまうのだった。

恐怖

不安を知った人々は、必ず恐怖を知ることになった。不安と恐怖は表裏一体だった。配給政策があったので、貧困に対する恐れはそれほど深刻ではなかった。米や塩、砂糖、石鹸、布、灯油など、最低限の物は国家が世話してくれた。医療はレベルが低いとはいえ無料だった。学費も必要なかった。あらゆる人々が水平に、ほとんど同じように暮らしており、物質的に他人より裕福になろうとして悩む者はいなかった。

政治的な恐れの方が遥かに重大だった。履歴書は公務員と公民の運命を左右した。人事当局と公安当局による人物評定が、一人一人の政治的運命に決定的な意味を持っていたのだ。体制に忠実で、党と国家の政策を理解していると認定された公民には、朱色の点がつけられた。政治的立場が堅固で、政策を理解しており、党と国家を信頼し、何も汚点がない公務員には、優の点がつけられた。

それも政治情勢によって左右された。土地改革の時期には、階級的立場が明確で、断固として農民の側に立ち、地主を敵として告発し、あいまいなところがない、という評価が重要だった。土地改革の誤りを是正した時期には、是正政策を理解し、信頼して、慌てず騒がず、堅固な立場と、党と国家に対する揺ぎない信頼を維持していることが重要だった。私営商工業改造キャンペーンの時期には、搾取階級を断固として告発する立場が明確で、労働者の側に立っていること、改造政策を理解していることなどが評価の基準になった。

決議についての学習も同様だった。数十年の間に、党要員、一般党員、公民が学習しなければならなかった決議は数知れない。党大会の決議は毎年学習しなければならなかった。政治局決議か中央委員会決議なら、平均で年に三回から五回。一回の学習には数ヵ月もかかった。学習は体系的にしなければならず、それを身につけ、レポートを書き、サインしなければならなかった。または、学習会の座長が各メンバーの成果を記録して、組織に提出しなければならなかった。

座長は思想の自由（！）という方針に従って、うまくメンバーの疑問を引き出し、討論を導かなければならなかった。病気を癒して人を救う。口を開く者に罪はなく、人は自らを戒めるために他人の言葉を聞く。これはすべて、毛主席の金科玉条だった。しかし、わざわざ疑問を口に出して、「政策を理解していない」と書かれるような愚か者はいなかった。座長はいつも討論のテーマを設定するために、別のところから疑問をひねり出し、でっち上げ、借りて来なければならなかった。
討論では、「貫徹」という言葉が限りなく繰り返された。それは実に中国的で、実に定義が難しかったので、他の言葉で表現できなかったのだ。貫徹とは、実際的な行動で成果を得るために、何かを本当に深く明確に理解し、自分の中に取り入れるという意味である。貫徹するために学習するのだから、完全に理解しなければならず、釈然としない部分が残ってはいけない。釈然としないということは、学習の成果がまだ出ていないということだった。

最後は総括と解答だった。通常は、宣伝・訓練委員長に助けられた党委書記が、この仕事にあたった。それは決議の内容を繰り返し、その論理を解説し、残っているあらゆる疑問に答え、実践につなげることだった。それで終わりというわけではない。さらに成果を確認するための集まりがあり、組織と個人にどんな成果があったかを確認しなければならなかった。そこでは、いつもメンバーは競って称賛し合い、自慢し合った。「学習には大きな効果があった」「わが党は実に有能だ」「学習の前よりも認識が高まった」というように。そして、成果の確認はいつも「決議の輝かしい光の下に、私は学習の大きな成果を認める」という言葉で締めくくられた。党決議を称揚する『ニャン・ザン』の社説が、いつも「決議の輝かしい光の下に」という決まり文句で始まるのと似ていた。

この数十年間、学習会は決まってそんな調子だった（一九八九年から九〇年にかけて、党中央委の第七、第八、第九回総会で、東欧情勢や党と民衆の関係、国際関係についての決議が出た時も同様だった）。私は、会議に出席していた親しい友人たちと、こらえきれずに吹き出したり、笑って目くばせしながらこう思っていた。何とも奇妙で滑稽な眺めじゃないか。みんな茶番劇を演じて、いつも決定を褒め称える。考えてもいないことを口にして、考えていることは敢えて口に出さないのだ。

第七回党大会決議と新憲法についての学習や、一九九二年半ばの中央委第三回総会と、九三年前半の第四回総会決議についての学習など、この間の学習会では、このように笑いをこらえられない人がますます増えただろう。きっと多くの人々が、自分で考えたり、人と話し合ったりしただろう。「ふざけるのもいい加減にしろ。宣伝を押しつけ、鵜呑みにさせようとしている。光なら闇と言い、高めたものを引き下ろし、まったく現実と道理を無視している」と。それでも、学習会場では、自分の本当の考えを敢えて口にする者はいなかった。誰もがまだ恐れていたからだ。

なぜなら、党要員や一般党員が決議に納得できないとしたら、それはゆゆしき事態だったからだ。決議を理解しないというのは、それに反対することになり、決議に反対するということは反党を意味し、反党とは反動を意味していた。認識、理念の上での反動とは、裏切り者の立場であり、党を裏切るということは、すなわち国家と人民に背くということだったのだ。

しかし、反党とか反動の烙印を押される以前にも、恐れるべきことがあるのだった。「政策を理解していない」「政治的観念があいまいである」「敵の宣伝に毒されている」と認定されれば、それだけで面倒なことになった。村八分にされ、冷や飯を食わされ、要注意とされ、妻子や家族にも累が及ぶのだ。

恐怖のために、人々はしっかりと心を閉ざし、心にもないことを言い、芝居をし、建て前だけに終始した。しかし、そのような状況で恐怖を抱くのは、自分を守るためであり、自衛の権利は正当なものだと思われた。そのような現実の中では、恐怖は生存本能の一部だったのだ。

そういうわけで、作家グエン・トゥアン★が晩年に「わしが今あるのは、わしが恐れることを知っていたからさ」と、痛ましくも辛辣な皮肉を飛ばしたのも頷ける話だ。つまり、恐れることを知らない者は痛めつけられるだけで、世間から除け者にされ、中傷され、烙印を押され、食い扶持も、住む場所も、名誉も失い、あらゆる権利も奪われ、妻子や友人もひどい目にあうのだ。こうした世渡りを卑しいものと考える人間もいた。しかし、頭も心臓もない巨大な機械のようなシステムのことを思ってもみよ。それは、自分の前のあらゆるものを冷たく破壊していくのだ。その状況に立ってみれば、凶暴な破壊のシステムの前では、善良な人々の叫びも虚しいということがわかるだろう。

結局、触らぬ神に祟りなしというわけなのだ。

一九九一年末に満七〇歳で死んだ詩人のチェー・ラン・ヴィエン★は、国内の文壇では名を知られており、『凋落』という特色ある作品集で、若い頃から才能を発揮していた。国会議員として政界入りしてからも、さらに党中央委員会入りをめざして奮闘し、文学・芸術政策を担当して指導的ポストについた。自分の目的のために、彼は多くの批判運動を展開し、自分がのし上がるために多くの同業者を抹殺した。スアン・サックは、『作家の肖像』の中で、この体制派詩人についてかなり辛辣に書いている。

ヴィエンが死ぬと、その妻である作家のヴー・ティ・トゥオンは、彼が病床にあった時にメモした詩の構想をいくつか発表した。その中の、「絵に描いた餅」と「抹殺せよ」という二篇は注目に価する。おそらく、これは人生と読者に対して、この詩人が言い残した告白と弁解、後悔の言葉だろう。「絵に描いた餅」にはこのような部分がある。

一度も手に取って味をみたことがない
絵に描いた餅というのを知ってるか?

それでも君は相変わらずみんなと一緒に坐って待っている
手に取って食べてみろ
君がいやだと言うなら
やつらが君に壊せと言うだろう
楽しい夜なのに……

やつらとは誰なのか？　支配者とそれに追従する者たちのことだろうか？
「抹殺せよ」は懺悔の言葉で、次のような部分がある。

私の詩を読んだら思い出してくれ
私は書いていないのだ　半分も
詩に取り入れるべきことは　私が抹殺してしまった

一七の詩句は後悔と悲痛な思いに溢れ、自分の卑劣な態度を認め、陰険きわまりない体制を描いている。

私は骨で書くだけだ　しかし自分の肉はない……

なぜなら、この体制では自分が自分であることは許されないからだ。権力者はあらゆる人々に仮面をつけ、自分のテキスト通りに話すよう強制する。自分は半分しかない。自分が半分しかないのに、どうして自分であり得ようか。

このような心血あふれる言葉を、この詩人は存命中には誰にもうち明けなかったのである。彼は勇敢になれず、恐れ続けていた。ずっと恐れ続けていた。死んで初めて声を上げることができたのだ。罪の一部は彼にもあるが、もっと大きな罪を負っているのは体制であり、党が全社会に押しつけたイデオロギーなのだ。

芸術家と芸術官僚

私には、小説や詩、音楽、絵画の世界に多くの芸術家の知人がおり、三〇～四〇年前からつき合っている人たちもいる。グエン・ホンやヴァン・カオ★がそうだ。当時、ヴァン・カオはまだ三〇代になったばかりの若者で、女の子のように柔らかく細い手をしていた。その囀《さえず》るような話し方は実に魅力的だった。真面目な顔で笑い話や冗談を言い、最後の方でやっと涙が出るほど笑いころげるのだった。私にダンスを教えてくれたのは彼で、私はワルツからタンゴまで教わった。ヴァン・カオは寡作の人だったが、器用で、描写は簡素でのびやかだった。彼は非常に急速に年をとり、一九六八年頃から七五年までの間に酒びたりの生活をし、そのためにアルコール中毒になってしまった。彼の詩も非常におもしろく、感動的だった。一緒に河岸を散歩していて、彼が「仙境」という作品の中からいくつか絶妙なフレーズを口ずさんだ時のことは忘れられない。

グエン・ホンは、農民の爺さんのようにまばらな髭をはやし、頬は黒く日焼けし、不揃いな歯並びが特徴的で、よく褐色の服を着ていた。性格は素朴で実直だった。道で出会うと、大きな声で賑やかにしゃべった。彼はとても庶民的な暮らしぶりをしていた。

ヴァン・カオは、薄くきれいなタイプ用箋の面に詩を書き、グエン・トゥアンは、上に自分の堂々たる魅力的な印を押した花模様の用箋に文を書いた。グエン・ホンは、学校のノートや灰色の紙などいろいろな物の上に、小学生のようなぎこちない手つきで、ぎくしゃくした字を書いた。私はグエン・ホンの実直で豪放なところが好きだった。芸術指導の窮屈な雰囲気に耐えられず、彼は老デー・タムに倣ってイエン・テー（バック・ザン省）の地にひきこもり、たまにハノイに戻って来た。とても感激しやすく、涙もろい性格で、古い友人の訃報を聞いては泣き、彼が担当していた新聞『ヴァン［文］』［作家協会機関紙］を指導部がけなしたと聞いては泣き、ホアン・カムとチャン・ザン★が再教育に送られたと聞いては泣いた。髭をはやし、頭は白髪混じりで、日焼けした顔と歪んだ口元という風采だが、その彼がすすり泣くと、実に豊かな感性の持ち主であることがわかった。社会の底辺にいる人々を扱った作品「盗人」を書いた時には、登場人物のために泣きながら書いたと言っていた。彼の良いところは、指導部にへつらうのが我慢できないことだった。非常に感情豊かだが、意志堅固な人物だった。

軍隊の芸術家では、社会を冷静に観察し、深い考えに立って健筆をふるったホアン・ミン・チャウがいる。彼は、その時代の文学と絵画の風潮に心を痛め、憤っていた。ホアン・ゴック・ヒエンは、非常に経験豊かな人で、独自の思考の本領を発揮し、若い学生たちに敬愛された。彼は世界の文学評論を知るために苦心した。グエン・ズイは、社会や人間についての考えを蓄積しており、苦痛と憤怒というものを知っている人だった。チャン・マイン・ハオは、小説も詩も書き、私に語って聞かせてくれたことがあった。学校時代に、聖書が人生に対する彼の認識を補ってくれた。彼は詩について非常に斬新な考え方をもっていた。トゥー・コンは大柄で、テイ・グエンの人のように色が黒く、髪が縮れ、生き生きとしていた。非常にのびのびとした詩を書き、数百句もある長い作品もあった。詩を非常によく暗記しており、一晩中詩を読んで吟じていることができた。

グエン・ゴック★については、忘れられない思い出がある。一九六四年頃、私は第五連区の基地に入った。文芸委員会にいた彼は、トゥー・ボンとリエン・ナムと一緒に、ドー・サー（クアン・ガイ省の西）の森林地帯の高地に仕事に出かけた。トゥー・ボンは銃を肩に担いでロック（小型の猿）をしとめて来て粥を作り、われわれは夜通し南部と北部の話や、ディエン・ゴック、ディエン・バン［クアン・ナム省］など敵の後方地帯の話に興じた。グエン・ゴックは小柄で額の広い聡明な人で、口数は少なかったが考え深い人だった。

『クァンドイ・ニャンザン』にいた一九六五年から八二年までの間、私は『ヴァンゲ・クァンドイ［軍隊文芸］』誌の編集部で働く芸術家たちといつも会っていた。二つの編集部は、同じ集合住宅区で共同の炊事場を使っていた。私たちは、よく一緒にバレーボールや卓球、ビリヤード、トランプなどに興じた。時事問題の話をしたり、政治学習をするのも一緒だった。

ホー・フオンは、いたずら好きでころころとよく笑う人だった。グエン・カーイは非常に聡明で、ややずる賢いところもあり、彼の息子が紅河で溺死した時には、悲しみのためにすっかり痩せこけてしまった。ヒュー・マイ★は厳格で慎重な人で、人物評定や批判のことを聞くと、よくおろおろした。彼はヴォー・グエン・ザップ大将の専属ライターで、ディエン・ビエン・フーの戦いや、一九七五年の春季攻勢や、『忘れられない年月』［ベトナム独立前後の時期のホー・チ・ミンをめぐる回想録］について、大将から話を聞いて文章を起こし、多少書き加えた。

額が禿げ上がった赤ら顔のスアン・ティエウは、教室では反抗児だった。さらに若い世代では、砲兵上がりのドー・チューがいた。彼は非常によく書く人で、バック・ニンから戻った後は小説を書くために隠遁した。彼が住んでいる土地には有名な米の地酒があり、ハノイに来る時はいつも、友人への土産に何本かぶら下げてきた。レ・リュー★は、学はなかったが聡明で、記憶力に長けていた。彼がアメリカを訪れて書いた本には、誇張した部分がある。彼が初めて国外に出て外の世界に触れた時のことなので、それはよく理解できる。アイン・ゴックはかなり優れた詩を書き、その著書『四つの顔のメコン河』には、クメール・ルージュの野蛮な殺戮について考察した後で、土地改革が残虐に人間性を破壊したことに言及した部分がある。

私はファム・ティ・ホアイに何度か会ったことがある。彼女は『ニャン・ザン日曜版』のスタッフ・ミーティングに出席したことがあった。口数は少ないが考え深い人で、ドイツ語がうまく、英語とフランス語もでき、西側の文学作品を読みこなしていた。彼女は政治のことは直接話さないが、政治が文学活動と密接に繋がっていることをつねに理解していた。まだ三五歳ぐらいだったが、認識と探求にかけては成熟し、堅固な考えの持ち主だった。ファム・ティ・ホアイは、わが国の文学についてこう語っている。

「ベトナム文学の最大の伝統とは、それ自体が道具にされてきたことです。文学はもはや、道具以外の用をなさないまでになっています。文学を支配する審美精神とは、道を照らす精神ではなく、奉仕の精神です。創作や漂泊の意識ではなく、熱心に奉仕する意識です。客観的な知性ではなく、単純に感動する熱血です。笑い声ではなく、重々しい沈黙です」

彼女は断固主張する。

「ベトナムでは、宗教ではなく文学論こそが、人民にとっての麻薬なのです」
穏やかな外見をした若い女性に、これだけの深く老成した考えが秘められているのだ。
チャン・ザンやホアン・カム、レ・ダット、フン・クアン★らのように、創造の自由を求める運動の先頭に立った作家たちがいた。彼らは後に厳しく糾弾され、激しい圧力を受けたため、公式見解に従って、決まりきって使い古された常套句でものを書くようになってしまった。一九八六年にドイ・モイが始まってから、やっと徐々にそれなりの作品が出るようになった。

作家たちを管理するために、大勢の文芸官僚たちがいた。地方の各省に、マー・ヴァン・カン★やチュー・ヴァンのような人物がいた。彼らは執筆し、読んでよい本を出す一方で、他の作家仲間たちを管理し、彼らの自由を制限していた。ハノイには首都文芸協会主席のトー・ホアイ★がいた。彼は健筆をふるい、よくグエン・トゥアンと一緒に遠出をしたが、彼自身もやはり指導部の見解を代弁しなければならず、指導部が誰それは党の路線から逸脱していると認定すると、そういう人物を譴責し、脅した。老チャイン・ハオ、つまり詩人のチン・ヒューは、「従軍」や「三日月に銃を吊るして」などの詩で有名だったが、公務に忙しく、二、三年に一つの作品しか作らなかった。彼は軍隊文芸室長を務め、後には宣伝・訓練局副局長の大佐として、軍内部の芸術活動の責任者となったからである。

文芸官僚としては、三〇年近く作家協会の書記長の座にあったグエン・ディン・ティ★がいる。彼は、創作する時には自分に自由を与えたが、指導者として務める時には、党中央委文化芸術委員会と宣伝・訓練委員会のお偉方に対してイエスマンになり、彼らが偏向とみなしたものを矯正しなければならなかった。それゆえ、グエン・ディン・ティの中には、二人の人間がいたと言えよう。つまり、小説や詩、絵、劇、音楽に優れた才能を持つ芸術家と、体制派の人間という両面である。彼は親しい友人に、

「今日はライン翁（トー・ヒューをさす）の講義を聞きに行かなければならない」と言う。そして、講義を聞きに行くと、いつも「はい」「その通りです」「きわめて理にかなっております」「まったくその通りです」「私は時宜にかなった闘争と矯正のために欠点を発見します」と繰り返しているのだ。

チャン・バイック・ダンもそんな官僚の一人だ。彼は豊かな才能に恵まれており、記事や本を書き、詩を作り、映画の脚本を書き、時事評論、政治評論、国際評論などを手がけている。彼はその領域に通暁しているように見える。昔は治安部門で活動し、後に知識人工作に携わり、党のサイゴン-チョ・ロン支部書記を務めたこともある。彼の中にも、つねに二人の人間が存在する。一つは革新的な人間で、新しい見識と認識を持ち、非常に強く民主化を主張し、党に過去の過ちを認めよと要求することもある。他方、彼の中には全く違った人間が存在する。保守的で、教条主義的で、発展を望むなら規律と権力集中を高め、民主化の要求を棚上げする必要がある、と主張する人間である。

もちろん、一人の人間が、こういう意見を言った後で、違う意見を言うということはあり得る。しかし、チャン・バイック・ダンにあっては、典型的な日和見主義の人格が顔を出すのだ。それは男の風上にも置けない態度である。私は、一九八九年末の作家大会で、何度も彼と顔を合わせた。ドイ・モイを好む若い作家たちは、チャン・バイック・ダンに対して否定的だった。彼は決して若い作家たちを理解していなかった。彼の作品はだんだん味気なく、理にそぐわないあいまいなものになっていった。彼は過敏になり、旧正月の度に、実に一〇以上もの新聞に寄稿していた。彼は祖国の変化と進歩の要求について行けなかったと言えよう。サイゴンの作家たちはまた、彼が貪欲すぎると非難した。香港や台湾に行ってビデオフィルムを持ち帰り、それを独占的に貸し出して、莫大な金を懐に入れたというのである。

党書記長の補佐を務めていたスアン・トゥン自身が、私にこう言ったことがある。「チャン・バイック・ダンが書記長の顧問だったことなんかあるもんか。グエン・ヴァン・リンが時々、他の幹部にするように、彼に意見を求めただけさ。リン書記長は、チャン・バイック・ダンにいろいろ先入観をもっているんだ」。テト攻勢後の、捕虜交換に関する敵側との交渉で、彼は気侭で無原則にふるまった。彼は中央委員会入りに食指を動かしていたが、党大会で選出されることもなく、候補に選ばれることもなかった。第六回党大会になって、彼は注目されるよう期待したが、やはり落とされてしまった。チャン・バイック・ダンはひらめきがあって革新的だというのは、自己宣伝のために作られた話だ。彼にはもはや新鮮で健やかな思考というものがなく、老衰して過去に引きこもっている。文芸官僚としてひたすら動き回っていたが、実際には極めてみすぼらしいイメージを残した。

黒い壁とすりきれた綿の服

一九九〇年九月に渡仏する前に、私は『ニャン・ザン』新聞社の門前でタ・ディン・デー★とばったり出会った。お茶に誘うと、彼は延々数時間も話をした。われわれは、彼がハノイ市別動隊*の指揮官だった頃からの知り合いだった。彼は神出鬼没のゲリラだった。その部隊は、通常は私の故郷ヴァン・ディン「ハー・テイ省」地域におり、そこを出撃基地としていた。われわれの友人で非常に若い連隊長のトゥアン・ソンは、私のいとこと結婚することになっていたのだが、その後国道六号線の戦いで戦死してしまった。われわれは昔話に興じ、そしてデーのことに話が移った。

彼はディエン・ビエン・フーの戦いの後で配置を替えられ、鉄道部門の体育・スポーツ委員会の委員長になった。その後、彼は逮捕され、ホア・ローの刑務所に投獄された。八年前の裁判では、彼を有罪にできなかった。その裁判の時には、ハノイの法廷の周りに人々がぎっしりと詰めかけた。裁判長が「誰が君を入党させたのか？」と尋ねると、彼は「ホー・チ・ミン主席です」と答えた。彼はもともと、ホー主席が華南にいた時代に衛兵をしていたのだ。

法廷側が「なぜ君は、バドミントンと卓球のラケットを輸出する会社に、前科者たちばかりを入社させたのか？」と尋ねると、「彼らは、刑務所を出てからは、善良な市民になることを望んでいました。私は彼らを気の毒に思い、彼らを信用して、良い人間になるよう訓練したのです。それが罪でしょうか？　彼らを野放しにして、犯罪を犯すようにした方が良いとおっしゃるのですか？」。彼が答えるたびに拍手が鳴り響いた。裁判官がばかげた質問をするたびに、みなは首を横に振ったり、ブーイングや野次をとばしたりした。

「君は汚職の罪を認めたではないか」

「取り調べ官に脅されて、認めてしまったのです。彼らは私に何も食べさせず、飲ませず、私を眠らせなかった。私は生きるために嘘の供述をしたのです。自分を守るために、ここでその供述を否定します。私は一ドンたりとも自分のポケットに入れていません」

法廷は、彼に五年の懲役を科そうとしていたが、それを停止し、ほどなくして彼は釈放された。人々は、やれやれ、自由の身になれたのは幸運だったのだ、党に共感を示せよ、と彼を慰めた。彼にはそれが耐えられなかった。名誉を失った彼に、いったい誰が賠償してくれるのか？　冤罪で何年も投獄された彼に、誰かが謝罪し、補償してくれるとでもいうのか？　投獄されていた、汚職の罪を犯した、

＊　別動隊　個別の任務のために編成され、本隊から離れて解放区で活動する部隊。諜報と破壊活動を任務とする。

という恐るべき汚名を訂正した新聞があっただろうか？　抵抗戦争でこれほど功績があり、党員歴は裁判長より長いのに、彼は市民権を奪われ、党籍を剥奪され、烙印を押され、中傷され、釈放後もなお脅され続けたのである。気をつけろ、うかうかしてると監獄に逆戻りだぞ、物事をわきまえろ、というわけだ。

彼は私に、権力に屈服するのには耐えられないと語った。彼は国家に再審を請求した。彼らが間違っていたのだから、法律に従って間違いを訂正せよと求めたのだ。彼は健康を害し、体力は半分も残っていなかった。名誉も、財産も、職位もすべて失った。彼はあらゆる関係当局に何十という書面を送って訴えた。裁判所から最高検察院、党書記長から政府調査委員会、閣僚評議会議長にまで。しかし、なしのつぶてだった。僅かに二つの機関が、小さな受け取り書を返送して来ただけだった。確かに受け取った、しばらく待てと。首を長くして待ってみても、相変わらず何も言って来なかった。何という身の上だろうか。彼にはよくわかった。この体制は、魂も神経も心臓も知性もない一つの機械なのだ。自分の前にいる邪魔者を、冷たく無慈悲に、ことごとく破壊してゆく機械なのだ。

彼は、公安当局が供述を取るやり方を話してくれた。それは勝手気侭で、陰険で、卑劣なやり口だった。自白して罪を認めるよう強いるために、人間の意志を揺さぶり、冷静さを失わせるのである。彼を有罪にできず、釈放せざるを得なくなってからも、彼らはまだ話をこじらせた。

「さあ、審査を受けるために釈放申請書を書きなさい」

「どうしてそうなるのですか、担当官殿。私がここに入る申請書を書いたわけでもないのに、どうして出ることを申請しなければならないのですか？　私は書きません。勝手にして下さい」(さらにタ・ディン・デーの非常に「無礼な」口調が続く)。

彼は、ジープでトゥエン・クアン［トゥエン・クアン省］からハノイに戻された。車はグエン・ズー通りを通り、チャン・ビン・チョン通りの警察省本部まで来て停まった。

彼が重い足をひきずりながら家に戻ると、突然大声が聞こえた。

「タ・ディン・デーの旦那だな？　確かにそうだ。デーの旦那が戻って来たぞ、みんな！　俺たちの旦那が帰ってきたぞ！」

シクロの若い運伝手たちが、唖然として見ている警察官など意にも介さず、彼に抱きつき、そのごわごわした頬髭にキスをして歓声を上げた。運転手たちの何人かは、もともと彼のはからいで、鉄道総局の卓球とバドミントンのラケット工場に入った労働者だったのだ。彼らはデーを誘ってビールを一杯やり、そして彼をシクロに載せて、大声で笑いながら言った。

「旦那、これからも、どこへ行っても、俺たちを呼んで下さいよ」

デーと私が出会った日、「ニャンヴァン・ザイファム」事件で無実の罪を着せられた六〇人を超える作家たちのことも話した。うち四人は最近、作家協会の活動に戻ることを許可されたが、それは相変わらず傲慢で恩着せがましいやり方だった。私は、一九八九年末の作家協会の大会で、ホアン・カム、チャン・ザン、フン・クアン、レ・ダットらに会った。ホアン・カムは、父方の祖母がリエン・バット村のブイ家の人と結婚していたので、私の親戚だということでよく遊びに来た。

普通なら、彼らは党と国家のやり方に満足できなかっただろう。東欧の新たな変動の前に、国民の怒りを恐れて、当局は申しわけ程度の公開政策をとったが、それは決して本物ではなく、冤罪を負った人々に対する公正は実現されなかった。はかり知れないものを失い、烙印を押され、侮辱され、職も収入も失い、罵倒を浴びせられ、妻子にまで累が及んだにもかかわらず、今になってただ「作家協会の活動に戻ることを許可」されただけで、「ニャンヴァン・ザイファム」事件については「見直しの必要なし」（一九九〇年二月の思想・文化委員長チャン・チョン・タンの決定による）と発表されたのである。

この話について、タ・ディン・デーはこう評価した。

「ねえ、ベトナムには法律はないし、訴訟なんて何の意味もないでしょう。あなたは牢屋にいたことがないから、わからないでしょうがね。そりゃ恐ろしいもんですよ。思い出しても身震いする。自分はあちこちうろついて、いろんな経験を味わった命知らずの輩だが、彼らに敢えて逆らう奴はどいつだと聞かれると、いまだに恐ろしいですよ。

彼ら、つまり、スターリン時代のGPUや、ロシアのKGBをモデルにした公安、秘密警察です。それは、オルジェニキーゼに続くベリヤの時代、つまり、残忍さも、頑迷さも、おぞましさも数段上という奴の時代です。ドイツのゲシュタポの連中より、もっと恐ろしいんです。

彼らに捕まった連中に、試しに聞いてごらんなさい。捕まった時のことを話して、書いてもらいなさい。取り調べられ、尋問されて、むりやり自白させられ、圧迫され、ばらばらにされ、引っ立てられ、唆《そそのか》されたりした時のことを。誰も話したがらないでしょうよ。それは恐ろしいまでに深刻なことなんです。良心まで圧迫されてしまうんですからね。釈放される時には、彼らはみんなの口に鍵をかけて、その鍵を握っているんです。彼らはそこまでプロフェッショナルなんですね」

スターリン時代と何ら変わらなかった。一〇月革命の武装蜂起指導部に共に加わりながら、レーニンの死後、スターリンはトロツキーをアルマ・アタに追放したのである（そして、トロツキーは、スターリンに殺されるのを避けるために出国を余儀なくされた。それでも、スターリンの放った刺客によって一九四〇年にメキシコで暗殺されている）。一方、蜂起指導部の四名、ブハーリン、ジノヴィエフ、カーメネフ、ルイコフは、みなスターリンによって反逆者の罪を着せられ、銃殺されたのである。KGBの巧妙なところは、この四名が死ぬ前に、みな偉大なスターリン同志を暗殺する意図をもっていたことを自白させ、「スターリンばんざい!」と叫ばせたことである。つまり、もう失うものは何もなく、死が目前に迫った時でも、なおも許しを請い、スターリンの名を称えさせたのだ。最も堅固な革命のリーダーで、偉大な知識を持ち、知的水準ではスターリンより数段上だった人々にである。

それがKGBのテクニックだった。人間を圧迫し、気力をうち砕き、人間性を滅ぼし、自信と、真理を信じる心を失わせ、罪や、反逆や、仲間に対する裏切りの意識を深く押しつけるのである。そして彼らは、書面やフィルムやテープに、告白や声明を証拠として記録しておくのだ。少々意志堅固な人間でも、特殊な条件の下では弱くなる時が必ずある。理想や仲間に対して忠実な人間でも、強制されたり、誘惑されたり、強く脅されれば、道を踏みはずす時が必ずある。彼らはその瞬間をとらえ、彼の人生を征服し、彼に道理を説き、彼を誘惑するために「革命」と「人民」を持ち出し、彼を「正義と民族に復帰」させ、彼自身の真に高尚な理想を自分で否定させ、自分自身を恥じ、呪うように仕向けるのだ。彼は自分の真の理想を自ら裏切るが、それでも正義に復帰するということで、面目はまだ保たれる。彼は賞賛され、おだてられるだろう。そして気がついた時には……何ということだ、すべておしまいだ。彼は手を染めてしまった。彼はこちらに対しても、あちらに対しても、つねに罪の意識に苛まれることになるだろう。自分自身が何者で、これからどうなるのかさえわからない時もある。彼は粉々にうち砕かれてしまったのだ。

尋問されて拘禁された後に精神病と断定されて、モスクワ郊外のゴーリキー通りに近い精神病院に収監されたロシアの知識人たちとまったく同じように、多くの人たちは、尋問されていた場所から戻って来た時には、パニック状態に陥っている。夜もろくに眠れず、おののきながら、自分はまだ拘禁されているのだろうか、それとも自由になったのだろうかと考える。パニックが何分も続いてから、やっと理性を取り戻し、自分がどこにいるのか、何をしているのか、今はいつなのか、この場所はどこにあるのか思い出す。

チャン・ザンがまさにそうで、彼は取り調べを受けて罪を着せられ、自由を奪われ、何年もたってからカム・ティエン通りの小さな家に戻ったが、昼も夜も同じ場所に坐ったままだった。グリーンや褐色の色が褪せてすり切れた木綿の軍服に身を包み、うつろな目をして壁にもたれ、彼の影を残して壁が水パイプの煙で真黒になるまでじっと坐っていた。一日が終わると次の日が来て、長い昼が終わると夜がやって来る。彼はその若々しく創造的で卓越した頭で、何を考えていたのだろう？　怨みか、苦痛か、その身の上に対する羞恥か？　過去に、現在に、そして未来に思いを馳せていたのだろうか？

彼は何を予期していたのだろう？　今どきのつまらない詩や記事と比べて、彼が当時「われわれは必ず勝利する」という詩の中で言ったことの、どこが反動的で裏切りだったのか？　彼はただ、人より先を行くという罪を犯したのだ。人々が今やっと敢えて口に出すようになったことを、彼はもっと前に語っていたのである。人よりも正しく、勇敢で鋭敏だっただけではないか？　それが罪だというのか？　その代価は実に恐るべきものだった。彼のために公正を求める者がいるだろうか？　今や彼は病み衰え、前に言ったことを忘れてしまっている。彼の首には、小さな傷跡が今でも残っている。ナイフで自殺しようとした時の傷だ。しかし、彼にはまだ人生で払うべき負債が残っていた。

「ニャンヴァン・ザイファム」のグループが糾弾された頃、最も攻撃された詩の文句を、私はまだ憶えている。

私は進む
道なき道を
家もなく
ただ赤い旗の上に
雨がそぼ降るだけ

当局は、赤い旗とは国家と党の旗なのだから、晴れの時や風の中に描かれるべきだと非難した。快晴と強風である。

次にこんな文句もあった。

ああ、あの方は昔も今も変わらず、自分を信じていないのか？
あの方は相変わらず、未来を恐れているのだろうか？

「あの方」と書いたために、この句は厳重に批判された。あの方というのはホー・チ・ミン主席を暗示しているからだ。これは極めて重い罪だった。拘禁された時、チャン・ザンはこの詩について、特に右の句について、激しく追及された。

やがて、一九八六年にドイ・モイが始まった後、一人の友人が何の前ぶれもなくチャン・ザンの家を訪れた。彼の家にやって来た実に久しぶりの客だった。彼は親切にも、ザンのために、本屋で印刷された頁を製本するために折って重ねる仕事を見つけてくれたのだった。極貧の彼にしてみれば、重労働ではないし、多少は金にもなる仕事だった。彼はやる気を起こした。きっぱりと立ち上がって、水パイプの匂いがしみついた木綿の軍服を脱ぎ捨て、煙草の煙に黒ずんだ壁から離れ、髭を剃り、仕事に出かけた。だが、その日はついておらず、まだ運が開けていないようだった。その仕事は、別の人に取られてしまっていたのだ。まったく運命というやつは……。

一九八九年になって、バー・ディン広場［ハノイ市］で作家協会の大会に出席し、フエ地区の劇作家で演出家ブー・ティエンの、心のこもった陳謝の言葉を聞いた時、ザンはようやく少しだけ喜ぶことができた。

レ・ダットの場合も似たり寄ったりだった。彼は「石灰の壷」という詩のために罪に問われた。

一〇〇年の宿命を背負った人々よ
まるで石灰の壷のように
生きれば生きるほど衰え
生きれば生きるほど小さくなってゆく

彼は誰のことを暗示していたのか？　指導部の高齢の人物とは誰か？　長寿を祈念され、永遠にと謳われている人物とは誰か？　やはり重大な罪だった。

長い間自由を奪われ、書くことも許されず、友人にもほとんど捨ておかれ、レ・ダットはラン・オン通りの小さな家に戻って母親と暮らし、古紙を売買し、古いダンボール箱を引き取って裁断する仕事で糊口を凌いだ。物質的にも精神的にも極貧の生活が、彼の比類なき心と才能の代償だったのだ。

恐怖を癒す

恐怖は一種の病気のようなものだった。なぜなら、どんなに人の心を失わせる体制に直面していても、人間はやはり人間だからである。その体制は、冷たく無慈悲な破壊のシステムだった。恐怖は伝染病のように蔓延していた。恐怖とは、自分を滅ぼそうとする災厄に対する自衛の反応であり、生存本能である。その上、恐怖とはごく一般的な病気だったので、怖がっても格好が悪いと恥じる者は少なかった。誰しも生活のために、生き延びるために、またある人々に言わせれば闘争するために、多かれ少なかれ恐れることを知っていたので、誰も怖がっている自分を恥ずかしいと感じなかったのだ。今は俎板に載せられた魚の身の上なのだと、互いに同情していたのである。そして、触らぬ神に祟りなしと、僅かに慰め合っていた。もし難から逃れて死を免れれば、それは幸運というものだ。

最近、世の中が変転し、ソ連邦が崩壊してから、恐怖は和らぎ、恐れという病気もやや癒された。一九九〇年にフランスに渡った老グエン・マイン・トゥオン★は、「ニャンヴァン・ザイファム」時代、特に土地改革の誤りの是正後に味わった苦境について、率直に語ってくれた。一九五六年一〇月三〇日、彼は祖国戦線で話をしたのだが、その中で、法律が軽視され、党が独裁的権力を握っている状態が、北ベトナムを混乱させていると語ったのである。大学の党委書記の指示により、彼は大学に連れて行かれ、学生に糾弾された。このことを私に話した時も、彼はまだ少し恐れており、事実を語るのをためらっていた。

帰国後、彼は改めて、内外の情勢が民主化に有利になっていると考えた。共産党は、経済面と、幾分かは政治面でも、一定の譲歩を余儀なくされていた。彼は、『排除された者』という本の草稿をフランスに送ることに決めた。彼はフランス語で『レクスコミュニエ〔追放者〕』を書き、両国で出版されるようにベトナム語の翻訳権も認めた。現在その本は出版されており、国内の一部の人々にもすでに読まれている。「私はもう八四歳だから(彼は一九〇九年生まれである)、もう失うものは何もないよ」と老トゥオンは語っている。

八〇歳になって失うものがなくなるまで待たない人々もいる。勇敢な作家ズオン・トゥー・フオンがそうだ。彼女は四〇歳にならぬうちから、恐れを知らぬ活躍をしてきた。彼女は、自分の考えたことをストレートに口に出す。彼女は大衆と同じ目の高さから書く作家で、彼らの代弁者を自認している。「共産党の政治局には、信頼できる者はいないし、信頼に価するほどの才能とモラルの持ち主もいない」と、彼女は声を大にして言う。北朝鮮とキューバの独裁体制も批判している。前者は封建的な世襲制度を実現してしまったし、後者は一九五九年以来、三〇年以上も権力が独占され、有害な個人崇拝の上に権勢が築かれている、と言うのだ。

その代価として、彼女は七ヵ月と一〇日間、自由を奪われた。* 釈放後も、彼女は疲れにもめげずに頑張っている。さる一九九三年一月、彼女は歴史家ダニエル・エメリーに、自分はまだ厳重に監視されている、と語っている。いつ再逮捕されても不思議はないのだ。彼女の心配は、ある女性を描いた映画の脚本だ。それは、三回結婚してもまだ幸福が見出せない女性のストーリーで、つまり、三度の戦争を経てもなお困難の絶えないベトナム民族の運命を表現したものである。彼女はまた孤独にも悩んでおり、その悩みにしじゅうつきまとわれている。

私は、それは彼女の思い違いだと願いたい。私の友人がベトナムから送って来る手紙では、みな彼女の勇敢な心を称え、敬愛している。彼女に味方する勇敢な人々は、日増しに増えているのだから、決して孤独ではないのだ。女性でもこれほどまでに勇敢に声を上げ、率直に強く発言しているのだから、男性は言うに及ばない。

この前の旧正月に、グエン・マイン・トゥオンとチュオン・トゥー★の家に、彼らが大学教授だった時の教え子たちが何十人もやって来た。教え子たちは作家や教授になっており、大学教育・職業訓練省の組織局長になった者もいた。チュオン・トゥー教授は、一九五七年に、「ニャンヴァン・ザイファム」事件で、次官のグエン・ヒュー・ダン★と共に起訴された人だ。釈放後、チュオン・トゥーは、ハン・ボン通りで鍼灸師の仕事をして生活した。現在、彼は社会と世論と学生の中で、静かに名誉を回復しつつある。今はささやかな年金を受ける身だ。往時はグエン・バイック・コアのペンネームで弁証法的唯物論を紹介し、『韓詮《ハン・トゥエン》』［一九四〇年代前半の近代文学研究グループ］で一、二を争う学識の持ち主とみなされた教授は、三〇年以上も怨みを抱きながら、齢八〇を迎えることになった。

ベトナム全体がダメージを受けていた。教育も、学生の教養についてもそうだった。さる癸酉《みずのとり》の旧正月、彼はかつての自分の教え子に、試練に対処する時の人間性について心情を語っている。そして、ソ連邦や現存社会主義の崩壊について話し、自分の考えたことをうち明けて、この体制の中ではもう誰のことも恐れていないと言った。この老成した知識人もまた、もはや何も恐れるものはないというのである。彼は、芸術を芸術家たちの手に返すよう、ずっと要求し続けている。

＊　ズオン・トゥー・フオンは一九八七年頃から反体制的言動を強め、一九九〇年七月に党籍を剥奪され、その後作家協会からも除籍された。一九九一年四月に逮捕、約七ヵ月間拘留され、内務省で取り調べを受けている。同年六月開催の党大会に先立ち、共産党指導部を批判する文書を書いたこと、また国家の安全に有害な文書を収集し、外国の反ベトナム組織に送っていたことが逮捕理由とされる。

かつての教え子たちは、「私は党を愛している。だがそれよりも真実を愛している」という有名な言葉をずっと憶えていた。党は、党の方が真実より上だと教えたのだが、教授はそれに背いたために反動主義者と断定された。彼は、右の言葉の前半はもう当たっていないが、後半は捨てることはできないと考えている。

勇敢な作家のズオン・トゥー・フオンが孤立していないことは、日に日に証明されるようになった。ハノイからの手紙によると、作家のフン・クアン★が最高裁判所と最高人民検察院に陳情書を送り、国家の指導者は「ニャンヴァン・ザイファム」事件で冤罪になった作家たちに補償すべきだと訴えた。具体的には、創作活動や出版を禁じられていた年数を計算して、損害は少なくとも現在の一〇〇《ママ》万ドンに相当する。したがって、一人につき少なくとも一五〇〇万ドンの補償を与えるべきだという。指導部は答えなかった。作家協会常務委員会は、この話を黙殺することにした。

わが国の民法には、まだ名誉毀損に対する賠償金の規定がない。もしフランスなら、現行法規に従って、弁護士はこう判断するだろう。名誉を著しく傷つけられた作家に対しては、新聞紙上で罪状を訂正（いずれかの新聞で有罪と発表されたなら、その同じ新聞で訂正）し、五〇万フランから五〇〇万フランの補償金を支払い、冤罪で投獄ないし拘禁されて自由を奪われていた場合には、一ヵ月の拘束に対して最低二万フランの補償金を支払うべし、というものである。才能のある有名な作家や、権威ある学者なら、補償金額はさらに大きくなる（現在のレートでは、五〇万フランなら金二五〇オンス、二万フランなら金一〇オンスに相当すると考えていただきたい）。

法律に従えば、黙殺とか、えこひいきとか、高尚な気持ちで大目に見る、ということはあり得ない。ベトナムの指導者が、知識人や作家たちを悪辣に裁いた時には、決して高尚な態度など取らなかった。

公正に裁いてこそ、二度と過ちを繰り返さないように、違反者を戒めることができるのだ。

ドイ・モイ以後の変化――糾弾の消滅

ある越僑の知識人が、ためらいがちに私に尋ねた。

「ベトナム国内の知識人たちの態度がどうも気になるんだがね。彼らはどうなっちまったんだ？　女流作家のズオン・トゥー・フオンが逮捕された時、僕たちはすぐハノイ政府に意見書を送った。最初の一ヵ月で八〇〇人以上の署名が集まって、それから二〇〇〇近くまで増えた。学者や、弁護士や、ジャーナリストや、ビジネスマンが署名してくれた。ベトナム人も、フランス人もだ。だけど、ハノイの新聞を見ても、ズオン・トゥー・フオンを庇う声は一つも出ていない。国内では一つの意見書も出ていない。どうしてなんだ？　ベトナムの知識人は卑怯者じゃないだろう。国内はまったく穏やかに見える。わけがわからないね」

雑誌『ホップ・ルー〔合流〕』の第九号に掲載された、ファン・タン・ハーイの「わが民族は草木にあらず」（四五頁）という文章の中に、次のような部分がある。

「ベトナムの多くの作家たちは、ズオン・トゥー・フオンや、ドアン・ヴィエト・ホアット★のような同業者が弾圧された時に『従順を装った沈黙』の態度をとった。われわれはこれに驚き、心を痛めている。彼らが沈黙を守るということは、国家に付和雷同することと同じで、罪深い行為だ。だが、われわれが国内にいた場合を考えてみよ。あの気違いじみたシステムに直面した時、実際われわれに何ができるだろう？　ゴー・ディン・ジェムがグエン・ファン・チャウを殺し、ニャット・

リンを弾圧して自殺に至らしめた時、マイ・ターオやヴォー・フィエンはどうしただろうか?」

★

しかし、そのように言ってもまだ本当に納得はいくまい。その中に身を置いて、初めてすべてがわかるのだ。政府と党中央宣伝・訓練委員会によって、いや実際には文化部門のボスであるトー・ヒューが煽って、反「ニャンヴァン・ザイファム」闘争が行なわれた時、すべての作家はそれに参加せよ、という強い圧力がかけられた。誰も無関係ではいられず、不参加は許されなかった。党に従うか、それともあの悪人、ならず者、反動主義者の一味について行くか、はっきりとした態度をとらねばならなかった。中立や無関心、沈黙は許されなかった。沈黙もまた、反党だとか、敵と通じているとか、悪人に味方するものとみなされた。学習会や教練の場で発表するだけではまだ足りず、新聞に署名入りで書かなければならなかった。特に、少しでも名のある作家たちは、『ヴァン』紙や『ヴァン・ホック〔文学〕』紙、そして特に『ニャン・ザン』紙の上で、その態度をはっきりと表明するよう求められた。

「ニャンヴァン・ザイファム」を糾弾する活動は、やがて「糾弾」とか「糾弾博覧会」「糾弾会議」「へつらいによる糾弾」「指揮杖に従った糾弾」「命令に従った糾弾」、あるいは「流行の糾弾」とさえ呼ばれるようになった。宣伝・訓練委員会と幹部組織委員会は、一人一人の行動を見張り、分類した。積極的なのは誰か、まあまあ積極的なのは誰か、仕方なくやっているのは、まだ右寄りなのは、立場が不明瞭、不安定なのは、やっているふりをしているのは……知らぬふりをしたり、声を出さない者は誰でも、頑固者のレッテルを貼られた。

糾弾のスタイルは、やがて日和見主義者のスタイルになった。何度も繰り返すうちに、そのやり方が本能のように潜在意識に定着し、身を処する本能、自衛の本能になったのだ。

彼らは自分を守り、称号を得るために糾弾に励んだ。体制に忠実で、堅固で断固たる立場をとったのである。糾弾に参加したことは、履歴書や人物評定に何年も記録され、記録された者にはいろいろな特典があった。昇給や、昇格、班長から正副室長、正副局長などの指導的ポストへの就任、等々である。「紅」にして「専」であるという中で、最大の基本は「紅」だった。それは、給料や住宅、権利などと密接に結びついていた。*

「体制」というのは何の体制だろうか？　誰もはっきりと分析しようとは思わない。これは政治体制である、革命の体制である、正義の体制である、人民の側に立った体制である、などと言われるが、これは独断的で家父長的で非民主的な体制だと考え、周りにそう言明する人はごく稀だ。「立場」、これは党要員や一般党員を評定するための第一要件である。立場とは、党を固く信じていること、党は革命と同義だと信じていること、あらゆる政策に通じていること、と解釈されている。土地改革から合作社、資本家の改造、工業化、重工業重視政策などすべてにだ。体制への忠誠や階級的立場に少しでも傷があれば、それは重大問題、追及すべき問題とみなされる。問題のある党要員は悪い党要員であり、つねに自分を恥じ、罪悪感を感じ、妻子や友人までがそう感じているということなのだ。

集会で、党委書記やその機関の長が、その組織の誰かを名指しして、「彼は問題がある」と言えば、さっそくチェックされて評定され、処罰される。そうなると、さっそく人々が彼を違った目で見るようになる。まず、即座に彼を遠ざけるようになる。自分が関連しているとか、共犯だと思われるのが怖いので、彼とつながりがあっても、距離を置き、これまでのすべての結びつきを否定して見せる。

＊「紅」は革命的な思想、立場、観点の持ち主であること、「専」は業務上の技能の点で専門家であることをさす。

人々は彼から目をそらす。出会った時にもそっぽを向いてしまう。挨拶や握手などもってのほかである。お上《かみ》はどんな時でも正しいのだ。その見解を疑うことは許されない。要領の良い人たちは、賢明に忠誠を表明し、上層部に付和雷同して他人の欠点をあげつらい、こきおろし、あらぬ話をでっち上げることさえある。「おっしゃる通りです、実に賢明なご判断で……」というわけだ。それが、ある時期にはごく一般的な常識としてまかり通っていたやり方だったのである。行政機関や学校、企業、軍隊など、どこでも同じだった。

一人一人の態度は、組織によってきわめて細かく観察されていた。どこにでも組織の目が光っていた。組織担当のスタッフや、各級の党委員、監査・調査委員会のスタッフ、宣伝・訓練委員会のスタッフ、労働組合員、防衛隊員、役付きのお歴々すべてが、自分の下にいる人間の管理に綿密に気を配っているのだ。彼らの頭の中には、自分の支配下の人間一人一人に対する意見、時には偏見が用意されている。彼らはそれぞれ手帳を持っていて、自分の管轄下の人間一人一人に及ぶまで、人事に関係した出来事をメモしているのだ。彼らは、国内や世界の出来事、あちこちの国の発明などについては、おそらくでたらめでいい加減な記憶しかないだろうが、組織の一人一人については、緻密に記憶しているのだ。

決議の学習会では、研究するのではなく学ぶのだが、それは、決議に通暁し、暗記しなければならないという意味だった。さらに、各集会には監視要員が派遣されていた。組織委員会や宣伝・訓練委員会、監査委員会、調査委員会などの派遣員である。彼らは人々の意見をメモし、一人一人について評定を下し、党要員や一般党員一人一人をしっかり管理するために、学習会の進行を補助する。そして、履歴書にはいつも、その人物のいちばん新しい、ホットな情報が追加されてゆくのだ。

　このように、一人一人の反応に関心を払っていた組織は、徐々に体制下の一人一人に適応を強いるようになった。つまり、身動きしてはならないというのである。

　たとえば、『ザイファム・ムア・スアン』事件が発生した時、その後、『ザイファム・ムア・トゥー』や、『ニャン・ヴァン』が世に出た時、党は即座に、「反党」で「誤った認識」「敵対思想」を持ち、「敵に影響され」「個人主義の泥沼にはまった」「レトリックで人を欺く」「日和見」の「体制をばかにした」芸術家たちの名前を挙げて非難した。そこで、芸術家たちも次々と声を上げなければならなかった。彼らは三週間の学習に出て、自分の立場を明らかにしなければならない。さらに、新聞に自分の立場を公開する文章を載せ、反党の者たちをはっきりと告発しなければならない。党は、要領がよく、時宜をわきまえ、機敏で堅固な立場の者は頭を撫でてやり、その成績を記録し、高い点をつけることだろう。

　音楽家のドー・ニュアンは、ヴァン・カオやダン・ディン・フンを告発する文書を書かなければならなかった。劇作家のビュー・ティエンは、レ・ダットやシー・ゴックを告発する文を書いた。評論家ニュー・ホン（ホアイ・タインの弟）は、ホアン・カムやチャン・ザンを弾劾する文を書き、トー・ホアイは、「グエン・フー・ダンに唆《そそのか》されたグループ」を告発した。グエン・コン・ホアンは、ファン・コイを批判した。大学での討論集会は、教授たちを告発する集会になった。教授のグエン・マイン・トゥオンや、チュオン・トゥーは、学生から激しく罵倒され、侮辱されるような形で告発された。土地改革の空気が、再び湧き上がったかのようだった。

　それは、党の指揮杖に従って、文壇における最も活発な会派を弾圧することだった。それ以後は、ぱったりと顔が見えなくなった者もいた。仲間どうしの友情は断たれてしまった。実に痛ましく、悔しい現実だった。

かつてのこのような現実と、現在とを比べて、私は、国内の知識人や芸術家が卑怯ではないかと考える人々に、断じてそうではないと答えることができる。国内の人間を誤解して、責めたりしないでいただきたい。彼らは以前とは違うのだ。一九八六年から現在までに、彼らは変わったのであり、一九九〇年の後半からは、さらに変わりつつある。

一九八六年以前、たとえば三〇年前に、ズオン・トゥー・フオンを告発するならば、中央宣伝・訓練委員会の誰か一人が、「ズオン・トゥー・フオンは反党だ」と叫べばそれですんだ。グエン・ヴァン・リン書記長が、「あのじゃじゃ馬は騒ぎをひき起こすつもりだ」と悪態をつくまでもなく、直ちに何十人もの「党に忠誠な」「党を守る意識の高い」「堅固な立場で、あらゆる人民の敵に迅速に対抗する」作家たちが、党の声に応じただろう。彼らはさっそく、『ヴァン・ゲ』や、特に『ニャン・ザン』などの党機関紙に、彼女を思うざま侮辱し、罵倒する記事を書いただろう。フオンは、「あいつは生意気にも、大統領になりたいという野望を持っている」とか、「党が困難な時を利用して、甘い汁を吸おうとした日和見主義者」とか、「ホー・チ・ミン・ルートの所まで行っただけで、青年突撃隊の功労者になった個人主義者」「党のおかげで少々物を書いたからといって、大ぼらを吹く日和見主義者」などと攻撃されただろう。

このようにして、作家たちはわれもわれもと声を上げ、誰が先に声を上げるか競い、声を大にして、自分の立場と、敬愛する共産党を守る意識を示そうとしただろう。彼らはプライバシーに立ち入って、威信を貶めるために、風刺画や、詩や、笑い話をつけて、ありもしない話をでっち上げるだろう。相手が泥まみれになるほど辱めるのだ。そして、最後にズオン・トゥー・フオンは、「党に背き、社会主義に背き、人民に背き、越僑の反動主義者たる敵と結託し、ＣＩＡまたはフランスのスパイ機関に買収されて、ベトナム社会主義共和国の政府を転覆する陰謀に荷担した」という冤罪の判決を受けるだろう。今回、こういうことは起こらなかった。

一九五六年から五九年まで続いた、「ニャンヴァン・ザイファム」の告発を見直せば明らかだろう。三年間の一方的な闘争（非難するだけで、弁護も反論も許されない）の後、一九六〇年一月二一日、このベトナム史上最大の文学告発事件は、「ハノイ人民裁判所は、スパイのグエン・ヒュー・ダンとトゥイ・アンを有罪と認める」という判決で、とりあえず幕を下ろした。グエン・フー・ダンと、トゥイ・アンの二名は懲役一五年、チャン・ティエウ・バオ（ミン・ドゥック印刷所の支配人）は、懲役一〇年を申し渡された。判決は、グエン・フー・ダンとトゥイ・アンが、フランス極東学院（学術機関の一つ）のモーリス・デュランというフランス人と関係があったという点を除いて、二人がスパイを働いたという、いかなる証拠も提示していない。このフランス人は、フランス植民地主義者とアメリカ帝国主義者の諜報部員という、とんでもない汚名を着せられてしまった。

もちろん、裁判は非公開で、内外のメディアが取材に入ることもなく、すべての事は判決の前から決まっており、控訴もなく、被告たちはホア・ローの刑務所に戻るために、懲役刑の宣告を受けただけだった。

グエン・フー・ダンとは何者かというと、彼は老練な共産党員で、ターイ・ビン［ターイ・ビン省］生まれの優れた知識人だった。一九四三〜四五年には、クォック・グー[*]普及会の副会長（会長は学者の一九四五年の八月革命以後、国民の識字率を高めるためにクォック・グー普及会が設置された。

＊　クォック・グー　現行のベトナム文字。アルファベットに文字記号、声調記号をつけてベトナム語の音を表記する。

グエン・ヴァン・トー）を務めた人で、一九四一年からすでにベトミンの幹部の一人だった。文化救国会の中心的な要員でもあり、一九四五年九月初めに成立したホー・チ・ミン内閣では、青年担当省次官と情報省次官を歴任している。グエン・ヴァン・トーに任命されて、一九四五年九月二日にバー・ディン広場で行なわれた、厳かな独立宣言式典の組織委員長も務めた。八月二八日に、トーは式典の計画を説明するために、ダンをホー・チ・ミンにひき会わせている。ホー自ら、独立式典の組織委員長としてダンを紹介する言葉を書いており、ダンはこの紙をずっと記念に持っていた。広場に木造の演壇を設置し、大勢の群衆に独立宣言が聞こえるよう、八ヵ所に拡声器の櫓を立て、ヴォー・タンの有名なバイク部隊を動員して、ホー・チ・ミン主席の黒いプジョーを護衛する二〇台の自転車と伴走させるなど、みなグエン・フー・ダンが立案して、陣頭に立って実行したのである。

一九七二年に釈放された後、彼は故郷のターイ・ビンに戻り、極貧と孤独の中に生きた。学校が始まる日が近づくと、この痩せこけた知識人は、キイキイ軋む自転車に乗って何度かハノイに上り、古い画報を五〇キロほども仕入れ、キエン・スオンやティエン・ハーイやドン・クアン［ターイ・ビン省］の田舎に行って、生徒たちのノートや本のカバーとしてそれを売った。これが、一九四四〜四五年当時、ベトミンの文化救国会で名を馳せた文化人の、最も主だった収入源だったのだ。

一九九二年で、グエン・フー・ダンは満八〇歳になった。状況は多少変わり、知人たちが集まって、ハノイで彼のために「大老」「上寿」［七〇歳以上の高齢を祝う言葉］を祝う会を開いてくれた。彼はまだ矍鑠《かくしゃく》たるもので、知力も優れている。

彼の語ったところでは、一九四五年九月二日に、独立宣言を読み上げていたホー・チ・ミン主席が、言葉を切って、「同胞の皆さん、私の声が聞こえますか？」と尋ねたというエピソードは、宣伝のために誇張した話だという。多くの文章や詩の中では、その一言で、初めて顔を合わせた領袖と民衆の間に心が通い合ったという美談が語られている。だが実際は、宣言を読む前にホーがマイクを叩いて、拡声器係の電気技師に、「はっきり聞こえるか？」と尋ねただけのことだった。

ダンはこの話をする時、「自分は決してホー主席を悪く言ったり、貶めたりするつもりはない。ただ歴史が正確に書き直されるように言っているので、ハノイの堅固な立場の歴史家たちのように、宣伝のために事実を捏造したり、隠蔽したり、特定の人物を持ち上げたり、貶めたりすべきではない」と言明している。

ハノイからの報せによると、やっと今になって、グエン・フー・ダンは国家から専門職第五級の年金を支給されたという。ホアン・カムやチャン・ザン、フン・クアンは専門職第三級だし、短編小説「鄭氏の老馬」の作者フン・クン（新しい「革命王朝」の重臣を批判するのに、二面性の象徴を用いたとして告発された）も、専門職第一級である。

三〇年以上も前の重大な判決が、いまだに見直されていないのだ。もし厳密に法律に従えば、新しい情勢に照らして、「ニャンヴァン・ザイファム」事件の判決全部を再検討する必要があるだろう。冤罪は詳しく説明されなければならない。冤罪の責任者は謝罪と補償を行なうべきである。被害者は黙殺されることなく、メディアと世論の中ではっきりと名誉を回復されるべきである。特に、当事者が八〇歳を超えてなお健在な場合などは、怨みを抱えたまま他界するようなことがあってはならないのだ。

＊救国会　ベトミンが広範な国民各層の支持を得るために組織した労働者・農民・女性・青年・老人など各社会階層の利益を代表する団体。

責任逃れ？

国家が潔くグエン・フー・ダンに専門職第五級の年金を支給する一方で、グエン・フー・ダンのスパイ事件は再審されることなく、棚にしまわれたまま、完全に終わったものとみなされていたのだろうか？　専門職第五級といえば局長クラスだ。だが、その前の四七年間は次官として七級、八級にいたのだから、それと比べても二級か三級落ちている。人事当局はいつも、この程度の扱いをしておけば文句はあるまいと考えているのだ。

反党分子、植民地主義・帝国主義のスパイとして投獄され、釈放後も数年間自由を奪われ、生活の保障もなかった状態から、市民権を与えられ、選挙権も与えられ、身分証明書を持ち、年金も支給され、毎月の受給者名簿に載る身分になったのだから、これ以上の栄誉はないではないか、党が彼の人生を変えてくれたのだ、これ以上望むことがあろうか、というわけだ。

グエン・フー・ダンの多くの友人たちも、彼にそう言って祝ったに違いない。スパイとして告発された身が、今は友人に囲まれて再会を喜び、上寿を祝う会まで開いてもらい、楽しくビールや酒まで飲めるのだから、実にめでたいというのである。

だが、その甘い酒も苦い味がした。これで終わったというのだろうか？　彼らはこれで済んだと思っているのだろうか？　党はどんな時でも正しい。冤罪を晴らすことは一切せず、謝罪もしない。まさに封建的な家父長のやり方だ。王様はどんな時でも正しいのだ。間違いを犯しても、でたらめな行動をしても正しいのである。

彼にこう諭す人もいるだろう。「まあ待て、要は市民権を回復すればいいのだと考えて、彼らのことは大目に見て、すべてを水に流してやれ。市民権を取り戻せないまま死んでしまった連中だっているんだから」と。もっともな慰めである。またこのように諭す人もいるだろう。「彼らの態度や政策を受け入れた方がいい。これ以上事を荒だてるな。今さら誰を訴えるんだ？　イモを訴えるのか？彼らと穏やかにやっていくべきだ。ややこしいことは避けて通るんだ」と。

しかし、党と国家は「断固として法治国家を建設する」と言明しているではないか。法治国家ということは、国家が法律に従って社会や市民に対応し、市民も法律に従って党と国家に対応するということだ。それが当然の理なのである。

互いに心の中で憐れみ合う
これもあくまで、公共のルールに従ってやることだ！

法律に従っていれば、大目に見たり、同情したり、赦したりすることなど、あり得ないはずだ。指導者たちと国家当局はいつも、「その件はずっと前のことだから、当時の事件の関係者はすっかり変わっているし、多くの者はもう死亡している」と言い訳する。「古い事件を今さら持ち出すわけには行かない。三〇年も経ったのだから、もう憶えている者はいない」というのだ。

では説明させていただくが、法律に従った生活が保証されている国では、一〇年とか二〇年、場合によっては五〇年前の事件でも、誤りが発見されたり、問題が生じれば、みな見直して、必要なら再審することが可能であり、それが義務づけられているのだ。公正という常識にタイムリミットはない。ここ数年の間に、ドイツ連邦共和国は、四〇年前に南米に逃亡したヒトラー時代の犯罪者たちを追跡し、本国に送還させた。時間が経ったからといって、罪が消えて赦されるというものではないのだ。

そして、法治国家では国家機関の責任の連続性が規定されている。旧政府に代わって新政府が成立した時、国会議員の任期が終わって新しく議員を選挙する時、新首相が前首相の職務を引き継ぐ時、新裁判長が前裁判長に代わって就任の宣誓をする時、こういう時には共通の原則というものがある。つまり、「自分は前任者の責任を継承するもので、前任者が果たしきれなかった役目を受け継ぐ義務があり、任期内であらゆる職務をこなし、必要ならそれらを見直すこともある。職務を継承するにあたっては、長所も欠点も功績も誤りも謙虚に認め、誤りについては、まだ発見されていないものも含めて、憲法と法律に従って責任者を追及し適切な解決を図る」というものだ。

ベトナムの情勢は、過去にスパイとか、反党、修正主義者、敵の手先、反社会主義、反人民の判決が出された冤罪事件の見直しを提起するところまで来ている。「ニャンヴァン・ザイファム」はその典型である。

広い意味で、この事件は単に一九五九年末にハノイで裁かれた五名、すなわちグエン・フー・ダン、リュー・ティ・イエン（トゥイ・アン）、チャン・ティエウ・バーオ（ミン・ドゥック）、ファン・タイ、そしてレ・グエン・チ（従犯）だけの問題に留まるものではない。それは、数十人に及ぶ知識人や大学教授、文学や音楽、演劇、絵画の各分野に属する芸術家たち、そして抵抗戦争に功績のあった軍隊の士官たちにも関係する問題なのだ。さらには、「ニャンヴァン・ザイファム」を所蔵したり、広めたり、その作品を支持したかどで逮捕され、拘禁され、尋問されてブラックリストに載せられた、「村のニャン・ヴァン派」「県のニャン・ヴァン派」「省のニャン・ヴァン派」たちにも関わっているのである。

この冤罪に責任があるのは、思想・文化関係の指導者たちと、内務省、人民裁判所の担当者たちである。また、党の宣伝・訓練委員長トー・ヒューと、有能な協力者であるホアイ・タイン、元治安副局長のズオン・トンと、内務相のチャン・クォック・ホアン、そしてグエン・クォック・タンと、ヴィエン・チーらの次官にも責任がある。当然、ファム・ヴァン・ドン首相と、ホー・チ・ミン国家主席にも職務上の責任がある。抵抗戦争の勝利の栄光と功績はみな自分にあり、すべての失敗や誤り、欠点、罪は他人にあるなどと、理不尽なことを言える者はいないのだ。

私は、いわゆるドイ・モイ時代が始まった一九八六年の第六回党大会の準備期間から、この重大な事件の見直しのことを考えていた。一九八一年一二月に、一度政治局からはずされたグエン・ヴァン・リンが、一九八六年一二月に書記長に返り咲き、オープンで誠実な雰囲気で作家たちと会見した時も、私はこの芸術界の事件を見直す時が来ていると思った。ところが、その後まもなく、東欧情勢がリン書記長を萎縮させてしまったのだ。抗仏戦争時代、南部で長く彼の傍で働いた人々は、「ムオイ・クック（当時のリンの名前）は、時々は黙って相手の言うことに耳を傾けた。しかし、彼が誰かに目をつけて、その人物を破滅させることを恐れ、誰もが戦々兢々としていた」と語っている。このような偏見に満たされた人間が、どうしてドイ・モイなどできるだろうか。私は、「作家諸君は自分自身を救わなければならない。決して筆を折ってはならない」と言った彼の善意を誤解し、幻想を抱いていたのだ。

間違いを犯した共産主義のリーダーたちは、事実の光明を恐れ、世論を非常に恐れる。したがって、彼らは密かに、静かに、実にこっそりと、内部で処理するやり方を好むのだ。かつて、まだベトナムの民度が低く、社会全体が孤立して、固く閉ざされ、井戸の底にいた時代なら、このやり方は有効だったろう。しかし、今は状況がまったく違う。もし公式に誤りを訂正せず、重大事件を主体的に、オープンに見直すことをしなければ、彼らは四面楚歌になってしまうだろう。いちばん良いのは、彼らがいささかでも良心的になって、自らそれを実行することだ。関連当局の代表者による検討会議を開き、正義感のある人物を選んで見直しと再評価を行ない、必要ならば冤罪を認めて謝罪することである。そうすれば歓迎され、いくらかでも信頼を回復できるだろう。

そうせずに責任逃れを続けていれば、いずれ無実の罪を着せられた人々が結集して、公正を訴える時が来るだろう。社会全体が、問題は誰か一人だけのものではない、と感じるようになるだろう。なぜなら、今日この人が罪を着せられれば、明日は彼が、彼女が、そして自分が、次々に同じ目に遭い、誰もが生活の中で脅威を感じるようになるのだから。過去五〇年間の冤罪に対して公正を求める委員会を設立し、民主と人権に関心を持つ、国際的な人物や組織の支援を仰ぐべきだろう。

ハノイの権力者たちは、昨今の国際世論をはっきりと理解する必要がある。国連では、「一つの社会においても、国際社会においても、困難な状況にある人々を救援する義務がある。受難者を見て、それを助けないのは犯罪である。無実の罪を着せられ、拘禁された人間は受難者である」という原則に則って、人権擁護のために各国に干渉する権利と義務があるという議論が行なわれているのだ。

個人に対する復讐は、完全に私の意見の枠外にある。私は、あらゆる間違いや、災禍や、不平等の源は体制にあると考えている。つまり、政治システムや、外来のイデオロギーである。人はみなその誤った体制、破壊のシステムの犠牲者である。問題は、古い体制を捨て去り、民主主義と法律を備えた新しい体制を築くことだ。不正なことをした人物を引っ張り出して、過去の冤罪の被害者のために裁くのは今ではない。そんなことをしても怨みを呼ぶだけだ。必要なのは、公の形で冷静な再評価を行ない、無実の人々の名誉を回復することだ。はっきりと、明白に、一人残らず名誉を回復するのである。怨みによる個人的な復讐は、未然に防がなければ、混乱をひき起こすだろう。祖国はすでに、あまりにも長い間、あまりにも多くの混乱を経験しているのだ。現在も、汚職や密輸、官僚主義、特権利権の類が、度を越えた混乱をひき起こしている。国民はこれ以上のどんな混乱も願い下げだろう。

過去数十年の、不合理な政治的事件や冤罪の負債は、誰も帳消しにはできない。借金は返さなければならないのだ。それがドイ・モイの真の要求であり、目前にある未来の要求なのである。

毒のある梨の実

私の知る限り、国内で当局に迎合して作家ズオン・トゥー・フオンを告発し、蔑視する者の数は、片手の指で数えるほどしかない。その一人は作家協会の執行委員で、党に選ばれて第七回党大会にも出席した人物だが、この作家はズオン・トゥー・フオンを婉曲に指弾（体制を悪く言うために情勢を利用する文筆家、というように）しただけで、敢えて名前を出さなかった。一方、各家庭や、職場や、信用できる仲間内では、相変わらずこの女流作家のことを、大胆で勇気があり、自分自身や多くの人が考えていることを敢えて口に出す人だと褒めている。この庶民的な草の根作家を尊敬する人は少なくない。彼女の歯に衣を着せぬ話し方は、意志堅固な個性と反骨精神のある生き方を物語っている。それはフン・クアンの母親が彼に教えた処世訓で、誰かが好きなら好きと、嫌いなら嫌いとはっきり言い、たとえ首に刃物を突きつけられても、嫌いなものを好きと言ってはならない、というものである。

私はズオン・トゥー・フオンに二度会っている。彼女は一種独特の風格の持ち主で、とても男っぽい人だった。男女の友人の間では、彼女は親分格で、「ちょっとそこの君、こっちにきたまえ！」と宣《のたま》うのだった。その口調は決して下品ではなく、親しげで、少し命令的で、北爆時代からの戦友愛を感じさせた。彼女は『ニャン・ザン』に原稿を持って来て、文芸委員会の副委員長をこきおろすこともできた。「さ、これを載せるの？　載せないの？　はっきりしなさいよ。載せないんだったら、上役に破らせればいいでしょ！」。少々皮肉っぽいが、誠実で、正直で、率直だった。

映画製作所でもそういう調子だった。フオンの同僚が話したことだが、出張旅費の前払いの必要がある時、会計担当はいつもぐずぐずと滞らせた。フオンは、即座に出張旅費の前払い請求書を書いて、「五万貸してちょうだい。私の弟がもうすぐドイツから帰って来るから、毛皮を売って返すわよ」と言い、会計管理室に持って行って、「そんなはした金、誰も盗まないから心配いらないわ」と、一言つけ足すのだった。

それがズオン・トゥー・フオンのストレートな、少々向こう見ずな姿勢だった。率直だが負けん気の強い、皮肉っぽいところもあった。クアン・フォンを告発*した時も、彼女は少しも遠慮なく、「私は決してあなたを怨んでるんじゃありませんよ。あなたを軽蔑して憐れんでいるだけです」「あなたは村のお偉方か政治委員のように振る舞うんですね」「あなたはまだ死んでませんが、必要なら、私は喜んであなたの棺桶に蓋をしてあげますよ」「私はあなたに船を沈める自由を与えますよ」「あなたの仕事はあまりにも未熟です」「国家機関があなたのような無能な幹部を使うなんてなさけない」と、くってかかった。

ズオン・トゥー・フオンは、以前の自分は考えが甘かった、と認めたことがある。だが、いまだにその欠点を直していないようだ。彼女が道を誤った者を赦していることは、クアン・フォンにも理解できただろう。しかし、彼女が内務相ブイ・ティエン・ゴの代理であるブイ・クォック・フイを、物わかりの良い人で自分に好意的だと思っているなら、どうか用心してほしい。「梨を食べさせてくれた人には、リンゴをお返しするのが、私のモットーだから」と彼女は言う。彼女は、「諜報総局の総局長ナム・フイは、私に鷹揚に親切に対応してくれる」と思っている。また、クアン・フォンの上の同業者を尊重して、ナム・フイとグエン・コン・ニュアンの二人は信頼しなければならない、と考えている。

私は、彼女はまた考えが甘くなってしまったのではないかと思う。たぶん彼女は、内務省が彼女の逮捕を決定した時に、ナム・フイもグエン・コン・ニュアンもそれを知っており、同意したということがわかっていないのだろう。それは内務省の集中統一した仕事のやり方で、通常毎週月曜日の朝に、内相が同席して行なわれる定例委員会に、すべてを委託してしまうのだ。

彼らは将軍を守るために軍隊を犠牲にした。クアン・フォンを犠牲にし、その後はズオン・トゥー・フォンまで犠牲にするだろう。彼らは甘言を弄して彼女を懐柔し、宥めすかし、その誇りまで丸め込むことができる。そうやって、彼女の影響力を失わせるのだ。「道を誤った人を怨むのはやめなさい。彼らを赦してやるのだ。われわれは新しい人間だ。君を尊重する。もしわれわれが早く力のある地位につけば、君への風当たりもなくなるのだ。そうさせてくれ……」。どれほどうまいことを言ったか知れない。それは甘い味のする、しかし毒のある梨の実だった。その梨は神通力を持っていた。彼女

＊　治安総局の文化治安局長であったクアン・フォンは、偽の写真を用いて、ズオン・トゥー・フォンがアメリカ帰りの越僑と関係し、「帝国主義者」の金を受け取っていると中傷した。ズオン・トゥー・フォンによる告発後、クアン・フォンは解任され、失脚した。

の英明で攻撃的な気力と精神を、すべて溶解してしまったのだ。

彼らの基本はつねに同じだった。前例に倣うという原則に則って、ブイ・ティエン・ゴやブイ・クォック・フイらはみな、マイ・チー・ト★やズオン・トン★の時代、そしてチャン・クォック・ホアン、さらにはファム・フンの時代と同じやり方で事件を処理した*。彼らは正しいことも間違いも、すべて踏襲する責任があるのだ。それが原則というものなのだ。もし正直な真心があるなら、ゴとフイはこう言明しなければなるまい。「私たちは間違っていた。私たちの前任者も間違っていた。ズオン・トゥー・フオンを七ヵ月と一〇日も拘留したのは、法律と道義に反している。われわれは彼女に謝罪する」。そして、内外に向けたメディアで、「フオンは、新聞と放送を通じての、公式な訂正と謝罪を要求する権利がある」と公表すべきだ。さらに、「以前の内務省の幹部たちは誤りを犯し、法律に背いたので、調査され、処罰されて然るべきである。フオンには名誉毀損に対する補償を要求する権利がある」と表明する義務もあるだろう。そして、裁判所が法律に照らして判決を下すのだ。

彼らが引き下がれば、ズオン・トゥー・フオン――大胆かつ勇敢で、抑圧された民衆の側に立つズオン・トゥー・フオン――は必ず勝ち、自分自身と、冤罪を負わされた無数の人々――その数が決して少なくないことは彼女も知っている――のために断固として公正を求めるだろう。まず、「ニャンヴァン・ザイファム」事件で犠牲になった作家たち、そして、正直で、英明で、勇敢なわが国の知識人たち、そして、グエン・ダン・クエ★医師や、ドアン・ヴィエト・ホアット教授のような人々である（ホアットは民主化と憲法改正、自由な選挙を要求したというだけで二〇年の懲役を科され、体制転覆の陰謀を企てたというレッテルを貼られた）。

当局はこのように、ますます国民を苦しめるばかりだ。傲慢で世界をばかにし、世の中をなめた彼らの態度のせいで、対ベトナム禁輸もなかなか解除されない。しかも、当局の人間はまったく困らず、庶民だけが極貧に苦しむのだ。

きっとズオン・トゥー・フオンも、基本的な原因はわが国の体制と、システムと、その行動原理にある、とはっきりわかっているだろう。システムを変えない限り、その中にいる人間はみな、その破壊的なシステムが順調に動くよう手伝わなければならない。破壊マシンは、いかなる自由も個性も、正直で英明で勇敢な人々も、邪魔物としてうち砕いてしまうのだ。

祖国の生存権と、民主的権利のために闘う優れた闘士、ズオン・トゥー・フオンという卓越した女流作家に大きな信頼と尊敬を寄せて、私は彼女の気高い心をここに紹介した。抑圧されている勇敢な人々と共に、その気高い心を失わないでいてほしい。二度と再び、甘い考えに陥ることがないように。

良心をごまかして

右に述べたようなやり口は、良心のすり替えとも言うべきやり口だろう。勇敢に抑圧に立ち向かう作家の良心が、別の良心にすり替えられているのだ。つまり、自分に悪いことをした者を赦し、当局の残酷な弾圧に対して道理をわきまえた対応をするというもので、それで良心も納得してしまうのである。

＊　これらは歴代の内務相で、無実の人々に罪を着せるやり方を踏襲してきた。事件とは、たとえば「反党」「修正主義」とみなした人々への弾圧、ホー・チ・ミンの親衛隊員タ・ディン・デーが汚職の罪を着せられた事件、チュー・ヴァン・タン将軍が北京の手先として誣告された事件、ズオン・トゥー・フオンの投獄、グエン・ホの軟禁、レ・ホン・ハーやハー・シー・フーなどの投獄など、数々の冤罪事件を意味している。

私はもう一つ、チャン・ヴァン・チャ★将軍のケースを思い出す。チャ上将は有能な将軍だった。彼は最も徹底的かつ堅固に、最も長い間、南部の戦場に身を投じた人である。抗仏戦争期、第八区の隊長から始まって、南部の司令官になり、抗米戦争期にはB2地区（南部）の司令官を務めた。私は、サイゴンのタン・ソン・ニャット空港のキャンプ・デーヴィスで、六〇日間彼の近くにいたことがある。当時中将だった彼は、南ベトナム臨時革命政府の軍事代表団の団長を務めていた。ベトナム民主共和国政府［北ベトナム］の軍事代表団団長はレ・クアン・ホア★少将だった。

二人の団長は、まったくタイプが違っていた。知的水準も、性格も、行動のし方も正反対と言えるほど完全に違っていた。ホアが大柄なら、チャは中肉中背、チャが豪放磊落なら、ホアは厳格で冷静だった。チャは戦場の様子に通じ、経験豊富だったが、ホアは南側に来るのは初めてだった。彼はもともと、第四軍区［タイン・ホアからトゥア・ティエンに至る中北部］の政治委員を務める政治スタッフだったのだ。

チャは読書家で音楽を好み、カメラやテープレコーダーをいじるのが趣味で、フエの実技訓練校を卒業していたため技術に強かった。ホアはあまり読書もせず、ラジオも聞かず、教育といえばせいぜいラン・ソン文化学校に行った程度で、七年生にも上がらなかった農民出身の人物だった。チャはフランス語の本が読め、英語も少しできて、勉強好きだった。非常に頭が良く、会議の場でも、てきぱきと受け答えをした。ホアは受け答えがうまくできず、いつも横に控えた外交官のルー・ヴァン・ロイが、意見の文書を用意していた。フイン・フー・バック空軍クラブで団長たちを招いてパーティーが催されると、チャはとても陽気におしゃべりをした。

そういった席では、政治の話はしないという合意ができていたので、チャは才気煥発に会話を楽しんだ。風俗習慣の話、食べ物やスポーツの話、歌や芸術の話、笑い話まで飛び出した。そんな時、ホアはといえば、奇妙なほどまで堅い態度を崩さなかった。彼は、アメリカとサイゴン政府軍の団長がそれぞれ主催した二度のパーティーには出席しないことにした。チャが何度も説得して、ようやく彼は承知した。だが、宴席では、箸も、ナイフも、スプーンも取らず、まっすぐ前を向いたまま、乾杯もしなければ、一言もしゃべらなかった。ホアが食べ物を口にしたのは、チャが主催したパーティーの時だけだった。彼がお返しする番になっても、彼はパーティーを開かないことにした。最後の日に、代表団の正副団長たちは、「まだ借りを返してない団長が一人いるぜ」と揶揄したものだ。北部の団員はみな、外交に携わる将軍が、こんなに奇妙なほど頑なな態度で良いものだろうかと感じた。チャ将軍に対する尊敬と感服が高まるほど、ホア将軍に対する不満は募った。

　南北統一後、チャ将軍は『三〇年戦争の終わり』という回想録を上梓した。それは、三〇年戦争について綴る彼のシリーズの、最後の巻にあたる本だった。彼は最後の巻から書き始め、順に歴史を遡って各巻を執筆した。

　本が発売されて二週間後、レ・ドゥック・トが、サイゴンにいる宣伝・訓練、新聞雑誌、出版当局の党要員を召集し、この本は最初から最後まで間違いだらけで、事実を正しく書いておらず、著者は自分で自分をもち上げている、という判断を下した。政治総局は、その本の軍内部での流通を禁止し、全軍の図書館からその本を回収する命令を出した。

　ホン・ハーの聞き書きによるヴァン・ティエン・ズン★将軍の『春の大勝利』と、チャン・ヴァン・チャ将軍の回想録の両方を注意深く読むと、実に多くの点で、記述に食い違いがある。それぞれ権威ある地位の、しかも立場の違う人物が書いたことが食い違っているのだから、その認識に差があったということである。それぞれが自分の言いたいことを強調しようとして、差ができてしまったのだ。普通なら、どんな本でも発禁にすべきではなく、誤りを訂正するために、健全で率直な話し合いをするべきだ。

私の見たところ、チャ将軍の本には、最高指導者の地位にある人々が認めたくない事実が書いてあったために、発禁処分にされたようだ。客観的に見れば、一九七五年春に勝利をおさめることができたのは、南部司令部とチャ将軍の功績によるところが大きかった。彼は、他の人物たちよりも大きな存在だった。一九七四年一二月末のフォック・ロン省〔現ビン・フォック省〕進攻を早期に準備したのは、他ならぬチャ将軍と南部司令部だった。進攻作戦は困難を極めたが、それは勝利を保証するものだった。この戦いによって、それ以後、フォード政権がベトナムにどんな対応をするか、正確に測ることができたのである。

当時、チャ将軍がハノイに出て来るには及ばない、という意見もあったが、彼はぜひ大本営に赴いて、テイ・グエンで展開する作戦の、具体的な計画を上申しなければならないと考えた。その中では、ブオン・マ・トゥオット〔＝バンメトート。ダック・ラック省〕進攻が、非常に重要な方針として位置づけられていた。参謀本部と、各戦場の司令部や軍区との間には、つねに食い違いがあり、対立することがよくあった。それは部分と全体の対立であり、中央と地方の対立だった。南部はやはり遠かったので、ハノイの参謀本部は、戦場の具体的な様子も知らず、その地方にどんな困難や要求があるか、またどんな可能性や潜在力があるのかもわかっていなかった。情勢の変化に対して、わが軍と敵とでは反応が違っていた。

さらに、指揮伝達系統の中にも、障害がないわけではなかった。国防相ヴォー・グエン・ザップ大将がすべての指揮権を握っていたのではなく、政治局が最高指導権を持つものとみなされ、中央軍事委員会書記を兼任している党書記長が決定権を持っていた。政治局員のレ・ドゥック・トは、一九七〇年代の初めから、再び中央軍事委員会のメンバーになり、全軍党大会ではいつも立候補していた。彼は、軍事問題を決める時には、自分は党書記長に次いで重要な人物だと自認していた。

チャ将軍は、軍事的な決定がなされる時に、党や、国防省の組織や、指導および指揮系統の中で、どれだけの紆余曲折があるか理解していた。彼は決心した。自らハノイに赴き、敢えて党書記長やレ・ドゥック・ト政治局員、ヴォー・グエン・ザップ国防相、ヴァン・ティエン・ズン総参謀長に面会し、総参謀本部や各作戦局、軍情報局、通信連絡局、そして兵站局や技術局にまで足を運び、自分の意見を認めさせ、国防省から早めに十分な支援を獲得しなければならない。

チャ将軍の見方や考え方は、作戦計画で特別な責任を負っている副総参謀長レ・ゴック・ヒエンのそれとは、相容れなかった。将軍は、私にこううち明けたことがある。もし、南部の党委書記ファム・フンとチャ将軍自身が、ハノイに上って一九七四〜七五年の冬〜春期に関する討論に加わらなかったら、情勢はあのように迅速に展開しなかっただろう。上が下を理解し、下から上に情勢を伝えて進言してこそ、上下の意思疎通が決定的な意味を持つのである。

参謀本部では、官僚主義的な指導者には事欠かなかった（総参謀長ヴァン・ティエン・ズンが、初めて南部に足を踏み入れたのは、一九七五年の初めである）。彼らは紙の上と想像だけで、戦場の状態を把握した。彼らが住んでいるハノイの空気は穏やかで、激しい戦いの渦中にいる者たちの、切羽詰まった気分は伝わって来なかった。考え方や暮らし方、感覚や仕事のし方も違っていた。戦場への対応が無責任で、投げやりで、いい加減で、熱意に欠けていたせいで、どれほどの損害が出たことだろう。そのせいで、兵士たちの間に無用の犠牲を出すことさえあった。

各戦場の様子をフォローし、主要な戦役、特に一九七五年の春季大攻勢を総括する会議に出席して、私は強く感じた。集団指導体制の中で、多くの人間が作戦計画を作り、意見が重複することもあったが、あまたの将軍たちの中で、チャ将軍こそ最も功績があり、最も著しい貢献をした人なのである。彼は、最も早く完璧に、情勢の変化を読むことができる人だった。同時に、予想される邪魔物や障害を取り除いて、作戦全体を有利に進めることができる人でもあった。

私はかつて、チャ将軍に回想録を書くよう勧め、参考になるように、第二次大戦についてのソ連の元帥や将軍たちの回想録を送ったことがある。私も、彼の本が流通を禁じられたのは、理不尽で不公平なことだと思う。とはいえ、この体制は、独自の認識を持つ人や、体制側と少しでも違う評価をする人を、ことごとく否定する。破壊マシーンは、相変わらずそのままなのだ。

一九八八〜八九年頃、チャ将軍は独自の明晰な認識を持って、旧抵抗戦士クラブに積極的に参加した。それに先立つ一九七九年、ハノイに上った彼は、副総参謀長に任命され、その後国防次官として、軍の装備および国防産業の特別責任者となった。しかし、あまりにも融通のきかない体制では、能力を発揮することもできないと感じ、サイゴンに退いて、回想録の執筆と思索に時を過ごした。彼は、旧抵抗戦士クラブのいくつかの集会で、非常に注目すべき発言をした。つまり、公開で民主化の要求を示し、官僚主義や、汚職や、無責任を告発したのである。

さっそく、グエン・ヴァン・リンとヴォー・チー・コンが、チャ将軍に会いに行った。当時、グエン・ヴァン・リンは党書記長で、ヴォー・チー・コンは国家評議会議長だった。コンはまた、息子がチャの娘と結婚していたため、チャとは姻戚関係にあった。リンとコンは、党は今困難な時期にあるのだから、グエン・ホ★ヤタ・バー・トン★のような悪者をのさばらせて、党に反対して困難に拍車をかけるような活動をさせるべきではない、と懸命に説得した。そのようにして、将軍は体制側に戻ったのだった。彼はやはり、党を思い、党に対する良心ゆえに、自分の威信で他の人々を説得することにした。そして、民主化の要求については、党内の民主化も社会の民主化も棚上げにしてしまったのだ。

民を思うか、党を思うか？　民を救うか、党を救うか？　どちらか重い方を選ばなければならない時、彼の本当の良心は、極貧に喘ぐ自由のない国民に向けられる時もあった。しかし、その良心は指導者によって巧妙に丸め込まれ、闘争心を消されて、誤りや、保守主義や、教条主義に迎合するようになってしまった。しかもさらに、社会主義に忠実だとか、党を守るとか、ホー・チ・ミン思想に忠実とかいう錦の御旗の下に、懐柔されてしまったのである。

チャン・ヴァン・チャ上将のように、度胸があって、多くの場合に英明で、勇敢で、独立した考えの持ち主なら、これからも正義と祖国の進歩のために立ち上がって闘い、腐るだけ腐った専制的で保守的な勢力に対抗できる可能性があるだろう。私はまだそう信じている。

チャ将軍のような人物まで、口を塞がれてしまうのだ。指導者たちは、少しでも自由や民主主義を求めて叫ぶ声があると、あらゆる手段でそれを押さえつけてしまう。子供がこらえきれずに泣きじゃくっているのに、悪い母親がその口を塞いでしまうようなものだ。子供の叫びは決して声にはならない。わが国では、ごく自然な反応や、ごくわかりやすい普通の要求が、相変わらず拒絶されているのだ。われわれは相変わらず、考え方も生き方もまったく違う、別の星に住むことを強いられているかのようだ。

農民将軍

ハノイの軍人クラブは、タン・ロン城の大きな国旗掲揚塔のすぐ下を走っているホアン・ズイェウ通りにある。以前は、フランス軍のマンザイン・サッカー場があった所だ。

軍人クラブは、国防省に務める士官たちの、教養やレジャーのための施設である。転職、退役した元高級将校たちも、よくここにやって来る。ここには、読書室やビリヤード台、多くの卓球台、武術の練習場があり、また特に、寒い季節にはお湯の出るシャワー室も完備されている。新旧の友人たちがここに集まって、坐って生ビールのグラスを傾け、煎ったピーナッツをつまみながら、いろいろな話に興じるのだ。昔の戦場の思い出から、今の生活の話まで、友人や亡くなった人のこと、社会情勢等々。私もここに立ち寄って、卓球をした後、シャワーを浴びて、旧友たちと茶を飲むことがあった。談笑しながら、彼らは将軍たちの評判について話し合った。新旧の将軍たち、老若の将軍たち、そして戦場や部隊の将軍と、オフィスにいる将軍たちの話である。戯れに、将軍たちをタイプ別に分ける者もいた。虎将軍（勇敢な将軍）、不動の将軍（肝の坐った将軍）、臆病将軍（戦争に行くのを恐れる将軍）、筆将軍（事務将軍）、お仕え将軍（上級に奉仕する将軍）、礼将軍（いつも儀式に出て来る将軍）、家将軍（大将たちの一族郎党である将軍）、服従将軍（イエスマンの将軍）、寿将軍（後方の将軍）等々。

ある時、誰かが、一九六七年の半ばに死んだグエン・チー・タイン大将のことを話題にした。グエン・チー・タインは、共産党が地下に潜っていた時代からの党員で、中部の地区委員だった。

大将は、トゥア・ティエン省はフォン・ディエン県［現トゥアティエン・フエ省］のシィア市場近くに生まれ、雇われて農作業に行く雇農階級の出身だった。小作人として革命活動をして捕まり、牢獄の中で学問した人である。一九四五年の八月革命の後は、中部ベトミン組織の主任を務めた。一九四八年にヴィエト・バックに赴き、人民軍隊の政治総局主任に任命された。一九五〇年、彼は『クァンドイ・ニャンザン』紙上に、国境戦役で得た戦利品に関して、規律を犯した者を強く告発する記事を書き、非常に注目された。その後で、一部の幹部が戦利品（各フランス軍部隊の倉庫にあった衣服、寝具、カメラ、タバコ、日用品、食糧など）の横領と、部隊の給与と食費の横領で非常に重い罰を受けた。最も典型的なのは、戦利品を盗んで、値打ちのある物をハノイから持ち出して売り捌き、贅沢三昧をしたかどで死刑に処せられた軍需局長チャン・ズ・チャウ大佐である。グエン・チー・タイン将軍は、全軍にけじめを示すために、チャン・ズ・チャウを死刑にすることを直接ホー・チ・ミン主席に提案した人物だった。

小作人出身で教育を受けていないとはいえ、タイン将軍は牢獄で苦労して学び、懸命に本を読み、社会のあらゆる面の情勢を理解するのに熱心で、政治や軍事、文学や芸術についても議論するのが好きだった。

彼は非常に能動的で活発だった。彼が農民の褐色の普段着を着て、護衛の兵士と一緒に、自転車でハノイの郊外へ、ソー交差点へ、ザイ橋へと視察に出かけるのを、人々はよく目にした。将軍は路傍の茶店に立ち寄っては茶を飲み、ピーナッツ飴を食べながら店の女主人や客たちと話をした。『金雲翹《キム・ヴァン・キョウ》』を暗記していて、その一節を引用することもあった。聡明で、優れた記憶力の持ち主だった。

政治主任としての彼は、やはり非常に研究熱心で、軍事や戦略、戦術について本を読んでいた。孫子やクラウゼヴィッツ、ナポレオン、林彪、ジューコフなどにも詳しかった。

大胆かつ能動的で、独学で知識を積み上げた軍幹部として、彼の威信は軍隊の中でも、一般社会でも広まっていた。一九六〇年末の共産党第三回大会で、非常に高い得票数で政治局員に選出された後、彼はさらに農業と合作社建設、特に合作社主任の養成の任務を負うことになった。南部で戦闘がエスカレートすると、彼は完全に軍事活動に復帰し、一九六四年に南部の戦場に入って政治局のエージェントを務め、次いで南方全戦域の直接指導をする現場責任者となった。ミー・トー〔ティエン・ザン省〕の近くのアプ・バックや、プレイ・メ（テイ・グエン）〔ザ・ライ省〕、中部のバー・ザー、ヴァン・トゥオン〔クァン・ガイ省〕、そして南部のビン・ザー（バー・リア）〔バーリア・ヴンタウ省〕で、米軍を攻撃した初期の戦闘の理論的総括をしたのは彼である。

彼は〝チュオン・ソン〟のペンネームで総括したものを『クァンドイ・ニャンザン』に掲載し、大きな影響を及ぼした。それによって、米軍は近代的な装備を持ち、よく訓練されているが大きな弱点がたくさんある、という基本的な認識をうち立てたのだ。つまり、米軍は不慣れな熱帯の戦場で、宣戦布告のない、アメリカの生存権とは無関係な戦いを強いられており、農村・ジャングル・都市という三つの戦略地域で、ゲリラの戦法と三つの兵種の戦法を結合した機動力のある戦法に曝されている、というわけである。

グエン・チー・タインによる、アプ・バックやプレイ・メ、バー・ザー、ヴァン・トゥオン、ビン・ザーの戦いのホットな総括は、それぞれ独特のスタイルがあって補い合い、「米軍攻撃法」のスタイルをうち立てるのに役立ち、戦場での戦闘に大きな影響を与えた。陸軍士官学校や高級軍事政治学校の、軍事教練、作戦、情報、政治、兵站の要員たちは、南部でも北部でも、こぞってその総括を細かく研究した。「ベトナムの声」放送は、何度も繰り返してチュオン・ソンの文章を読み上げ、メモを取って資料とし、共有できるように、さらに各箇所をゆっくりと読んだ。「米兵のベルトを摑んで殴る」というスローガンはグエン・チー・タインが作ったもので、部隊が完璧に潜伏して、米軍が近づいたところで不意に激しい攻撃をかけ、相手の不意を突いて主導権を握るという方法を奨励していた。東南部のジャンクション・シティとシーダー・フォールの戦いで行なわれた乾季総反攻を総括した彼の文章も、南部の武装勢力のための戦闘テキストを作るのに大いに役立った。

彼は、一九六八年のテト攻勢の立役者の一人でもあった。彼はR戦区からプノンペンに上り、飛行機で香港を経由してハノイに出た。作戦の検討会議がすべて終わると、彼は同じルートでR戦区に戻ることに決めた。そして、一九六七年七月に突然の死を遂げたのである。出発の前日、彼は午前中に中央軍事委員会の、午後に政治総局の送別会にそれぞれ出席し、そこでやや酒を過ごし、リー・ナム・デー通りの家に戻って風呂に入った後で、心筋梗塞の発作に見舞われたのだった。救急処置は間に合わなかった。彼はもともと心臓が弱く、体力を使い過ぎるとたびたび呼吸困難に陥った（彼が南部でB52の爆撃の際に戦死したという話は完全な作り話だ）。

こんな人物だったが、グエン・チー・タイン将軍には実に変なところがあった。考え方が極端だったのである。彼は二つの大きな論文を書いたことがあり、それは『クァンドイ・ニャンザン』の紙面三頁にぎっしりと掲載された。最初の論文は、一九五九年の「個人主義は諸悪の根源」と題するもので、二つ目はその翌年の「再び個人主義について」という論文だった。

この二つの論文は、各級の要員が学習や討論、関連学習、検討を行なうための訓練テキストのように扱われた。思想上のあらゆる病弊は徹底的に分析され、批判された。自分の地位や保身に固執したり、功を焦り、人を嫉み、贅沢や、金銭や、家族への責任に心を奪われたり、怠惰や汚職、無責任に傾いたり、組織と規律に対する意識が欠けていたり……という病弊である。

両論文はいずれも、国防省とハノイ近辺に駐屯する各部隊の高級幹部たちとの対話に基づいて書かれていた。この対話は、クアン・グアの中・高級政治学校で、日曜日を二回使って行なわれたものだった。

タイン将軍の極端なところは、集団主義を過度に強調し、絶対化と言えるぐらい一方的に称揚していたところだ。集団的ならどんなことでも良いことで、個人的なら何でも劣っており、個人的な動機がもたらすものを完全なまでに否定していたのだ。

私は、ある連隊長クラスの将校が発した簡単な質問に、将軍がどうしても答えられずに絶句したのを憶えている。その将校は、「私の連隊では、ちゃんと教育しているにもかかわらず、六台の公共の自転車、つまり集団の持ち物はみなすぐ壊れて、個人の自転車はみなぴかぴかでよく走り、あまり壊れないのですが、これはどういうわけでしょうか？　これでは、集団の長所がどこにあるのかわかりません。また、農民は自分の家族が所有する五パーセントの自留地では非常に高い生産性を上げ、土地面積の九五パーセントを占める集団所有地より高い収益を上げることがありますが、それはなぜでしょう？」と尋ねたのだ。

最近私は、この四つ星の将軍の秘めたる側面をさらに知ることになった。トゥア・ティエン省と中部地域で活動していた時、彼は一度、別の一人の共産党員と共に、フランスの諜報部員に捕まったことがあった。この人物は後に軍隊と政治総局で活動し、その後、社会科学委員会に入った。この人物は何度も党中央委員の候補に挙げられたが、その度に落とされた。なぜなら組織当局は、この事件で捕まった二人のうちの一人が諜報部員に少なからぬことをしゃべったために、その後の革命活動に支障を来たしたことを、ちゃんと知っていたからである。当然ながら、政治局員であり、つねに階級的立場を強く説き、堅固な精神の持ち主で、個人主義や保身を犯罪とみなしていたグエン・チー・タイン大将の方を疑う者はなかった。そこでこの人物の方が疑われ、彼は精神的に苦しめられることになった。一九七五年四月三〇日のサイゴン解放後、この党要員は、フエとサイゴンに残っていた仏領期の公安関係資料を検索した。望みはかない、彼は一九四〇～四一年当時の記録からフエの諜報機関の尋問記録を見つけた。そして、自白したのが実は彼ではなく、後に大将になった男の方だったことが証明されたのである。しかし、彼の発見はすぐに固く伏せられてしまった。

類は友を呼ぶで、レ・ズアン、レ・ドゥック・ト、グエン・チー・タイン、トー・ヒュー（うち三人はいずれもビン・チ・ティエン［現クアン・ビン、クアン・チ、トゥアティエン・フエ省］出身）は非常に結束が固く、ベトナム共産党のプロの革命家たちの間で忠堅なる指導グループを形勢していた。彼らは非常に頑迷で野望に満ち、悪だくみに励み、祖国の情勢を徹底的に支配していた。そして歴史に深い足跡を残したのである。

テト攻勢――書記長の怒り

一九八四年の夏、七月の酷暑のある日、レ・ズアン書記長は、テイ湖畔［ハノイ市］のクアン・バーにある「政治局レストハウス」地区に休養に行った。昼寝の後、彼は散歩に出て、サー・クーの古樹が影を落とす涼しい堤防の道をのんびりと歩いた。彼は護衛を従えて、堤防沿いのとある小綺麗な建物に立ち寄った。作家協会の「創作の家」だった。これは、ベトナムの指導者たちのいつもの親しげで、気さくで、庶民的だが家父長的なやり方で、何の前ぶれもなく、気が向けば誰の家にでもふらりと入って行くのだ。その時、「創作の家」には二人の作家だけしかいなかった。『ヴァンゲ・クァンドイ』誌に勤めるスアン・ティェウ大佐と、『ヴァン・ホック』誌に勤めるブイ・ビン・ティである。スアン・ティェウはクアン・チ省出身で、テト攻勢の時に各部隊についてクアン・チとケ・サン［クアン・チ省］の戦場に入ったことがあった。ブイ・ビン・ティはハー・ティ［ハー・ティ省］の出身で、テイ・グエンに行ってきたばかりだった。二人とも頭がきれて話好きな人物だった。

書記長が入って来たのを見て、上半身裸でいた二人の作家は、慌てて服を着て、嬉しそうに貴賓を迎えた。書記長は二人に、この「創作の家」や執筆活動のこと、最近の暮らしぶりなどを尋ねた。その後で、スアン・ティェウは思い切って、一五年以上もずっと疑問に思っていたことを口に出した。

「書記長、私は一九六八年の攻勢のことを書こうと思うのですが、一つお尋ねしたいことがあります。あの時にはあまりにも多くの犠牲が出ました。あの膨大な犠牲は、割に合うものだったのでしょうか？　テト攻勢*の間だけでなく、その後も長期にわたって膨大な犠牲者が出ていますが」

すると、物静かだった書記長は突然怒り出した。彼は立ち上がって部屋の中を行ったり来たりしながら、驚いて目を見開いている二人の作家の前で説教を始めたのである。ブイ・ビン・ティが詳しく語ったところでは、書記長は次のように言い聞かせた。

「君たちは何もわかっちゃいない！　軍の中堅幹部がそんなことを言ってよいと思うのかね？　一九六八年の攻勢は大きな勝利だった。アメリカに手を引かせる決定的なきっかけを作ったんだ。多くの犠牲も妥当なもので、必要なものだったんだ。一九六八年の攻勢で勝たなければ、一九七五年四月三〇日の完全勝利も不可能だった。戦争をするなら犠牲にも耐えなければならん。犠牲を怖がっていたら国を失うのだ！　そんなこともわからないで何が書けるんだ！　安逸と保身を求めていては、革命を成し遂げることはできない。いやしくも軍人や党員がそんな間違った考えを起こしてはいかんのだ！」

凍りついたような空気の中で、書記長は恐ろしいほど叱責した。スアン・ティェウは合理的に説明してほしかったのだが、取りつく島もないほど一方的に叱られたのだ。あまりにも緊張した雰囲気を感じ、ブイ・ビン・ティはその場をとりなそうとした。

「書記長、どうかお怒りにならないで下さい。私どもは世間知らずの子供のようなものなんです。こうして書記長に教えていただくのは本当に光栄です。よく納得しました。まったく、おっしゃる通りです。書記長は実に大事なことを教えて下さいました。こうして直々に教えを請うことができて、実に幸運でした」

書記長は怒りを和らげ、平静に戻って出て行った。二人の作家は、顔を見合わせて舌を出した。スアン・ティェウは書記長の痛いところを突いてしまったのだ。彼がこれほどまで叱責するとは、夢にも思わなかった。

その翌日の月曜日、ブイ・ビン・ティは、所用で『ニャン・ザン』に立ち寄った時に、まだ興奮の冷めやらぬまま、われわれにこの話を詳しく語って聞かせた。その場にいた仲間たちは口々に言った。「書記長は、自分にとってまずいことをしゃべりたくないんだ」「犠牲者が多すぎたことを指摘されたくないんだ」「他ならぬ書記長自身が、こう言って自慢したことがあったんだぜ。『私は毛主席に会っ

＊　テト攻勢　一九六八年一月末の旧正月（テト）に解放勢力が南部で行なった総攻撃・総蜂起作戦。農村部を中心に展開していた解放戦線が、サイゴン（現ホー・チ・ミン市）、フエ、ダ・ナンなどの都市を初めて攻撃した。期待された都市部での蜂起は起こらず、解放勢力側は軍事的には大きな損失を被った。しかし、外交上に与えた影響は大きく、アメリカの北ベトナム爆撃（北爆）停止とパリ和平交渉の進展を促し、ベトナム戦争の転機となった。

て、中国の支援を受ければ、もっと少ない犠牲でアメリカに勝てるでしょう。支援がなければ、犠牲はさらに一〇〇万から二〇〇万に膨らむでしょう。それでもわれわれは恐れません。最後に勝つのはわれわれです、と率直に言ってやったのさ』とね」

一九八八年の始め、テト攻勢二〇周年記念に際して、国防省は一九六八年の攻勢について、総括的な意義のある集会を開いた。外務省の代表が出席して、あの勝利が外交闘争の面で及ぼした影響について語った。発表された数字を見ると、犠牲は実に膨大だった。最初の段階*（一九六八年一月）では多くなかったが、第二段階*（一九六八年五月）になると増えており、第三段階*（一九六八年九月）ではさらに増えている。急激で猛烈な平定作戦によって、一九六九年から七〇年初めまでに、さらに犠牲者が続出した。数十年かけて作られた基礎単位の武装勢力、ゲリラ部隊、地方の正規軍は、一九六八年中にほとんど残らず暴き出され、重要な地域から一掃されてしまった。

このダメージから少しずつ回復するようになったのは、一九七〇年の半ばになってからだった。誰もが認めるように、一九六八年半ばから七〇年初めまでは、解放勢力が劣勢に立たされた時期で、その後徐々に基盤を立て直すために、全勢力の保全に回らねばならず、戦争中の他の時期と比べて最も被害が大きかった時期である。

私は、ヴォー・グエン・ザップやチャン・ヴァン・チャ、レ・チョン・タン★ら各将軍に、何度もテト攻勢について質問した。多少は異なる見解もあったが、いくつかの点ではおおむね一致していた。みなこの攻勢は特殊なもので、ウエストモーランドの主観的で傲慢な態度を利用した大胆な作戦だったと考えていた。予想外の秘密の要素は固く伏せられ、「アメリカ本国を動揺させ、新聞やテレビなどのメディアでリアルタイムで報道されたのがきっかけで、アメリカ政府は、戦争は南ベトナムに任せて手を引けという世論のかなり強い圧力に晒された。このことから、アメリカ側はパリでの和平会談を受け入れ、会談における南ベトナム臨時革命政府の代表権を認めざるを得なくなった」と考えられていた。

主だった軍事的勝利、すなわち四四の市と市鎮*、一〇〇を超える郡都、拠点、軍事地区、特にアメリカ大使館に対する勝利の他に、政治と外交面での勝利が特に重視されている。

一九六八年中の各戦役の指揮全体を通して、次のような弱点と誤りがあったとされている。

—各段階の攻撃拠点と、一度の攻撃の効果を最初から設定せず、年間の計画化も不十分だった。したがって、後になるほど戦闘の主導権を喪失した。

—初期の劇的な勝利の後、本来なら、長期的な活動に備えて全勢力の保全に転じるべきだった。それを、状況が覆るかも知れないと主観的に考え、攻撃の手を緩めなかった。その時、敵はすでに対応策を立てており、予想外のことが起こるはずはなかった。そのために、後の二段階（五月と九月）では損害を被ったのだ。「攻撃を続けよ、さらに攻撃を加えよ」と命じたために、いっそう重大な損失を被ったのである。一九六八年、六九年、そして七〇年初めの膨大な損失は、非常に大きな困難をひき起こした。一九七〇年の半ばになってやっと立ち直り、七一年のラオス南部の戦い*を経て、七二年に

---

* 最初の段階　一月三〇日からの攻撃。サイゴンではアメリカ大使館、独立宮殿、参謀本部、海軍司令部、タン・ソン・ニャット空港が特攻隊の攻撃を受けた。フエに対しては三一日から攻撃が開始された。
* 第二段階　五月五日からの第二次攻撃。サイゴン地区で激戦となった。
* 第三段階　八月一八日からの第三次攻撃。
* 市鎮　「社《サー》」と並ぶ最小の行政単位。一九六〇年憲法の規定により、最大の行政単位である「省」および「中央直属市」の下に「県」「省直属市」「市社」「街区」を設け、さらにその下に「市鎮」「社」が設定された。

は新たに、クアン・チ［クアン・チ省］とコン・トゥム［コン・トゥム省］—プレイ・ク［ザ・ライ省］およびロック・ニン［ビン・フォック省］の三ヵ所に攻勢*をかけることができた。

—戦場では、「もう十分な勝利をおさめ、世論とアメリカ政府にも十分影響を与えたのだから、勢力を保全し、戦いながら撤退して、新たに体勢を強化すべきだ」という意見が出たこともあった。にもかかわらず、指導部は「もっと進撃せよ、さらに進撃せよ」とせき立てるのをやめなかった。

—主観的に進撃することだけしか考えなかったため、進撃に出る際に、二度と戻らぬ決意で、すべての拠点を破壊し尽くした。前進するだけで後退を考えていなかったので、拠点に戻って来た時に、思いがけない困難に直面した。すべてを最初からやり直さなければならなかった。主観に陥ったために、非常に大きなツケが回ってきたのである。

最も重要な作戦対象であるサイゴンでは、アメリカ大使館に奇襲攻撃をかけて世論を沸かせたのが最もめざましい勝利だったが、それ以外のサイゴン放送局と独立宮殿に対する攻撃は失敗に終わった。二つの先鋒隊は、放送局から流すための録音テープを持っていたのだが、一つの部隊は道を間違い、もう一つは途中で阻止されて、目標に到達しなかったのだ。五枚のポスターを印刷所に持って行って、数千枚印刷させることになっていたのだが、戒厳令が敷かれたために、印刷所まで行くこともできなかった。そういうわけで、攻撃態勢を長く保つことはできなかった。

フエでは、一ヵ月近く態勢を維持し、戦闘を続けることができたが、その後は、米軍が海兵隊を投入したため、混乱しながら撤退することになった。それでも、攻撃は防御よりいくらか有利である。そして、戦術と戦略に関する軍事科学でも、軍事技術においても、撤退はつねに困難な行動だった。チャン・ヴァン・クアン★将軍が私に教えてくれたところでは、フエ戦線の最大の欠点は、フエのすぐ西方の山林地帯の拠点に大きな輸送路がなかったことで、大砲の牽引車や大型の軍用輸送車が通れず、したがって大部隊を攻撃に投入するのは諦めなければならなかったという。この欠点はその後カバーされて、一九七五年には大砲を備えた大部隊と輸送車をフエに入れることができた。

フエの虐殺

一九六八年のテト攻勢の時にフエで起きた虐殺事件*は、国際的に非常に注目された。今でも、この事件は多くの謎に包まれたままである。これは意図的な虐殺だったのか？　それなら何のためにやったのか？　虐殺の規模はどれほどか？　二〇〇〇～三〇〇〇人なのか、それとも五〇〇〇～六〇〇〇人に及ぶのか？

誰が責任者なのか？　これはこの戦争で起こった最大の虐殺事件ではなかったか？

一九七三年の二月と三月、私はキャンプ・デーヴィスで、ゴー・ズー将軍とズ・クォック・ドン将軍〔いずれも南ベトナム軍の将軍〕が、この事件に言及するのを聞いた。四派の軍事連合グループは、フ

＊　北ベトナムから南ベトナム解放民族戦線への補給路（ホー・チ・ミン・ルート）が通過するラオス領内に、一九七〇年より米軍が大規模な空爆を行ない、翌年二月南ベトナム軍が侵攻作戦を開始したが、解放勢力の反撃で三月に撤退した。

＊　一九七二年三月三〇日から解放勢力は南部各地で春季大攻勢を開始した。ロック・ニンは四月七日に、クアン・チは五月一日に解放勢力に制圧された。

＊　フエで起きた虐殺事件　テト攻勢で解放戦線側がフエ市を攻撃した時、共産勢力の諜報要員が作成した「反動分子」のリストに基づき、市内の南ベトナム政府公務員、軍人、それらの関係者、解放勢力に非協力的な商人、知識人、宗教者などの摘発が行なわれ、その多くが処刑された。フエ周辺では、この時に銃殺あるいは撲殺、生き埋めなどにされたとみられる約三〇〇〇人の遺体が発掘されている。

エのザー・ホイ付近のザウ海岸に拠点を定めた。そこは虐殺された人々を埋めた場所のすぐ傍だった。同じような場所は、グ・ビン山の麓にもう一ヵ所あり、さらに西方の、フエから山の方に行く道の途中、フエを攻撃する部隊の出撃拠点だった所にも一ヵ所あった。

「ベトナム・テレビジョン・ヒストリー」[*]の撮影が行なわれた時、作者のスタンレー・カーノウ[*]も、ハノイに来た時に、私にこの事件のことを尋ねた。メイン大学のゴ・ヴィン・ロン教授が、このフィルムをベトナム語に翻訳した。一九八六年にハノイで私に会った時、ロン教授もやはりフエ事件のことを尋ねた。一九九〇年の初め、スタンレー・カーノウは再びハノイに来て、アメリカ側では、米越の和解に向けて第一歩を踏み出す意味で、ベトナムの軍人を何人かアメリカに招待する予定だともちかけた。彼はザップ大将をはじめ、チャン・ヴァン・チャ、ヴァン・ティエン・ズンなどの名を挙げたが、ベトナム側は、これらの人々は「非常に多忙」だという理由を設けて、まだアメリカに行く時ではないと言った。何人かは、国防次官のチャン・ヴァン・クアン中将の名を挙げた。スタンレー・カーノウの希望に従って、私は国防省対外局に、ファム・グー・ラオ三三番地の国防省ゲストハウスで、カーノウとクアン将軍の面会を図るよう求めた。対外局長のグエン・ヴァン・ヴィン少将と私がその場に立ち会った。

会見が終わると、カーノウは首を横に振って私に言った。

「だめだ。クアン将軍は、大虐殺が起きたフエ戦線の指揮官だった。彼がアメリカに行けば面倒なことになる。アメリカのベトナム人コミュニティーは、フエの虐殺に大きな怒りを感じている。他のゲストを探さなければ」

私は何度もフエに戻った。いちばん最近は一九八六年の春だった。私は、フオン川の左岸からのフエ攻撃を指揮したレ・ミン★をはじめ、当時の指揮官たちにたくさんインタビューをした。兵站部隊や情報宣伝部隊の要員、昔の私の家（七歳から一八歳まで住んでいた）の近くに住んでいて、家族が殺害されたという人々などだ。多少の意見の違いはあったが、大筋はみな一致していた。

私はなるべく客観的な態度を保ちながら、先入観を持たずに、自分の主観的な認識を述べることにする。戦争、特に兄弟が殺し合う内戦型の戦争で出る彼我双方の犠牲は、いずれも自分自身を苦しませるものなのだ。

私は、犠牲者が五〇〇〇とか六〇〇〇というのは、過度に誇張された数字だと思う。三〇〇〇という数字も、殺された民間人だけに限れば、実際より多いかも知れない。今後、正確な犠牲者の数を把握する必要があろう。現地にいて、殺された人たち一〇〇人の遺体が並べられたのを見ると、非常に恐ろしく感じる。五〇体とか、一〇〇体とか、二〇〇体の遺体が掘り出されると、とてつもなく恐ろしくなり、四〇〇体か五〇〇体もあるように感じるものだ。一つの村の中で、家族を殺された一〇軒の家で葬儀が行なわれると、嘆き悲しむ人々や、頭に喪章の鉢巻きをした親族が行き来するため、実際の三、四倍もの家が葬式を出しているような感覚になる。

さらに二点つけ足すと、一つは、米軍が反撃した時の、米軍機の大量爆撃による犠牲者が埋められている場合もあることだ。アメリカの爆弾で、敵味方双方に死傷者が出た（北ベトナムの兵隊と、彼らが護送していた「捕虜」である）。北ベトナム兵の遺体なら、埋葬されて目印をつけられており、基地の近

＊　「ベトナム・テレビジョン・ヒストリー」　WGBHボストンが製作したベトナム戦争のドキュメンタリー・シリーズ。戦争終結一〇周年にあたる一九八五年にテレビで放映された。

＊　スタンレー・カーノウ　東南アジアを拠点に『タイム』や『ワシントン・ポスト』、NBCニュースなどのレポーターを務めたジャーナリスト。「ベトナム・テレビジョン・ヒストリー」製作のための取材の責任者となる。著書に *Vietnam ; A Histry*, Penguin Books, 1984がある。

くまで運ばれて埋葬されることもある。「捕虜」の遺体なら、簡単に埋葬されている。

フエ進攻が開始されると、北ベトナム軍部隊は、二月四日の夜までに街を基本的に占拠した。その時点で、五〇〇〇人に及ぶ士官や各種部隊の兵士たちがそこに展開していた。軍は地元の解放勢力と共に、敵に協力した人間の摘発を開始した。通常は、一軒ずつ回って疑わしい者を捕えて連行するやり方だった。捕まった者は、住民に密告された行政機関の職員や、公安、警察、農村平定作戦の要員、スパイ、そして陣地や家にいるところを捕まった軍隊、別動隊、治安部隊の隊員、民兵などだった。一緒にいた家族がまるごと逮捕される場合もあった。行政機関の職員は、省、郡、社の各レベルに及んだ。各連隊では、捕虜を監視するための特別部隊を編成しなければならなかった。一つか二つの小隊が、流動的に監視任務にあたっていたので、二〇〇人の捕虜を抱えた連隊もあれば、三〇〇人の捕虜を抱えているところもあった。

フエを取り戻すため、南ベトナム軍の第一師団、第一軍団所属のパラシュート師団と共に、米軍の歩兵部隊と海兵隊が動員されると、特に二月一四日以降は、あっという間に状況が変わった。最初、トゥア・ティエン―フエ地区の司令部は、ハノイの総司令部と参謀本部から、「戦闘態勢を維持せよ。すぐに援軍を派遣する」という司令を受けていた。しかしその後、「西方の山林地帯に撤退の準備をせよ。全部隊に、未使用の武器はすべて運んで行くよう指示せよ」という命令があった。二月二五日の夜に撤退命令が出されると、部分的に混乱した雰囲気になった。米軍機が退路に激しい銃撃と爆弾の雨を降らせた。米軍機は第七艦隊から、ダ・ナンやフー・バイ［フエ近郊］の飛行場から、連続して飛来した。爆弾は猛烈な音を響かせた。

何千人という捕虜や逮捕者をどうすればよかっただろう？　彼らを帰らせれば、こちらの状態や居場所が漏れてしまう危険があった。下から上に指示を求めたが、上層部ははっきりと返事をせず、臨機応変に対応せよということだった。もっと急を要することが他にもあって、それどころではなかったのだ。

もう一つは、当時フエ進攻作戦の緊張した空気の中で、住民は解放軍に呼応して蜂起するどころか逃げ出し、解放軍を歓迎してこれに協力した者は少なかった。それゆえ、街に入った部隊は、すぐにフエの住民に偏見を持ったことである。

彼らはこう告げ合った。「傀儡の住民ときたら、まったく始末に負えない。昔の封建王都の住民は、非常に保守的な皇室寄りだ。バオ・ダイに従い、ゴー・ディン・ジエムに従った住民は、今は反共の住民というわけだ」。その頃使われた「悪瘟《アック・オン》」という名詞が勝手にあちこちに氾濫した。抑圧的な体制に属していたというので、将校や下士官や警察官まで、みな悪瘟と呼ばれた。体制派の党だったというので、民主党の党員もすべて悪瘟にされた。農村平定計画は非常に残虐なものと思われており、この計画の要員も悪瘟とされた。徴兵逃れのためにそこに加わった者がたくさんいたことなど、知られていなかった。敵の専制システムの中にいたというわけで、省や郡や社の行政職員も悪瘟とみなされた。別動隊は戦場で最も活躍したので、その師団に属する将校、下士官、兵士たちもしばしば悪瘟呼ばわりされた。裕福な暮らしをし、棚や机や屏風を備え、対聯《ついれん》［柱、壁などの左右に相対して掛けた書の板］を掛けた家屋敷を所有する者は、封建家庭、官吏、皇帝派とみなされ、サイゴン政権を支持したり、政権に参加したり、あるいはその支持層だとされて、やはり何人かは逮捕された。

改めて調査してみると、一人の人間ないし特定の指導レベルが、捕虜の殺害を命令したというわけではなかった。戦場の規律に関する規定には、「捕虜を虐待してはならない。捕虜を尋問するのは指揮官と専門の人員（軍情報要員と宣伝要員）に限る」と書かれている。にもかかわらず、戦線では「悪瘟に属する捕虜、危険分子をすべて基地に連行せよ」「この捕虜たちは、もし逃亡すれば軍事機密が漏洩する恐れがあり、きわめて危険で有害なので、彼らが逃亡しないよう厳重に監視せよ」という各師団の命令が下っていた。

したがって、撤退命令を受けて混乱した状況の中で、撤退中の各大隊で集団的な虐殺が起こった可能性は否定できない。敵の軍隊は、こちらの退路を遮断すべく包囲していた。行軍区域のすぐ後ろや前や真ん中に、爆弾や砲弾の雨が降り注いだ。敵味方の兵隊も、捕虜も、区別なく殺され、負傷した。一部の部隊は、機密が漏れるのを防ぐため、危険を防ぐため、あるいは「重荷を減らすため」「足手まといにならないように」「こちらまで死んでしまうから」という理由から、捕虜の殺害に走った。結局、僅かに残った捕虜もいたが、基地まで連行されて塹壕掘りや荷運びに使われ、何人かがその後釈放されたのだった。

この虐殺事件は、後にどのように処理されたのだろうか？ 誰か罰せられた者はいたのか？ 私の知る限りでは、南部の世論と国際世論で非常に騒がれたため、政治総局と軍の調査機関はこの事件を重視した。西ドイツの五人の医師が殺されたこと*もあって、フエの虐殺事件はさらに世間を騒がせた。チャン・ヴァン・クアン将軍は批判され、チ・ティエン戦線［クアン・チ省からトゥアティエン・フエ省］の政治委員レ・チュオン★はその後配置転換され、こともあろうに教育省の次官になった。彼はゲ・アン省で交通事故に遭い死亡している。フオン河左岸方面軍の指揮官レ・ミン大佐も批判された。彼はその後病死している。

現体制下で起こった大事件の処理はつねに内密で、隠して内部で処理され、漠然としており、決してはっきり公開されない。敵を憎むという、戦時下では必要な教育が、極端なところまで突っ走り、やたらに人々を悪瘟とか危険な敵とか決めつけて、逃がすまいとした。残忍な虐殺はそこから起きたのだ。

この事件は明らかに、何千という人々の生命に関わるのだから、本来なら公開の場で、明確に正義を求める声が上がってもいいはずだった。二度と同じようなことが起こらないためにも、罪のある者は誰でもみな適切に処罰されるべきだった。本来なら、チ・ティエンの指揮系統にいる者はすべて、この事件について取り調べを受け、適切な処置を受けるべきだった。そうして各自の責任をはっきりさせ、公正な結論を出して、犠牲者とその家族の苦しみを幾分かでも和らげるべきだったのだ。

有害だったのは、共産党の指導者たちに、「左傾化」した誤りを犯した者を軽く見る傾向があったことだ。土地改革の際の逮捕や、宗教者に対する嫌がらせ、度を越したブルジョア改造などは、いずれも無茶な処遇だった。彼らは、「右傾化こそが有害である。右傾化は革命精神に欠けている。一方、左傾化は革命精神に溢れている」という珍妙な論理を持っていた。

そういうわけで、一九四七〜四八年当時、クアン・ビン省でキリスト教の村をいくつも焼き払い、住民を射殺する罪を犯したドン・シー・グエン★は、民心を宥めるために有罪判決を受けたが、後に名前を変えて（当時は本名グエン・シー・ドンと名乗っていた）、ハノイに上って民間防衛局長に就任し、その後、政治局員、副首相にまで上りつめたのだった。チュオン・チンは、土地改革で誤りを犯して書記長のポストを奪われたが、まもなく国会常務委員会主席になり、そのまま政治局員の地位に留まり、

＊　解放勢力は、フエ市内にいたアメリカ人をはじめとする外国人も逮捕した（ただし、当時ド・ゴール大統領がアメリカのベトナム政策に批判的であったため、フランス人は逮捕の対象にならなかった）。

後に再び書記長に返り咲いた。ドー・ムオイは、全ブルジョア階級を攻撃し、あらゆる私営商工業を廃絶して、社会全体とりわけ労働人民を混乱に陥れた張本人だが、それが書記長の座に上ったのである。最近地位を高めたノン・ドゥック・マイン、グエン・ハー・ファン、ダオ・ズイ・トゥン、グエン・ドゥック・ビン、レ・フォック・トらは、みな極度に左寄りの人物で、一九八九年の七中総と九〇年の八中総で、チャン・スアン・バイックを激しく攻撃した者たちである。極端で盲目的な左傾化を事実上奨励していることが、共産党の間違いが直らない一つの原因である。

書記長と将軍の秘めたる対立

『雪割り草』の中で、私はレ・ズアン書記長がヴォー・グエン・ザップ大将を良く思っていなかったと書いた。ハノイでは、特に知識人と軍人の世界では、このことを知らぬ者はない。

これには多くの原因がある。まず、一九四五年当時から、レ・ズアンがコン・ダオの刑務所にいる間、その存在を忘れられていたことがある。彼と数名の刑務所仲間は、九月の初めにようやく南部に姿を現したのだが、すでに八月革命*の開始から二週間が経っており、新政権の各ポストは担当者が決まっていた。サイゴンの一斉蜂起後、最高権力を握ったグエン・ビン将軍とチャン・ヴァン・ザウは、ズアンが何者かまったく知らなかったので、彼が軍事部門に入りたいと希望すると、南部民間防衛局長という非常に低いポストにつけたのだった。プロの共産主義者の意識を持ち、かつてコン・ダオの監獄にいたことを評価され、チャン・クインと一緒に、第一九号監獄でマルクス主義やベトナム革命について意見を闘わせたこともあるレ・ズアンは、内務相を務めた後に軍事委員会主席になったヴォー・グエン・ザップを、下から仰ぎ見ることになった。

ヴォー・グエン・ザップとは誰か？　当時の南部では、ザップとはもともとハノイ法律大学で法学士号を得た知識人で、私立タン・ロン校の歴史学部教授だということぐらいしか知られていなかった。プロレタリア革命家の目から見れば、ザップは「刑務所にいた」という資格がなく、ブオン・マ・トゥオットかコン・ダオ、ラオ・バオ［クアン・チ省］、あるいはソン・ラ［ソン・ラ省］の刑務所の門をくぐったこともないのだから、本来はこのような権限のある地位につけるはずがなかった。

一九四六年の初めに南部の民間防衛局にいて、今は軍情報部に移ったある大佐の話では、レ・ズアンが就任した南部民間防衛局長の仕事といえば、ただ東部と西部各省の民間兵力をチェックしたり、サイゴンとチョ・ロンで自衛部隊を組織したり、各種の武器の統計をとったり、民兵の短期集中訓練を指導するというようなものだった。

一九四六年に選ばれて南部に赴き、この不合理な事実を発見したのは、党中央常務委員（現在の政治局員に相当）のレ・ドゥック・トに他ならなかった。彼はレ・ズアンを漸次高い地位に登用していった。二人のレ氏は、ますます意気投合した。二人は、西洋の学校で多少なりとも学問を積んだ知識人を疑う、という態度で共通していた（レ・ドゥック・トの長兄はハノイ獣医学校を卒業していたが、トはいつも、自分は「コン・ダオの卒業証書」があるのだから優秀で、兄より上だと思っていた）。そして、ホー・チ・ミン主席がザップを信頼しているのを、穏やかならぬ思いで見ていた。

＊　八月革命　一九四五年八月、日本軍の降伏を機に共産党は北部のタン・チャオにおける会議で抗日一斉蜂起を決議、ベトミンを主力に一九日から全国各地で蜂起が行なわれた。これにより日本軍が擁立したチャン・チョン・キム内閣は崩壊、バオ・ダイ帝は退位し、ホー・チ・ミンを主席とする臨時政府が樹立された。

南部にいた時、この二人の指導者は、両方とも同じ時期に重婚していた。当然、それは初めのうちは秘密にされ、公の結婚式もなかった。南部の第二夫人たちの話では、北部の郷里に正妻がいたという。一人の正妻はナム・ハー省［現ハー・ナム省、ナム・ディン省］、もう一人の正妻はクアン・チ省チュウ・フォンにいて、後にゲ・アン［ゲ・アン省］の解放区に移ったのだが、二人はこの話を伏せておかなければならなかった。一九六〇年末の共産党第三回大会で、各省の代表何名かがこの件について質問した。それは南部から集結していた党要員たちで、北部で結婚したかったものの、南部の家族と連絡がとれず、妻が死亡したか他の男性と結婚したという証拠がないので、結婚を禁じられていたのである。もし北部妻との関係を続けていれば、党の規律に違反し、道徳を乱し、不義密通のかどで罪に問われ、党から除名される可能性もあった。

ホー・チ・ミン主席自身が発言して、二人のために証明しなければならなかった。

「彼らが重婚しているのは事実だ。『第一夫人も、第二夫人も、正妻には変わりない』というわけだが、彼らが重婚したのは婚姻・家族法ができる前のことなので、水に流すべきだろう。これからは、そういうことは法律で禁止される」

代表者たちはそれでもまだ納得せず、上層部と末端レベルとでは規律と道徳にダブル・スタンダードがあるのかと不満に思った。レ・ズアンは二人の妻をサイゴンとハノイにそれぞれ住まわせていたが、レ・ドゥック・トはもっとやり手で、二人の妻をハノイのグエン・カイン・チャン通りの家に一緒に住まわせていたことがあった。それは昔のアルベール・サロー校の校長の屋敷だった。南北和合の精神で、二人の妻は、ご主人様と子供たちと起居を共にしていたのだ。まさに模範的な共同体というものだ！

キン・チー★大佐は、一九五八～七六年の長期にわたって人民軍の防衛局長を勤めた人物だが、一九六四～六六年に、一連の軍人がいわゆる「軍内部の修正主義者」として逮捕された事件について語っている。逮捕されたのは、総参謀本部と『クァンドイ・ニャンザン』にいた大尉から中佐までの軍人で、レ・ドゥック・トのゴーサインを受けた内務相チャン・クォック・ホアンの命令によるものだった。

この逮捕はすべて、ヴォー・グエン・ザップ大将を狙ったものだった。作戦局長のドー・ドゥック・キエン★大佐、軍情報局長のレ・チョン・ギア★大佐、国防省事務局長のレ・ミン・ギア★大佐、ヴァン・ゾアン★上佐「中佐と大佐の間の位」に代わって『クァンドイ・ニャンザン』総編集長になったばかりのホアン・テー・ズン★、同政治班の編集委員ディン・チャン★大尉らは、みな逮捕されてから次のように尋問された。

――ザップ氏にはいつ、何日、何時に、どこで会って何の話をした？　全部で何回会った？（尋問する側は、国防相兼人民軍総司令官たる人物をこのように気安く呼んだ）

――ザップ氏に会った時は、誰が一緒だった？　その時、ザップ氏は何を話した？　ソ連のことを話したか？　ソ連共産党二〇回大会の決議のことを話したか？　国際共産主義運動の論争のことは？

――ザップ氏はフルシチョフについて何かしゃべったか？　毛主席については？　スターリン大元帥のことに触れたか？　大元帥をどう評価していた？　ハンガリー情勢に対してザップ氏の態度はどうだった？　ソ連赤軍のブダペスト入りについては？

――ザップ氏はレ・ズアン同志やレ・ドゥック・ト同志のことを何か言っていたか？

――ザップ氏はレ・ヴィン・クォック★大佐とヴァン・ゾアン上佐をどう見ているとか、何か言っていたか？（クォックは第三軍区政治副委員長、ゾァンは『クァンドイ・ニャンザン』総編集長で、モスクワの党学校で学んだ後、一九六三年からソ連に留まっていた）

キン・チー大佐が、ヴォー・グエン・ザップ大将についてこのように間接的な調査にのり出したのは、レ・ドゥック・トの命令だったに違いない（キン・チー大佐は一九七七年に少将に昇進し、傷病兵・社会福祉省に転属して次官となり、その後定年退職した）。

ホー・チ・ミン主席に近い人の話では、レ・ズアンとレ・ドゥック・トは、「ザップ将軍は一九五七年頃、ソ連大使セルバコフの手を通して、ソ連共産党書記長ニキタ・フルシチョフから個人的な書簡を受け取ったことがある」と、何度もホー主席に訴えていたという。この大使がＫＧＢ（ソ連中央情報局）の一員だったことは、誰でも知っていた。レ・ズアンとレ・ドゥック・トは、これをネタにザップ大将が外国人と通じていたと攻撃しようとしたのだ。

しかし、ホー・チ・ミン主席はザップ将軍を庇って言明した。

「ヴァン（ザップ将軍の暗号名）が手紙を受け取ったのは事実だ。ヴァンは私にそう報告して、その手紙を持って来た。この件ではヴァンには何の落ち度もない。フルシチョフ書記長が彼に手紙を書いたのであって、彼が書記長に手紙を書いたわけではない」

レ・ドゥック・トは、それでもしつこくザップ将軍を攻撃しようとして、さらに指摘した。「その手紙をホー主席のところに持って来るまでに、なぜ一〇日もかかったのでしょう？」。主席はこれにもとり合わなかった。「なぜこんなふうにザップのことを暴こうとするんだ？　彼はちゃんと私に報告したのだ、何も隠してなどいない」

二人のレは、ファム・ヴァン・ドンを仲間に取り込もうとした。元来、どの派閥にも与していなかったドンは、傍観者を決めこんで皮肉に笑った。「その件には意味はない。意味はないんだよ。ぜんぜん大したことじゃない」。彼は、この二人よりもザップに好意的な素振りを見せていた。

一九四五年以前にフエの国学院で私の三年先輩だった人で、総参謀本部作戦局長となったある少将は、このように語った。一九七二年、彼は南部の作戦を検討する政治局会議に、記録係として何度か出席した。その年末に行なわれたある会議で、レ・ズアンはザップを挑発して、「総司令部の指揮ときたら！　進攻方向の選び方なんか、最初からあいまいじゃないか！」と言った。ザップ将軍は、掌で机を叩いて即座に言い返した。「もし私がすべての指揮権を握っていたら、決してこんなことにはならないんだ！」

一九七一年末の議事録を見ると、政治局のある会合で、レ・ズアンが「一九七二年にはコン・トゥムとプレイ・ク方面を主要攻撃目標としよう」と提案したのに対し、ザップ将軍は、「クアン・チとトゥア・ティエン方面にしよう。その方が北部の部隊を投入するのに便利で、距離も近い。コン・トゥムとプレイ・クは第二義としよう」と主張した。後にテイ・グエン方面に進攻してうまく行かず、その後クアン・チとトゥア・ティエンに転進したのだが、少々遅すぎた。

一九六四年八月五日にトン・キン湾〔バック・ボ湾〕事件*が発生した時にも、レ・ズアン書記長とヴォー・グエン・ザップ国防相との間に対立が発生した。情勢が緊迫した時、政治局のある会合で、ホー・チ・ミン主席は「情勢に対応するために万全の準備が必要だ。だが、われわれの方からは攻撃し

＊トン・キン湾事件　一九六四年八月二日、北ベトナムのトン・キン（バック・ボ）湾で米軍の駆逐艦マドックスを北ベトナム軍の哨戒艇が攻撃した。四日に再び攻撃があったと報告されたが、この二度目の攻撃は実際にはなかった。ジョンソン政権は報復として初めて米軍機による北ベトナム爆撃を行ない、米議会はジョンソンの求めに応じて戦争拡大の決定権を大統領に与える決議（トン・キン湾決議）を採択した。

ない。敵が先に攻撃したら、こちらが反撃するのだ。不意を衝かれないようにしろ」と言い聞かせた。

米軍艦船は、なおも海岸から三五キロメートル、およそ二〇海里のあたりを徘徊していた。駆逐艦マドックスは、その海域に出没していた。米軍はまだ完全に領海を侵犯していなかったので、ザップ将軍は「まだ攻撃するな！　待機せよ！」と命令し続けていた。同じ時に、レ・ズアンも状況報告を聞き、彼はすぐ総参謀長ヴァン・ティエン・ズンに「攻撃せよ！」と直接命令した。書記長の命令を受けたズン将軍は、すぐにそれを海軍司令官ザップ・ヴァン・クオン提督★に伝えた。そして、わが軍の艦船は発砲したのである。その衝突はすぐに報告された。わが軍は二隻の小型艦船を沈められ、一隻の船を破壊された。敵側の損害は一隻だった。これがトン・キン湾事件の発端だったのである。その後、レ・ズアンはザップ大将の威信を貶めようとして、いつも「思い切って敵を攻撃しないで、兎のように怯えていたんだ」と責めた。

その後、一九七五年の春季攻勢に至り、三月二九日に戦術第一区の指揮局があったダ・ナンを占領した後、政治局は、北部の正規軍を最大限まで南部に投入して、完全な勝利で戦争を集結させるという決定を下した。具体的な計画として、ザップ将軍は、不測の事態に備えて、ニン・ビン地区［ニン・ビン省］とタイン・ホア［タイン・ホア省］北部に駐屯している第一軍団全部を北部に留め置くという予定を立てた。サイゴンとザ・ディン地区［サイゴン近郊］に進攻するには、四個連隊の特別攻撃隊と各補助部隊を伴った一三個師団で十分だと彼は考えていた。しかしその後、レ・ズアンが、第一軍団の二個師団を南部の行動に投入し、第三〇八師団だけを北部に残して、ホー・チ・ミン作戦*に参加する師団の総数を、敵の三倍の一五個師団にするよう求めた。この二個師団は、一一日間行軍してビエン・ホア［ドン・ナイ省］北部にやって来た。二個師団の動員にはザップ将軍も同意していた。それなのに、レ・ズアン書記長はすぐにこのエピソードを利用して、「びくびくしながら攻撃するなんて、指揮官としてなっちゃいない」と、ヴォー・グエン・ザップ大将の悪口を言い、書記長自身と総参謀長がすべてを指揮したのだとほのめかした。

私の知るところでは、ヴォー・グエン・ザップ将軍は、カンボジアに二〇万近い軍隊を一〇年間も駐留させることになったレ・ズアンとレ・ドゥック・トの方針に賛成していなかった。将軍は、「カンボジアのベトナム軍は泥沼に落ち込み、祖国は孤立している」と、私に向かって個人的に何度も語った。カンボジアに招待されていたにもかかわらず、将軍は行こうとはしなかった。中国製の地雷で脚をとばされた負傷兵たちが、ロシア製のアントノフ二四型機でカンボジアからサイゴンに後送されていた、という話を私から聞いて、将軍は非常に心を痛めていた。ベトナム軍のカンボジア派兵については、ザップ将軍は、レ・ドゥック・アインとはまったく違う姿勢をとっていた。明らかに、ザップ将軍の考え方はアインより二歩も三歩も進んでいた。

レ・ズアン書記長とヴォー・グエン・ザップ総司令官の秘めたる対立は長く続いた。私の知り合いの国防省や総司令部の将校らはほとんどみな、書記長の粗暴で不公平なところのあるやり方に納得していなかった。彼らは、悪い冗談のような仕打ちを受けた時にも、堂々として怨みを持たない将軍の態度をずっと尊敬していたが、最近の将軍の優柔不断な、弱腰とも言える態度を、だんだんと不満に思う者も少なくなかった。

＊ホー・チ・ミン作戦　一九七五年三月のブオン・マ・トゥオット、フエ、ダ・ナン制圧後、北ベトナムの党政治局は五月の雨季入り前に南ベトナムを解放することを決定、この進攻作戦を「ホー・チ・ミン作戦」と名づけた。サイゴンは四月二六日から総攻撃を受け、三〇日に陥落、ベトナム戦争に終止符が打たれた。

将軍は彼らに操られて、戦略的な関係改善の任務を果たすため、一九九一年と九三年の二回にわたって中国を訪問した。

呼び戻された将軍たち

多くの友人や外国人から、「ベトナムには今、優秀な将軍がたくさんいるんだろう?」と聞かれる。それは確かだとお答えしよう。優秀な将軍は少なくなかった。だが、それが次第に失われてしまったのだ。

前に述べたように、一九六三年から六七年にかけて、内務省と党中央組織委員長の命令を受けた軍防衛局は、国防省と総参謀本部の要員でザップ将軍に最も近いとみなされる者たちを次々に逮捕した。彼らはみな、教育を受けた都市部の小資産階級の出身で、貧農、雇農階級出身の者は誰もいなかった。彼らは優れた将校たちだった。ドー・ドゥック・キエン大佐は元農業技師で、ソ連に留学して高級軍事学校を優等で卒業しており、有能な作戦局長だった。軍情報局長レ・チョン・ギア大佐は、元は法科の学生で、非常に頭が良かった。ヴォー・グエン・ザップ大将は、冷静で堅実かつ慎重で隙がなく、加えてホー・チ・ミン主席に大事にされ、信頼されていたので、政敵も大将には手が出せず、その「手足」を切ったのである。

一九七五年以降、特にここ数年の間に、ザップの腹心の人間たちは、だんだん数が減っていった。たいがいは定年退職し、一部は死亡した。ホアン・ヴァン・ターイ★、レ・チョン・タン両大将の死は、ザップを限りなく悲しませた。この二人の大将に彼がどれほど信頼を寄せているか、私はよく聞かされていた。

ホアン・ヴァン・ターイ将軍は、中国で革命活動をしていた時期からザップ将軍の近くで働き、一九四四年末からはヴィエト・バックの基地でも一緒だった。ハノイに戻ってから、ホアン・ヴァン・ターイを総参謀長に選んだのは、他ならぬザップ将軍だった。それ以後一九八六年六月に突然死亡するまで、ターイ将軍は総参謀本部に勤めていた。三〇年にわたってターイは毎日ザップと共に働き、互いの敬愛はついに変わることはなかった。

国防省事務局は総参謀本部のすぐ近くにあり、共同の作戦司令部を持っていた。ターイは、一九五七年からはヴァン・ティエン・ズンに総参謀長のポストを譲り、自らは第一副参謀の地位に退いたが、実際には依然として総参謀本部の魂だった。全軍の参謀たちは、どの年次に養成された者もみな、自分が成長の過程でターイ将軍の少なからぬ影響を受けたことを認めていた。前にも書いたように、ターイとザップは姻戚でもあった。ターイはザップが心をすべてうち明けることができる竹馬の友だった。ターイが顔を見せると、ザップはいつも大喜びで、「やあターイ君、入って入って」と歓迎したものだ。

ターイが死んで半年後、ザップはもう一度、友人の死を嘆くはめになった。有能な人格者であるレ・チョン・タン将軍が、やはり原因のはっきりしない突然の死を遂げたのである。タンはいつも最も危険な戦場で指揮をとっていた勇敢な老将で、その威信は全軍に鳴り響いていた。

彼はディエン・ビエン・フーの戦役で工兵・砲兵師団の師団長を務め、さらにラオスでサムヌアの作戦に参加した。その後、一九六六年から六九年まで南部中央局に勤め、一九七五年春には、沿岸ルートの司令官として、ダ・ナンからカム・ラン［カイン・ホア省］、バー・リア［バーリア・ヴンタウ省］、ビエン・ホア［ドン・ナイ省］を経由して進攻し、サイゴンの大統領官邸に入城した。彼は大きな戦いの経過や特徴、指揮官の対応の経験などをすべて憶えていた。娯楽とは無縁の人だったと言ってよかろう。酒も煙草もたしなまず、いつも戦いのことを考えていた。

私の知るところでは、タンはもともと仏領期のバイック・マイ空港の飛行部隊上がりだった。大将に昇進し、一九八六年一二月の共産党第六回大会が開幕する一〇日前には、国防相に就任するはずだった。それによって、彼がそれまでいかに奮闘したかわかるはずだった。ザップ将軍とタン将軍は、軍事地図の上で勝負する仲で、互いに尊敬し合っていた。ザップは「タン君がいて監督してくれる戦いなら、いつも五〇パーセント以上は安心していられたよ」と語ったことがある。

第六回党全国大会の三ヵ月前に開かれた全軍党大会のことは前に述べた。その大会で、まったく思いがけないことが起こった。レ・ズアン、レ・ドゥック・ト、チュー・フイ・マン、ヴァン・ティエン・ズン、ダン・ヴー・ヒエップ★、マイ・チー・トらの面々は、電気ショックを受けたようにとび上がった。大会に出席した代議員の多くは、各組織から慎重に選ばれて来ていたにもかかわらず、民主集中制に基づく指導体制も、大会議長団の指導も無視して、ヴァン・ティエン・ズン、チュー・フイ・マン、ダン・ヴー・ヒエップに断固として投票しなかったのである。この大将二人と中将は、党全国大会の出席する正式な代議員名簿に載っていた。一方、ザップ将軍とタン将軍に最も票が集まった。ヴァン・ティエン・ズンは、補欠の代議員にしか選ばれなかった。大会が始まるちょうど一〇日前、レ・チョン・タン大将が突然死亡したため、ズン将軍は補欠から正式の代議員に昇格し、半ば嬉々として、半ばおずおずと、バー・ディンの会場に上ったのだった。

全軍党大会の数日後、私はバー・ディン・クラブで旧友たちと会った。何人かの将軍と大佐たちが喜んでしゃべっていた。「まったくその通りだ、ドイ・モイもまったく違うようになるんだ。代議員たちは世の中を知ってる。もう前のように、はいはいと頷いてばかりじゃないんだ」。高級将校たちは、互いにお偉方や夫人たちの悪行をばらし合った。「国民のために」とか「烈士たちの恩を忘れない」「戦利品は兵士の血の結晶」とか言いながら、お偉方の妻や夫たちは、次から次へと戦利品を家に持って帰り、今度はこの箱、次はあの箱という具合に、戦利品が流出してしまった。兵士たちだけが割を食ったのだ。動員解除になって汽車で故郷に戻る時、小さな扇風機を一台とか、古い録音機を一台持っているだけでもうるさく言われるのに、お偉方ときたら、飛行機や船の貨物庫に山のように積み上げていたのだ。

第六回党大会では、さらに新しい展開がたくさんあるに違いない……人々はみな期待した。そうなってこそドイ・モイというものだ。

そして、いざ第六回党大会になると、その期待はずれの結末*にみな茫然となった。人々は落胆し、首を横に振るばかりだった。

その後、国防省は地方勤務の将軍たちを次々と召喚した。現在国防省に勤めている将軍たちは、もはや信用ならないというのだ。全軍党大会で「ミニ反乱」を起こしたのは、国防省やその直属の研究所や学校の代表たち、特に最も有能でレベルが高く、経験豊富な将軍たちが集まっている高級軍事学院の代表たちだった。その結果、防衛局や軍調査局、中央軍事委員会の検査委員会などの代表団が、

＊　第六回党大会では、中央委員の選出に際して、従来のように中央に推薦された者がそのまま承認されるのではなく、一二四人の中央委員の選挙に二五〇人が立候補するという異例の事態となった。しかし、中央が当初予定していた人々がほぼ選出される結果となった。

ハノイ郊外のブオイ市場の側にある高級軍事学院に続々とやって来た。治安当局や組織部、宣伝・訓練部までが動員されて、各代表団を取り調べ、必要な時は一人一人の代議員まで調べ上げ、全軍党大会であったような「弛んだ」「警戒心のない」「民主主義が行き過ぎた」出来事が二度と起こらないように取り計らったのである。

高級将校たちの大幅な異動があったのはその後だった。最も重要な三つのポストは、みな地方から戻って来た将軍たちで占められた。一人目はレ・ドゥック・アインだが、彼は抗米戦争期には最も南側の第九軍区にいた。そこには米軍も存在せず、サイゴン政府軍の最も勇猛な部隊も活動していなかったので、他のどこよりも安全で、戦いも激しくないと思われていた。一九八一年からは、彼はカンボジア駐留ベトナム軍の司令官になった。

二人目の人物は、クアン・チ省出身のドアン・クエ★中将で、元は上佐として、一九五五年から六二年まで、ヴィン・リン県の暫定軍事境界線の近くで旅団の政治委員を務めていた。一九六三年に第五軍区の戦場に入り、チンという名で軍区の政治委員会副委員長を務めた。一九七五年以降は少将として第五軍区の司令官に昇格し、後に中将となった。私は、彼の故郷であるチェウ・フォン県の海岸のザー・ダン村を訪れたことがある。彼の父親は総長で、村いちばんの金持ちで、さまざまな銅器を所有し、その数たるや、家の中に納まりきらないので砂丘に埋めるほどだった。

ドアン・クエは早い時期から革命活動をしており、仏領期に中学二年まで学んだだけで、その後逮捕され、クアン・チとブオン・マ・トゥオットで投獄されていた。累が及ぶのを恐れた父親は、彼を勘当した。ドアン・クエの実の弟ドアン・チュオン★少将は、人民軍隊出版社の社長だった。軍部の高級幹部はみな、ドアン・クエは政治要員で軍事には疎く、作戦の指揮については経験不足で、訓練されていないことを知っていた。彼は、無味乾燥で機械的な公式見解に沿って、堅い極端な演説をすることで有名で、教育はないが、つねに公式見解に忠実で、断固として恥じることのない立場を守っていた。

三人目の人物グエン・クェット★上将は、元はハイ・フォンに近いキエン・アンの本営にある第三軍区の政治委員だった。華奢で学生のような風貌をした彼は、ハノイで一九四五年八月の総蜂起に参加し、その後短期間、南部の戦場にいた。彼はもともと政治要員で、ちょうど現代の民衆文学で描かれるようなイメージの熟練したスタッフだった。

腰には階級的立場という帯を締め
頭には政策という帽子をかぶり
肩には主張という上着をはおり
マルクスと毛沢東という経文を誦え
人生はこれすべて経文と偶像崇拝！

第六回党大会の後、この三名の地方勤務の将軍たちが中央に上り、優秀で教育と才能のある何十人という将軍たちを失脚させた。時代遅れともいえるほどの、古くさい政治路線のためにである。彼らは、芽生えたばかりの民主主義にびくびくと怯え、自分の利益のために権力にしがみついたのだった。国防相、総参謀長、政治総局主任という三つのポストは、つねに軍隊を左右する最大の権力を握っていた。

一九九一年六月の第七回党大会では、この三つのポストは少し変わって四つになった。つまり、堅固な核を作り、より体制を強化するという方針に沿って、国防相レ・ドゥック・アインが国家主席〔大統領に相当〕に就任したのである。もともと彼よりも高い地位にあった何百人という将官たちは、肩をすぼめて首を横に振ったに違いない。彼は、一九六四年の時点で、やっと総参謀本部作戦局の局長補佐を務める中堅の一中佐に過ぎなかったのである。抗仏戦争期には、彼はまだ無名の一将校だった。その彼が今や、国防、治安、外交、内政の大部分を握るようになったのである。総参謀長ドアン・クエは国防相のポストに昇格したが、彼は一九七四年末の時点で、まだ副政治委員を務める大佐で、当時の国防省には三〇人以上の将軍がいた。能力のある優秀な将軍が、上官を跳び越して昇格するのは普通のことだが、この場合は単に、保守的な路線に通暁した将軍だからそうなったのだった。

新しい総参謀長はダオ・ディン・ルエン★中将で、やはり職位に応じて、新たに上将に昇格した。これも異例のことだった。というのも、ルエン将軍は空軍将校だったからだ。総参謀長や、各軍団および軍区の参謀長には、歩兵を中心とした混成部隊を指揮できるように、歩兵部隊の将軍がなるのが通例だった。ルエン将軍は、北ベトナム初の軍用機のパイロットの一人で、一九五七年に中国の航空学校を卒業し、さらに一九六〇年までソ連で訓練を積んでいた。熱心かつ慎重な人柄で、部下に慕われ、質素な暮らしをし、体は大きく、色黒だった。もともとターイ・ビン〔ターイ・ビン省〕の生まれだったが、性格は変わっていて、人づき合いの面では女の子のように内気で、女性の前に出ると赤くなった。そして目上の人間を非常に怖がっていた。

米空軍の北爆に抵抗する戦いで、彼はずっと空軍の司令官を務めていた。彼が新しい総参謀長に選ばれたのは、おそらく規律意識が高く、上の者が何を言っても素直に「はい、わかりました」と言い、市民に対して威圧的な高官気質を持っていたからだろう。正確な機械のように、何かをやれと言われると何でもやり、なぜそうするのか、何のためにするのか、あれこれ頭を悩ませることはなかった。軍隊が民衆の民主化要求運動に対抗する政治的な目的に使われるとすれば、このような指揮官が必要だったろう。

「わが軍はいつ何時でも社会主義制度を守り、帝国主義者と反動主義者に煽られた『和平演変』*の陰謀を容赦なく叩き潰さなければならない」というドアン・クエ国防相の訓示を読めば、はっきりとわかるだろう。戦争中は、若いパイロットたちの戦闘をフォローするため、つねに空軍との連絡を保っていたので、私はルエン将軍のことを非常によく知っていた。

グエン・クェット将軍に代わって人民軍政治総局主任の地位についたのは、一九八六年以前はほとんど誰も知らなかった新しい人物だった。それはレ・カー・フィェウ★将軍で、一九七四年末当時はまだ中佐の地位にあった。五〇歳を越えた「若手」幹部で、その本質は、やはり純粋に農民的だった。彼は軍団の政治主任で、やはり地方勤務から国防省に呼び戻され、一九七九年に一階級飛び越えて少将になり、八九年には中将に昇進し、九二年末に補欠で党中央書記局入りしてからは上将に昇格したイエスマンの将軍だった。

指導部は、新しい政治的な必要から、地方勤務の将官たちを中央に戻した。しかし、国防省には、前述の四名よりも遥かに有能な将軍たちがいなかったわけではない。たとえば、ホアン・ミン・ター

＊　和平演変　政治、外交、経済、文化などあらゆる領域から合法的に社会主義政府を侵害し、その転覆をはかる活動をさす。近年はアメリカをはじめとする資本主義諸国の企業進出によって、ベトナムの国営企業を駆逐する「陰謀」も和平演変の一つと解釈されることもある。

オ上将は、第三〇四師団が創立された一九五一年から、その師団長を務めた人だった。聡明で教養があり、西洋や中国の書物を読むことができ、高級軍事学院の院長になったばかりだった。彼はザップ将軍を非常に尊敬していた。一九八九年の初めに自動車事故に遭ったが、幸いなことに死を免れた。高級軍事学院にはさらに、一九四五年次の学生だったホン・ソン将軍（弁護士グエン・タイン・ヴィンの弟。本名グエン・タイン・チン）がいた。チンは学者ダン・ターイ・マイの娘婿だった。兄弟はザップ大将の義理の兄弟だった。副院長のドー・チン中将は、軍事理論と戦略について高いレベルの研究を極めた人だった。マイ・チョン・タン中将は、一九四五年の高等数学科の卒業証書を持っており、非常に勇敢で、また総合的な能力の持ち主でもあった。

中でも卓越した人物は、グエン・ヒュー・アン中将だったろう。彼は、一九七五年当時は第二軍団の司令官で、後に軍検事総長となり、一九八八年からはダ・ラット〔ラム・ドン省〕の指揮官養成学校の校長に任命された。将軍としての徳を十分に備え、教育レベルも高く、生活は質素で悠々としており、折り目正しく誠実で、健康面でも優れていた。彼はディエン・ビエン・フー戦役の時、三一二師団の最も優れた連隊長だったが、ザップ将軍の信頼を得て、北方のドック・ラップ拠点を占領して戦端を開く任務を委ねられた。軍事的なレベルやモラルの点では、彼はレ・ドゥック・アインやドアン・クエ、ダオ・ディン・ルエンを遥かに凌いでいた。軍内部では、この四人より遥かに信頼されていた。しかし、現在の指導者としては、中程度かそれより劣るぐらいの将軍でも、教条主義的で保守的な政治路線に従順ならばそれで良かった。民衆の信頼をまったく失い、民衆に見下され、もはや以前のように恐れられず、むしろ軽蔑される一方の、専制的な制度を守る人間であれば良かったのだ。

アイディア豊かな軍事家とおべっか使い

前にも書いたように、レ・ズアンは一九八三年の夏、ハノイのテイ湖畔のクアン・バーにある政治局のレストハウスで、作家たちにベトナム現代史上の出来事について話して聞かせたことがあった。

このように、彼は気持ちが昂ぶると、自分はホー・チ・ミン主席より英明で優れているのだと自認した。軍事について、彼は興奮しながら、「ベトナム共産党の軍事哲学を覆う精神とは、攻撃はするが絶対に守勢に立たないことだ」と主張した。それをさらに発展させて、彼は「プロレタリア階級の軍事哲学も、攻撃態勢のみで防御はないのだ」と演説した。なぜなら、「防御態勢にある時でも、攻撃的な本質を維持している」からだという。

私と新聞記者のテップ・モイ、そして雑誌の『クァンドイ・ニャンザン』（一九八六年から『クォックフォン・トアンザン［全民国防］』と改名）の編集長クアン・カン★大佐は、一緒にこのような演説を拝聴したことがあった。われわれは軍の中・高級政治理論学校の同窓生だった。クアン・カンは重度の近視で、いつも眼鏡をかけていたので、仲間たちはいつも彼を「盲のカン」と呼んでいた。私は、カンが忍耐強く、かしこまって、レ・ズアンが話すことを熱心に一つ一つ書きとめているのに気づいた。

その後も、レ・ズアンはホー・チ・ミン市の幹部と話をした時に、共産党の軍事哲学はつねに攻撃の精神あるのみで守勢には回らないと繰り返した。

書記長の意見は、軍事関係の各機関、特に高級軍事学院、軍事史研究所、総参謀本部、軍政治理論学校（カリキュラムの一部に軍事も入っている）などで、激しい論争を巻き起こした。

軍人の大多数は、軍事行動には攻撃と防御という二つの基本的なスタンスがある、という考え方を捨てることはできなかった。アイディアはアイディアに過ぎず、実際に防御を放棄することはできないのだ。防御の時でも攻撃の精神がなければならないと言っても、防御にはあくまで防御としての特質があり、防御の形態をなくすことは不可能なのである。

続いて、『クァンドイ・ニャンザン』誌上に、一連の理論分析の論文が登場した。それは、「プロレタリア階級には防御形態というものはなく、わが党もその軍事理論では、攻撃形態のみが唯一最高のものと主張している。たとえいわゆる『防御』を強いられた時でも、それはただ形式的な防御であって、あくまで攻撃の精神を維持した攻撃形態の一つなのだ」というものだった。

この奇妙な論理についてはあまり憶えていないが、「わが党とベトナム共産党指導者のアイディア」と銘うったこの理論のいい加減さだけはわかっている。そして、その論文に「クアン・カン」と署名されていたことも。

ほどなくして、その著者は少将に昇格した。これは、ボスがツーと言えばカーと答えるおべっか使いに対する褒美ではないだろうか。庶民の笑い話にもあるように、「お偉方がくしゃみをすれば、おべっか使いは風邪をひく」とは、こういうことだった。

敵の手を縛ってから勝負を挑む

一九九〇年の末頃、『ニャン・ザン』の第三面の下部に、「知性に導かれることは共産党の正しい指導に従うこと」というタイトルの、三〇〇〇語以上の長い論文が掲載された。

記事はクアン・カンと署名されていた。前述の著名な軍事理論家がまた現れたのだろうか？　これは、ハー・シー・フー★署名の「手を取り合って知性の導くままに進もう」（または「社会的ロジックに対する解説の試み——混乱の原因はどこに？」）というタイトルの論文を否定する目的の論文だった。

「手を取り合って」の論文は、掲載を許可されなかった。筆者は、いくつかの大新聞や、第四回作家会議の準備委員会にまで次々と投稿したのだが、いずれも梨のつぶてだった。唯一、ベトナム作家協会の機関紙だけが、「大会の限られた時間では、玉稿を発表するのは非常に難しいかと存じます」と、上手に断ってきた。

『ニャン・ザン』の政治委員会も、この論文を受け取っただろうが、きっと有害記事とか、反党のリストに入れてしまったに違いない。

ハー・シー・フーとは誰か？　それは北河《バック・ハー》の賢人、生物学博士グエン・スアン・トゥだった。彼はベトナム科学院に所属し、そのダ・ラット支所で働き、ブイ・ティ・スアン通り4E番地に住んでいた。この論文は一九八八年九月に書いたものだった。

タイプで一〇頁にも及ぶこの長い論文を載せてくれるところがなかったので、ハー・シー・フーは、彼にとってはかなり危険な方法で、これを広めることを考えた。つまり、タイプした原稿のコピーを身近な人たちに送るという方法で、差出人として「友人および理解と関心と責任感のある人々へ、意見交換のために」と明記されていた。

これは、深い洞察力と、自信と、高い学識を備え、しかもユーモアのある知識人が書いた論文として、非常に興味深い。滅多にない独立した考えの持ち主として、彼は貴重な存在である。

序文の中で、著者は自分が「敢えて限界を超えて天下国家を論じた」とし、「今日ここに言ったことはすでに遅すぎるのだ」と強調している。

冒頭で彼は「数分間、知性を完全に自由にしてみたら、それはわれわれに何を語ってくれるだろう?」と書いている。

それは次のようなものだ。

「われわれが考察しているシステムには、『逆説の構造とは言わないまでも、あまりに多くの逆説』がある。

——「一〇〇万倍も民主的なシステム［社会主義体制］」こそ、民主主義の問題を抱えている。

——事実を表徴するシステム、事実を出版する者は、今まさにその嘘言癖を治さなければならない。

——人類解放を象徴する卓越したシステムは、人間の権利に関しては卓越していない。

——人類と集団性を表徴するシステムが、逆に多くの個人崇拝の事例を生んだ。

——知識による創造力を表徴するシステムの中で、知識はあたかも諸悪の根源のように、改造が必要なあらゆる現象の原因にされている。

——われわれは相変わらず、体制間の優劣は最終的に労働生産性で決まると議論しているが、生産性の点ではわれわれの体制の方が遥かに劣っている。

——社会主義陣営は生命力に溢れ、資本主義は『瀕死』の状態に描かれているが、いずれの分断国家も、どんな形で分断されていようとも、『瀕死』の側が反対側より労働生産性が高く、製品は質量ともに優れている」

著者は、階級闘争とプロレタリア独裁の二点からマルクス主義を批判しており、「唯理」「唯信」「唯利」という三つの理念に沿って、社会情勢を分析している。

著者はまた、知性と知識は人間の最も能動的な要素であり、さらに人間は社会の生産力の最も能動的な要素であると指摘している。

現体制に対する批判の中で、ハー・シー・フーは熟慮の後に、率直に体制の理不尽さを暴いている。

「平均主義は、破壊の思想と表裏一体である。何も持っていない時には、すべてをうち壊して平らにし、平らにしてから、自分は他人よりも豊かになろうとする。王を倒すが、次は自分が王になるというわけだ」

著者は日和見主義を告発し、知識人と言われる者たちが無責任に顔を背け、利益のために口を閉ざす、悪辣で頑迷なまでの態度を非難してこう言明している。

「悪や虚偽という病弊を一般的な絵に描くなら、決して誰も逃さないように社会をしっかりと絡め取っている章魚《たこ》のようなものだ」

長く引用しすぎたが、本当はもっと引用を加えたいところである。そうすれば読者は、早い時期から命がけで、自分なりのやり方で、過去の過ちを冷静に批判した一知識人をよく理解できるだろう。彼は、独自のやり方で深く考察し、同時に解決の道も示している。つまり、事実を直視し、嘘偽に終止符を打ち、聡明さと知性を取り戻すという道だ。一九八八年に書かれたその文章が、原文のままで早く内外の読者に届くよう願ってやまない。彼の新思考を吟味して、尊敬と信頼に価する創造的で勤勉な頭脳が、ベトナム国内にも存在することをわかってほしい。彼のたとえ話で、ピカピカに磨いた靴を小脇に抱えたまま、つまずいて転び、足から血が出ているのに、まだ大事そうに靴を抱えているという人物の話は、涙が出るほど面白い。

当時、チャン・チョン・タン★とターイ・ニンの二人が権力を握っていた思想・文化委員会は、さっそく、彼らが最も有名な文筆家と呼ぶ者たちに命じて、『ニャン・ザン』と『クァンドイ・ニャンザン』および『トゥオイ・チェー』の紙上で、ハー・シー・フーをめった打ちにした。彼のことを、悪意をもって体制を中傷し、党を攻撃したとか、唯理・唯信・唯利などというい加減な理念で人気を得ようとしているとか、この時代にペシミズムと敗北主義に傾いているとか、さらには、帝国主義者の論調に毒されているなどと告発したのである。つまり、ありとあらゆるレッテルを貼ったのだ。

ドイ・モイのやり方とは、相変わらず古い、あまりにも古いやり方だった。つまり、大声でわめきちらして相手を打ちすえ、しかも、世間に相手の記事の論点を知られないよう、それを反動的で違法な書物とみなして流通を禁止し、出回っている版をすべて回収するよう指示したのである。

はっきり言って、これは悪質で、世論をばかにした、卑怯なやり方だった。相手が政治的な意見を述べる手段を奪ってしまったのだから。指導部は論争が公になることを恐れたのだ。彼らは自信を失い、道理では勝ち目がないことを自覚したのである。

いずれにしても、「ニャンヴァン・ザイファム」が告発された時代に比べれば、この事件は確かに違っていた。ハー・シー・フーの記事は荒削りな反体制文書で、著者は『ニャン・ザン』紙上でクァン・カンが名指ししただけの無名の人物で、読者はその名前だけしかわからなかった。しかし、カンの記事は著者にふさわしい褒美をもたらした。つまり軽蔑と失笑である。普通学校の一〇年生〔高校一年生〕になる私の友人の息子は、カンの記事を読むと、即座に父親の前で私に言った。

「当局は相変わらずでたらめを言って、人の口を塞ごうとしてるんですね。どうしてハー・シー・フーさんの記事を載せて、皆がそれを読んで評価できるようにしないんでしょう？　こんなふうに告発しても、何にもなりませんよ。叔父さん、何とかしてこの北河《バック・ハー》の賢人の記事を借りて、読ませてもらえませんか。僕、とっても読みたくなりました。読めばどちらが正しいかはっきりしますよ」。一九七五年生まれで、この時やっと一五歳の生徒は、かくも賢明だったのだ。

当然ながら、グエン・スアン・トゥ博士は、あらゆる手段で苦しめられた。体制側の仕返しは尋常ではなかった。ハノイで、サイゴンで、ダ・ラットで、彼は汚名を着せられ、罵られ、侮辱された。一部の日和見主義者たちのせいで、彼の妻子は後ろ指をさされ、陰口を言われ、白い目で見られた。トゥは職場でも、以前のように信任されなくなった。家族の生活は追いつめられ、彼はやむなく茶店を開き、茶やタバコや菓子を売って糊口を凌いだ。悪いことは重なるもので、彼は最近ちょっとした事故で滑って転び、足が捻れてしまった。誠実な一知識人のプライドを弄ぶ当局の仕打ちを、彼は耐え忍んだのである。

最近、彼は自衛権を行使した。自分の論文と、自分を告発した記事をさらにコピーして、世間に広めて判断を仰いだのだ。しかし、人々は沈黙し、忘れようとした。

報道と言論の自由がある国ならどこでも、初めから双方の言い分が印刷されて公表されただろう。人民と読者、社会の世論は、最も公明正大で信頼すべき審判となるだろう。

さらにまた、法律を備えた社会なら、ハー・シー・フーは、自分を中傷し、誣告し、汚名を着せた記事を告訴することができ、チャン・チョン・タン、ターイ・ニン、クアン・カンらはみな、彼らがハー・シー・フーを中傷したその新聞紙上に訂正の言葉を載せ、彼に謝罪した上で、名誉毀損に対して賠償金を支払わねばならないだろう。

党が法律となり、法律の上に居座っていた時代は、もうすぐ終わるだろう。今にも過ぎ去ろうとしており、もはや過去のものになりつつあるのだ。

勤勉な門番たち

ある時期、宣伝・訓練と文化・治安当局の中堅幹部たちが、手分けして出版社と新聞社の動静を探っていたことがあった。そうやって偏向や誤りを発見し、党に逆らい、階級闘争に同調せず、指導部を悪く言うために裏表の顔を使い分け、指導当局を攻撃する(というのも、指導部はおそらく何か悪いことをしていたので)下手人を見つけ出して、容赦なく懲らしめようとしたのである。彼らは「党の安全を守る門番」という名誉ある(!)称号を与えられた。そこからいろいろな誇張が生まれ、彼らは勤勉で抜け目のない兵士だとか、敵の陰謀を早期に発見して、芽のうちから摘み取る優れた兵士の模範だとか、党と人民が安心して眠れるよう、つねに起きている番兵だとか言われた。

そして、「敵はいつもわれわれの周りにいる。いつもわれわれの隊列に侵入している。悪魔が潜入している時がある」と党が教えるならば、敵はどこにでもおり、誰もが敵になり得るのだった。一度敵になった者はもはや人民ではなく、情け容赦なく撃退しなければならなかった。子供たちは小さな時から敵愾心を植えつけられ、幼稚園のクラスで「やつらに情けは無用だ。撃て、殺せ」と教え込まれた。敵愾心は教育内容となり、歌をはじめ、遊戯や学習の中にまで取り込まれた。敵愾心を教えることが、学問や芸術の領域にまで高められたのである。

詩人のヴィエト・フオンは、「われわれの月はいつも敵の月より丸いんだ」「中国の時計はスイスの時計よりいいんだ」と皮肉を言っただけで、危うく死ぬところだった。体制を皮肉ったのであって、決して一部のいい加減な連中を皮肉ったわけではなかった。わが党を揶揄したのであって、一部の教条主義的な現象を攻撃したのではなかった。

誰でも疑いの目で見る門番たちの思考パターンは、恐ろしいほどだった。私は第四軍区で、大隊長級の政治担当官の政治学習に出席したことがあった。彼はゲ・アンの海沿いの非常に貧しいギ・ロック地方の雇農階級の出身で、重い口調でしゃべるので、慣れなければ聞き取れなかった。彼の発音では、魚《カー》という尻上がりの音と、茄子《カー》という低い音の区別がつかなかった。彼が新しい大隊のクラスで教えていた時、二人の兵士がうたた寝をした。すると彼は、話をやめて叱責した。政治担当官はもともと雇農の出身で、やっと字が書けるほどだった。かたや兵士の多くは、普通学校の八年生か九年生レベル［中卒レベル］だった。彼が叱責すればするほど、兵士たちは笑いをこらえられなくなり、声を出さずに笑った。彼はますます苛立ち、ますます厳格で学識のあるふりをした。彼はこう叱責したのだ。

「居眠りをするというのは規律意識に欠け、意志が弱いという証拠だ。革命を成し遂げるには、意志堅固でなければならない。敵はわれわれに催眠術をかけようとしている。居眠りをするのは、敵の陰謀にひっかかって、革命事業を損ない、軍隊の士気と戦闘力を低め、さらには集団行動の精神を失わせることになる……」

当時、第四軍区の政治委員だったチュー・フイ・マン★将軍自身が、タイン・チュオン［ゲ・アン省］のナム・ダン地区で地主や富農の収穫を手伝う日雇い農民の出身だった。その後、彼は自宅にピカピカの本を揃えた図書室を持っていることで有名になった。というのも、本はほとんど動かされることがなく、単なるインテリアになっていたからである。その将軍が、雇農階級から政治担当官を養成することを奨励したのだった。貧しくて、搾取階級に怨みを持つ者なら、優秀な政治担当官になるだろうというわけだ。

政治委員チュー・フイ・マンや、大隊の政治担当官「茄子《カー》」氏の論理では、居眠りとは犯罪であり、世界の平和にとって有害な誤りなのだった。

私は決して大袈裟に言っているのではない。私は、『クァンドイ・ニャンザン』にいたある副編集長のことを憶えている。彼は一九四四年当時、中部のある県で旧政権の書記官をしていたのだが、この出身階級を慎重に隠し、巧みに党委員会書記兼内部担当副編集長まで上りつめた。彼はいつも階級的立場にこだわっていた。一週間ごとに新聞記事を読み直し、一週間分の記事の割り付けを点検した。

一九六九年のある日、第一面の割り付けで、頁の左上の角にホー・チ・ミン主席が客をもてなしている写真があった。右下の角には、米軍機との戦いに参加した三七ミリ高射砲部隊の写真があった。二つの写真の間は、他の六、七編の記事五段分と、工場の写真一枚で埋まっていた。検閲していた副編集長は、編集部書記局の大尉と、記事を割り付けたデザイナーの「大きなミス」を見破った。赤ペンで高射砲から上に向かって線を引くと、なんとその先がホー・チ・ミン主席の足に当たるのだ。大尉は顔面蒼白になって、自分の「罪」を認めた。デザイナーは恐れおののき、慌てて二つの写真の部分を消すと、割り付けを変えるために新しい紙を出した。

冗談のようだが本当の話である。党委員会書記兼副編集長は、まったくもって貴重な教訓を示したのだった。銃砲が写っている写真はみな、その延長上にいる誰かが撃たれるのを想像させるとでもいうのだろうか？

話はそれだけで終わらなかった。その後、副編集長は、さらに新聞の見開き二頁、つまり第一面と第四面、第二面と第三面に、それぞれ載っている写真の相対的な位置に誤りがないかをチェックした。

つまり、第一面の右上の写真に指導者たちが写っていて、第四面の左下の写真に大小の銃砲類が写っていても、遠隔射撃で何十もの記事を通り抜けてお偉方に命中しては一大事なので、注意を要するというのだ。指導者たちを、まったく想像上の危険や、わけのわからない事から守る勤勉な兵士とは、かくも強い警戒心の持ち主なのである。

私は、その副編集長がさらに、編集部書記局の少佐を叱りとばしたことがあるのを憶えている。それは、第一面にレ・ズアン書記長の写真と談話が載っていて、第二面に官僚主義を攻撃した詩が載っているという理由からだった。新聞を宙にかざして透かし見ると、その二つの記事が一体に、背中合わせに見える。これじゃまずいというのだ。われわれの敵は陰険極まりないのだ、奴らは新聞記事でお偉方を背後から攻撃しようとしている、そんなことをさせてはならん、というわけだ。

そのことがあってから、編集部の書記たちは、指導者の記事や写真の裏側に、批判的な詩や風刺の記事が透けて見えないかと、新聞を宙にかざして見ることまで要求された。記事の末尾が第四面に続いている部分も同様で、お偉方に関する記事や、その言葉や活動についての記事が、何か悪い現象を扱った記事の傍にあってはならないのだった。かくも勤勉な番兵の仕事につき、その責任をわきまえてこそ、右のような奇妙なまでに屈折した現象を見極めることができるのだった。ソ連や中国の共産党の新聞でも、このように奇妙で特異な手順を経て作られているのを、私は見たことがない。新聞業界にとって不幸なことに、件《くだん》の副編集長は、今はベトナム新聞記者協会の副書記長になっている。

ある時期、お偉方の肩書きにこだわる悪習が、新聞紙上で深刻かつ露骨に現れた。一つの記事の中で、お偉方の活動の中味よりも、肩書きの方が長々と書かれるようになったのだ。そして、前のニュースでその人物の肩書きが全部出ているのに、次のニュースでも、同じ人物の肩書きを一つも省略せずに、また並べなければならなかったのである。新聞に一人のお偉方の行動が六、七回も出て来ることがある。たとえば、外国の代表団を迎える際、空港で出迎えたというニュース、政府の迎賓館に着いたというニュース、会談のニュース、レセプションのニュース、集会のニュース等々で、記事の一つ一つにホスト側とゲスト側の肩書きを残らず並べなければならないのだ。

編集部書記局のスタッフだけが苦労して、版の中にお偉方の肩書きが一つ残らず列挙されているかどうか気を配り、注意深く訂正しなければならないのだった。一人が読み、一人が聞き取り訂正する、という作業が、念仏を詠むように、何度もつっかえながら、飽きもせず繰り返されるのだ。読者や視聴者にとっても、わかりきったことを無意味に何度も繰り返されたのでは、目と耳と神経に対する拷問のようなものだったろう。

グエン・タイン・ビン★の活動を報じたニュースで、彼の三つの肩書きのうち一つが欠けていたことがあった。すると、ハノイ市委員会の事務局から『ニャン・ザン』に、どういうわけだと問い合わせの電話が来た。「われわれのボスが、党書記局での職位を失ったというのか?」。党中央委政治局員とハノイ市人民委書記という二つの肩書きの他に、党中央委書記局長という肩書きが付いていなかったのが、我慢できなかったというわけだ。すべての肩書きを羅列させるとは、封建時代の村の有力者とまったく変わらない。「グエン・ヴァン某、元総長、現村会議長、翰林侍読〔科学アカデミー読書係〕、三等俸給、従九品文階云々……」というように。

さらに、腹立たしくもあり、実にやっかいな事件もあった。政治局では、ナンバー一からナンバー一三までの序列に従わなければならない。賓客を迎える時や、新聞に印刷される時の順番も、その通りでなければならなかった。一九七六年の第四回党大会の後で、ヴォー・グエン・ザップの名前が、突然レ・ドゥック・トの名前の下に並べられた。ベトナム通信社から『ニャン・ザン』に、誰がこう決めたのだと電話で問い合わせて来た。『ニャン・ザン』側は、「今後そのようにせよと、上からの指示があったのだ」と返答した。その後、一九八二年の初めには、トー・ヒューが突如、グエン・ヴァン・リンの上に置かれた。やはり上の決定で、リンはもうすぐ政治局から除名され、労働総同盟の責任者に留まるだけになろう、と説明された。

上座に着くか下座に着くかを決めたり、村の神社で有力者の席次を決めるような、旧態依然たる上下の秩序は、生きている人間だけではなく、死んだ者、遺体にまで適用されていた。

死者の序列

チャン・トゥー・ビンは、かつてベトナム共産党にその功績を認められていた人物だ。彼は南部のフー・ジエンのゴム・プランテーション労働者の出身で、一九三〇〜三一年当時、プランテーション労働者の権利を求める闘争を指導していた。コン・ダオに流刑にされ、一九四五年の一斉蜂起の後、軍隊に入って陸軍学校の政治委員を務めた。一九六〇年一二月の第三回党大会で中央委員に選出され、その後、政治局入りしたホアン・ヴァン・ホアンの代理として、北京駐在ベトナム民主共和国特命全権大使という重要な地位についた。一〇年近い間、中越の友好をとり結ぶ役目を務めた後、彼は病気でこの世を去った。

本来なら彼は、党と国家の功労者と認められた幹部を祀るマイ・ズィック〔ハノイ市西部〕の墓地に埋葬されるはずだった。軍隊なら、そこに埋葬されるのは将軍クラスの人物でなければならないという墓地である。しかし、彼は一般人と同じヴァン・ディエン〔ハー・テイ省〕の霊園にしか埋葬してもらえなかった。おそらく、彼は党中央委員としてはあまりにも珍しく、突然信用が失墜したからだろう。

なぜそうなったのかは、誰にも説明できない。毛沢東主義にあまりにも傾倒しすぎたのが悪かった、と考える人もいる。それなら、彼は無実のはずだ。なぜなら、一九五一年にヴィエト・バックで行なわれた第二回党大会で採択された党規約には、毛沢東思想をベトナム労働党の理論的基礎とする、と明記されているではないか。あるいは、一九六三年以降の事態について、中国側の保証を取りつけることができなかったから、信用を失ったのかも知れない。つまり、もしアメリカがベトナム北部に、空軍か海軍または地上部隊によって介入すれば、中国は状況の如何にかかわらず、相応の軍事行動と兵力で――航空機、艦船、または正規軍の師団をもって――即座に参戦する、という保証である。レ・クアン・ダオ★将軍が一部の士官たちに語ったところでは、後に毛沢東は、質問に答えてあっさりとこう言ったという。「そのことなら、われわれの軍部指導者たちは、必要以上に積極的な姿勢を示していたよ」

一九四三年にバック・ソン〔ラン・ソン省〕のゲリラ部隊を設立した、「バック・ソンの虎」チュー・ヴァン・タン上将も、マイ・ズィックの墓地に入れなかったと知れば、チャン・トゥー・ビンの霊も少しは落ち着くかも知れない。タンは、第一〇八軍病院でひっそりと息をひきとった。新聞に死亡広告さえ載らなかった。それよりひどかったのは、彼の遺族が、三本の金線の上に三つの金星が並んだ上将の階級章と、胸に二〇個の勲章と記章をつけた軍服姿の遺影を持参したところ、怒った軍防衛局員が直ちにそれを取り上げて破り捨て、将軍のことを裏切り者呼ばわりしたことである。

兵站総局副主任で、ディエン・ビエン・フー戦役のための物資調達の任務を手がけたダン・キム・ザン将軍の場合も同様だった。彼は、サイゴン解放を迎える前に獄中で死亡した。葬儀には僅か数十人しか参列せず、ラッパも太鼓も鳴らされず、弔文さえなかったのである。

これらの人物は、裁判で有罪になったわけでもなく、軍籍を剥奪されたわけでもなかった。にもかかわらず、まるで犯罪者のような扱いを受けたのである。この先、誰が彼らの名誉を回復してくれるのだろうか？　私の記憶では、七三歳で死んだ老練な作家ファン・コイ教授の葬儀がハノイで行なわれた時も、参列者は僅かに五、六人の肉親だけだった。

理不尽なことに、才能と見識を持ち、祖国の文化や学問に多大な貢献をした多くの作家や、詩人や、知識人が、不遇な目に遭い、死んでからもなお差別待遇を受けて、ヴァン・ディエンに埋葬されているのだ。もちろん、名声にこだわらず、私利私欲に走らない有徳の士も多くいるが、それにしても、これは世の不条理である。マイ・ズィックの墓地に眠るお歴々よりも功労と業績のある人々は、ダオ・ズイ・アインという名の者、ヴー・ゴック・ファンという名の者、グエン・コン・ホアン、グエン・ホン、グエン・トゥアンなる者、さらには作家ルー・クアン・ヴー、教授ブイ・フイ・ダップ、農学者ルオン・ディン・クア、画家ブイ・スアン・ファイ、グエン・ザー・チー、研究者ブイ・コン・チュンという者など、枚挙にいとまがない。

ハノイの公安局にいる新聞記者の友人が、治安当局者とは思えないほどのんびりした口調で知らせてくれたことがあった。

「ねえ、お偉方が葬られたがっているマイ・ズィックの墓地の、いいところは何か知ってますか？　あの墓地の近くに、たくさん文芸団があるでしょう。土曜の夜になると、男女の俳優が墓地の中に入っていちゃついて、見せ物になるんです。商業学校や師範大学の学生までが、自転車で押しかけるんですよ。まったく、マイ・ズイックだか、現代の病《ズイック》だか！」

それから彼は私の耳にささやいた。

「あなただから話しますけどね、怒りをぶちまける場所がなくて、欲求不満になった者たちが、あの墓地の囲いをくぐり抜けて、落書きをしに行くんです。しかも、いちばん偉い人たちの墓に落書きするんですよ。とても偉い人で名前を言うわけにはいきませんがね、組織のトップだった人は、何度も落書きされているはずです。気の毒なのは墓地の管理人たちで、水を汲んできて落書きをきれいに洗い落とさなければならない。市の衛生局のポンプ車まで呼んで、半日がかりで片付けなければならない時もあるんです」

古今の人々は、まったく思慮が深い。実に多くの経験から、子孫の福と徳のために安らかで立派な墓を、と互いに祈るのである。

党の機関紙では、党幹部が死亡した時、誰は第一面に死亡記事を載せるか、誰は第四面に載せるか、非常に細かく規定されている。誰を頁の上に載せるか、誰を中段に載せるか、誰を下の方に載せるか、誰は写真と略歴を添えるか、写真のサイズ、略歴の長さ、すべて決まっているのだ。死亡記事の格づけまで区別されている。この人物は地位が高かったので「訃告」とする、あの人物は地位が低いので「訃報」とする、という具合にだ。訃告はもともと漢語なので、庶民の話言葉よりも高尚だというのである。新聞に載せる墓前での追悼の辞までランク付けされている。「弔文」がいちばん上で、「追悼の言葉」が中くらい、「お悔やみ」はその下で、何も載らなければ最下位というわけだ。

一九七八〜七九年頃、ホー・チ・ミン市党委員会と人民委員会は、マック・ディン・チー墓地の解体を決定した。しかし、市民からの投書の中に、一九五四年に北部に渡って、解放後南部に戻って来た党員家族が『クァンドイ・ニャンザン』宛てに具申した手紙があった。われわれはその手紙にこう書き添えて、市の党委員会事務局に送った。「慎重な配慮を要する問題である。墓地の解体は行なうべきではない。わが国民は墳墓に対して伝統的に関心が強いので、国民の信頼を喪失し、長期にわたって悪影響を及ぼすものと考えられる」

しかし、決めたことはあくまで実行しなければならなかった。傀儡は永久に傀儡だとする一部の共産党指導者の観念に従って、旧政権に関わった者は、生きている者も死んだ者も二等市民とされるか、または市民とみなされなかったのだ。一等市民に場所を譲って、死人はみな移動しなければならない、そうしなければ目障りだというわけだ。マック・ディン・チー墓地の中には、数百の墓があった。旧体制の大統領や大臣、大将、中将から公務員、商人、知識人、庶民まで、すべての墓が短期間のうちに移転しなければならなかった。

二ヵ月後には、国家はレ・ヴァン・タム児童公園を建設するために、土地を平らにならしてしまうだろう。つまり、純真な児童たちは、徳を欠いた、国民の信頼を失った、盲目的な政策に巻き込まれてしまうのだ。この政策は、民族の伝統である仁愛を失った、極端で、主観的で、傲慢な共産党指導者たちの本質を表していた。彼らの考えでは、最高指導者は廟に奉られ、幹部クラスは花と並木のある広大な霊園に葬られ、庶民は遠く離れた悪い土地の粗末な墓に入り、傀儡は目につかないよう、遠くに追いやられるべきだということになる。これはやはり傲慢で愚かな一種の復讐で、これではますます怨みを招くだけだろう。

私ははっきりと知っているが、ホー・チ・ミン市の有力者にこのことを提案し、深く考えもせずに実行しようとしたのはマイ・チー・トである。市の委員会は、いくつかの墓から掘り出した金《きん》で、闇の経費を賄ったとも聞いている。当時のホー・チ・ミン市委副書記ムオイ・フオン★「チャン・クォック・フォン」は、首都に上った後、ハノイ市委副書記を務め、後に政権組織委員長になったが、彼もまた、この悪辣な「死人の移動」を率先して進めた人物である。ハノイでは、彼はX30作戦*で中心的な役割を果たした。一九八五年末頃に行なわれた、個人の家屋と工場を没収する一連の作戦である。その中には、ゴック・ハー村や、グエン・ズ通り、ホム市場通りなどにある「タイヤ王チャム*」氏や、数人のパイロットと船長が所有する生産施設もあった。

没収事件のうち、少なからぬケースが法廷で裁かれた。一九九〇年になって、初めて元の所有者に所有権が返されたが、没収した施設は壊された後で、一言の謝罪もなかった。市委副書記が市民の家屋敷を没収する権限を持っているとは前代未聞である。私は、この事件について、ハノイのある弁護士に話を聞いた。この人はハノイ人民裁判所の元裁判長で、今は退官している。彼は首を横に振って嫌悪を示した。

「チャン・クォック・フオンは、自分も市民でありながら、他の市民三〇人の家を没収した。法的に言えばそういうことだ。やはり法律に従うのなら、権力を濫用して無茶をした罪で投獄されるべきだろう」

地方の指導者たちが復讐的な政策に出たことも記しておく必要があるだろう。復讐の対象になったのは、サイゴンからビエン・ホア「ドン・ナイ省」に向かう自動車道の途中にある旧政権の軍隊の墓地だった。ここには、兵士から将軍まで、各階級の戦死者の墓が一〇〇〇〇ほどもあった。一九七五年四月三〇日のサイゴン陥落後、この墓地はそれまでのようにきちんと管理されなくなり、ほとんど破壊されたも同然の状態で風雨に晒されていた。一九七六年当時からすでに、われわれはここに立ち寄って、トゥー・ドゥック区のまだ非常に若い副主席と会い、こう進言した。

「親戚の墓参りをする人たちのために、線香とろうそくと花を売れるよう取り計らい、旧正月には、行政当局は墓参りの路線バスの便を増やすべきだ。死んでしまえば、もはや差別待遇を受けるいわれはない。ついこの間の戦争で兄弟が互いに殺し合ったのなら、国民が一つに団結するために寛容な政策をとるべきだろう。差別的な政策はすべて有害なだけだ」

しかし、この墓地は、時が経つにつれてますます荒廃するばかりだった。

このような、融通のきかない機械的で極端な階級的立場に従って、あらゆる死者を差別し、懲罰するようなやり方は、そろそろ見直されるべきだろう。道に背いているばかりか、柔軟性にも欠ける態度と言わねばならない。

恩を仇で返す政策

かつて抗戦拠点があった地域では、戦争中には党員や軍の部隊を養ったにもかかわらず、今もなお貧しく、遅れた状態のままになっている所もある。最も苦しかった時期、地方の人々は、時には自分の暮らしも顧みずに、私財を投じて貢献してくれた。今では、人里離れたそれらの土地は、ほとんど

＊　X30作戦　不正蓄財を疑われた人物の財産を行政当局がチェックする計画。司法機関の検証もなく、不正の証拠もないまま、ハノイ市党委員会の決定だけで新しい家屋が没収された。

＊　「タイヤ王チャム」　グエン・ヴァン・チャム。ハノイで自動車のタイヤ補修業から身を起こし、ゴム製造業で財をなした。X30作戦で家屋と工場、機械を没収された。

完全に忘れ去られている。

もっとひどい場合には、かつて自分を助けてくれた人々をまるで敵のように扱い、実に残酷な仕打ちを加えることもある。たとえば、チャン・ティン★神父とグエン・ゴック・ラン★元神父の場合がそうだ。私は、一九七三年の初めにキャンプ・デーヴィスで、フランスと西ドイツの記者たちを通じて、この二人と知り合った。チャン・ティン神父は、コン・ダオやサイゴンの刑務所に投獄された人々、特に共産主義者の囚人たちが虐待されていることに関心を払い、社会的な公正を求めていた。そして、サイゴンやコン・ダオ、さらにはフー・クォック［キエン・ザン省フー・クォック島］の監獄の囚人たちにも、金銭や衣類や薬品を援助していた。フー・クォックには、戦争中に捕えられた軍人が二〇〇〇人以上も収監されており、その大部分は北部の将校と兵士たちだった。

神父は、刑務所の制度の改善を求める画期的な提言も試みた。つまり、刑務所を、囚人を虐待し拷問する場所から病気や怪我を癒す場所に変えるというもので、負傷したり、病気になった囚人のために、薬品を提供するという提言である。彼は、囚人の親族が面会や差し入れに行けるようにし、囚人が家族と手紙をやりとりできるようにすべきだと要求した。神父はまた、政治囚の状態にも非常に関心を持っていた。

グエン・ゴック・ランも、キー・ドン教会の神父だった頃、北部の代表団と何とか連絡をつけ、祖国の平和と全民族の和合、民族文化の発揮、教育の発展を願う気持ちを訴えた。彼は、当時の北部で行なわれていた、大学でのベトナム語による授業や、歴史研究の業績、民族的偉人の作品の出版など、良い政策には好感を隠そうとしなかった。北部の学術専門誌を手に入れたいとも願っていた。彼はまた、南北の和合政策について話し合うため、ベン・ルック［ロン・アン省］の解放軍の拠点に出向いたこともあった。サイゴン陥落後、私は独立宮殿でこの二人と会って、かなり長時間にわたって話し合う機会があった。

その後両氏は、旧政権の士官や公務員を集めてあまりにも長期間「再教育」に送るのは、「投獄するのと何ら変わりはない」と不安を示し、これは不穏かつ無益な政策で、「あなた方が前に言ってくれたことと逆になっている」「わが国の国際的なイメージを悪化させている」と訴えた。

両氏は反共的な立場で言っているのではなく、ただ共産党の誤りを批判しただけだった。チャン・ティン神父は、指導者たちは悔い改めるべきだと声を上げた。つまり、過ちを公式に認めて訂正すべきだということで、共産主義者たちがいつも言うような「進歩のために心の底から自己批判しよう」という主張と何ら変わらなかった。にもかかわらず、両氏はカソリック信者を煽動して体制を転覆し、混乱をひき起こそうとしたという汚名を着せられ、三年間も拘禁されたのだった。

グエン・ゴック・ランは、痩せているが体は弱くなかった。精神は非常に健康的で、しかもユーモアがあった。彼の回想録を読めば、民族のために命をかける一聖職者の生きざまを、はっきり知ることができるだろう。彼は「自分の考えを堂々と口にせよ。人に追随しない人物を支持せよ」というグエン・チャイ★の言葉をよく繰り返していた。

公安要員が彼の日記を読んで、細部について尋問した時、彼は落ち着いてこう言った。「誰も他人の日記を読んで、さらに細かいことを尋ねたりすべきではない」

彼らが「その食事の時には誰が同席していた？」と聞くと、彼は「自分の客のことを説明する趣味はありません」と応じた。「なぜ日記を国外に送った？」と問われると、彼は笑って、「皆さんが私の物を没収するから、国外に送りたくなっても当然でしょう」と答えた（彼は逮捕される前に、日記のコピーを一部、国外に送ったのだった)。

公安の若い者が「外国でそれを印刷するんだろう」と疑うと、彼はやはり笑って「他人が強奪して読むための日記など、書くわけがないでしょう」と言った。実にユーモアたっぷりで、あっぱれな答え方だった。

彼らがペンと紙を取り出して、神父に自白の文書を書くよう迫った時も、彼は「私は何も書かない。なにしろ二〇〇〇頁も日記を書いたんだからね」と応じた。口頭による自白を迫り、それをメモしようと構えると、神父はやはり笑って、「私は何もしゃべらない。喉に銃を突きつけられた状態では、何もしゃべる自由がないからね」と言った。

遂に公安側は態度を和らげ、チャン・ティン神父に対して、「どうかわれわれと一緒に仕事をして下さい。あなたに大きな仕事を委ねますから」と言った。すると神父は、「私は説教の中で三つの懺悔を呼びかけて、国家に協力しましたよ」と返答したのだった。

興味深いことに、両氏は市民権を奪われ、拘禁されても、なお自由に発言し、それまでにも増して堂々と自信に満ちていた。彼らを弾圧した官憲の方が、逆におろおろして、理屈でも負け、立場を悪くしてしまったのである。

仏教の指導者たちに対しても同様だった。党と国家は、自分たちの一時的な政治的要求に従って勝手に事を処理し、決して本当の意味で信仰の自由を尊重しようとはしなかった。私は、フエを通った時にはいつも、ティック・ドン・ハウ★和尚を訪ねるようにしていた。和尚は、一九六八年のテト攻勢の時から、解放戦線に入るよう誘われていた。一九八七年に会った時、和尚は八〇歳を超えても矍鑠《かくしゃく》として、非常に柔和だった。老いてなお意気盛んで、二つの大きく厚い耳は肩の上まで垂れ、両眼は明るく穏やかに輝いていた。老和尚の書く漢字は非常に迫力があり、しかも達筆だった。そして、寺に掛けてある漢語の対聯《ついれん》について、われわれに説明してくれた。また、詩文についても、トゥ・ドゥ★ック帝からグエン・チャイ、グエン・ビン・★キエムの詩に至るまで、いろいろと語ってくれた。

話が政治のことになると、和尚はいつも首を横に振って嘆いた。

「私はほとほと嫌気がさしたよ。政府の宗教委員会は、われわれを子供扱いしている。彼らは、仏教を自分たちの道具にしたいんだ。仏教を自分のもののように扱って、勝手にわれわれのリーダーを選ぼうとする。私は本当に嫌になったよ」。そして皮肉に言うのだった。「彼らはキリスト教も国営、仏教も国営にして、支配しやすいように宗教を分断したんだよ」

和尚は以前、このように言っていた。

「このごろ私は、宗教に自由がないのを嘆いたせいもあって、すっかり弱ってしまった。もし私が天寿を全うするなら、当局に『一九六八年に私に委任した職務のことには触れないでほしい。そして国家は一切追悼しないでほしい』と頼んでおこう。もし私を尊重してくれるなら、寺の中では仏教が自由であるように保証してほしいと願うだけだ」

教条主義的で保守的な共産党指導者は、さらにまだ恩を仇で返す政策をとった。私は、フエの非常に若い尼僧に会ったことがある。彼女はサイゴンで、仏教界の大物知識人であった大徳ティック・チー・★スィエウに死刑を宣告した*裁判に列席したことがあった。彼女はこう語った。

＊　ベトナム統一仏教会のメンバーであるスィエウは、一九八四年に逮捕され、裁判のないまま四年間拘禁された。一九八八年の裁判で「政府転覆を企てた」罪により死刑を宣告されたが、諸外国からの圧力で二〇年の懲役に減刑された。一九九八年に釈放され、その後は自宅軟禁の状態にある。

「死刑の宣告が下りた時、私どもはおいおい泣きました。でも、スィエウ様は驚くほど明るい表情で、笑って私どもの方に手をお振りになったのです。『彼らは法律を踏みにじった罪人だ。私は何も悪いことをしていないから、恐れるものはない』と言って、にっこりお笑いになりました。彼らがスィエウ様を殺せるものですか！」

盲目的な指導者たちは、知識人にまで恩を仇で返した。党の内部でも、知識人は相変わらず偏見の目で見られ、知識人党員は二級の党員のように扱われていた。党外の知識人に対してはもっと強い偏見があり、彼らも二級の市民のようにみなされていた。

私がよく思い出すのは、チュオン・ディン・ズー★に対して当局がとった対応である。南部にいたことのある人は、みな弁護士チュオン・ディン・ズーのことを知っていた。彼は、グエン・ヴァン・ティエウ★中将と競って大統領選挙に出馬したことがあった。正直で清廉な知識人として有名で、ティエウ政権の汚職を強く非難する声を上げ、ティエウの腹心ダン・ヴァン・クアン将軍のような側近が、賄賂で甘い汁を吸っていることを暴露した。大勢の知識人や学生が彼を支持した。とうとうティエウ政権は、口実を設けてチュオン・ディン・ズーを逮捕し、彼は政府を中傷したという罪をでっち上げられて投獄された。

彼にはチュオン・ディン・フン★という名の息子がいた。息子はアメリカで学び、サイゴンとアメリカで学生の反戦運動に参加した経験があった。フンは優秀な学生で、解放戦線に親近感を持ち、ニューヨークにある国連のベトナム民主共和国代表部と連絡を維持していた。ハノイ政府代表のディン・バー・ティとも、ニューヨークで何度か会っていた。そのために彼は、「ベトコンのスパイをした」罪に問われ、アメリカで七年間投獄された上に、国外追放処分となった。彼はオランダに渡り、今でもそこに住んでいる。

私は、解放後のサイゴンの、グエン・トン通りで開かれた愛国知識人協会で、チュオン・ディン・ズー弁護士と会って話をした。彼は権威があったので、ある政治研究部会の座長に選ばれて、参加者の討論の司会役を務めたことがあった。彼はさらに、政府の各省庁と市の人民委員会の要請に応じて、経済と法律をテーマにした研究にも熱心に参加していた。

ところが、その彼が突如、政治犯として逮捕されたのである。サイゴンの知識人たちは茫然とした。民族和解を願う清廉で忠実な人間がなぜ逮捕されるのだ？　私は内務省の南部代表部で調べてみた。そしてわかったのだが、一九七七年と七八年に反体制の組織がいくつか潰され、その時逮捕された者の中に、もし彼らの活動が成功すればチュオン・ディン・ズーを大統領にかつぎ出すつもりだった、と証言した者がいたのだった。

公安要員の中でも、敵を捕まえるのに熱狂的な連中は、さっそく「そいつだ、そいつはＣＩＡの手先として潜伏していた大物に違いない」と認定した。そして彼は逮捕されたのである。しかし、明白な証拠が何もないため、記録書類を作成することができなかった。そして彼は、誰からも何の説明も受けないまま、秘密裏に北部に送られたのだった。一九八七年の夏、彼は重い病気を患った状態でサイゴンに返された。一九九一年、彼は怨みを抱いたままこの世を去った。家族はばらばらになり、財産もほとんど消失していた。

私が思うに、政治囚の分厚い名簿の中に、グエン・ダン・クエ医師★やドアン・ヴィエト・ホアット教授、僧侶のティック・チー・スィエウ、ティック・トゥエ・スィーらと並んで、裁判を受けないまま一〇年間も拘禁されたチュオン・ディン・ズー弁護士の名前も書き加えられるべきだろう。無実の人間を逮捕して、そのまま裁判もせず、高齢で病気になって死ぬまで苦しめたということは、大きな冤罪事件と言えよう。死んだ者にはもう何も抗弁できない。それが当局の理屈なのだ。

五〇歳の「老人」

海外では、ベトナム人の多くがグエン・チー・ティエン★のことを知っている。逆に国内では、彼が誰なのか知らない人が非常に多い。国外のメディアでは、彼の消息や、写真や詩、インタビューが報道されたり、二〇〇編もの詩を収めた詩集が印刷されて広く出回っているのに、ベトナムのメディアは彼のことに触れない。とても残念だが、国内の若者は、今でも彼のことをまったく知らないだろう。そこで、彼について二つのことを記しておこう。

グエン・チー・ティエンは、今年で五〇歳ぐらいになる。彼は、実に二七年以上を、「独立で自由で幸福なベトナム民主共和国」の体制下の牢獄で過ごしたのだ。つまり、青春時代のすべて、一人の人間が成長する時期を、四方を壁に囲まれて強制労働に等しい労働をして過ごしたことになる。彼はすべてを奪われた。学問も奪われた。彼は弱冠二〇歳で、すでに優れた学徒だった。多くの書物を読んでおり、詩文に優れ、きわめてスタンダードなフランス語を話して書くことができた。職を失った彼が、五〇歳になった時に持っていた唯一の仕事はといえば、囚人という職業だったのである。家庭的な幸福も失い、妻も子もなく、五〇歳ですでに七〇歳ぐらいに見えた。目はかすみ、歩くのも不自由で、関節は痛み、頭はぼけ、胃は痛み、心臓は弱るという具合で、まともなところはなかった。健康を損ない、若さも失った。あまりにも多くのものを奪われ、一生を台無しにしたのである。三〇年の間、心を通わす友人もなかったため、話し方もたどたどしかった。

アムネスティ・インターナショナルは、何年もハノイ政府にティエンの釈放を求めていた。だが当局は沈黙を守り、何も答えなかった。まるで彼が存在しないかのように。ティエンは、一九九二年にやっと自由を得た。たぶん、当局は彼が死ぬのを待っていたのだろう。だが、病気で弱っていたにもかかわらず、彼は並ならぬ気力で生き延びたのだった。当局は彼を釈放せざるを得なかった。不本意ながらも彼を恐れていたからだ。ハノイで長年法律関係の仕事をしていた友人が、パリに来て私に会った時に、ティエンが自由になったと告げ、当局は国際的な圧力に屈して、彼を釈放せざるを得なかったのだと認めた。

「お偉方はタマを締め上げられて（読者には失礼だが、原語のまま書かせていただく）遂に音を上げたんだ。カンボジア問題も同じことさ。だったら最初からやるなというんだ」

ティエンは、当局にとっては一つの時限爆弾だった。当局は、彼を通じてベトナムの刑務所制度の実態が白日の下に晒されるのではないか、と恐れた。彼の全人生は、人間性を喪失した悪辣な専制制度を体現するものだった。体制に対する告発状そのものだったのである。もはや誰もその体制を弁護することはできない。彼の人生は、今や衰退しつつある体制全体に対する怨みと、怒りと、軽蔑を喚起したのだった。

彼の罪状は何だったのだろうか？　まだ不十分な資料によるならば、ハイ・フォンの一学徒だった彼は、ハノイに出てアルベール・サロー校に学び、ヴォルテールやヴィクトール・ユゴー、ディドロ、ジャン・ジャック・ルソーなどを読んで、自由がいかに尊いものか理解していた。一九五六年の初め、彼は『ザイ・ファム』紙に耽溺し、新聞『ヴィー・ザン〔民のために〕』を発刊する準備をした。そうしたところ、一九五八年初めに逮捕されたのだった。ハイ・フォンの公安当局は、うら若い一学生が堂々とものを言うのが我慢できなかった。彼は「わが国にはまだ自由がない。指導者たちは専制的だ。言論の自由は、すべての人間が生まれた時から持っている権利だ。誰にも奪うことはできない」と主張していたのである。

「頑固な反動主義者」ティエンは、危険極まりない分子とみなされて、ハノイに護送された。彼はそこでさらに、「あなたは、あなたが聞いた通りに言えばいい。私は、私が聞いた通りに言うまでだ」と供述した。公安要員としては、堪忍袋の尾が切れたのも当然である。一方、ティエンは決して屈服しなかった。彼は自信を持ち、真理を信じていた。

当局は、一時は彼を懲役に処するよう決めたのだが、いかんせん彼の犯罪を立証するものが何もなかった。教育者の家庭に生まれ、読書に耽溺し、勤勉に学び、遊び歩くこともない真面目な若者から、どうやって罪を引っぱり出せばよいのか？　どこから証拠をでっち上げればいいのか？　法廷に引き出しても、道理を争うだけである。そして、当局にはその道理がなかった。

二〇年近く彼を拘禁した後、体制側は一九七八年に彼に自由を与えた。裁判も謝罪もなく、ただ「おとなしくしていろ。下手に動き回ると命がなくなるぞ」と脅されただけだった。彼はおとなしくなどしていなかった。彼は二〇年近くの間に一九二編の詩を作っていた。知り合いに見せては、すぐにばれて没収され、破棄されてしまう。彼は考えをめぐらして、結局国外に送るしかないと判断した。

ハイ・フォンは海港だが、多少なりとも自由な国に行ける船は一隻もなく、中国やロシア行きの船しかなかった。そこで、彼はハノイに赴き、イギリス大使館を訪れた。詩集と一通の手紙を携えて、まっすぐ入って行ったのである。そして公安に捕まった。一九七九年四月のことだった。当局は再び彼を投獄し、裁判にもかけず、さらに一〇年以上拘禁した。一九九一年一〇月になって、彼は自由を得た。イギリス大使館は、彼の詩集を決してベトナム側には渡さず、ロンドンに送った。こうして、彼の一九二編の詩は世に出たのだった。当局が彼を拷問する口実になってはいけないので、作者の名前はクエットというペンネームにされた。

詩集に添えられた手紙にはこうあった。

「めちゃめちゃにされた人生の中で、私の願いはただ一つ、共産主義が人類にとって大きな災いであることを、多くの人々がはっきり理解してくれることです」［フランス語の原文添付］。

専制制度に抵抗する武器は詩だった。彼は、あたかも一つの宣言のように、厳《おごそ》かに書いている。

刑務所の中で、病を患ったどん底の状態で
詩だけが弾丸のように力強く飛び出す

彼はこう謳い上げている。

私の詩にはきれいなものがない
強盗、拷問、血、肺病のような話ばかり
私の詩には高尚なものはない
大量殺人と、汗と、銃床の話ばかり
私の詩は恐ろしいことだらけ
党や団体、指導者、中央委のように

私の詩には想像の部分はない
牢獄、飢え、怪我の痛み、すべて現実だ
私の詩は庶民だけに捧げられる
赤い鬼どもの黒い心を見透かして……

詩は憤激と怨みに満ちた調子で綴られている。それは、当局が彼の中に引き起こしたものだという
ことは、誰にもよくわかるだろう。
詩の中で、彼はこのような思考をめぐらしている。

猿から人間になるまでに数百万年かかったなら
人間から猿に戻るのには何年かかるだろう
世界の人々はどうぞ訪れてほしい
山林の奥深くにある収容所を
裸の囚人たちを並ばせて水浴びさせる
僅かのタピオカを奪い取り、足枷をかけ、銃殺し、斬首し、切りきざむ
好き勝手に殴り、死ねば放り出してネズミが齧《かじ》るにまかす

彼には八歳の囚人仲間がいた。

君は一方の手で「台無しになった人生」と掘り
もう一方の手で「限りない怨み」と掘る
ああ世界よ、誰が想像するだろう
それが八歳の囚人だということを

彼はわれわれ全員に悲痛に訴えている。

君は知っているか、苦しい牢獄の中を
着る服もなく、歯の根が合わない寒さを
肋骨も背骨も浮き出すほどの飢えを
病んでも薬はなく、ひからびた身体を
私はまだ眠れぬ夜を重ねている
無言で詩を作っているのだ、君よ

彼のことを考えて、私はふとファム・ヴァン・ドン元首相にこう問い質してみたくなった。「グエン・チー・ティエンという囚人のことをどう考えますか？　彼はたぶん、あなたの一人息子ファム・ヴァン・ズオンと同じ年齢です。この囚人のケースをご存じですか？　今、当局はティエンに、どのように対処すべきだと思いますか？　謝罪は行なわれるのでしょうか？　あなたは良心の呵責を感じませんか？　もし悔いることは何もないというなら、あなたが昔グエン・チャイについて書いた論文は破り捨てて、なかったものとして下さい。なぜなら、あなたにはもう、グエン・チャイの明るく忠堅な心と、深く気高い人情について説く資格はないからです」と。

六二歳の花婿

グエン・チー・ティエン青年が二〇歳から五〇歳までの半生を破壊されてしまった話で、私はもう一つ別の話を思い出す。それは、グエン・カン大佐の生涯にまつわる話で、北部の軍人の間ではよく知られている。彼はゲ・アンに生まれ、ヴィンの国学《クオック・ホック》中学に学び、八月革命の直後に軍隊に入った。第五七連隊で中隊長となり、さらに大隊長になった。小ブルジョア階級出身の学生だった彼は、非常に才能豊かだった。ギターが弾けて、歌がうまく、サッカーも上手で、とても熱心にベトナム語やフランス語の文学書を読んだ。一九五四年当時、彼は第三〇四師団の連隊副官を務めていた。

彼にとって大きな悲劇となったのは、家族の問題だった。彼の家庭は封建的なしきたりに従っていたので、彼は一六歳そこそこで結婚した。妻は彼より三歳年上で、農村のかなり裕福な家の出身だったが、小さい時に天然痘を患って片目が潰れていた。彼は愛情のない結婚が悲しかった。彼は一九四八年に入党していたが、彼の属する党支部は、この件に監視の目を光らせていた。どんな理由であれ、妻を捨てるのは不道徳とみなされたのである。「悪い思想を防止する」キャンペーンの際、師団と軍区の政治委員が彼の所にやって来て、妻を愛して両家の幸せのために子供を作るよう説得した。彼は納得できず、軍隊を唯一の家庭として黙々と生活した。

一九六〇年の平穏な時期に、彼は友人の協力を得て離婚申請をした。党支部は再び合議して、彼にそれを撤回させた。当時、国家銀行の中堅幹部であった妻は、彼が妻を追い出そうとする封建的な思想の持ち主だという告発の手紙を、政治総局と婦人連合に送った。この士官の「不道徳」な行為は、『フー・ヌー〔婦人〕』紙の紙面に掲載され、論評の的にされた。彼はブルジョア思想に毒され、外見にこだわる享楽的な人間だと告発された。

閣僚であった彼の兄も、自分に累が及ぶのを恐れて、彼に離婚を思いとどまるよう説得した。婦人連合主席は政治総局に手紙を送り、総局が自分のスタッフを教育して、特にグエン・カンとかいう大佐の誤ちのようなことを防ぐよう要求した。

カンの妻は、たとえ夫が自分を愛していなくても、あらゆる手段で阻止すれば、当局が規則で夫を縛りつけるだろうと考えていたのだ。カンは逃げまどうばかりだった。党と婦人連合と軍とが、こぞって彼女を庇い、彼女が勝つように味方をした。

その後、ハノイである集会があった時、彼は『ニャン・ザン』のスタッフである一人の女性と出会い、彼女を愛するようになった。それを知った妻はますます怒って、彼の部隊に訴え、政治総局と婦人連合にも報告した。彼は厳重に監視され、手紙は検閲され、遂には南部に留めおかれることになった。妻は、夫がもう自分のものでなくても、夫もその愛人も決して幸福にさせまいと思い、何が何でも二人の関係をぶち壊してやると決心したのだ。

そして、体制側はこぞって彼女を応援した。彼に同情する人たちは、ただ彼を慰め、哀れむことしかできなかった。彼は封建時代からの不条理な境遇に甘んじ、さらに、人民と優越した社会主義の名の下に、不条理な悪徳をひきずっている革命体制にも耐えなければならなかったのである。

一九八六年になって、ソ連からペレストロイカの風が吹き寄せ、老朽化した専制体制をほんの少し揺るがせた時、彼はやっと狡猾で執念深い妻と離婚することができた。その時、彼はすでに六二歳で、パーキンソン病を患うようになっており、両手は震え、髪は半分以上白くなっていた。その頃には『ニャン・ザン』の流通分配欄の編集委員長を務めていた愛人ハー・ホアも、すでに五六歳になっていた。彼はヴン・タウ［バーリア・ヴンタウ省］の石油・天然ガス総局で、軍事任務につくことになった。彼女は数ヵ月間かなり重い病に臥せった後で、胃も神経もやられていたが、彼につき添って行った。二人は親しい友人たちを食事に招いて、遅れた婚礼の祝宴とした。彼女は彼と二週間過ごした後、ハノイの仕事に戻った。二ヵ月後、彼女はまた入院しなければならなくなり、彼は毎日妻を見舞っては深い愛情を示した。しかし、入院後一ヵ月余りで彼女は亡くなった。

『ニャン・ザン』の職員たちは、ハー・ホアの葬儀に出向き、二〇年も愛し合っていながら引き裂かれ、さらに罪を着せられた受難の夫婦を思いやり、哀れんだ。晴れて結婚できるようになった時、かたや六二歳、かたや五六歳という、すでに引退の歳になっていたとは！　そして、病身の二人が味わった夫婦の幸福は、たった数ヵ月しか続かなかったのだ。

グエン・カンが、事実上妻もなく、四〇年以上も家庭の幸福を得られず、天涯孤独に過ごしていたというのに、「バー」氏や「サウ」氏などのお偉方は、愛人は言うまでもなく、妻も二人もいて、「バー」氏の娘に至っては、ロシアにロシア人の夫がもう一人いるという有様だった。上の者は配偶者が多すぎて悩み、下の者は配偶者がなくて悩むというわけである。下といっても、それほど低い階層ではなく、中の上クラスの幹部の階層なのだ。相変わらず、それぞれの階層に別の尺度があるのだった。

以前、党の指導者たちはいつも、人民の貧困や苦しみはみな天災と敵の陰謀が原因で、すべて封建主義者、帝国主義者および反動主義者がひき起こしたものであり、一方、あらゆる美や幸福は、みな党がもたらしたものだと説明していた。

それなら、このように夫婦の幸福を壊した、典型的な体制の悲劇はどこから来たのだろうか？　人間の苦しみの原因はどこにあるのだろう？　いったいどの敵のせいだというのか？　良いことばかり言いながら、本質は専制的で、人間が自由に生きる権利を踏みにじる体制のせいではないとしたら？

悲劇の原因は、指導者たちの無教養な農民的体質にあると言わねばならない。彼らはいつも、口では革命を唱えるが、実際には祖国を慢性的な停滞に陥れ、社会を拘束して、あらゆる面で自由のない状態が続くように仕向けているのだ。

広がる苦しみ

外から見る限りでは、共産党政権下のベトナムでは、激しい内部の権力闘争がほどんどなく、スターリン時代のソ連や、クメール・ルージュ時代のカンボジアのような大量粛清もないように見える。ソ連では一〇〇〇万人以上の人々が殺されたり、流刑にされた。銃殺刑も絶えなかった。一九七五〜七八年のカンボジアでは、一〇〇万人以上がナイフや、棍棒や、鋤や、スコップで頭を割られて殺され、集団で墓穴に埋められ、池や川に投げ込まれた。

一九九三年四月、ソ連の『モスクワ』紙は、四〇年以上前の「クレムリン宮殿の殺人医師」という事件を取り上げた。それによると、当時『プラウダ』紙は、ブルジョア連中のきわめて重大な犯罪を見破った、というソ連内務省の声明を掲載した。連中とは、クレムリン宮殿の特別な病院で勤務する優れた有能な医師たちで、マキシム・ゴーリキーやアンドレイ・ジュダーノフからスターリンまで、ソ連の最高幹部たちの主治医を務めていた。彼らの多くはユダヤ系で、ヴォヴシ、コーガン、フィールドマン、グリンシュタイン、エリンガーなどの医師がいた。人々は後に、この医師たちの告発を手がけたのは、スターリンから直々にレーニン勲章を授けられた女医リディア・ティマショークだったことを知った。スターリン自身がリディアに、「医師たちは、思想指導でスターリンの右腕であるアンドレイ・ジュダーノフを故意に殺害し、さらに最高指導者スターリンの暗殺も企てている」という告発を行なうよう教唆したのだった。これらの有能な医師たちはみな銃殺され、それが引き金となって、ユダヤ系の有名な知識人に対するテロが始まったのである。最高指導者による犯罪は、このようにして生まれたのだった。

やはり一九九三年の四月に、アメリカではエセルとジュリアス・ローゼンバーグ夫妻の正式な名誉回復が行なわれた。やはりユダヤ系のこの科学者夫妻は、当時ソ連のスパイをして、原子爆弾の製造工程に関する発明の機密を流していた、という罪を着せられたのだった。学者夫妻は国家反逆罪に問われ、連邦裁判所で死刑判決を受け、今からちょうど四〇年前の一九五三年六月一九日に電気椅子で処刑された。この殺人は、反共、反ソ感情を煽り、進歩的なユダヤ人を恐怖に陥れるために、米政府の極右マッカーシーによって演出されたものだった。夫妻の名誉回復に際して、アメリカの新聞は、この二人の科学者の有罪を示す証拠は何もなかったことを認めた、当時の連邦裁判所検事副総長ロイ・コーンの声明を掲載した。

この裁判について、法皇ピウス一二世をはじめ、イギリスの女王、フランスのヴァンサン・オリオール大統領や、世界中の何百人もの知識人が、二人の学者の死刑判決の撤回を要請したことは今も知られている。しかし、結果は虚しかった。事件は四〇年前に起こったものだが、世論は今、クリントン大統領と議会に対して、正式に事件の記録を再検討する命令を出し、ローゼンバーグ夫妻の無罪を証明するよう強く求めている。

共産党政権下のベトナムで、無実の罪を着せられた人々の苦悩と怨みは広く深い。指導者たちは事実を覆い隠し、沈黙を守り、すべてを葬り去ろうとしている。彼らは、国民と世界の世論を非常に恐れている。それゆえ、彼らはいつも尊大ぶって、「見直すべきものは何もない。過去の事件はすべて厳密に、正確に、公平に処理されている」と大ぼらをふいているのだ。彼らは今でもなお、「サイゴン解放後に旧政権の政府関係者や軍人を再教育キャンプに送ったのは、必要な措置であり、また人道的な行為でもあった」と、傲慢な言い方を続けている。「彼らの罪は死に価する。彼らは投獄されて然るべきだ。命があるのは儲けもの、訴えられないのはもっけの幸いなのだ。なのに、この上何を要求するというのだ？　今やすべてが自由になり、合法出国計画による渡米もさらに緩やかになったのだから、十分人道的というものだろう！」

彼らがいまだに、このような理不尽で不合理なことを言えるのは、国内の世論がまだ彼らの権威を恐れているのと、国外の世論がまだベトナムの状況を理解せず、十分な批判をしないためである。ベトナムの指導者たちは、責任を回避するために、相変わらず国家主権を盾にとり、諸外国が国内問題に干渉できないようにしているのだ。

「再教育キャンプ」とは、本当に再教育キャンプだったのだろうか？　それとも、実際には収容所のシステムだったのだろうか？　一九七五年当時、収容所は、レ・フー・クア★少将が長を務める内務省の収容所管理局がすべてを管轄していた。

その学習はどんなカリキュラムで、どんな方法で行なわれたのか？　本当の学習ならば、参加者には思想の自由と、民主的な議論をする権利があるはずだ。しかし、教官の言うことに納得せず、違う意見を持つ者は、足枷をされ、時には足をねじって枷をかけられて、独房に監禁されるのだった。実に凶悪なやり方だった。それがまともな学習と言えるだろうか？

当局は、再教育制度は非常に人道的で、学習者は家族と面会して差し入れを受けられ、医薬品も支給され、自分で生活を改善するために働いている、と自慢する。

それなら、ファン・フイ・クァットや、弁護士のチャン・ヴァン・トゥエン、作家のグエン・マイン・コンなど、キャンプ内で健康を損ね、手当ても受けずに死亡した者が何人いると思っているのか？何割の者が、マラリヤや、赤痢や、栄養失調や、脚気などの病気を患ったと思っているのか？そして、ホ・ヒュー・トゥオンや、有名な詩人ヴー・ホアン・チュオンのように、重病で死にそうになった挙句、ただ死ぬために家に帰された者がどれだけいるというのか？

共産党指導者たちはこう反論する。秩序と治安を守るためには、他に方法がないのだ。反乱を企て、混乱を引き起こそうとする芽がすでに存在していた。その後さらに、カンボジアのクメール・ルージュとの衝突があり、続いて中国との戦争があり、そしてホアン・コー・ミンやヴォー・ダイ・トンの組織*が陰謀を企てた。そういう動乱を抑えるための確たる管理手段がないのだ。

問題をはっきりさせるには、社会で広範な議論をする必要があろう。二〇万を超える旧体制の公務員や軍人を、短い者は二～三年から、長い場合は一三～一四年も投獄する以外に、手段はなかったのか？　他に解決方法がなかったのか？　違うやり方はなかったのか？

他のやり方で、広範な民族的和解と和合をめざすことはできなかったのだろうか？　もっと早くから、旧政権関係者たちの知識や技能や経験を、祖国建設に活かすことはできなかったのか？　そうすることで、民族精神、民族の団結、民族への奉仕に基づいて、その大勢の人々をより深く引き寄せることができたのではないか？　大量の人間が苦しみながら死んだり、病に喘ぎ、虐待を受け、その家族が悲劇的に引き裂かれるような事態を、もっと減らすことができたのでは？

要するに、もっと賢明で、建設的かつ人道的な政策はあり得たのか？

きっとあったと私は信じている。サイゴン解放後の数週間後から、私はクアン・チュン・キャンプ［ドン・ナイ省］にいるサイゴン政権の士官の収容所を訪ねた。さらに、ロン・タイン［ドン・ナイ省］のキャンプや、ロン・アン［ロン・アン省］、カン・トー［カン・トー省］、ハム・タン［ビン・トゥアン省］、クアン・ガイ［クアン・ガイ省］の各キャンプも訪れ、タン・ラップ［ビン・ズオン省］やトゥエン・クアン［トゥエン・クアン省］のキャンプ、そしてハー・ナム・ニン［現ハー・ナム、ナム・ディン、ニン・ビン省］、タイン・ホア［タイン・ホア省］の各キャンプにも足を運んだ。数百人の教官の話も聞いた。レ・フー・クア将軍は、一九七八〜八三年の教官の全国大会に、何度も私を呼んでくれた。私はまた、四〇人近い将軍クラスの人物をはじめ、大臣、次官、各党派の指導者から士官、下士官に至るまで、数百人の再教育対象者の話を聞いた。

私に率直にこう言う人がいた。

「むしろ裁判をして、合法的に審理してくれた方がいい。私たちをこんなふうに虐待するのはあまりにも理不尽だ。あとどれだけ拘禁されているのか、誰にもわからないんだから」

また、このように言う人もいた。「われわれや家族や友人をこんな目に遭わせるなんて、人間のす

＊ホン・コー・ミン（Hoang Co Minh）は、旧南ベトナム政府軍兵士を中心に一九八〇年四月三〇日に反共ゲリラ組織「ベトナム解放統一戦線」を結成、メコンデルタ、カンボジア、ラオス領内で活動した。ヴォー・ダイ・トン（Vo Dai Ton）は元南ベトナム政府軍中佐、情報省帰順担当補佐官。在外ベトナム人組織「ベトナム復国在外志願軍」を指導し、一九八一年にベトナムへの侵入を図って逮捕された（この章の「騙された治安当局」参照）。

ることじゃない。戦争に勝った者がこんなことをすれば、ますます怨みを買うだけだ」。また、このように考える人もいた。「フランスでド・ゴールが勝って、祖国を解放した時には、対独協力者全員に恩赦を与えた。ペタンは死刑の宣告を受けたが、その後、減刑されて屋敷に住まわされた。高齢だから死ぬまでそうしたわけさ。殺人の罪を犯した者だけが、厳密に法律に従って起訴されて、裁判を受けるべきなんだ」

私と会って誠実に批判する人もいた。「われわれは学習してもまったく頭に入らない。家で極度の貧困に喘いでいる妻子の心配をしなければならないのだから」。教官たちのことを批判する人もいた。「われわれのクラスに教えに来た中尉が、こんな自慢をした。『ソ連はすばらしい。ベトナムに最新のミサイルを援助してくれた。そのミサイルには色がなく、雲に隠れて、米軍機が来ると自動的に撃墜する。命中率は一〇〇パーセントだ』というのだ。私はミサイルの原理について知識はあるが、さっぱり訳がわからなかった。それでも、敢えて質問はしなかった。実は、教官たちはちゃんとした教育を受けておらず、あまりにもレベルが低くて、勝手なことばかり言うだけでなく、ここまでひどい大ぼらを吹く者までいるんだ」

その後、合法出国計画でアメリカに移住した人たちも、私と会った時に、やはり同じような批判をしていた。ある中佐はこんな証言をした。ロン・カイン〔テイ・ニン省〕のキャンプで、ある教官が詩を書いた紙を見つけたことがあった。それは、別の房の友人が、その中佐に書いてくれたいくつかの唐詩だった。教官は詰問した。「誰がこの詩を書いた? ドー・フーとは誰だ? どの房にいる奴だ?」。彼が「教官、これはホー主席が遺書の中で語っている人物です」と答えたところ、「でたらめを言うな。ホー主席を冗談のネタにするなんて」と、さらに罵られた。

私が思うに、何十万もの人間を再教育キャンプ――実際には非常に残酷な収容所――に入れて虐待し、形式的な詰め込み学習をするのは、非道徳的で非人間的な、一つの復讐のやり方である。それは、はかり知れない苦しみと、死と、病苦をもたらし、家庭まで破壊し、妻子や両親、親類まで苦しめることもある。これは、考え方としても、政策としても、大きな誤りであり、ベトナム民族の人情ある伝統にも背いている。そして、膨大な数の人間を祖国から追い出し、怨みを募らせ、限りない敵愾心を植えつけたのだ。

共産党指導者は、その頑なな認識を見直すべきだ。事の正否をはっきりさせ、祖国のために有益な教訓を引き出すために、国内と国際的な場で話し合いを持つべきである。

決定の方法

指導者が大きな間違いを犯す原因の一つは、決定を出すやり方にある。これは、わが国にとって基本的な一つの教訓だと思う。正しい決定とは、何よりもまずよく吟味し、慎重に検討し、念入りに考察し、可能な限りの解決法を出してから、最善の策を選ぶことでなければならない。

そうするためには、その分野の優秀な専門家を集め、成功例も失敗例も含めた他国の経験を参考にする必要がある。それが決定を出す責任者の民主的な意識、民主的な態度というものだ。

民主的な意識だけでは、まだ十分ではない。民主主義を保証するシステムも必要だ。過去数十年間、ベトナムはそういう状態になかった。

戦時には、戦いが激しく、緊迫していても、決定を下すことはある意味で簡単だ。つまり、平時の国家建設の時よりも簡単だということである。まず、全民族の士気を鼓舞し、不屈の精神を高揚させ、一人一人の犠牲的精神を呼び起こす。この伝統はすでに備わっており、ただ喚起するだけでよい。われわれは祖国の地で戦っており、正義はわれわれにあった。装備や武器は、すべてソ連や中国が賄ってくれた。航空機やミサイルから銃砲まで、靴や帽子やベルトに至るまで、すべて援助してくれたのだ。米や砂糖、薬品、食糧まで、みな外国から、海路や鉄道や道路を通って続々と運ばれて来た。春と秋の二回、代表団が選ばれて援助協定を締結しに行き、援助を受ける段取りをし、分配するだけですべて事足りた。純粋な道徳が行き渡り、汚職もほとんどなく、したがって仕事もあまりややこしくなかった。南部の季節ごとの戦闘計画の策定がすべてだった。冬・春期が過ぎれば、夏・秋期というように。決定はいつも政治局の内部で行なわれた。党中央委員会が招集されることは少なかった。国会は形式的に開かれるだけで、議論も論争もなかった。それはあたかも、決議を学ぶ教室のようなものだった。

戦争中の仕事のやり方は、平和な時代になってもほとんど変わらなかった。戦時には生活が分散していた。各政治局員は自宅で、それも互いに離れた家々で仕事をしていたのだ。それぞれの家が、事務室と書記、秘書、助手、警備員、運転手、管理人、医師、看護婦、伝令、連絡係、食品調達係、炊事係、下働きをなどを抱えた一つの大きな役所だった。その上、妻子や親類が一緒に住んでいたのだ。

政治局の中も、書記長の他、一人ないし二人、せいぜい三人の指導中枢がいるだけで、つまりそれが全集団を支配しているということだった。書記長が個人のアイディアを出し、一人か二人の側近と話し合い、互いの意見がまとまると、それで終わりとされた。会議では討論がほとんどなく、事実上の議論はなされず、いつもトップダウンだった。封建的な家父長体質に従って、みな互いに遠慮し、目上とは争わず、団結の伝統に従っていたのだ。民主的な意識がなく、さらに民主主義を保証するシステムもなかったので、下は上の決定を待つだけだった。お上《かみ》が考えればそれでよい。お上はどんな時でも優秀で賢明なのだ。下の者はひたすら学ぶのみである。上の決定を記録し、深く理解し、実施し、目的を実現するために。決議を通達して確認する集会や、情勢を伝達する集会は、みな参加者がしっかり規定されていた。上級の会議に出席したら、次は下級の幹部を集め、決定を広めるのだった。上から決定を伝えられ、それを下に伝える任務を持つ者は、いつも自分が重要な、それも非常に重要な人物のように思い込んでいた。なぜなら、書記長や政治局、中央委員会など、上の意向を掴むことができ、それを下に伝えるのは自分だと思っていたからだ。

党のシステム全体がそうなっていた。お上が考えて、決定、決議を出す。下はそれを受け入れる。上が口伝えしたことの中味を、下にそのまま吐き出すのだ。毎週のこの行事は伝達と呼ばれた。学校のノートのような、伝達事項を控えたノートが何十冊、何百冊とあった。控えを取る時には、いつも重大事のような振りをしなければならなかった。

党が決定を下に伝えると、下はただそれを受け入れて実行するだけだった。党の規律も同様だった。決議は共同作業であって、欠点や誤りはあり得なかった。お上は各級の党員に、自分たちと同じように考えるよう強制した。

仕事のやり方は時代遅れの手作業で、そのうえ主観的な自己満足が多かった。そのため、きわめて重大な国家的問題が生じても、誰も解決できないまま時間だけが経過するのだった。たとえば、軍隊の兵員数、つまり軍の総兵力の問題がそうだった。諸外国では、軍の兵力とは、大統領や議会、軍事委員会、国家会議、安全保障会議、閣僚が携わる政治、経済、財政、国防問題などに影響を与えるものであり、最も重要なデータだった。私は一九八五年に、国防相が率いる高級軍事代表団のメンバーとして、インドとインドネシアを訪問してから、このことを理解するようになった。

これらの国々は、全人口に対する軍の兵員数の比率を非常に重視していた。インドでは七億二〇〇〇万人の人口に対して一〇〇万人（七二〇分の一）、インドネシアでは一億八〇〇〇万に対して八〇万（約一五〇分の一）だった。中国はといえば、当時一〇億対四〇〇万（約二五〇分の一）だった。それに対して、ベトナムは当時六二〇〇万に対して一六〇万（約四〇分の一）だった。このように、国家にとってきわめて重要な比率を比較すると、ベトナムは諸外国の基準をはるかに超えて、中国の六倍、インドネシアの四倍、インドの一八倍にも及んでいるのだった。世界平均では、人口一〇〇に対して兵力一だった。

周知のように、日本とドイツ連邦共和国は、第二次大戦後は攻撃のための軍備を禁じられたため、この比率はきわめて低い。そのため、両国は軍備にそれほど予算を費さず、国家予算の一パーセント以下という軽い軍事負担で、未曾有の経済発展を遂げたのである。私は、ロンドンの英国戦略研究所の一九八四年と八五年の軍事年鑑を参照して、東南アジア諸国の右の統計をグエン・ヴァン・リン書記長に送り、このきわめて重要な比率について新聞に記事を一つ書いた。しかし、ベトナムで軍備削減問題が注目されるようになったのは一九八九年以降で、それも兵士の動員解除が困難なため、やっと半分ほどに削減されただけだった。

わが国では、国会議員の誰一人としてこの比率について考えた者はなく、この問題で政府に質問したり、関心を持ったりする者もなかった。

バー・ディンの国会議事堂の会議を何度もフォローして、私は、わが国の代議士たちが気の毒になることがあった。何とも痛ましいことだった。彼らはただ、政府が知らせることだけを知る、という存在に過ぎなかった。決して自分から問い質したり、疑義を投じたり、議論のために問題提起をすることなどなかった。彼らは、教室に学習に行くように、受け身の態度で議事堂に行った。各班の討議は、中央直属市あるいは大きな省の代表、または二、三の小さな省の代表が集まって班を作り、きわめて円滑に進められた。しかも、国会は年二回、春と秋に開かれるだけで、一回の会期はせいぜい一週間だった。私は観察していて気づいたのだが、何と半数以上の議員が、四年の任期の間に一度も議場で発言に立たないのだった。いつも各班長や、省または市、地域の代表が、集団の意見を代表する形で発言した。一人の議員が個人の意見を述べることはきわめて稀だった。新憲法をめぐる一九九〇～九一年の討議の頃には、議論もいささか活気づいたが、それでも国民と社会の広範な意見を反映するには至らなかった。

私は非常に多くの国会議員に話を聞いた。彼らは、一九六八年にテト攻勢が行なわれた時も、何も知らなかった。同年の六月になって、彼らは一般市民と同じように、初めてそのことを知らされたのだった。一九七八年末～七九年初めにカンボジア侵攻があった時も、軍事機密だからという理由で、国会議員はやはり何も知らされなかった。これは決して珍しいことではなかった。なぜなら、国会には解放戦線に含まれる各社会階層、つまりカソリックや仏教、プロテスタントの代表や、資産家の代表、合作社の代表、少数民族の代表などが入っていたが、彼らは本当の国会議員というよりも、議会制度の体裁を整えるための二流の議員、予備の議員としかみなされていなかったからである。

民主主義という建て前通りなら、国会ではどれほど活気のある有益な議論が展開することだろう。基本的な問題に対して、厳しい質問が提出され、誤りが長引かないようにできるはずだ。

ベトナム戦争中の捕虜および行方不明米兵問題では、国会議員も一般市民と同様、かやの外に置かれていた。一九八八年に私がナム・ディン［ナム・ディン省］の街に行った時、ある国会議員が私にこう訪ねた。「ベトナム側は米兵をすべて引き渡したのか、それともアメリカ側との交渉材料にするために、まだ残してあるのか、どっちなんでしょうね？」。『ニャン・ザン』の一職員の方が、国会議員よりもよく知っているはずだと思われていたのだ。私は、自分の知っている限りのことを答えた。当時は、ベトナム人の捕虜を速やかに、明確な形で、全員送還させるという目的があったので、米兵の捕虜はすべて引き渡されていた。

新しい国歌を一般公募で選ぶという問題をめぐって、国会で議論が沸騰したことがあった。私の思い違いでなければ、それは一九八三～八四年のことだった。当時、国家評議会議長だったチュオン・チンは、非常に熱心にこれを進めようとした。南北が統一されて全国が社会主義に向かうのだから、新しい国歌が必要だ、というのが理由だった。党内ではさらにこう説明されていた。つまり、前の国歌の作曲者ヴァン・カオは、一九五六～五七年当時、「ニャンヴァン・ザイファム反動一味」に関わっていたので、別の歌に替える必要があるということだった。これまでずっと、国会開幕の際にヴァン・カオがバー・ディンの国会議事堂に招かれなかったのはそのせいだった。

この問題が提起された時、このように発言した国会議員がいた（名前は憶えていない）。

「フランスの『ラ・マルセイエーズ』や、ベトナムの『進軍歌』のように、各国の国歌とは、いつも民衆の革命が高揚した時に出て来たものだ。国歌をこのように一般公募して、密室の中で選ぶのは実に難しいと思う」

チュオン・チンは即座に、「何もしないうちから、そんなことを言うのは敗北主義だ」と批判した。

「やってみてこそ成果があり、大きな成功が得られるのだ。われわれは非常にすばらしい国歌を持つことになるだろう。歌詞も曲も勇ましい、政治的にも芸術的にも優れた国歌をだ」。反対派や慎重派を抑えるために、彼は国会の会議の最中に立ち上がって、「票決を取る！　新国歌制定に反対する者は手を挙げろ！」と怒鳴った。そうされては、誰も何も言えなかった。非常に民主集中的なやり方で、決議は国会を通過したのである。

新国歌制定委員会が設置された。一〇〇〇近い作品が寄せられ、そこから二〇〇の歌が選ばれ、さらに最も優れた一七の作品に絞られた。二晩続けて国会議員が招集され、選ばれた一七編を軍楽隊が次々に演奏するのを聞かされた。文化省は一七編の歌を何千万部も無駄に印刷して、はかり知れない予算を費やした。国民から寄せられる意見をとり上げるために、放送局は二ヵ月間連続で一七の歌を繰り返し放送した。

その後で、二、三の優れた歌がいくつかの新聞紙上で発表されたが、その後、一時はあれほど世間を騒がせた国歌制定キャンペーンは、ぴたりと止んでしまった。国会はそれ以上何も言わず、沈黙した。国歌制定を延期するとか、取りやめるとかいう結論が出たわけでもなく、声明も発表されなかった。そして当然ながら、国会常務委員長が主導する新国歌制定派が解散したことも公表されなかった。まったく、竜頭蛇尾もいいところである。そして、これほどつまらない国歌募集のために、はかり知れない時間と資源を費やしたことで、国民に対して謝罪は一切なかった。まるで冗談のような話だった。また、この件に関して、「作品を公募して密室の中で国歌を選ぶことはできない」と敢えて発言した国会議員の正鵠を得た意見を支持した者はいなかった。

一九九二年四月の国会で、南北縦断送電線を建設するという方針が通った時も同様だった。これは、ベトナム共産党政治局の政治的な決定で、急いで、焦って採択され、そして国会に押しつけられたものだった。南部では電力が不足しており、一週間に三日しか電気が供給されないのでは、外国企業の投資意欲が薄れる、かたや北部は電力が余っているのだからと、単純に考えられていた。電柱から家に電気を引くように、電気の余っている所から足りない所に運ぶというのである。国会議員たちは、これが技術的に非常に複雑な問題であることをわかっていなかった。出費は少なくとも三億ドル、おそらくは五億ドルに上る。加えて、送電作業の安全を保障することは非常に難しかった。

この計画に切実な反対意見を唱えたのは、一九七五年以前は南部で電力部門の総責任者を務め、一〇〇〇キロ以上の送電線についての専門教育と研究に携わる良心的な専門家だった。それは、現在はグルノーブル工科大学の送電工学科の教授で、フランスのEDF電力の顧問を務めるグエン・カック・ニャン★だった。ベトナムでは、彼は当局から、国内の状況を理解せず、西側のテクノロジーを崇拝する信頼できない人物とみなされていた。

指導部はこの大規模プロジェクトを発動し、即決即勝の一大作戦として、唖然とするフランスやアメリカや日本の専門家たちを前に、一九九三年の終わりには完成すると豪語した。『ファー・イースタン・エコノミック・レビュー』誌のミューレイ・ハーバート記者は、一九九三年二月の記事でこう書いている。

「外国の投資家たちは、ベトナム政府がこの大胆不敵なプロジェクトをうち出した時には恐れをなした。約五億ドルのプロジェクトであるにもかかわらず、建設と資材、技術に関する計画書は、たったの一六頁しかなかったからだ。技術軽視もここに極まれりである」

ホア・ビン［ホア・ビン省］にソ連の資金で巨大な水力発電所を建設することを決めた時もそうだっ

た。政治局は、最も高価で、最も時間を要する、技術的に最も複雑な計画を選んだ。なんと核戦争に備えて、岩盤をくり抜いて八本の巨大なパイプに水を通すという計画である。それは、通常の二倍以上の予算と三倍以上の年月（一一年）を要し、今に至ってもまだ完成していない〔ホア・ビン水力発電所は一九九四年に完成〕。恐ろしいほど技術を軽視した、大きな決定が下されたために、それを受け入れ、負担に耐えなければならない国民は、多大な代償を支払うことになった。

私は、数人の党中央委員と書記局員、そして三名の政治局員にアプローチして、いくつかの恐るべき事実を聞き出した。社会全体に関わる大きな問題や、方針や、政策が、これらの指導機関で必要な時に検討に付され、議論されたことは全くないというのだ。一九七五年以後の南部における商工業改造問題や、旧政権関係者を何万人もキャンプに収監する「再教育」の方針もそうだった。華人やその他の人々を半ば合法的に追放するために、金の延板を没収する一大計画にしても、カンボジアに侵攻してそこに一〇年も駐留することについても、すべて同様だった。トップの僅か二、三人が好きなように考え出し、そして決定したのである。

人民軍防衛部門

それは、首都ハノイで最大の六階建ての建物である。設備や技術の点でも、その威力でも最大の建物——内務省の本部だ。それは、昔の市場の一部に建てられており、その横には旧インドシナ美術高等専門学校が、現在も美術学校として、今にも倒れそうにみすぼらしく建っている。内務省の建物は、一九七三年に着工し、八三年に落成した。建設にあたっては、ソ連の内務省が支援した。この新しい建物には、内務相や次官のオフィスと一緒に、治安総局と首都スパイ取締局が入っている。
内務省の古い建物は、そこからほど遠くないチャン・ビン通りにある。この古い建物には、現在、内務省の兵站総局と武装勢力建設総局が入っている。その傍のチャン・フン・ダオ通りには、ハノイ公安本部がある。

軍隊は多すぎる兵力を抱えていたが、公安の武装勢力もひけをとらなかった。公安と警察の勢力である。制服の公安も私服の公安もあり、それが公安組織の表と裏を成していた。政治担当、経済担当、文化担当、外国人担当の公安がそれぞれあった。各戸を見張る公安もあれば、街を見張る公安もあり、公安の機動部隊もあった。警察にもいろいろあり、一般の警察の他に鉄道警察、港湾警察、空港警察があった。

一九七八年に華人の処遇問題*がもち上がった時、各区域の公安と警察の勢力が急激に増強された。各行政区の公安本部は拡充された。尋常でなかったのは、教育や医療関係の機関、保育園、幼稚園、青年や児童の娯楽施設などは狭苦しく、汚らしく、みすぼらしく、荒れるままにうち捨てられていたのに、公安と警察の施設は面積を拡大され、建物も大きく立派になったことだった。グエン・トゥオン・ヒエン通りの内務省のゲストハウスや、グエン・ズー通りの内務省のホテルは、周りの建物と比べるとひときわ目立った。

私は、治安当局に厳重に保管されている大量の機密書類が、いずれベトナム人民の目にさらされる時が来るよう念じてやまない。今でもまだ見直しが行なわれず、当事者の無実が晴らされていない理不尽で不公平な事件が、もっと内外の誠意ある世論の前に引き出されるようになってほしい。

ここで、あまり知られていない一つの治安部門について、注意を喚起したい。それは、軍内部の防衛部門である。人民軍政治総局には、防衛部門と名づけられた一つの治安部門がある。そこには、将官クラスの局長と、ふつう三〜四人の副局長のいる防衛局がある。各軍区と軍団には政治局の中に一つの防衛委員会があり、各師団には政治委員会の中に一つの防衛部があり、各連隊には政治機関の中に一人の防衛補佐官がいた。国防省や、総参謀本部や、軍事学院、士官学校などの大きな組織にも、それぞれ防衛委員会があった。防衛担当幹部は、人事担当幹部と並んで、つねに最も奉られ、最も大きな権限を持っていた。それはつまり、いかなる階級、いかなる職位の軍人の政治生命も、彼らの手中に握られていたことを意味する。

防衛部門の任務は、士官や部隊の党に対する絶対的な忠誠を維持し、監視と調査を行ない、党の路線と政策に納得しない人間を発見して、処罰することだった。

一九六五〜六七年頃、親ソ的な修正主義者を摘発する方針がとられていた時期、私は『クァンドイ・ニャンザン』にいたが、やはり時々政治総局の防衛担当官がやって来て、覆いをつけた車を呼びつけ、逮捕礼状を読み上げ、逮捕者をさっさと連行して行くことがあった。ホアン・テー・ズン★中佐は、モスクワの政治学校に留学してそのままソ連に残ったヴァン・ズン上佐に代わって、総編集長となった人だが、彼が連行された時もそうだった。チャン・トゥー中佐、マイ・ルアン中佐、ディン・チャン少佐、マイ・ヒエン少佐、ダン・カン中佐、グエン・カン中佐らも、その後連行された。彼らは連れて行かれたきり行方知れずになった。彼らのことを口に出したり、尋ねたりする者もなかった。みな、

＊　華人の処遇問題　統一後の南部ベトナムでは、買弁資本家階級の廃絶、私営商工業資本の改造政策が実施された。商工業やサービス業を営んでいた華人資本家もこの対象となり、資産の押収や銀行預金の凍結などの措置がとられた。中国政府はベトナム政府が華人系住民を迫害していると非難し、中越間に同住民の処遇をめぐる論争が発生した。

彼らが修正主義に関わって、ソ連共産党の路線に共鳴したことを、暗黙のうちに理解していたのだ。

数年後、彼らは戻って来たが、他の部隊に異動させられたり、他の部門に転属させられたり、動員解除されたりしたため、やはりそれ以上、敢えて彼らのことを話題にする者はなかった。彼らのことを尋ねたり、口に出したりすれば、彼らと関係があるとか、同じ考えの者かと疑われ、自分自身に災いを招きかねなかった。右の士官たちは、防衛担当官に尋問される時には決まって、いつザップ将軍の家に行ったか、何のために行ったか、何を書いたか、何について話し合ったか、誰が同席したか、などを白状させられた。このことは、防衛担当官が巨大な権力を握り、名目上は彼らのボスである国防相の動向までチェックしていたことを物語っている。

軍の防衛部門はさらに、内務省関係の防衛部門でも権力を持ち、内相の治安業務に対しても指導権を行使した。当時の内相チャン・クォック・ホアン、その後を継いだファム・フン、マイ・チー・ト、そして現在のブイ・ティエン・ゴ★らに対してである。マイ・チー・トが、治安将校の養成課程を経ずに、外部からこの部門に参入し、非常に強大な権限と共に公安大将の階級を与えられた人物であることは、誰でも知っていた。

自身は軍に属していないが、軍を非常に厳しく監査していたのは、党政治局員で中央組織委員長のレ・ドゥック・トだった。この地位によって、彼は、党、政府、軍隊、公安、治安、戦線の各部門を含むプロレタリア独裁体制の全組織を掌握していた。彼はまた、戦略情報とスパイ対策の任務にも、直接責任を負っていた。前述のように、彼は軍人でも士官でもなかったが、レ・ズアン書記長が中央軍事委員会書記を兼任している間は、レ・ドゥック・トは、れっきとした軍隊の党支部の中で、中央軍事委員に立候補したり、投票することができた。

ヴォー・グエン・ザップ大将は、党組織の中では、中央軍事委員会副書記でしかなかった。したがって、レ・ズアン、レ・ドゥック・ト、マイ・チー・ト、グエン・チー・タイン、トー・ヒューなどの指導グループが、チャン・クォック・ホアン、ヴァン・ティエン・ズンらと共に、戦時の政治、軍隊、外交の全体を事実上支配していた。

ファム・ヴァン・ドン首相は、正直な心の持ち主で、時に天真爛漫なほどナイーヴになる人だったが、当たり障りのない軟弱な態度をとり、自分には実権がないと嘆くことしかできなかった。四〇年近くも首相の地位にありながら、彼は明確な政治的意見を示すこともなく、いつも軟弱で無力な姿勢を見せていた。人々は彼を見くびり、傷つけ、誰も彼を畏れなかった。一部の知識人は、ファム・ヴァン・ドンは文化面の仕事の方が適任で、もっと業績を上げることができただろうと評価している。ちょうど、トー・ヒューが単なる一詩人、一文化人だった方が有益で、彼自身にとっても良かっただろうと言われるように。トー・ヒューは、経済や政治の専門家になろうとしたばかりに、苦い挫折を味わったのである。つまり、人間が自分の能力を自覚し、それに相応しい望みを持つことが、いかに難しいかということだ。

レ・ドゥック・トは、大きな野望と自信を抱く類の人間だった。彼は、幹部組織、軍事、治安、外交など、度を越えた範囲の職務を抱えていた。彼はレ・ズアンと強く結びついていたので、やりたい放題のことができたのである。彼が本務を持つ幹部組織の部門こそ、また最も保守的で旧態依然とした部門でもあり、知識人の中堅幹部に対して最も偏見を持ち、国家の活動全体にとって最も有害な部門でもあった。党内で非常に多くの人々が、レ・ドゥック・トはレ・ズアンに代わって書記長になるだろう、と予想したことがあった。後には、レ・ドゥック・トはレ・ズアンの次にトー・ヒューを書記長に据える準備をしていた、と考える人もいた。

しかし、ゴルバチョフの指導下で起こったペレストロイカが、すべてを変えてしまった。グエン・ヴァン・リンはドイ・モイの人だと思われたが、それは見立て違いだった。そして今や、きわめて保守的なドー・ムオイが、やはり負けず劣らず保守的なレ・ドゥック・アインと並んで、ドイ・モイの人だと思われている。これは共産党にとって実に大きな不幸であり、祖国にとっても大きな不幸となるのだ。

改めて新指導部を見ると、一九八九年末から九〇年初めにかけての共産党の情勢を思い出す。当時、最大の争点だったのは、ソ連と東欧の情勢に対する評価だった。なぜその体制は崩壊したのか? 原因は国内にあるのか、国外にあるのか? そして、われわれはそこからどんな教訓を引き出すべきなのか?

チャン・スアン・バイックは、当時一つの情報室を作って専門のスタッフを置き、諸外国(東欧、ソ連、西側諸国)の情報を収集、分析していた。したがって、彼には客観的かつ全面的に情勢を理解する条件があり、体制崩壊の原因は内部にある(官僚主義、民主主義の欠如、計画に従った融通のきかない集中経済体制が発展を遅らせ、消費物資の不足を招いたこと、党と人民の乖離など)というのが正しいと認め、自由な市場経済と、民主的で多元的な政治という二本の足で歩まなければならない、という教訓を引き出したのである。彼は記事を書き、話をして、自分の考えを広めた。

さっそく、党の最も教条主義的で保守的なお歴々が、反対の火の手を上げた。第八回中央委員会で、最も激昂してチャン・スアン・バイックを槍玉に上げたのは、ダオ・ズイ・トゥン、グエン・ドゥック・ビン、ノン・ドゥック・マイン、グエン・ハー・ファン、レ・ドゥック・アイン、ドアン・クエ、ヴー・オアイン、レ・フォック・トらの面々だった。彼らは、バイックの意見は、社会主義の敵の理念に従った、右寄りで修正主義の日和見的な性格のもので、危険であると決めつけた。政治局は中央委に対して、バイックを政治局員と書記局員から解任するという処分を提案する予定だったのだが、右の面々は断固として彼を中央委からも追放するよう求めた。さらに、「このように規律を無視した政治的見解や態度を示すようでは、バイックにはもはや平党員の資格すらない」という意見さえ出た。

『タプチ・コンサン』の総編集長だったダオ・ズイ・トゥンは、まさにその断固たる態度ゆえに、グエン・タイン・ビンに代わって政治局員兼常任書記局員に就任した。これは、政治局を代表して日常のあらゆる業務を処理する、限りなく重要で大きな権限を持つポストで、党中央委副書記長のようにみなされていた。一九八九年と九〇年に、第七回、第八回、第九回の中央委員会の決議をバー・ディン会議場の党幹部会議で発表したのも、他ならぬ彼だった。

グエン・ドゥック・ビンは、グエン・アイ・クォック党学校の副校長だったが、一九八五年からこの学校の校長に昇格した。一九八七年、彼は党の理論幹部の代表団を率いてソ連を訪問した。第七回党大会に向けて準備した党の新綱領の草案について意見交換するためだった。ソ連側との話し合いで、草案の主観的で教条的な観点がソ連の幹部に批判され、削除が求められた。特に、「今の時代の主要な特長は、全世界が資本主義から社会主義に移行する過渡期である」とか、「資本主義は死滅しつつある」とか、「資本主義社会の労働者の貧困化」とか、「社会主義の優越性と高度な発展」というような部分だった。

チャン・スアン・バイックを激しく批判したノン・ドゥック・マイン、ドアン・クエ、レ・ドゥック・アイン、グエン・ハー・ファン、ヴー・オアイン、レ・フォック・トらの演説文は注目された。

そこから、現在の頑固で融通のきかない指導部の中枢が形成され、経済ではある程度のドイ・モイと自由化を行なっても、基本的に教条的で保守的な路線を何としてでも維持しようとする体制が出来上がったのだ。これらの面々は、新たな指導集団の中で、それなりの褒美を与えられた。グエン・ハー・ファンは、当時まだ党中央委員候補だったが、すぐに正式な中央委員に格上げされ、第七回党大会からは書記局員になった。

まさに、これらの最も極端な保守派の人物が、現在のベトナムの政治情勢を支配しているのである。レ・ドゥック・アインは国家主席になり、国防、治安、外交の各領域を直接掌握し、ブイ・ティエン・ゴ内相を自分の権力下に置いている。イェット・キェウ通りにある巨大な建物、つまり内務省本部は、つねに共産党指導体制の防衛という最大の任務を負っている。その任務は、国家の安全を守る任務や、法律に基づいて国家の発展を守る任務よりも優先されているのだ。

騙された治安当局

治安部門で働く者の数は非常に多い。下位レベルになるほど、職員たちは貧しく煩わしい環境で暮らし、働いている。給料が少ないため、まともな暮らしができず、家族は苦労する。そのため、自分の権限を利用し、人民にたかるような堕落した職員も少なくなかった。公安部門に就職するには、普通は後ろ盾が必要である。就職できるのは、まず公安関係者の子弟である。両親も、妻子も、兄弟姉妹も、全員が公安と警察に勤めているという家族も少なくなかった。戦争中は、公安部門の者は徴兵されず、銃を持って戦場に行かずにすみ、戦場での犠牲を免れるというメリットがあった。政治局員の子供や孫も、公安機関に入ることができた。レ・ズアンの息子レ・チュンは、普通教育の課程では学力不足で、品行も悪かったが、それでも（書記長が心おきなく革命事業に専心できるようにという）圧力で、ホー・チ・ミン共産青年団に入れられ、その後、卒業時に公安中尉の地位を貰うのを目当てに、第五〇〇学校［治安大学。別称C五〇〇。ハノイ南方のハー・ドンにある］に入学した。

治安部門には、仕事熱心で専門性に優れ、聡明で機敏なスタッフも若干はいる。メコン・デルタ出身のハイ・タンもその一人だった。彼は、部隊の仲間と一緒に、中国の組織に支援された外国のいくつかの武装政治組織の浸透計画を未然に防いだ功績で、治安勢力の英雄の称号を受けた。ベトナムの治安勢力は、ラオス領を流れるメコン川を越えてタイ側から侵入した武装グループの動きを封じたこともある。これらのグループは、ベトナムに侵入するつもりだったが、南ラオスのサラヴァン県の一地方で捕えられてしまった。

しかし、ベトナムの治安組織がしくじった事件もあったことを言っておくべきだろう。彼らは、傲慢不遜で非常に主観的な態度が災いして、敵との戦いに破れることがあった。ヴォー・ダイ・トンの事件がまさにそうで、この時は非常に苦しい戦いを強いられた。このことは、まだ世間にあまり知られていない。私は、トンの逮捕直後から、彼のことをフォローした。彼のグループは、全員ハノイの近くまで連行された。彼は非常にあっさりと、すべてを白状した。そして、速やかに改心を表明し、心から罪を認め、悔悛の情を示した。彼は一〇〇頁近い供述書を書いて、アメリカと、オーストラリアと、タイで組織された志願軍について説明した。彼らの大胆不敵な侵入活動と、日々の活動状況の変化、そして悲惨な結末などについてである。彼はホー・チ・ミンを称賛し、「主席の魂に罪を告白する」「良心的な市民になるよう再教育を希望する」「人生をやり直したい」と語った。内務省の刑務所管理局と治安総局は喜んで、第一級の大物反動主義者を再教育できたと自画自賛した。

チャン・ドン内務次官とファム・フン内相は、偉大な成果だという報告を受けた。二人はさっそく、模範囚ヴォー・ダイ・トンに直接面会して、自分の目でそれを確かめた。審問で何も疑わしいところがなかったので、これは正義が反動主義者の親玉を急速に改心させたきわめて稀なケースとされ、なおも暴動をひき起こす機会を狙っている反動主義者の意志を完全に挫くために、この成果を活用しなければならないと認められた。ファム・フン内相は自ら、国際的な記者会見を開き、アメリカ、フランス、日本などの新聞とテレビ、ラジオのレポーターがトンにインタビューして、彼が答えるという計画を練った。

一九八二年六月、国会開催に際して、内務省はハノイに来ている中央と地方の議員を招き、完成したばかりの真新しい内務省本部を披露した。イエット・キエウ通りの真ん中にある本部は、他の省とは比べものにならないほど巨大でモダンな建物だった。一〇〇人近い田舎の議員たちは、広大なスケールの建物と最新の設備、そして犯罪者を正確に素早くつきとめるために何千万という指紋を登録するシステムを目にして、驚嘆の声を上げた。二階の大きな客間では、ファム・フン内相が「未曾有の反動主義者の親玉を再教育した成果」を得々と報告し、内務省はこの人物に対する国際的な記者会見を準備している、と発表した。人々はみな大喜びしたが、その時、ある代議員が質問の声を上げた。

「同志にお伺いしますが、それはこちらの成果を披露する記者会見でしょうか、それとも、こちらがヴォー・ダイ・トンに記者会見を許すということでしょうか」

内相は立ち上がって大声で言った。「われわれが奴に記者会見させるのだ。うまい手だろう、同志諸君。奴はアメリカや、フランスや、日本の記者どもを怯えさせるだろうよ。奴は過去の罪を全部認めて、革命が自分をどんなふうに改造したか、自分から語るだろうからな」

別の代議員が立ち上がった。『タプチ・コンサン』副編集長ホン・チュオンだった。「同志、そんなことをしては危険ではないでしょうか？　外国の記者の前で、奴がこちら側を罵ったりしたらどうします？」

ファム・フンは立ち上がった。非常に暑い日だったので、シャツのボタンを全部はずし、内側の縫い目が見えるほど前をはだけていた。彼は大声で、「心配ない、心配ない。私は奴と二度会ってるんだ。私はこの件についてすべて掌握してるんだ。わかるかね？　私は奴の首根っこを押さえているんだよ。心配は無用だ」と怒鳴った。

その後まもなく、何人かの記者がトンとの面会を許可された。それは、ハノイの郊外で、ソン・テイの街に向かう幹線道路に近いニョンの辺りの一軒家だった。村の真ん中の二階建ての小さな家屋の中には、二名の再教育担当要員と医師、炊事係、守衛からなる治安総局の一グループ全員が住んでいた。トンは特別待遇を受けており、本や新聞を読んだり、ラジオを聞いたり、庭を散歩したりして過ごしていた。真新しい注文仕立ての服と、サンダルと靴下を身につけた彼は、まるで次官級の幹部のように見えた。

この「目覚めた捕虜」は、上の階の一室に一人で住み、記者会見の準備にいそしんでいた。彼は太って血色が良く、胡麻塩頭をしていた。

私は、午後の間ずっとトンの話を聞いた。彼は供述書に書かれたことを繰り返し、いくつか感想をつけ加えた。「眠れない夜に、女医さんが診に来てくれて、薬を調合してくれると、昔母がやはりこうやって面倒を見てくれたことを思い出すんですよ。革命側のお医者さんというのは、本当に母親のように親切ですね」「ホー主席の廟に詣でた時のことは、人生で最高の思い出です。主席の遺体の前で、私は自分が愚かな子供のように思えて、主席の素直な子供になるよう頑張ります、と誓いましたよ」

私はこれらの言葉を少しも疑わなかった。

一九八二年七月九日、チャン・ティ通りの中央祖国戦線本部で、内部の記者会見が盛大に行なわれた。中央とハノイの各新聞、テレビ、ラジオのレポーターが、大きな会見室にぎっしりと詰めかけた。内務省代表に紹介された後、ヴォー・ダイ・トンは、淡々と自分の半生――道を誤り、今や幸いにも革命によって再教育された人生――を、感動的に物語った。一〇ほどの質問が出され、彼はそれに答えた。感動に目を輝かせ、声を震わせながら、ホー主席の廟に詣でたことと、過去の過ちを償うために進歩的な人間になる、と誓ったことを語った。

人々はみな大きな拍手を送った。二〇点満点の二一点、つまり当初の期待を遥かに超えた成績だと評価した者もいた。治安当局は実に優秀だった。最大級の敵の大物を感化させたのだから。

その夜、郊外の小さな村で、トンは治安要員たちに、美味しい鶏粥と、ハノイ・ビールと、スリー・ファイブの煙草でもてなされた。翌週の国際記者会見という大きなイベントが成功するように、健康を保つ必要があったのだ。

人々はみな安心しきって、期待に沸き、外国の記者団の質問を予想して、親愛なるヴォー・ダイ・トン氏の話と合わせて、もっともらしく意味深長な答えを用意した。内部の記者会見は、国際記者会見の大切な準備段階であり、きわめて有益な予行演習だったのである。多くの幹部は、トンはもう拘禁される必要はない、仕事を与えられてもいいはずだ、たぶん祖国戦線で働くことになるだろうと予想した。

一九八二年七月一三日の午後、ホー・チ・ミン廟から一キロたらずのフン・ヴオン通りの国際クラブには、東欧や、ソ連や、西側の数十人の記者たちと共に、バンコクから駆けつけた一〇人以上の各国の記者たちも待ちかまえていた。会見室は大入り満員だった。テレビカメラの照明が明るく輝いていた。ヴォー・ダイ・トンの記者会見を主宰したのは、情報省次官レ・タイン・コンと、治安総局副局長ズオン・トン、そして名前は憶えていないが外務省の広報局の代表だった。

トンはベージュ色の新しい服に身を包んだ端正ないでたちで、感動した様子を見せていた。レ・タイン・コン次官が記者会見の開会を告げ、彼に、自己紹介をして外国の記者団に自由に答えるよう求めた。

トンはまず最初に、攪乱工作のために侵入し、ラオス領で捕えられたいきさつを語った。あらかじめ決められた筋書き通りに、台詞を暗唱したのだった。しかし、三つ目の台詞で彼は突然、筋書きからはずれ始めた。いや、違う脚本になったと言うべきだろう。彼は声をはり上げた。

「われわれの軍隊は、共産主義者の支配から同胞を解放するために、アメリカやフランス、オーストラリア、アジア在住の選ばれた愛国的青年たちで作られているのだ！」

三人の主宰は慌てふためいた。すぐに照明が消され、「しばらくお待ち下さい」とアナウンスが流れた。

トンは裏の小部屋に連れて行かれた。ズオン・トンは歯ぎしりし、机を叩いて詰問した。

「どうしてあんなでたらめを言うんだ！　ええ？　ここ何日も準備を重ねてきたのに、まだ憶えていないのか！」

私は、トンが落ち着きはらって笑うのを見た。

「どうしてそんなに熱くなるんですか？　西側の記者団の心理を理解すべきですよ。私は、まず彼らに信用させてから、私の身に起きたことを話すつもりだったんです。どうしてわかっていただけないんですか？　雰囲気にのせてから、うまく自分の身の上話に誘導するつもりだったんですよ。そうやって初めて、強い印象を与えられるんです。ご安心下さい、皆さんが完全に満足なさるようにやってみせます。外国の記者団はあなどれません。内部記者会見の時のように話したのでは、連中は信用しませんよ」

皆はまだ不安だったが、それでもいくぶんか気持ちが軽くなった。そして、やはりトンの言い分が理にかなっているような気がしたのだった。主宰が「よし！　準備した通りに話を続けるんだぞ。いいな！」と言い含めた後で、記者会見は再開された。

マイクを持つや否や、トンはアメリカの特派員の質問に答えて、強い調子で早口にしゃべった。

「われわれの活動は、専制体制に抵抗する闘いだ。われわれは勝利を信じている」

レ・タイン・コンとズオン・トンは立ち上がり、会見の終了を宣言した。人々は呆気にとられ、場内は騒然となった。トンの二人の護衛は、彼を車で連行した。護送車は、元の家ではなくハー・ドン［ハー・テイ省］の街に向かい、ゴム工場の近くで左折した。そこは、タイン・リエットの刑務所だった。そこに着くと、怒りに満ちた治安要員たちの面前で、ヴォー・ダイ・トンのベージュ色の注文仕立ての服は即座に剥ぎ取られた。誰も予想できなかったその日の突然の変節によって、ヴォー・ダイ・トンは反逆者として罰せられた。

外国の特派員たちは、トンに記者会見させて、正義の革命が一人の人間を更正させ、過去の罪を悔いて新しい人間になるべく説得した成果を自慢する、という治安当局の意図をよく理解していなかったので、そこにいた治安、広報、宣伝訓練、外交関係のスタッフほどには驚きを示さなかった。*あらかじめ用意されていた新聞原稿は、書き直されなければならなかった。前の週の内部記者会見に関連した内容で、トンが自らの罪を認め、悔悛の情を示したという部分はすべてカットされた。

この事件で、収容所機構を支配する将官から再教育担当官まで、また治安総局長や同次官まで、――そして最も注目すべきことは――自らこの敵の首根っこを押さえていた内相まで、治安機構全体が手痛い一撃を被ったのである。それは、イェット・キェウ通りの内務省本部にとって暗黒の一日だった。だが、その後も公式にこの過ちを見直したり、教訓を引き出すようなことは一切行なわれなかった。すべてが沈黙のうちに過ぎ去った。人々はただ互いに顔を見合わせ、肩をすくめて、治安当局の浅薄さ、お粗末さ、幼稚さを笑うだけで、誰もその事件について語ろうとはしなかった。触らぬ神に祟りなしなのである。

自分の価値観や目的に信念を持っている人間、孤立して自由を奪われた状況で、知恵をめぐらして立ち回れる人間というものは、いずれにしても尊敬に価するだろう。

私は、暴力を用いた抵抗手段はまったく否定する。それはただ有害なだけで、人々の賛意を得られないからだ。しかし、客観的に評価するならば、一一年前のあの日、ハノイの公式記者会見で囚人ヴ

＊　日本での報道は次のような内容であった。ヴォー・ダイ・トンは一九八一年にタイからラオス経由でベトナムに密入国を図って捕えられ、同年一二月にハノイに送られた。ハノイ当局によると、トンの陰謀はすべてＣＩＡ（アメリカ中央情報局）により仕組まれ、タイ国軍首脳陣がトンのベトナム入国を支援したという。トンは内外の記者に罪状を認めたが、本人による公開の場での自白は中断され、レ・タイン・コン情報局長が罪状の公式発表を行なった。（ハノイ発サンケイ一九八二年七月一三日。東南アジア調査会『東南アジア月報』一九八二年七月号、五頁）

ォー・ダイ・トンがとった行動は、勇敢で謀略に長けていた。

黄金と血の記録書類

ベトナムのプロレタリア独裁体制が、自国の市民や共産党員を無実の罪に陥れた事件の記録は、どれほどに上るかわからない。社会正義と一般常識に従って、それぞれのケースが公正に見直され、公明正大に再評価されなければならない。ドイ・モイが法制度の改革を主張し、法律に従った生活を主張するならば、なおさらその膨大な記録の十分な再検討が求められよう。権力者と指導者の階級に継承されている規律は、現在政権の座にある者がそれを実行しなければならない、と責任を規定している。彼らには、責任を放棄したり、見せかけや沈黙に終始することは許されないのだ。

記録ファイルの最後に登場するのは、ボート・ピープルに関する記録だ。というのも、ベトナムの政治体制を庇護し、その罪を払拭しようとする者はいつも、「その体制はソ連や中国の政治体制とはまったく違う。もっと人間的で、人道的で、なさけ深い顔をした体制なのだから」と言うからである。実際、スターリン体制は、恐ろしいほど血に彩られた凶悪な体制だった。何千万という人間が虐待され、テロの犠牲になり、銃殺刑に処され、暗殺された。実際、中国の土地改革と文化大革命は、限りないまでに残酷で狂気じみた、奇怪で理不尽な革命だった。悪徳地主は逮捕され、銃殺刑にされた。彼らは頭を撃たれて深い穴に投げ込まれ、親族が遺体を見つけることさえできなかった。そして、旧体制の高官たちは、みな紙の帽子をかぶせられて街路をひき回され、人民に口々に罵られ、唾を吐きかけられ、殴られた。それはまさに、中国共産党的なやり方だった。

ソ連に、キーロフやブハーリンの殺害、トロツキーの暗殺、ベリヤの逮捕と殺害、フルシチョフの失脚といった局面があるなら、中国には、東北地方の共産主義指導者高崗の射殺、林彪夫妻の追い落とし、江青夫人をトップとする四人組の失脚、屈辱的な劉少奇の護送のデモンストレーションなどの局面があった。ベトナムでは、実際ここまで異常な粛清や失脚はなかった。それでも、ベトナムでの理不尽で不法な行為（国際的基準に照らして）を見逃すことは許されない。それは数の上でも相当なもので、その悪辣さ加減はまさに非人間的であり、決して深刻でないなどとは言いきれない。

一九七五年四月三〇日から最近までのボート・ピープルの記録は、一つの痛ましい記録の集積である。諸外国の新聞雑誌は、ボート・ピープルについて夥しいニュースとルポルタージュを掲載した。ベトナムは不名誉な一つの新しい名詞を作り出したのだ。総計すると、ボート・ピープルの名で呼ばれる人々は一五〇万にも上っている。彼らは大小の木造船や帆船、竹製の筏などで大海原に向けて脱出した。老若さまざまな人々がいた。船の上や、船が漂着した岸辺で子供を産んだ女性もいた。彼らは、サイゴンやチョ・ロン［サイゴン西方］、カン・トー［カン・トー省］、ヴィン・ロン［ヴィン・ロン省］、カー・マウ［カー・マウ省］、フー・クォック［キエン・ザン省］などの出身者だった。ハイ・フォンやモン・カイ［クアン・ニン省］、ハノイの出身者もいた。つまり、全国の各省、各都市から脱出者が出たということだ。

彼らの職業は実に様々だった。旧南ベトナムの公務員や軍人、商人、工場労働者、手工業者、学生、生徒、主婦から知識人、作家、ジャーナリスト、軍の士官、共産党の幹部や党員までいた。彼らについて、まだ体系的な研究はされていない。彼らは南下して、タイやインドネシア、マレーシア、果てはオーストラリアへと流れ着いた。彼らはフィリピンに移り、マカオ、香港、日本に移動し、そしてアメリカや西ヨーロッパに辿り着いた。

この問題について、ハノイの指導者がいつも用いる論法は、彼らは法に背いた犯罪者で、自分の祖国を捨てた者たちだ、というものだった。共産党の役人の中には、「奴らは敵側に走って甘い汁を吸おうとした輩だ。奴らは腐った盲腸のようなもので、健康のためには切り捨てるべきだ。逃げ出した連中のことなど忘れるべきだ」と罵る者までいた。

一九五四年の北部から南部への脱出を含めても、これはベトナムの歴史上かつてなかった大規模な脱出事件である。この事件については、今すぐ詳細かつ科学的、客観的で正確な調査が必要である。南部解放前後の悲惨な集団的行動が、「解放」という言葉に皮肉で痛々しい響きを与えてしまったのだから。

われわれは、次のような点を明らかにする必要があるだろう。まず、一九七五年四月三〇日の前と後に海に出たボート・ピープルはどれだけいたのか？　彼らはどのような社会階層、職業、宗教、世代、地方に属していたのか？　彼らは脱出のために、どれほどの金や財産、金銭を費やさなければならなかったのか？　そして、見逃してもらい、船を手に入れ、寄付という名の賄賂を払うために、革命政府や公安にいくら納めたのか？　どれぐらいの人が、事故や嵐、船の故障、海賊のために犠牲になったのか？　強姦された女性はどのぐらいいるのか？

そして、この民族的な悲劇の原因はどこにあるのか？　本来なら、内務省と公安当局のいわゆる「二号計画」とか、また「B計画」と呼ばれるものが調査され、評価されなければならない。つまり、「公共のための寄付」として金《きん》を没収するために、いわば半合法的なやり方で出国を許可したり、金《きん》をできるだけ多く没収するために、船に人を過剰に乗せたりして、はかり知れない災いをひき起こした計画である。この戦慄すべき事件を、国際法と国際世論の前に明らかにする必要があろう。沈黙を続けて、この恐ろしい災いを忘却の中に埋もれさせておくことは、誰にもできないはずだ。難民と難民キャンプについては、何冊かの本と数百に上る記事が書かれているが、いまだに必要かつ十分な総括ができていない。それは、まさに一〇〇万単位の難民同胞およびジャーナリスト、作家、詩人、国際法学者、社会学者らの共同作業になるだろう。

私は何人かの難民と会って、彼らが脱出するために、ある人は六オンス［一オンスは一六分の一ポンド＝二八・三五グラム］、ある人は二オンスというように、金《きん》を納めなければならなかったことを知った。一人分で三二オンス（三人家族で一〇〇オンス近く）を納めた人までいた。公安は、できるだけ金銭を巻き上げるために、彼らを何度も繰り返し捕まえたので、三回、四回と脱出を繰り返さなければならず、五回目にしてようやく成功したという人さえいた。さらに、見送りに行った人までが公安に捕まり、金《きん》や現金、指輪、装飾品、果ては自動車やバイクに至るまで没収された。そういう物を差し出さなければ、公安は彼らの近親者を脱出させてくれなかった。家屋敷や家財道具などの財産までが、没収の対象になった。そのごく一部が国家のものになり、大部分が汚職官吏のものになった。難民となって離れ離れになり、行方知れずになったり、生き別れになったりして崩壊した家族、生きている者、死んだ者の話も、とても語り尽くせるものではない。

（ボート・ピープルについての記録の収集を始めるために、著者はすべての難民と、この問題に詳しい同胞にお願いします。右の諸事実について、自分自身が知っている事件の要点を記して、表書きに「難民の記録」と明記の上、本書の出版社宛に送って下さい。宜しくお願いします）

出て行く人々、脱出しようとしてうまくいかない人々、難民キャンプにいる人々、強制送還される人々の悲劇は、とても語り尽くせるものではない。私は、何人かの女性に面会し、彼女らが悲惨な目に遭った家族の悲劇を語り、心を奪っている苦しみに凄惨なまでに嘆き悲しむのを聞いた。あの時から五、六年も経つのに、まだ海を見ようという気になれない、海に近い所に行く気もしない、という人もいた。波の音を聞き、海面を見ただけで、凄惨な情景が浮かんで来るからだという。血と、涙と、死体、飢えと渇きに耐えられずに死んだ者、瀕死の状態でも救いようのなかった者、親しい者の遺体を海に捨てなければならなかったこと……。およそ人間の忍耐の限度を超えた境遇である。それを克服することはできないというのだ。

ハノイの政治指導者たちは、出て行く者はすべて犯罪者で、祖国を捨て、西側諸国に追従し、自分のルーツを失い、自分だけが楽をしようという利己的な人間だと決めつける。それなら、指導者たちこそこの惨劇の一つの原因であり、根本的な原因にさえなっていることを、はっきり指摘する必要があろう。もし、数十万の人々を捕えて、いわゆる再教育クラスに拘束し、虐待する政策がなかったら、急激で、大がかりで、独断的な商工業改造計画がなかったら、傀儡軍、傀儡政権、傀儡国民に対する偏見がなく、宗教者や知識人への差別がなかったら、強制的な華人追放作戦がなかったら、人々が続々と脱出するようなことは起こらなかったはずである。金《きん》を没収して、組織的に脱出させる「二級市民の輸出」政策——国会がまったく知らなかったその政策が、正式に行なわれたということは、政府自身が法律に違反していたということなのだ。これはきわめて大規模で残酷な、血と涙に満ちた汚職事件であり、政府組織の不名誉な違法行為であり、自国民に対する虐待である。誰もこれを弁護したり、覆い隠すことはできない。

ボート・ピープルと言われるが、実際にはランド・ピープル、すなわちベトナムからラオス、カンボジア、タイへと陸路で脱出する人々もいたし、最近ではエア・ピープル、すなわち空路で合法的に出国する人々もいる。彼らの行き先は、ロシア、旧ソ連の各共和国、ポーランド、チェコスロバキア、ブルガリア、ドイツ、フランス、オランダ、ベルギーなどである。かつてこれら諸国に労働者や青年、学生、研究生などを輸出したハノイの外交当局や、領事、公安、旅行機関自体がパスポート（偽物だが本物）を売り、航空券を売り、価格を決めているのだ（ハノイからモスクワまでなら一人三八〇〇ドル、ハノイから西ドイツなら一人四四〇〇ドルというように）。一九九二年一二月末の国会で、首相は「脱出が止まったというのはやはり嘘で、行政当局の一部が非合法にエア・ピープルを出している事実を隠蔽するものだ」と報告した。当局はいまだに何重もの罪を犯しているのだ。

脱出の動機は実に様々である。体制を専制的で非民主的と見て、そこでは生きられないという人もいれば、まともなビジネスができないという人もいる。子供の将来を心配して、子供たちにちゃんとした教育を受けさせ、実力をつけさせたいという人もいれば、家族に再会するために出て行く人もいる。実直な良心の持ち主で、道徳的に汚染された偽りの世界では生きたくないという人もいる。法を犯して、罰せられるのを恐れて逃亡するという者はごく僅かだ。さらに、誠意ある知識人や、大志を抱いた青年たちもいる。良心的な元共産党員で、自分の率直な政治的意見を自由に述べると弾圧されるため、思い切って国外に逃れ、祖国に真の民主主義をもたらすために闘いたいという人さえいた。政府当局者が言うように、彼らはみな故郷に背を向け、帝国主義者に従い、西側の心理作戦に踊らされていると、十把一からげに論ずることはできないのだ。

ここまで、過去数十年に起きた事件や出来事の記録について述べた。いろいろ書いたが、それでもまだ十分ではない。ライバル政党に対する粛清から、土地改革の誤り、「ニャンヴァン・ザイファム」の犠牲者まで、さらに修正主義、反党の告発から、私有制度廃止の改造キャンペーンまで、そして宗教弾圧、再教育キャンプ、無数のボート・ピープル、民主主義のために闘う人々など、すべてが恐ろしい一つの図柄を構成している。その原因は、民主主義と自由を欠いた社会にあるのだ。

このドキュメントに対して、その原因と責任をどう評価するかは、人によってまちまちで、対立することもあり、まだ明白な結論は出ないだろう。著者としては、ここに挙げたケースが少しずつ分析され、正しく評価されるよう願っている。それは全ベトナム社会の願い、特に事件の渦中にある何万人もの人々の願いであり、それに直接、関節に関わっている人々の願いである。積み重なった冤罪事件がまだ解決されていないために、まだ目を大きく開けている記録書類たち――事実が明るみに出され、公正が実現した時、それらの書類は初めて閉じられ、歴史の書庫にしまわれるだろう。

第3章　ベトナムの赤い貴族――特権的官僚階級

ベトナムには、現存社会主義の下で特権的な官僚階級が存在するのだろうか？　以前のソ連と東欧の社会主義諸国については、このことは非常にはっきりと、余すところなく証明されている。

ユーゴスラヴィアでは、すでに一九七〇年代の初めから、元共産党の大物指導者でブロス・チトーと対立したM・ジラスが、『新たな階級』という本の中で、その社会階層について語っている。ジラスによれば、資本主義の下では、財産のある者が政権の座につくのだから、権力を握る者は財産のある者ということになる。しかし、現存社会主義の下では逆である。権力があるがゆえに財産を持つ、つまり政権の座についた階層が、やがて社会で有数の資産階級になるのだ。

ソ連の歴史学者ミハイル・ヴォスレンスキーは、一九八〇年に『ノーメンクラツーラ』というタイトルの本を著し、ソ連で権力を握る特権的な官僚階級の様子を非常に詳しく紹介した。二億近い人口の社会で、約五〇〇万人（家族を含む）がこの階層に属しているという。当然、この本はソ連では出版されなかった。ミハイル・ヴォスレンスキーは一九二〇年生まれで、第二次世界大戦後ニュールンベルク裁判でドイツ語、英語、ロシア語の通訳を務め、後にプラハとウィーンの世界平和会議で活躍した。彼は、モスクワのルムンバ国際大学の歴史の教授でもあった。一九七二年、彼は体制側との意見の相違を理由に、ソ連共産党からの離党を宣言し、ドイツ連邦共和国に亡命した。その後、ドイツとオーストリアの大学で歴史の教授を務めている。ドイツ語で書かれた『ノーメンクラツーラ』は、すぐに各国語に訳され、ソ連に関する独特で正確な多くの事実が記された、非常に価値のある学術書と評価されている。

ベトナムにおける新階級の形成

ベトナムで特権的な官僚階層が徐々に形成されたのは、一九四五年の八月革命以後のことである。三〇年に及ぶ戦争の間に、この階層は独自の階級に成長し、一般社会の生活や生活水準からだんだん隔たっていった。ベトナム戦争の間は、米軍の侵略と北部に対する破壊戦争への抵抗に集中していたので、社会の精神生活は一般的にまだかなり純粋だった。社会の理想はまだかなり広く保たれていたので、指導者層の暮らしはおおむねまだ簡素で、社会と一体だった。一九七五年四月三〇日以後は、平和な生活の中に新しい物質的な誘惑が入り込み、何十年も犠牲に耐え、窮乏生活を忍んできた人々は、豊かに暮らすことばかり考えるようになった。そこで、指導者層はたちまち虚構の物質生活に舞い上がってしまった。物欲に心を捕われた彼らは、利益を貪り、金儲けに執着した。道徳は潰え去り、良心にはもはや何の意味もなくなり、理想はかすんでしまった。指導者層とその家族は、まず小さな商売、そして大きな商売へと突っ走るようになり、目に見えて裕福になっていった。

一九八六年のドイ・モイ以後は、彼らの階級は競って金儲けに精を出した。自由市場と、まだ穴だらけの法律を利用して、権力に頼り、縦横の人脈や一族のコネを利用し、貧しい労働大衆を踏みつけにして、利益を分け合ったのである。一九九一年半ばの第七回党大会以後は、特権階級はますます革命精神から遠ざかり、社会の財産を奪っては身内で分け、不法なやり方でみるみるうちに裕福になっていった。彼らは、日毎に不道徳で悪質なマフィア的性格を身につけ、ベトナム史上類のない「赤い資本家」を形成したのである。

現在のベトナム社会では、多くの貧しい労働者や、良心と人格を備えた民族知識人、民主主義と社会的公正を求める愛国的青年層、善良で誠意ある一部の共産党員などが、無能で、保守的で、汚職だらけの指導者階級に日々闘いを挑んでいる。指導者階級はドイ・モイの看板の陰に隠れ、経済面である程度本当のドイ・モイはしても、政治的ドイ・モイには反対している。したがって、彼らが国家を指導して、政治、経済、財政、文化、社会各方面の大きな慢性的混乱から抜け出せる可能性はない。逆に、彼らの階級は国家をいっそう深い政治的、社会的混乱に陥れている。彼らはこの状態を利用して、民衆の貧困と苦しみの上で金を儲け、利益を貪っているのだ。彼らは真のドイ・モイに対する障害である。国内至る所で、人々が混乱に陥り、世の中が悪くなっているのは、社会生活をめちゃめちゃに破壊した彼らの責任なのだ。

支配階級

ベトナム共産党当局は、共産党は大衆的性格の党で、民族の党、全人民の党だと飽きもせずに喧伝している。それは全部嘘で、単なるスローガンに過ぎない。

共産党は、七〇〇〇万人〔現在は八〇〇〇万人〕以上の国民の中に、二〇〇万近い党員をかかえている。しかし、その二〇〇万の党員の九〇パーセントは平党員で、何の発言力も権力も持っていないのが現実だ。その点では、彼らも非党員と何ら変わりはない。彼らもまた無力で、自分で考え、発言する自由を奪われており、党の決議に頷き、賛成の拍手をするだけである。

苦しい戦争の初期に、党がまだ秘密活動をしていた時は、祖国の独立という理想のために自ら犠牲になり、苦しみに耐える覚悟で入党する者が多かった。政権を獲得した後は、入党の動機は自己犠牲的精神から個人的なものに変わった。つまり、党要員として職と権限を手に入れ、そこから自分のために利益を得るという動機である。時が経つほど、個人的な動機が大勢を占めるようになった。そのあげく、一九五四年［南北分断］以後に政治、経済、社会の各機関や、各地方で入党した者は、ただ地位を確保するために党要員になり、権力のあるポストにつくという個人的な動機の者がほとんどだった。

党内では民主集中原則が謳われていたが、民主的権利は弱体化し、鉄の規律が支配するようになった。平党員はただ、トップダウンの規律と決議を遵守するだけだった。党支部では、支部書記が決定的な発言権を持っていた。原則的には、党大会は中央委員会より上で、中央委は政治局より上で、政治局は書記長より上にあるはずだったが、実際は逆だった。書記長は政治局より上で、政治局は中央委員会より上で、中央委は党大会より上にあった。これは、一握りのグループの「民主主義」、一人だけの「民主主義」だった。

旧態依然たる封建的な考え方が、相変わらず支配的にのしかかっていた。家庭の中で、父母が子供に何かを言えば、子供は素直に「はい」と従わなければならない。党の中でも、書記長が何か言えば、党員は素直に「はい」と従わなければならなかった。対話も討論もほとんどなく、ますます論争のない党になっていった。

それゆえ、特権階級とはすなわち、中央から末端までの政権を握る者の階級だった。それはまた、党と政府の官僚階級とも言えた。党と政府は互いに一体化していたからである。党は国家と同一だった。

おそらく、一政党が公然と国家の財政を牛耳り、当然のように自分の党に活動予算を割り振っている社会体制など、どこにもないだろう。私は二、三の例を挙げてみたが、外国では誰もそんなことは知らなかった。

『ニャン・ザン』では、自動車と物資については、物資部が供給を担当しており、それが政府の官庁と同じように見られ、ナンバー1の官庁のようにさえ思われていた。『ニャン・ザン』事務局は、毎年、物資部から予算や乗用車、トラック、ガソリンの割り当てを受けた。『ニャン・ザン』の幹部と特派員はみな、国家の外務パスポートか、公務パスポートを使っていた。『ニャン・ザン』社が入っているのは国有の建物で、本部はハン・チョン通りにあり、元はフランス遠征軍北部インドシナ司令官の屋敷（サランとコニーが住んでいた）で、さらにその前、一九四五年以前はインドシナ副総督の屋敷だった。最近その屋敷は、新聞社の収入を増やすために、『ニャン・ザン』から外国資本に貸し出され、韓国の銀行の駐在事務所になっている。編集部は隣の五階建てのビルに集まっている。国家が一九八四年から八七年までの間に建設費を投じたビルが完成したのだ。

この特権的な官僚階級に属する者は、何人ぐらいいるのだろうか？　その階級に含まれるのは、主に党と国家で高い地位にあるとみなされる幹部と言ってよいだろう。つまり、副局長クラス以上、各研究機関の副所長クラス以上、各公共機関、経済・金融機関の所長と副所長などだ。それら幹部の上にいるのが、政府各省の長官、次官、党中央委員会の各専門委員会の委員長、副委員長、党中央委員たちである。軍隊と公安では、省の長官、次官、総局の主任、総参謀長、副参謀長、各学院の院長、副院長、部長、副部長、局長、副局長、大佐クラス以上の士官、高い職位にある一部の中佐などである。

要するに、それは党と国家、軍隊、公安、大衆団体で高い地位にある幹部の総体なのだ。彼らはいつも、バー・ディンの議事堂に、決議の通達を受けるために召集される。特別な店で買い物のできる証明書を持ち、飛行機で旅行することもできる（下級の者は、特別な場合以外は、汽車か長距離バスでしか移動できない）。越ソ病院で治療を受けることもできる。この病院には、他の病院よりも近代的な医療設備があり、より高価で良い薬が揃っている。

地方各省でこの特権階級を形成しているのは、次のような役職である。省委員会の書記、副書記、省委員会の常務委員、省人民評議会および行政委員会の主席、副主席、省委員、そして省のその他の機関の長である。つまり、労働組合書記、共産青年団書記、婦人連合書記、人民裁判所長官、人民検察院院長、各公共機関の長などだ。

ハノイやサイゴン、ハイ・フォン、ナム・ディン［ナム・ディン省］、ダ・ナンなどの大都市は、大きな省よりも上か、同等に格付けられている。県や郡レベルでも、特権階級の大多数は、やはり県、郡レベルで右のようなポストにいる者たちだ。

知識人や芸術家、特に党外の知識人に対する差別のために、多くの博士や修士、助教授などが、いまだに高級幹部として扱われず、特別な購買証書も貰えず、越ソ病院で治療を受けることもできない。

特権的官僚階級の人数を正確に特定することは非常に難しい。『ニャン・ザン』紙（三〇〇人のうちおよそ四〇人）から推測すると、ハノイでは約一万人の高級官僚がおり、軍隊と公安では約三〇〇〇人いることになる。サイゴンでは約四〇〇〇人である。全国では五万人以上、ということは五万世帯、全国の戸数（およそ一〇〇〇万世帯）の二〇〇分の一ということになる。

農村では、さらに新しい有力者が存在する所が非常に多い。彼らは、社《サー》の党委員会書記や、社の主席、副書記、副主席、監査委員、合作社主任などである。親類縁者で周りを固め、地方の政治と経済生活を牛耳り、公共の財産や、共同体の資金や、共同の農地を着服し、昔の権力者のように村民を圧迫するのだ。このような共産党の有力者も、現代のベトナムの特権階級の一部だと言えるだろう。

ベトナムのノーメンクラツーラの中身には、かなり大きな差があることをことわっておくべきだろう。戦争を経験した世代には、革命の理想を守り、清潔で質素な生活をしている者もかなりの割合で存在した。一九七五年以後は、彼らはだんだん享楽的な生活に引きずり込まれ、昔の生活から離れてしまった。彼らもまた社会心理に影響され、現金になり、汚職に染まり、私利私欲に走ったのである。多くの者が、妻子に促されて儲けを考え、利益を求めなければ損をするだけだと思うようになった。彼らは、世の中の風潮に逆らえず、悪い道に進んで行ったのである。上を見れば、表や裏の利益のために権力を利用する人間が珍しくないことがわかる。したがって、上を手本としてみな自分が金持ちになるために争うのも当然だった。

平和な時代になって、物質生活が日増しに彼らの享楽的な心理を支配するようになった。さらに、彼らが歳をとったせいもあって、身内のこれまでの犠牲を埋め合わせるために、いっそう金儲けに走るようになった。理想と共に生きた長い時代を償うために、彼らは早く金持ちになろうとさらに力を尽くした。そして、金《きん》や外貨の取り引き、輸出入、不動産売買、密輸などに励んだ。土地を買い、家屋敷を購入し、子や孫があらゆる意味で平穏に、満足に暮らせるように気を配った。彼らが生計を立て、時には違法な計略まで企てることで、ある種の活気に満ちた雰囲気が生まれた。国内の同胞たちが「新しいブルジョア階級、赤い資本家の後ろ暗い活動」と呼ぶところのものが作り出されたのである。赤とは共産主義のことでもあり、また同胞の汗と血が染みこんでいるという意味もあった。

彼らは、戦争中と比べると完全に変質し、敢えて不法行為に走り、道徳も人間性も失い、最大の利潤と最大の個人的利益を得るために奔走し、かつての自分の理想を自ら裏切った。今、彼らは社会からその正体を暴かれ、名指しされ、軽蔑と呪いの対象になっている。もはや自分たちの時代は長くないと感じた彼らは、ますます狂ったように汚い商売に走るようになった。互いに庇い合わず、嫉妬したり、攻撃し合ったりしたために、彼らの一部は投獄されている。汚職と賄賂の罪で投獄され、あるいは終身刑、あるいは二〇年、一五年、一〇年などの懲役を課された者のほとんどは共産党員で、しかも高い官職について、政治、経済、財政システムに大きな権力をふるっていた党員である。まさに特権階級の中にいた者たちだった。

　彼らの服役にも、実にさまざまな特権のあり方が窺える。共犯者の罪を隠蔽するために、進んで服役する者もいる。そうすれば、金《きん》や外貨の分配に与り、出所のあかつきにはドル長者になって、一生安楽に暮らし、孫子の代にも財を残せるのだ。刑務所側に賄賂をばらまいて、服役していると偽って、本人は遠くで隠れて暮らしている場合もある。有罪判決を受けた後に、財産を携えて国外に脱出し、懲罰を逃れる者もいる。

六キロから二〇〇グラムまで

　特権階級と一般国民との社会的不公平は、最近始まったものではない。戦争中から、すでにはっきりと理不尽な不公平が存在していた。特権階級は、口を開けば「人民に仕える」とか、「人民の公僕」とか、「犠牲が先、享楽は後、それが共産主義の道徳だ」とか、性懲りもなく繰り返していた。彼らは、「まず人民の生活に配慮せよ。老人、子供、傷病兵、戦没者遺族の生活に配慮せよ」とまくしたてていたが、実際は逆で、自分のことを真っ先に心配していた。

一九五七～五八年には、米穀通帳と配給切符の制度ができたため、物資供給の基準がはっきりと規定されるようになった。米の配給は、軍隊なら一人が一ヵ月で一八キロ、一般人の大人は一三キロだった。学生、生徒は一四キロ、子供は六歳で七キロから始まり、だんだん増やされた。魚や野菜などの食糧が不足し、季節はずれには高値になる時もあったので、専ら米で凌ぐしかなかった。右の配給量では、一生懸命節約して、やっとその場が凌げるほどだった。毎月、二〇日とか二二日頃になると、家に米がなくなってしまうのが普通だった。特に、水牛の番をする年代の子供たち、一二～一七歳の少年たちはいつも腹をすかせていた。

そんな時、上の階級はどうしていたのか？　お偉方、特に政治局員や中央委員の家族は、米のことで悩む必要はなかった。政治局のお歴々は、一ヵ月間に少なくとも一五回はパーティーに招かれて出席した。中央委員のお歴々はそれ以上だった。そういうパーティーでは、米はむしろつけ足しで、料理こそが主役だった。お偉方向けの米は、旧インドシナ総督府と同じゴ・クエン通りにある専用の販売所で供給されていた。そこの米は高級米だった。ハノイ市執行委は、クォック・オアイ県とトゥー・リエム県［いずれもハー・テイ省］にある二つの合作社に委託して、一〇〇ヘクタールの専用地で、お偉方用に小粒で白い品種と香りの良い品種の上等米を植えさせていた。その特別な農地は、その昔、祭祀用の米と皇帝陛下に捧げる米を植えた農地のように、特別に手入れされ、管理されていた。その農地では、みな純良品種の米だけを作り、他の品種と混合せず、特別な手入れをし、殺虫剤も使わなかった。当時、生産量増加が急がれていたので、珍しい品種の米を作っていた所は、質の劣る米に転作させられていたのだが、ハノイ郊外のその農地だけは例外だった。

米の販売所が、何度もといで砂や籾殻をとり除かなければならないような質の悪い米や、臭い匂いのする米、あるいは混合米を一般市民に売っていた時、お偉方たちは米のことでは少しも苦労していなかった。小粒の白米や香りの良い米は、きちんと梱包され、たっぷりとした量が一日の遅れもなく、車で家庭に届けられていた。小さな子供たちがいつも、湿って黴の生えた臭い米や、栄養分が残っていない米を食べなければならなかったのに、お偉方はといえば、香りの良い、栄養のある美味い米を食べて、「これは人民のための制度、人民に仕える制度である」「子供たちは希望であり、つねにこの制度下で優遇されている」と説教していたのだ。

米を手に入れることは、庶民にとっては気の休まる時がないほどの頭痛の種だった。どの家庭でも、月末になると米の販売所の様子を気にした。米はまだあるか、それともなくなったか？　輸送車はもう米を運んで来ただろうか？　米が届くのが二、三日遅れることは、命にかかわる重大問題だった。自由市場で米を買う金をどう工面したらいいのか？　自由市場では、米は公定価格の五倍も高かった。国家が食糧に関する権限を握り、籾米の売買を禁止したために、市場に一粒の米もない時もあった。

そして、米が来た時がまた実に大変だった。午前二時とか三時に起きて、八時に店が開くまで行列して待たなければならないのだ。女性や子供たちは、米を買うために四時間も五時間も行列しなければならず、睡眠不足になり、そのために痩せこけ、やつれ、体を壊していた。米の販売所では、人々は争って列に割り込み、罵り、わめき、泣きわめき、実に悲惨な光景が展開した。力の強い青年たちが雇われて、互いに力ずくで先を争った。ならず者たちが各販売所を取り仕切った。販売所の女性店員たちは、たいがい地方の有力者の子供で、思いきりとりすまし、勿体ぶり、恩に着せた振る舞いをした。「身内が第一、知人が第二」というわけで、良い米があると、彼女らはそれを家族、親戚、友人に回した。そして、悪い米があると、同胞のためにとっておいたのだ。

米の分量のことでは、実にやっかいな問題が生じた。九キロの米は、たいがい八・五キロ分の量しかなかった。誰に訴えればいいのだろう？　イモに訴えろとでもいうのか？　監査や調査の制度とは名ばかりのものだった。法律はなく、声の出せない同胞たちは、あらゆる形で食い物にされていた。人民委員会、人民軍隊、人民警察、人民裁判所、人民新聞など、何でも人民のものという制度だったが、人民の日々の暮らしは、語り尽くせないほど惨めだった。偽の道徳、嘘偽りがありとあらゆる場所でまかり通っていた。

北部には、ひと頃非常に意味深長なジョークがあった。「どうしてそんなに悲しんで、おろおろしてるの？　米の配給手帳をなくしたのかい？」。そう、米の配給手帳をなくすほどの悲しみ！　おそらく、それほど大きな悲しみはないだろう。配給手帳をなくせば、市場ではなく農村へ行って、こっそり米を買うしかないからだ。値段は公定価格の六〜七倍にもなる。一家族五〜六人とすれば、一ヵ月に一〇〇キロ近い米が要るが、それを買う金をどう工面するというのか？

旧正月になると、一人あたり一キロの糯米《もちごめ》が配給された。それは、人々が祖先に供える餅やおこわを作れるように、という党の配慮だった。しかし、年によっては一人に半キロの糯米しかなかったり、糯米と言いながら糯米にはほど遠い代物のこともあった。糯米ではあるが、艶がなく、ねばりがなく、うるち米と混ぜてあったりした。その一方で、高位高官のお歴々は、特別な店で、一家族につき一〇キロの香りの良い糯米を手に入れるのだった。それは言うまでもなく、地方各省の高官たちが中央の指導者たちに持って来た贈り物だった。大粒で白い米、大粒で香りの良い米、ニワトリ、アヒル、炒り米、魚の鰭《ひれ》や浮袋の料理、筍《たけのこ》とブタの舌の料理、桃、梨、りんご等、すべてその地方の特産品だった。それは、旧正月に際して下から上に贈る貢ぎ物としての贈り物で、かつての王朝時代に、地方の高官が中央の皇帝と高官に旧正月の贈り物をした儀式と何ら変わりはなかった。

肉の配給量はどうだったろう？　一ヵ月の配給は、幼児は二〇〇グラム、少年は四〇〇グラムと決まっていた。肉不足の時は半分に減らされた。それも、固いスジ肉が配給されることもあった。一方、中央のお偉方はといえば、一ヵ月四キロという名目だったが、実際は、パーティーや宴会、懇親会、セレモニー、贈り物などがあるために、その何倍も多かった。政治局員は六キロだったが、実際は一〇キロ以上だった。限度はなく、必要な栄養価を超えていた。そのため、彼らは位が上がるほどますます腹が出て、ますます脂肪がつき、デブ、ハゲのがさつなおやじというイメージにぴったりで、偉そうに見えた。その一方で、同じ国民の子供たちは、お偉方やそのご令息、ご令嬢たちの一〇分の一程度しか食べられず、痩せ細っていた。この子もあの子も栄養失調、というのが現存社会主義の動かし難い事実で、資本主義と何ら変わりはなく、もっと悪い面もあったのだ。

七倍か一〇〇倍か？

給与制度が施行された時や、それが何度も改善された時には、共産党の指導者たちはいつも、最高レベル（国家主席、党書記長）の給与と最低レベル（最下級労働者、単純労働者の最低賃金）の差は七対一だと言っていた。労働に応じて受け取るという社会主義の原則に照らせば、この比率は理に適っているとみられていた。

実のところ、この比率は単に名目的なものでしかなかった。一般庶民、つまり下級労働者、下級から中級の公務員については、確かにその比率の通りだった。苦労を分かち合う精神というのは、中級以下の公務員にあてはまることだった。しかし、上級公務員以上になると、いわゆる「給与外」の制度によって俸給と配給が増え、それは話にならないほど多かった。それこそまさに特権というもので、この仕組みは社会の批判を呼び、人々を怒らせ、反対の声を上げさせないように慎重に隠されていた。党中央委員、政治局員の生活水準は、上級公務員のそれよりも遥かに高く、上級公務員の生活水準は中級公務員のそれを遥かに凌いでいた。したがって、七対一という比率は、実際には五〇対一、一〇〇対一、あるいはもっと大きかったのである。

衣服の供給基準を見ると、一人が一年に買えるのは、布地四メートル、パンツ二着、袖なしのシャツ二着だった。しかし実際には、右のお偉方たちは五着から七着の贅沢な注文仕立ての服を手に入れていた。そういう服は、党大会に出席するとか、会議のため外国に行くとか、国家の体面を保つために国賓を接待するとかいう理由で仕立てられた。羅紗の服、軍から贈られた軍服、ソ連や中国から贈られた既製服、兄弟諸党から援助された服等々。ノーメンクラツーラの階級は、衣装棚や、毛織りの服、羅紗の服、オーバー、レインコート、礼服などを供給されたり、贈られたりしており、衣服の価格にすると、四メートルの粗末な服地しかない中・下級公務員と較べて一〇〇倍もの価値があった。

その他あまたの基準についても、具体的に比べてみれば、この民主主義を自認し、革命精神や社会的平等を自認する制度の理不尽な不公平さがすべてわかるだろう。

日刊、週間の新聞や、月刊の雑誌も、中級公務員は自腹を切って買うか、職場で読ませてもらうしかなかった。しかし、特権階級のお歴々には無料で配られ、その家族も無料で読むことができた。現在の価格では、それらの費用は月に三〇万ドンから四〇万ドンに上る。配給または贈与扱いのそれら新聞の費用は、新聞社が負担するのだった。

政治の本、マルクス・レーニン主義の本、重要なテキスト、文学書、芸術書なども、特権階級には無料で進呈された。同志の御意見を伺うために、というわけだ。その費用がどれほどになるかはわからない。

それだけではない。高位高官のお歴々とその一族には、劇場のチケットまで無料で供給されたのだ。カイ・ルオン〔歌舞劇〕や演劇、サーカス、歌、踊り、展覧会や映画を見るのにも金を払う必要はなかった。年間いくらになるだろう? さらに、中央の党政府機関や幹部の居住区には、映写室やステージがあって、高官たちやその家族は入場無料だった。

そういうわけで、一般庶民、一般労働者から中級、下級公務員の家計は多大な出費を強いられ、高級幹部、高位高官になるほど、諸経費はみな公の予算で賄われるのだった。彼らは金を出すことを知らず、自腹を切る必要もないが、あらゆる物を余分なまでに持っている階級だった。そんな彼らにどうして理解できるだろう? 一般市民が、知識人や教員たちが、国防機関の中佐クラスの士官までもが、雀の涙ほどの給料に甘んじたり、月末の給料日を待ちわびたり、雨が降ろうが風が吹こうが、朝の三時から米を買うために行列したり、すり切れた着物を着ている境遇が。

食べ物、着る物については、こういう状態だった。さらに交通手段についても、その差は際立っていた。労働者や下級公務員は、キイキイ軋む古い自転車に乗っていた。人々は、昔フランスで名を馳せた哲学者のチャン・ドゥック・タオ教授が、今でもなおアヒルの自転車(ソ連が子供用に作った自転車)を漕いで、キム・リエンの彼のアパートから出勤するのをよく見かけた。一方、党の高級幹部はといえば、自家用車と専用運転手を持ち、ソ連製のジープやロシアのポベダ、ラダなどに乗り、さらに高級になると黒いヴォルガ、そして最近では日本のトヨタやマツダ、西ドイツのメルセデス、アメリカのフォードにまで乗っているのだった。

ハノイのある経済学の教授は、党と国家の指導者一人の一ヵ月の交通費は、何百万ドン単位に及ぶだろうと計算した。なぜなら、一台の乗用車の値段は約三六〇〇万ドン〔一九九三年現在の価格〕で、運転手一人の給料を入れると、さらに数百万ドンかかるからだ。その上、ガソリン代や維持費がある。それなのに、政治局員たちは車一台だけでは事足りなかった。中央委事務局には、委員たちの駐車場まで整っていた。彼らの家族は、週末や夏休みには自動車で遊びに出かけるのだった。

話はこれで終わりではない。この際はっきり語らせていただこう。一九七五年前後は、ソ連製の航空機がまだかなり多く、M16、M18などのヘリコプターや、YAK40、IL18などの輸送機、大小のTU機までが全部で二〇機近くあった。だから、政治局員と書記局員は、どこへ行くのにも、それぞれ自分専用に飛行機を徴用する権利を持っていたのだ。会議や避暑のために、サイゴンやダ・ナン、ニャ・チャン〔カイン・ホア省〕、ヴン・タウ〔バーリア・ヴンタウ省〕へ、夏休みにはダ・ラット〔ラム・ドン省〕へ、週末の海水浴にはドー・ソン〔ハイ・フォン市〕へ……。その一方で、多くの知識人たちは、重要な研究の仕事に行くために、来る日も来る日も自転車に乗り、バスを待たなければならないのだった。

現在の総参謀長ダオ・ディン・ルエン★上将は、まだ空軍司令官だった一九七五年頃、お偉方の要求に応じるのがいかに大変か話してくれたことがある。というのも、民間航空は、初めの頃はまだ空軍司令部に属していたからだ。党書記長や国会議長、国家主席らがどこかに行く時は、必ず空軍司令部の誰かがお供しなければならなかった。それは、空軍の副司令官の時もあれば、政治委員長か副委員長、参謀長か副参謀長の時もあった。そういうわけで、これらお偉方に対しては、その安全を絶対に守るため、飛行機が故障した時に備えて、予備にもう一機を徴用しなければならなかった。特に夏は大変だった。お偉方はみな、ダ・ラットやニャ・チャン、ヴン・タウなどに行きたがったので、専用機を手配するのに実に苦労した。こうした旅行にかかる費用は、はかり知れないものだった。そうしたことに加えて、お偉方は互いにひそかに張り合い、さらに彼らの妻子も互いに競争するので、旅行のお供は実にやっかいで、骨の折れることが多かった。

この種の費用も加算すれば、お偉方と労働者の格差は、七対一どころか一〇〇対一、五〇〇対一、あるいは一〇〇〇対一にもなっただろう。

莫大な印税

ベトナムの党と政府の指導者たちは、みな政治の本を執筆する。党主席・国家主席だったホー・チ・ミンも、本や記事を書いたり、詩を作ったりした。古くはグエン・アイ・クォックの名で書いた『植民地制度への告発状』や、詩集『獄中日記』、ホー・チ・ミンとしての詩、T・ランの名で書いた『道を行きつつ語る』、チャン・ザン・ティエンの名で書いた『ホー伯父さんの革命人生』のような本から、一九六〇年の第三回党大会や、一九六三年の特別政治会議の政治報告、主要な記念日や中央委員会での演説まで、すべて本として印刷され、何十回も再版された。印税は莫大な額に上り、普通の労働者の数百年分の給料に匹敵した。この金はいつも各社会組織に託されて、コンクールの賞金になったり、幼稚園の修理費になったりした。というのも、筆者には家族がなく、またそこまで金が必要なかったからだ。

チュオン・チンやレ・ズアン、ファム・ヴァン・ドン、ヴォー・グエン・ザップ、レ・ドゥック・トなども、かなり多くの本を出版した。印税が入るのは合理的なことだ。その合理性の中に、いくつかの不合理なこと、理不尽とさえ言えることが含まれていたのだ。一つは、政治の本はいつも優先的に出版され、印刷は速く、良い紙を使い、部数は多く、印税も高かったことだ。一方、作家たち、特に詩人たちは何年も待たされた。数年経ってから、ようやく一冊がごく僅かな部数で印刷されるのだった。政治の本はまた、国庫の補助を受けて発行され、行政機関や学校、軍隊、公安、青年団体、婦人団体などは、それを買って書棚や図書館、集会室に置くように強制された。一冊の政治の本は二、三週間で印刷され、一〇万冊から五〇万冊発行され、すぐに再版された。中央や地方の指導者にとって、これは非常に大きな、極めて大きな収入だった。理不尽なのは、党大会での書記長の演説が何百万部、何千万部と印刷され、あらゆる日刊紙や週刊紙、月刊紙に掲載されると、その印税は全部「著者」のものになるということだった。実際には、その原稿は協同作業によって作られるもので、普通は書記のグループが書記長の代わりに書いていたのだ。

『ニャン・ザン』でも同様だった。『ニャン・ザン』は党の機関紙だが、実際は政府の、そして軍隊や祖国戦線などの機関紙でもあった。事実上は公報紙で、そこにはつねに公式の文書が載せられた。指導者たちの長く仰々しい文書や演説、大きな会議での無味乾燥な報告等々が、みな新聞に印刷され、みな特別な基準の印税が支払われるのだった。『ニャン・ザン』事務所では、よくスタッフに命じて、新聞に談話や演説が載った政治局員や書記局員の自宅に金を持って行かせた。お偉方にわざわざ受け取りに来てもらうわけにはいかないからだ。一方、下っ端の従業員たちは、まだ現金がないとか、「当局が会議中」とかいう時には、給料を延々と待っていなければならなかった。

私はまだ憶えているが、『ニャン・ザン』のテト特集号が出る時には、お偉方たちはそれに投稿してきたものだ。もし、レ・ドゥック・トやトー・ヒューが詩を送って来れば、それはみな派手に印刷され、超特別な破格の印税、つまり最高水準のさらに何倍もの印税が支払われるのだった。新聞の事務局は、さらに総編集長に命じられて、買い物のうまいスタッフを市場にやって、いちばん形が良くて活きのいい鶏と、うまい酒と、きれいな花——菊や橘の鉢植えのこともあった——を買い揃え、それを印税代わりにすることもあった。それは、現金の印税を遥かに超えた代物だった。どこでも公共の資金で賄えたので、何も心配することはなかった。これは賢明なる新聞社社長が上の心証を良くして、個人で点数を稼ぐ絶好の機会だった。職場の者たちは、個人的に話す時には、みなひそひそと陰口を言い、不満を漏らし、首を横に振ったが、たいがいはみなそれを現存社会主義の処世術として受け入れていた。

本と新聞記事の印税は、指導者たちの名目上の給料と較べると、通常その数十倍という高い割合を占めていたが、この収入もやはり固く秘められ、合法的に見せかけられていた。割を食うのは庶民だけで、冗長で無味乾燥な、使い古された虚しいスローガンばかりの報告を聞かされ、読まされるという精神的拷問を受けるだけでなく、さらにその本や記事の著者にかくも法外な印税を払うために、税金を納めなければならないのである。

ハノイは人口が多く、住宅が足りないことは誰もが知っている。この街は、フランス植民地時代に四〇万の人口を想定して造られたものだったが、それが二〇〇万近くに膨れ上がり、内城には一〇〇万人近くが住んでいる。住宅建設は人口増加の速度に間に合わない。一九五五年当時で、平均一人当たり六平方メートルだった居住面積が、その後五平方メートル、そして四平方メートルに狭まり、一九八七～八八年の時点で内城では四平方メートル以下になった。現在のハノイの住民のうち、もともとハノイ生まれの者は僅か一二パーセントである。大部分は、まず一九五〇～五一年頃、そして一九五五～五六年頃に、首都近郊の農村地域から出て来た人々だ。第四区の人々、タイン・ホア省、ゲ・アン省、ハー・ティン省の出身者が、少なからぬ割合を占めている。昔は一家族だけで住んでいた屋敷に、今では三、四世帯、場合によっては一〇から一二世帯が住んでいる。階段の下にある物置きの小部屋に一つの家族が住んでいることもあるのだ。別荘風の家の周囲にめぐらしたポーチを木で覆ったり、板で壁をこしらえて住居にしているという有様である。

国庫補助金の制度があった時代には、自分で家を建てるのはやっかいな仕事だった。家を建てる金をどう工面するのか？　レンガや、瓦や、セメントをどこで調達するのか？　なぜなら、すべての材料は、国家や共同体が所有する倉庫や工場で管理されていたからだ。一九七九年から八二年にかけて、X30計画に従って新築の多くの家が行政のチェックを受けた。遠洋航海の船員や、民間航空のパイロットや、ソ連に留学した中級公務員らが、建てたばかりの家を没収された。それもだいたい、僅か四〇から六〇平方メートルの一階建てや二階建ての家をである。近年（一九九一年から九三年）の建設ブームで建てられた家に比べれば、取るに足りないものだった。

一九八六年に、かつて中央物価委員会主任、商業会議所主席を務め、閣僚でもあったトー・ズイの住宅問題が世間を騒がせた。『クァンドイ・ニャンザン』の記者チャン・ディン・バー★は、この事件を大々的に報道しようと考えた。そうすることで、住宅に関する社会的不平等、理不尽な特権というより大きな問題を提起しようとしたのだ。だが、この事件は黙殺された。一人の高級幹部の問題に言及すると、特権的な官職階級全体の問題に触れることになるからだった。結局、チャン・ディン・バーは、『クァンドイ・ニャンザン』にいられなくなった。彼はこの事件を扱った本を書いたが、その本もまともに流通できなかった。

ハノイで、サイゴンで、ベトナム全体で、住宅問題は最も世論を沸かせている問題である。この問題を通して、不公平な体制の本質が浮き彫りになってくる。

ハノイの政治家たちは、同志や同胞と苦しみを分かち合う、といつも言っている。しかし、何百平方メートルという豪邸に住むお偉方と、妻と二、三人の子供と一緒に九平方メートル足らずの小部屋に住んでいる中級公務員や、大尉や、少佐たちとの間で、どうして苦しみを分かち合うというのだろう？　高い役職と大きな権力を持ち、サイゴンで花畑とガレージのある二階建ての屋敷に住んでいる大佐も少なくない。その一方で、何百人という大佐たちが住宅のことで頭を悩ませている。軍と国家はずっと、「時機が来れば解決する」と言って順番待ちをさせ、一人当たり四平方メートル以下という人民の共通の基準に従って、いまだに彼らを仮の住宅に住まわせたままなのだ。彼らは有利な人脈を持たず、有力な後ろ盾もなく、要領よく立ち回らず、人がよく言うような「小ずるい」こともしないので、欠乏に耐え、極貧に甘んじているのである。彼らは、公共の貯水池や水道から生活用水を汲んだり、キイキイ軋む古い自転車に乗ったりしている。

『クァンドイ・ニャンザン』のある副編集長は、利口で狡猾で芝居がうまく、口を開けば「道徳がすべてだ」と言い、へり下った態度で政治総局の上の方にこっそりと取り入る術をわきまえていた。彼は、総編集長のポストにつくためにライバルたちを蹴落とした。そして、リー・ナム・デー通りの家に一緒に住んでいた部下の家族を追い出し、庭とキッチンのあるその家を独り占めしたのだった。定年退職の歳になると、彼はさらに、新聞記者協会の副書記長のポストを手に入れるべく奔走し、体制側の非公式なスポークスマンとなった。

自宅は改造されて、軍の病院を退職した夫人が歯医者を開業した。もちろん、軍の医薬品と治療器械をちゃっかり持って来ることも忘れなかった。それは、体制の中で生きる術をわきまえた幹部の一つのモデル、一つの象徴だった。

それに対して、やはり『クァンドイ・ニャンザン』にいて、すでに定年退職したある大佐は、体の弱い妻と三人の娘と共に、貧しい家にひしめくように住んでいる。彼は能力も良心も備えており、英語、フランス語、中国語が堪能で、漢字や字喃《チュ・ノム》にも通じていたのだが、昔南部の戦場で重傷を負ったのに加えて、世渡りが下手なのが災いしたのだった。もともと仏領時代の省長の息子で、一九四五年から一七歳で人民軍に入隊していたのだが、彼が特権階級の一員として受け入れられたことはなかった。幅広い教養があり、いつも人間的な人格を持つよう心がけ、仏領期の悪賢い役人のように権力を悪用したり、上に阿《おもね》ったりしなかったので、落ちぶれた境遇に甘んじ、古いガレージの中に住まなければならなかったのだ。私は、彼の娘が焚きつけにする落ち葉を掃き集めたり、定年直後の彼自身が、売店に新聞や雑誌を配達するために、前屈みになって古い自転車を漕いで行くのを何度も見かけた。

＊　字喃　漢字の構成要素を組み替えてベトナム語を表記した一種の疑似漢字。八～九世紀以降に生まれ、一三世紀には文字として定着、一八～一九世紀には字喃文学が興隆した。

数多い将軍クラスの軍人の中には、広大な家屋敷とあり余る財産を持ち、さらに息子や娘、嫁や婿、親戚たちの住居にまで気を配ってやれる者もかなり多い。それは権限のある高い役職にいる将軍たちで、各兵種の司令官や、軍需品、軍装、兵器、医療、技術、航空機、兵営、財務などの各部門の責任者である。彼らは、共通の利益を貪る縦横の人脈から、ふんだんに贈り物を受け取っている。彼らの表や裏の財産については、とても言葉では言い表せない。

しかし、私の知り合いの将軍たちの中には、一般庶民と何ら変わりない生活をしている人々もいた。彼らは徳も才能も備え、まじめな理想と人格を持ち、公共機関や学校や学院で働き、雀の涙ほどの給料で、服も二、三着しか持たず、郊外や農村で暮らしていた。彼らは、地位は高いが権力のないポストに甘んじ、それ以上欲を出すこともなかったので、妻や子から世渡りを知らないと責められる時もあった。理想にうつつを抜かして生きている、間抜けで時勢に乗ることのできない人間という意味で、ソ連の映画に出て来る老人になぞらえてコタビットと呼ばれたりした。同じ将軍でも、特権階級にいる者と、同胞と一緒に苦労に耐えている者とでは、その暮らしは天と地ほども隔たっていたのだ。

トップの指導者の住居にいたっては、敢えて言うまでもないだろう。レ・ズアン書記長は、ホアン・ズイェウ通りに広大な屋敷を所有しており、それは何度も拡張され、建て増しされていた。さらに、チャン・クォック・トアン通りにも三階建ての大きな家があって、クアン・チ省チュウ・フォン県のビック・ラーから出て来た第一夫人が住んでいた。この奥様はガー夫人、またはバーイ・ヴァンと呼ばれており、一九七五年からアン・ザン省委の常務委員として宣伝・訓練の任務に携わり、アン・ザンの街の真ん中に大きな家を持っていた。サイゴンに戻ってからは『サイゴン・ザイフォン〔解放サイゴン〕』紙の副編集長になり、さらにもう一つ大きな屋敷を構えていた。ハンという名の息子は、防空部隊の大佐だったが、少将に抜擢されて第七軍区（サイゴン）で技術関係の特務副司令官を務め、広い庭つきの三階建ての家を優先的に支給されていた。サイゴンからの情報では、一九九二年の住宅の相場で、彼が土地と家屋に支払った金額は、僅か金《きん》一六オンスだった。所有権の証明書を受け取ると、彼はすぐにそれを外国企業に転売し、金一二〇オンス近くを懐に納めたのである。

三〇年以上も革命と党に身を捧げたはかり知れない数の党員たちが、一六平方メートルとか、二二平方メートルとかの小部屋を支給されるために、延々と順番待ちをしているのだ。今の部屋が狭すぎても、それより四平方メートルとか六平方メートル広い部屋が支給されるまでには何十年も待たねばならず、その頃には子供が二、三人いるというわけだ。口を開けばつねに社会的公平だの、喜びを分かち合う同志愛だの、互いに困苦に耐える、上も下も等しく苦しみに耐える、と繰り返している民主的な制度とは、そういうものだったのだ。

各職場には、必ず住宅分配委員会なるものがあった。そこでは、党支部の執行委員や、職場の長や、労働組合の委員を顧問に据えて、幹部や職員の住宅問題を扱う任務を負っていた。しかし、この組織はあくまで参考程度の性格が強く、飾りものに過ぎなかった。というのも、上層部が住居を管理し、分配しているため、上級幹部や上層部の住宅について検討する立場になかったからだ。彼らは、現実には特権的官僚階級からはずれた下級幹部と、一般職員の住宅問題だけを扱っていた。

一九八九年から、ハノイのティ湖畔のクアン・バーをはじめ、ドー・ソンやタム・ダオ［ヴィン・フック省］、ニャ・チャン、ヴン・タウなどにある政治局員の特別な別荘は、観光会社に委託して、その事業に使われるようになった。指導者たちは、それら何百という大邸宅を私有し続けていると、いずれ怒った国民の突き上げを食らうのではないかと心配したのだ。ソ連と東欧で社会主義体制が崩壊の時を迎えるようになって、初めて彼らは、このようにしかたなく、こっそりと、ほんの少しだけ譲歩したのだった。

指導部は、何度となく上層部の住宅制度の改革に言及せざるをえなかったが、結局何一つ変わらず、幾多の不合理がまかり通っていた。ハノイに自宅があり、さらにサイゴンにも家を所有している政治局員や政府閣僚もいた。妻と子供のために二つも三つも家を持ち、国有の家屋を独占するために、適当な名義に変えたりしている将軍もいた。ハノイでもサイゴンでも、市長や副市長、郡長や副郡長、郡の不動産管理本部の所長や局長などは、みな裏取り引きで、不透明な価格で、家や土地を売ったり分配したりして、はかり知れない額の現金や金《きん》を手に入れていた。そして、はかり知れない数の家が、手渡しの書面によって分配されていた。

サイゴン解放直後の混乱期には、省委員会の書記長や省主席、省の公安警察署長が無制限な権限を持ち、逮捕や投獄、釈放の問題をはじめ、財産の没収、改造キャンペーンで得られた戦利品の分配、行政監査まで、自分の領域のすべてをとり仕切っていた。中でも、住宅の分配、割り当ては、何の規定にも法律にも従わず、きわめて恣意的に行なわれた。

どうやってこの不公平を解決したらいいのだろうか？　祖国に少なからぬ貢献をした幾多の誠実な知識人や、才能ある芸術家、志の高い人士たちが、狭苦しい家にほそぼそと暮らし、その屈辱的な運命に耐えているのに、大した貢献もせず、祖国を建設したというよりむしろ破壊した特権階級は、大小の豪奢な屋敷にふんぞり返っているのだ。人々はいみじくもこう言っている。現在の特権階級は、かつての腐敗した権力者に代わって登場した。かつての権力階級にも、知性と人格で劣る者が少なからずいた。しかし、実に皮肉で、かつ屈辱的なことには、現在の特権階級は、それよりもさらに劣り、さらに有害であることを暴露したのだ。

外国旅行

一九八五年のことだ。あるソ連の専用旅客機が、ベトナムの特別な賓客を乗せてモスクワからハノイに戻る任務についていた。それはベトナム共産党書記長が率いる代表団で、一二名の団員と一九名の随員が乗っていた。珍しく飛行機にトラブルがあって、離陸が四〇分遅れた。原因は一行の荷物だった。一人につき六〇キロまで持ち込める規定になっていたが、それは一般旅客の三倍だった。言うまでもなく、スーツケースと、機内持ち込みの手荷物や贈答品などである。しかし、三台の大型車で空港から荷物を運び出す段になって、何と六トンも超過していることがわかったのである。ソ連側は、「代表団の安全を保証するために、飛行機に荷物を積みすぎるわけにはいかない」と断固反対した。ベトナム側は、「この前もこのぐらいだった。キャパシティの大きい大型機で、六～七トン増えても大したことはなかった」と言い張った。だが、ソ連はペレストロイカの時代になっていたので、前のようにいい加減なことでは通らなかった。ソ連側は、その六トンの積荷が何なのか、よく知っていたのだ。

それは、ベトナム大使館員が書記長一行のためにモスクワのあちこちで調達してきた品々で、大使館員の小遣い稼ぎにもなるものだった。はっきり言えば密輸品である。公務の名を借りて、外交パスポートを利用して無税で持ち出し、ハノイに持って帰れば、最小のコストで最大の利益を上げることができる商品だったのだ。それらは、鉄の鑢《やすり》や、水ポンプ、ミシン、紡績機、圧力鍋、アイロン、各種の外国タバコなどだった。書記長や長官、次官、局長、代表団員の家族のための品々である。

ベトナム大使がソ連側に頭を下げて頼んだにもかかわらず、ソ連側は積み過ぎた荷物を運ぶのを頑として拒んだ。彼らは断固たる態度で、ベトナム側に一つの教訓を与えたのだ。かくして飛行機は離陸し、六トンの品物は返されて、ベトナム大使館の庭にどんと積み上げられたのだった。それでも、何ヵ月か後に荷物はハノイに届けられた。外交用コンテナで運ぶとか、黒海あるいはウラジオストックからの船便とか、方法はいくらでもあった。ただ時間がかかっただけだった。当然ながら、書記長は商売のための品物の買い入れを禁ずる命令を出していた。個人が使用するためにしか買ってはいけないのだった。だが、書記長自身の家族や、その側近つまり事務局長や秘書、護衛などは、少なからぬ数を仕入れていた。何十台というポンプ、何百個というアイロン、扇風機、何十個もの圧力鍋、何千枚もの鉄鑪、何千箱の薬……きっと、みな子供や孫へのおみやげだというのだろう。

モスクワとハノイでは、特別物資の価格は一時期、専用機（公務で渡航する最高指導者たちを乗せた特別の大型機）の飛ぶ頻度に応じて上下した。もうすぐ出発する飛行機があるという時には、ハノイでは、刺繍した着物や婦人のシュミーズ、金糸の花のついたタイの着物、アイスクリーム、口紅などの価格が急に上がった。ジーンズやTシャツの値段もはっきりと上がった。マット（商売をしている留学生の間で、モスクワはこう呼ばれた）では、ベトナムからお偉方の専用機が来るというと、同様に品物の価格が急騰した。ソ連では、物価は何十年も変わらず安定しており、扇風機や、アイロンや、ポンプなどの底には値段が刻印されていた。しかし、ベトナム大使館は倉庫まで構えて、出張して来る幹部たちが店に行列しなくてもいいように、二〇パーセント増し、時によっては三〇パーセント増しの友好価格で商品を分けていたのだ。それは、仲買いとか、中間搾取とか、大使館の資金稼ぎとか呼ばれていた。

ベトナムでは、一九八六年の第六回党大会以後、自由市場システムの存在が初めて公式に認められたが、右のようなわけで、実際には、特権階級はずいぶん前から自分たちの自由市場システムを形成しており、何十年も前から自分たちだけの自由な輸出入計画を実現していたのだった。

私は、『ニャン・ザン』のある友人と一度計算してみたのだが、一人の幹部が外国に出張すると、平均八〇〇ルーブル（当時でおよそ五〇〇ドル）の儲けになった。それは、丸二年分の給料に相当した。もし資本金があって、ソ連側に協力してくれる友人がいれば、一回の渡航で一〇倍の利益、二〇年分の給料に等しい儲けになった。もし、毎年何回も往復する正式の商人で、才覚があり、商売上手で抜け目のない人間なら、一、二年で百万長者になれただろう。敢えて禁制品に手を出せば、現在モスクワで数十人のベトナム人がやっているように、何百万ドルという額を稼ぐことができただろう。

少し前までは、外国に行くのはノーメンクラツーラの特権だった。最高級の幹部だけが頻繁に渡航し、専らモスクワや、北京や、旧社会主義諸国の首都に出かけていた。後には、僅かな数の外交官だけが、二、三の資本主義国に行くようになった。資本主義国はつねに敵とみなされていたからである。知識人や技術者、作家、芸術家らが仕事や研修に行くのも、やはり専ら兄弟の共産主義諸国だった。渡航にあたっては、必ず治安当局と人事当局の慎重な審査があった。公務と外交のパスポートは、みな外務省の領事局が握っていた。治安当局と人事当局の審査にパスし、領事局の渡航手続きを通ると、初めて当人にパスポートが発給されるのだった。帰国すると、パスポートは空港で即座に徴収された。一般人のパスポートはといえば、以前はほとんど存在しなかった。市民には事実上、渡航の権利がなかったからだ。

長い期間にわたって、党官僚階級は特権的に渡航の権利を独占していた。たまに一部の著名人が、何かの行事のために、審査を受けて渡航を許されることもあったが、いつも上級の党員が案内のために、というより監視のために同行し、厳しく見張っているのだった。

諸外国の関係当局が非常に煩わされ、強く反対したのは、教授とか、作家とか、ジャーナリストとか、いずれかの知識人を国際会議に招請すると、ベトナム側で権限のある者が勝手に人をすり換えて、別の人物を寄越すことだった。そして、その人物では役に立たないことが多かった。指導者の身内とか、派閥の一員というだけの理由で選ばれるからだ。今どき、これほど奇妙で無分別なことをしているのはベトナムだけである。

会議や仕事で外国に行った時には、すべての収入を報告すべしという規定がある。個人的なプレゼントであっても、高価な贈り物は上に申告して検査を受けねばならなかった。そうすると決まって、自分が貰えるのはほんの僅かで、あとは「まだ貧しい祖国のために」国庫に納めなければならなかった。各国にある大使館の要員は、このことについて念を押されていたが、実際は、この規定が厳格に適用されるのは下級の党要員と党外の著名人だけだった。党と政府の高級幹部はといえば、いつもこの規定を忘れきっていた。そして、彼らはみな大量の贈り物を貰っていた。兄弟諸国を公式訪問すると、書記長や国家主席、首相、国会議長らは、いつも非常に高価な品物を贈られるのだ。最新のカラーテレビやテープレコーダー、ビデオ、最新式のラジオ、大きなクリスタルの壺、毛織りのテーブルクロスや布地、上等のビロードや絹、金時計、美術品、夫人のための高価な宝石や、貴石や、金の装身具、漢方薬や特別な酒、そして各国の珍しい特産品に至るまで。

人々は、お偉方の奥様たちが、ハノイのホアン・キエム湖を見渡すハン・チョン通りにある特別なドルショップにやって来て、夫が貰った贈り物を少しずつ売り捌いているのをよく目にした。そういう物を全部集めたら、かつての兄弟諸国の工業と美術のレベルを示す小博物館ができただろう。

これが、社会主義兄弟諸国のノーメンクラツーラのギブ・アンド・テイクの関係だった。国家予算の中には、つねに最高級訪問団のための贈答品という特別な項目があった。ベトナムを訪問する賓客たちは、大きな鼈甲《べっこう》や虎の毛皮、象牙、銀の皿やボール、銀のスプーンとフォークのセット、ハノイの有名ブランドの注文服まで、さらには刺繍入りの室内着、刺繍した靴、レース、蛇酒、蜥蜴酒、そして螺鈿《らでん》を象嵌したテーブルと椅子など、一人数百万ドン相当の物を個人的な贈り物として持ち帰った。骨董品の壺や、貴重な木材でできた屏風など、国家にとって非常に重要な、きわめて貴重な財産も持って行った。どこかに行くのではなく、すっかり消えてしまうのである。あちらがくれたなら、こちらもお返ししなければならない。国際的義務とは、各国の特権階級どうしが助け合って、ますます豊かに、ますます金持ちになって、世界の富める国と肩を並べるということなのだった。これは事実上、汚職にまみれた権力集団を肥え太らせるために、革命と共産主義の名の下に、国家の財産を強奪する大規模な陰謀だった。

特権階級内部の癒着

国庫補助金制度《バオ・カップ》*があった時代、ハノイの歩道にこんな箴言を書いた人がいた。

＊国庫補助金制度（バオ・カップ）　北ベトナム時代からの国家計画経済体制における中央集権的、官僚主義的な生産、流通、消費システムに対する国家からの補助金。国営企業の赤字もバオ・カップによって補填された。南北統一後は南部にも適用され、国家財政の負担が急増する結果となった。ドイ・モイ以後、市場経済体制への移行と共に廃止された。

「一に親族、二に知人、三に権力、四に制度」

これは、社会でささやかな権力を持つ人間どうしの関係を言ったものだ。親類縁者、親しい友人、近親者と家族が第一で、互いに助け合い、支え合う親しい知人が第二。そして、権力者が第三。必要な時に優遇してもらい、力になってもらうために、彼らに追従しなければならない。最後にやっと制度、つまり決められた基準に従って分配する制度が第四、という優先順位である。

親族と、知人と、権力者による癒着の関係が、世の中の物と特権の分配構造を覆い隠していた。たとえば、米屋の売り子と肉屋の婆さんが結託して、おいしい米と上等なヒレ肉や豚足を手に入れられるようにする。二人は百貨店の責任者の女も抱き込む。そして、良い布地や、舶来の羊毛が入荷した時は、いつも優先的に報せてもらい、配給切符で買いに行くのである。そうやって、商売をやっている者どうしで便宜をはかるのだ。商売をしている女性たちが、医療部門の男女を味方につけて、必要な時に父母や子供を診てもらったり、良い薬を頼んだり（補助金制度の時代は、薬は無料で配給されていた）、治療のための入院や、手術の便宜をはかってもらうこともあった。医師たちは、教育関係の権力者を味方につけて、子供たちが最高レベルの学校に入り、希望通りにハノイまたは近くの省で就職できるような大学か専門学校に入れるように、便宜をはかってもらった。さらに、教育関係の権力者たちは、文化・芸術部門の幹部を味方につけて、おもしろい映画や、劇や、歌謡ショーのチケットを世話してもらう。その幹部たちは、不動産関係の権力者と通じて、希望通りに家を借りたり、替わったり、土地を買ったりできるよう、便宜をはかってもらうのである。

右のような利益をやりとりする癒着関係、ギブ・アンド・テイクで互いに得をする関係は、実に単純明快で、ありふれたものになっており、厳密な補助金制度の下で悠々と気楽に暮らせる一つの階層を成り立たせていた。

　この制度下では、慢性的に物資が欠乏していた。米から砂糖、ミルク、石鹸まで、マッチや布地、パンツ、アンダーシャツ、針、糸、紙まで、あらゆる物が不足していた。女性が毎月使う布も不足している時があったのだ。当時、主婦たちの頭の中は数字と情報で一杯だった。心配事が多いために、彼女らは嫌でもやりくり上手になり、物憶えがよくなった。この月は何日にミルクが売り切れになったか？　この月は油が何リットル、石鹸が何個、砂糖が何グラム手に入ったか？　そして、配給切符の束をすべて握っていた。B-5の切符では何が買えるか？　C-6では何が買えるか？*　そして、記念日やテトにはどの店で、いつまでに何を買い足すことができるか？　彼女たちはちゃんと憶えていた。買い物をする時に店員が一枚ずつ切り取る大小の色とりどりの配給切符は、気をつけてしまっておかなければならなかった。もし失ったら、死ぬほどの大損害だった。そういうわけで、配給切符を失ったり、米の配給手帳をなくしたりすることは、時として泥棒に入られるよりも大きな災難だった。

　互いに利益をやりとりする生活の中の、高官たち、権力者たちの癒着については、はっきりと暴かれるべきだろう。この長官とあの長官の癒着、この地方の省書記長とあの地方の省書記長の癒着、党中央委員どうしの癒着、それは大きな権力を持ち、重要ポストにいる人物、体制内の特権的な官僚層の癒着関係である。このての癒着では、ふつう彼らが互いに出会い、手を打ち、握手し、約束を交わ

＊　配給切符にはA（国家指導者級）、B（次官、審議官級）、C（各部門の首長級）、D（一般公務員）、E（一般国民、非公務員、学生等）の種類があった。一ヵ月分の切符としてC-1〜C-8、B-1〜B-8等の数字が印刷され、三ヵ月を一期としてまとめて支給された。「今回、肉の配給がある場合にはC-5の票を持ってくるように」と通達があれば、該当する数字の切符を持参する。B-5ならB級の5番、C-6ならC級の6番ということになる。口絵写真参照。

し、含んでおくことによって、持ちつ持たれつでそれぞれの利益になるように取り引きが進む。

まさにこの体制内の権力者たちの談合、あるいは暗黙の了解によって、彼らの妻子は、学力レベルや専門性とは無関係に特別な地位につき、留学や仕事で外国に行く特権を享受した。まさにそのような精神風土のおかげで、レ・ドゥック・ト（本名はファン・ディン・カーイ）が、政治局員と中央軍事委員（後の中央軍事党委。ただし軍隊の中にあるものではない）の地位についた時、彼の二人の弟も同時に昇進した。

ディン・ドゥック・ティエン★（本名ファン・ディン・ズィン）は中将に昇格し、兵站総局副主任になり、その後、科学技術の知識がまったくないにもかかわらず、エネルギー総局の総局長と政府のエネルギー担当相を歴任した。彼は以前、機械冶金相とターイ・グエン［ターイ・グエン省］の鉄鋼コンビナート建設委員長を務めたが、機械や冶金についての初歩的な知識さえなかったのだ。レ・ドゥック・トの末弟マイ・チー・ト（本名ファン・ディン・ドン）は、ホー・チ・ミン市行政委員会主席を経て、政治局員、公安大将、内務相に昇格したが、公安要員を養成する教育は一度として受けたことがなかった。

人々は、このような官僚をインスタント官僚と呼んだ。レ・ドゥック・トの妹も、ハノイ国際貿易商店の主任に選ばれ、外国人専門家や外交当局に物資を供給する特別商店と、政治局と書記局に密かに物資を供給する特別商店――ハノイのトン・ダーン通りと、ゴ・クェン通りと、ハン・チョン通りにある特別商店――を一手に握った。このようにして、体制内で最大の権力と最高レベルの給与が与えられる枢要なポストが、有力な家族によって独占されるのだった。

レ・ズアン書記長の妻は、アン・ザン省委員会の常務委員にまでなり、その後、メディア関係の手腕はないのに、『サイゴン・ザイフォン』紙の副編集長になった。編集会議に出席しても、ただ形式的に坐っているだけだった。レ・ズアンの子供たちはみな、学力水準とは無関係にソ連に留学していた。息子タインは、ソ連留学中、ヴォー・グエン・ザップ大将の息子ヴォー・ディエン・ビエンと同じクラスで軍事航空技術を学んだ。娘ホンは、ロモノソフ大学に留学した。彼女は本来、ディン・ニョー・リエム外務次官の息子の妻なのだが、後にロシア人の教授と結婚し、一九八七年にモスクワで大きな腫瘍の切除をした時、出血多量で死亡した。

レ・ズアンの二人の娘婿のうち、ホー・ゴック・ダイは東ドイツの大学を卒業した教育学博士で、もう一人のレ・バー・トンはロシアで訓練を受けた機械技師である。二人ともクアン・チ省の出身だが、性格はまったく違っていた。レ・バー・トンは傲慢で、派手な遊び人、放蕩息子として有名だった。仲間はよく彼のことを、レ・バー・トイ［私のレ親父さん］と呼んだ。彼がしばしば、妻の父親レ・ズアンをもち出して自慢の種にしたからだ。専門分野でのレベルは低く、一時は機械省次官になるチャンスを狙ったこともあったが、幹部組織委員会はさすがに世論の反発を恐れ、その考えを諦めなければならなかった。

一方、ホー・ゴック・ダイは研究業績に優れ、生徒が主体となってその本来の能力を目覚めさせる新しい教育路線を提唱し、実験的な学校のシステムを考案した。もっとも、このアイディアは教育省の保守的な役人によって阻止されてしまったが。ホー・ゴック・ダイは、「皇帝の娘婿」としての特別待遇を拒否し、質素な生活をしていた。軋む自転車で通勤し、子供たちにとけ込み、力いっぱい仕事に励み、若い世代と祖国の教育に情熱を注いでいた。彼は、この特権システムの中では珍しい存在で、同じ階級の中には、彼を頑固な皇帝の娘婿とか、馬鹿なやつとか、教科書通りにできないやつ、とか呼ぶ者もいた。

世間では、お偉方の夫人たちのこともいろいろ問題になった。たとえば、元政治局員兼外相グエン・ズイ・チンの妻トゥーだが、彼女は中学校レベルの教育しか受けていないにもかかわらず、商業省の局長、しかも物資分配計画局という枢要な局の局長になった。この地位にいると、少なからぬ余禄に与ることができるのだった。

元文化相ハー・フイ・ザップの妻は、工業の基礎的な知識すらないのに、軽工業省の次官として全国の主要な織物産業を一手に握った。元政治局員兼副首相トー・ヒューの妻タインも同様だった。彼女は、詩人の夫と一緒にタイン・ホア［タイン・ホア省］から出て来て、ヴィエト・バックで初めて小さな芸術組織の指導の責任を負った。そして、宣伝・訓練部門に配属され、一九七四年からは中央宣伝・訓練委員会の政治スポークスマン室長の座に居座った。これは第一種局長と同等の地位だった。一九七七年からは、党中央宣伝・訓練委員会副委員長に昇格した。これは次官に等しい地位で、ソ連やポーランド、東ドイツ、モンゴルなどの共産党専門の政治スポークスマンだった。彼女は宣伝・訓練当局全体から尊重されていたが（お偉方の奥さん、政治局員の妻だから形式的なものだったが）、彼女にとって不利だったのは、スポークスマンのトップにいながら、自分自身は決して政治問題や時事問題について語ったり、意見を述べたりしなかったことだ。

『ニャン・ザン』総編集長ホアン・トゥンの妻チャン・ティ・ティックも同様で、彼女は『ニャン・ザン』に勤務し、事務局から読者委員会や女性労働者委員会まで様々な局や委員会に入り、第一種局長に匹敵する党機関紙の内政委員長にまで出世した。彼女は自分では質の高い記事を書くことができず、夫が代わりに書いたものを新聞に載せていた。一九八七年に定年退職する前に、彼女は一九四五年八月以前から入党していたという古い業績によって、中央委員会で第七級（次官に匹敵する地位）に昇格した。

地方各省では、もっとドロドロした状況だった。中央を見習って、医療のことを何も知らない病院の院長とか、金融や会計のことを何も知らない銀行室長とか、教員資格のない教育本部の部長などが存在した。それは、単に省の最高級官僚の妻とか息子、娘とかいうだけでその地位についた者たちだった。

私は、特定の個人を攻撃するためにこのような例を出したのではない。現存社会主義体制の病弊を指摘して、社会的公正を主張したいのだ。有能な人材や、正直さ、誠実さが尊重されねばならないと言いたいのである。しかし、現実の職場では、いかなる能力水準も、真の道徳も無視され、いい加減な癒着がはびこって祖国建設の障害となっている。ここに挙げたような特権階級内部の癒着や縁故主義は、きっと失敗と破綻を招くに違いない。

終身的な地位

支配権を握る特権階級は、ほとんど無一文のところから権力と財産を手に入れたため、死ぬまで自分の特権に固執するきらいがある。現実は彼らの傾向と意図の通りになっており、あたかも一つの法則のように、必然的に問題が生じている。

終身国会議員、終身国家主席、終身首相、終身書記長などの地位があるのが当たり前になっており、もはや誰もそれを問題にしない。地方でも同様で、終身の人民評議会議員、省の終身主席、県の終身主席というものも、ごく当たり前になっている。任務や職責が替わる者も多かったが、それも普通は、抜擢されて単にもっと上の地位につくということだった。明らかな間違いや失敗があった時でも、なおも蹴り上げられる、つまりもっと高い地位に移されたのである。特に、その間違いというのが左翼的な間違い、過度の左傾化で、革命精神の行き過ぎ、攻撃精神の行き過ぎとみなされた場合、そういう長所があるために、具体的な失敗は大目に見てもらえるのだった。

これは現存社会主義諸国に共通する現象だった。ただでさえ保守的だった指導者が、時を経るにつれてますます保守的になり、家父長的な制度と一族支配がまかり通り、指導部は日増しに高齢化して、若返りを阻んでいた。人材を開拓し、無能な連中に代わる人材を必要なポストに配置することが不可能になっていたのである。歯車のように、うんざりするほど何十年もぐるぐる回り続けても、古い機構が改まることはなく、世の中は諦めて受け入れるしかなかった。そこにベトナムの悲劇の根源があったのである。

権力者たちが真の民主主義を受け入れることができないのは、こういう状況があるからだった。みな自分が交替させられる時が来るのを恐れていた。権力を手放した時の窮乏生活を思うと、彼らはあらゆる代価を払って手に入れた椅子にしがみつき、他人に譲り渡そうとはしなかった。

チュオン・チン元書記長は、土地改革で重大な誤りを犯した直接の責任者だが、相変わらず政治局員にとどまり、副首相と国会常務委員会主席を歴任した。グエン・シー・ドンは、クアン・ビン省のキリスト教徒の村を殲滅*した罪を問われたが、ドン・シー・グエンと名を変えて局長に昇格し、その後、中将としてホー・チ・ミン・ルート指揮局の司令官を務め、後に党中央委政治局員兼副首相となった。カンボジア駐留ベトナム軍の司令官として、何十万という部隊を長期間駐留させ、クメール人とベトナム人兵士の双方に膨大な被害を与え、ベトナムが今に至るまで孤立して国際的な制裁と禁輸を受ける原因を作った張本人〔レ・ドゥック・アイン〕は現在国家主席の地位にある。

（ロン・アン〔ロン・アン省〕から届いたある手紙には、こう書かれていた。もしも、この将軍が指揮したカンボジアの戦闘で足を失った若い兵士たちが、全員集まって彼に挨拶しに行ったら、国家主席府の庭はぎっしり埋まってしまうだろう。いわれなく負傷した若者たちが、松葉杖をついて全国から集まったら、立錐の余地もなくなるだろう。たとえ片足あるいは両足がなくても……）

一九四八年当時、クアン・チ省委員会の書記長だったダン・ティー★は、その後第四連区（タイン・ホアからビン・チ・ティエン〔現クアン・ビン、クアン・チ、トゥアティエン・フエ省〕までの各省を含む）の党委副書記長となり、土地改革の際には、第四連区の組織の整理運動を直接指揮した（この運動では、省や県レベルまでの非常に多くの党中堅幹部や党員が拷問を受け、投獄された。大部分は小資産階級の出身者で、死亡したり重傷を負った者が多かった）。しかし、彼は中央の省長官にまで押し上げられて、対ラオス・カンボジア協力の責任者となり、第四期および第五期の中央執行委員会のメンバーにまでなった。

土地改革指導委員会の常任委員で、かつて何百という死刑判決を下し、無実の人々を処刑したホー・ヴィエト・タンは、国家計画委員会に入れられ、同委員会の党委書記になった。一九七五年四月三〇日以後にサイゴンに入り、コンピューター・センターの従来の幹部と職員をクビにすることを主張したのは、ほかならぬ彼だった。彼らはアメリカの訓練を受け、キリスト教徒であったり、国外脱出者の家族であるから、というのがその理由だった。

党中央委員会顧問というポストを設けたのも、すでに退職したお歴々にさらに新しいポストを用意

＊　抗仏戦争期、表向きは抗戦のために各宗派の団結が主張されたが、共産主義政府の宗教政策には多くの偏向や行き過ぎがあり、仏教寺院やカトリック教会が破壊されることがあった。特にカトリック教徒はフランス側とみなされ、疑われた。

するためだった。顧問となった人たちは、八〇歳前後で体力も衰えていたのに、名ばかりで実のない地位についたのである。給料や、家屋敷や、権利は元のままで、相変わらずそれぞれのオフィスを構え、それまで同様たっぷりと物質的補助を受けていた。中国では党顧問のポストは廃止されている。ファム・ヴァン・ドン顧問は、グエン・チャイについて非常に良いものを書いているのだが、悲しいかな、顧問というこの不向きなポストについてからは、グエン・チャイの君子的な人格を自ら体現することができなかった。もし彼が誠実で強い意志を持っていたら、顧問など必要ないと国民と国家に意見することもできただろう。

各種の公務員と党員に対しては、依然としてダブル・スタンダードがまかり通っている。党外、党内にかかわらず、特権階級に属さない者は疑いの目で見られ、適当に形式的な扱いを受け、少しでも間違おうものなら容赦なく攻撃される。特権階級の者はただ批判され、内部で処理され、ほとぼりがさめるまでしばらく他所に移されるだけで、後でもっと高い地位につくのだ。

ハノイの知識人たちが、こんなふうに意見を言い合っていたことがあった。もしファム・ヴァン・ドンが四〇年近くも首相の座にいないで（彼は自分でも認めているが、最も長く、最も老齢で、最も無力な首相だった）八年か一〇年くらいで辞めていれば、もし党書記長や政治局員、書記局員、中央各省の長官、国会議員などの任期もせいぜい党大会二期分、国会二期分ぐらいだったら、状況はある程度変わっていたかも知れない。国家機構はもっと洗練されて、ドイ・モイはもっと早く、強力に進められていたかも知れない。だが、よく考えてみれば、「もしも」はすべて無益だった。なぜなら、権力を貪るのが特権階級の本質であり、ベトナム人本来のねばり強さをとことん発揮して、実力によってではなく、主に時勢のおかげで目的を達成した人間の悪い病気だったからである。

特権階級の間では、子供どうしを結婚させることが多い。そうやって互いに親戚づき合いをし、生活も考え方も同じようになり、固い絆を形成するのだ。彼らは社会の上流階級を自認し、下々の者とはほとんど関わらない。何よりも、そうしておけば、権力や特権や財産が外に流れ出ないからだ。

ベトナムの特権階級は、中国のそれほど極端な特権があるわけではないし、ソ連でブレジネフがアメリカやドイツ、フランス、イギリス、イタリアなどの車を揃えた専用ガレージを持っていたほど、極端に金持ちというわけではない。北朝鮮ほど露骨な世襲制度があるわけでもないし、ルーマニアのチャウシェスクのような、名画をいっぱい飾った城に住む赤い皇帝の生活にもほど遠い。ベトナムの特権階級はもっと後に生まれ、その上長い間戦争をしていたので、増長するにも限度があり、せいぜいこの二〇年の間に発達してきたものだ。一般庶民や、目覚めた良心的な知識人、芸術家たちは、モスクワや北京、平壌、ブカレストなどの新しい赤い皇帝と皇后のことを以前から鼻で笑っていたのだが、ハノイの保守的な指導者たちは平気でその皇帝たちと関係を結び、何らはばかることはなかった。

私はまだ憶えているが、一九八九年の末、ダオ・ズイ・トゥンがベトナム共産党の代表団を率いて、ブカレストのルーマニア共産党大会に出席した時、チャウシェスク書記長の演説に歓呼を送るために、拍手の音に合わせて、何と九四回も立ったり坐ったりしなければならなかったそうだ。しかも彼は、ハノイに戻ってからの記者会見で、ルーマニア共産党は非常に強い民族精神を持っている（！）とか、あの盟友党は非常に優秀で、ソ連と諸外国に対する債務をすべて返済した（！）と褒めちぎった。その僅か二週間後、チャウシェスク夫妻は銃殺され、ファシスト型社会主義体制は消滅したのである。思想家ダオ・ズイ・トゥンの言葉は途方もない皮肉になってしまった。彼が口にしたばかりの「安定」とか、「団結」とか、「有能さ」とかいうものが、一転してルーマニアの特権階級の悲劇となったのである。人のふりを見てわがふりを直せと言うべきだろう。彼がベトナムの特権階級の運命について考えたかどうかはわからないが。

そういうわけで、一九九一年に北朝鮮の指導者の世襲を非難した『トゥオイ・チェー』紙の総編集長キム・ハインを処罰したのも、やはりそのダオ・ズイ・トゥンと、思想工作担当の政治局員兼党思想・文化委員長のチャン・チョン・タンだった。つまり、兄弟諸国の特権階級の間には、互いに庇い合う国際的義務というものがまだ残っているということだ。

「5C」——お偉方の子供たち

5Cとは、「お偉方の子供たち」を意味する「コン・チャウ・カック・ク・カー」の頭文字である。特権階級は、大きな屋敷を所有し、日々財産を増やし、多くの権力を持っているのだから、当然その妻子や親戚など一族全体が、みな富の恩恵に与れるということだ。彼らの日和見的な性格が露骨に表れるのは、裏口と呼ばれる方法で子供たちを出世させるために、職権と癒着の関係を利用する時である。

そういう方法で外国に留学する者がどれぐらいいるのか、その数を把握しているのは中央組織委員会だけだ。さらに、特権階級の子弟が成績の良い者たちに代わって出世したり、地位を独占する（まったく不当、不法なやり方だ）ために、どれだけの庶民の子弟が頭を押さえられてきたか、知っているのも彼らだけである。わかっているのは、一般庶民の子弟が戦場で死んでいるのに、5Cたちは徴兵されることもなく、戦場で銃を撃つこともなく、戦死することもないということだけだ。

ハム・ゾン橋（タイン・ホア省）のある高射砲部隊で、フン・イェン省の副書記長レ・クイ・クインの息子が死んだ時、新聞は長い間そのことを繰り返し報道した。これは、お偉方の子弟が戦死するのが、いかに珍しいことだったかを証明している。カンボジア戦争の時には、5Cたちはみな学生生活を満喫できる立場にいて、その困難で危険に満ちた崇高な国際的義務は、謹んで農民の子弟に譲ったのである。

王の子はやはり王になり
寺の坊主の子は榕樹の葉を掃く

どんな体制下でもそうなのだ。いわゆる革命体制とて例外ではない。

政治総局の下にある軍の幹部委員会は、お偉方が非常に頼りにしている部署だった。そこにはしょっちゅう電話がかかり、手紙が手渡された。その委員会の職員は、子供に技術要員としての訓練を受けさせたいというお偉方の希望にいつも喜んで応じていた。そうすれば、子供たちは外国に行くチャンスに恵まれ、帰国すれば軍の内外で、権力はあるが危険はない、おいしい地位を世話してもらえるのだ。軍の幹部委員会は、いつも自分たちを、レ・ドゥック・トが率いる党中央組織委員会の一部だと考えていた。党が軍を掌握し、指導し、指揮するのが体制の原則だったのである。

レ・ドゥック・トは子供が少なく、息子は一人だけだった。その上、一人息子は勉強ができず、何の資格も持っていなかった。普通教育課程〔小学校から高校まで〕も、むりやり卒業させたほどだった。夫人のタインは、医療のことは何も知らないのに、C病院の党委員会書記の仕事を任された。この病院は、産婦人科病院となった後、ハノイのチャン・ティ通りで、今は越独《ヴィエト・ドゥック》友好病院とも呼ばれているフー・ゾアン病院に面して建っている。彼女は、ただ党員だからという理由だけで、その地位についたのである。しかし、党員だから何でもできるというわけではない。夫人は国家の仕事で忙しかったので、息子を教育することができなかったというが、実際は息子を教育するほどの学がなかった。いわんや、息子に父の後を継がせて成功させるなど問題外だった。

そういうことだから、レ・ドゥック・トはむしろ幸運だったのだ。しかし、レ・タイン・ギ★元副首相の場合は、幸運とはいえなかった。

レ・タイン・ギは、一九六〇年の第三回党大会で政治局員になったプロの革命活動家で、植民地時代の一九四一年から数年間投獄されていた。昔は印刷工場の植字工で、労働者のマルクスだった。第三連区（ハノイを囲む紅河右岸地域を含む）の党委書記も務めた。戦争時代、副首相としての彼の主な任務は、毎年春と秋の二回、北京やモスクワや兄弟諸国の首都を訪れ、援助を請うことだった。

私は彼の秘書と知り合いで、彼の交渉団の中にもたくさん知り合いがいた。交渉といっても、実際は援助の申請書を持って行くだけだった。それは、戦車や航空機、船舶、ガソリンから印刷用紙、風邪薬、牛乳、砂糖、布地などの日用品まで、いろいろな物資を書き連ねた分厚いリストだった。中には二、三〇〇ページに及ぶリストもあった。それは、中央各省、総局、北部ベトナムの各省、県から首相府に送られてきたリストの集大成だった。

私は、交渉の成り行きを追っていたソ連共産党の機関紙『プラウダ』の記者たちとも会ったことがある。レ・タイン・ギの巧妙なところは、各友邦国の最高指導者がベトナムの闘いを称賛した言葉を書き記し、それを元にして、ベトナム支援を担当する各機関に最大限の援助を請うことだった。

ハノイでは、年の半ばが近づく三月、四月や、年末が近づく一〇月には、公務員たちは、そろそろギ副首相が訪問に出かける頃だと噂し合った。そして、彼が演説で何を言い、それによって援助が多くなるか少なくなるかを見守った。彼の持って帰る篭が重いか軽いかで、全社会の物質生活が左右されたからである。

前置きが長くなったが、このギ副首相には息子がいた。ギは息子を帝国主義国、たとえばフランスに留学させたかった。彼自身は何度も外国に行き、事情がかなりわかっていたので、遠い国のことを考えることができたのだ。大学教育省は喜んで彼の言う通りにした。フランス大使館も歓迎の意を表した。駐仏ベトナム大使館はといえば、副首相の機嫌をとる機会ができたことを非常に喜んだ。かくして、レ・タイン・ニョン青年は、いとも手軽な方法で、何の問題もなく、楽々とフランスに留学した。彼は数学科に合格し、フランス人と結婚した。自分なりのやり方で成功したとはいえ、本国では、ギ副首相がいてこそ彼の将来もそこまで保証されているのだと噂されていた。

ニョンが帰郷した折、レ・ドゥック・トが彼に遊びに来るよう誘った。フランスの教育について何かを尋ねるためではなく、トの息子が同じような道に進むのを助けてくれるよう頼むためだった。かくして一人息子ズンは、実際に奨学金を貰ってフランスに出発した。やはり手続きは簡単で、非公式で、当然ながら幾分うしろ暗いところがあった。彼は南部の小都市モンペリエのフランス語教室に入った。ハノイののんびりした生活に慣れていた彼は、どうしても勉強ができなかった。そういうわけで、彼は素行が悪くなっていった。学校には寮があったが、彼はよく女子学生がシャワーを浴びているところを覗き見して楽しんだのである。女子学生たちは、体育の後でいつも一緒にシャワーを浴び、素肌をさらしていたのだ。彼女らは悲鳴を上げ、不心得者を罵った。三回目に彼は現行犯で捕まり、学校当局に引っ張られた。

文明国では、このような行為は人間性を喪失した恐るべき犯罪である。ニョンは苦しい立場に立たされた。弟分を庇ってやることはできず、すぐに退校を受け入れ、大使館に報告するしかなかった。レ・ドゥック・トは息子を信じ、大して心配することもなかった。そして、「ニョン君と大使館は息子に別の場所を世話し、とりあえず勉強でも何でもいいからさせてくれ」と指示した。ニョンは仕方なく、弟分を一時的にある実験室に入れ、実験器具を洗う仕事をさせた。

しかし、弟分がおとなしくしていたのは二ヵ月半だけだった。由緒ある家の子はやはり違う。庶民の子供と同じようなわけにはいかなかった。実験室では、スタッフたちは出勤すると、いつも作業着に着替えて、脱いだ服をロッカーの中に掛けていた。ある日、彼らは自分たちの服のポケットに入れておいた物がいくつかなくなっているのに気づいた。そんなことは初めてだった。そして彼らは、例のお坊ちゃまが、ロッカーに掛けてある他人の服のポケットや個人の引き出しに手を入れて、ひっかき回しているのを目撃したのである。もはや弁解の余地はなかった。かくして、ニョンは再び苦い思いで、お坊ちゃまの解雇を受け入れた。

報せを受けたレ・ドゥック・トは、すぐに指示を送って「大使館の諸君は、息子を大使館に置いて、何でもいいから働かせてくれ」と気軽に頼んだ。大使夫人は熱心に大使に働きかけ、彼を受け付けに置いて接客をさせるよう勧めた。これには大使館の全員が驚愕し、彼には受け付けや接客をする資格も教養もない、そんなことをさせたら破滅的だと反対した。夫人はその考えを諦めた。彼女はいつも熱心に、本国の指導部のあらゆる指示に従っていた。彼女は退職した元次官で、大使館の中では、つねに自分は夫より偉いと思っており、自分も大使館で毎日、毎週行なわれる指示伝達会に出席して、スタッフたちに指示を出す権限があると思っていた。大使館のある人物はこのように嘆いていた。「この仕事のやり方はまったく無秩序で、家父長的で、無原則だ。でも、敢えてそれを口に出して、見直したり、批判したりする者はいないんだ」

その後、お坊ちゃまは何ヵ月かパリで遊んでから帰国した。彼の家族と祖国にとってはますます不名誉だったが、彼は神経が弱いのだという言い訳が考え出された。神経を病んでいるので、どんなことでも許されるというのである。

私は、ハノイの第一〇八軍病院に治療に行ったことがあった。そこにはA10科とA11科というセクターがあり、軍の将校や党の書記局員、政治局員、政府の副首相クラスより上の病人専用になっていた。知人の医者たちは、ドー・ムオイ書記長もよくここに健康診断に来ると言った。書記長は、もともと重度の神経症を患っており、一九六九年と七〇年の数ヵ月間と、その後一九七六年にもう一度入院加療したことがあった。不眠症が長く続き、神経症の発作を起こして、夜中にまで庭をうろつき回る時があり、柏の木に登って枝に坐っていたことさえあった。付き添いの看護婦たちは驚き、彼が落ちないかとひやひやし、木の下に来て「どうか降りて下さい、あなたが落ちたら私たちも生きていられません」と呼びかけた。世界には、神経を病んだことのある者は国家の重要な役職には立候補できない、と規定している国もある。彼が持病から回復することを祈りたい。

グエン・ヴァン・リン元書記長も、息子は一人だけだった。夫妻にとって不運なことには、息子は大多数の者より遥かに有利で、並ぶ者もない条件に恵まれていたのに、学業成績が振るわなかった。息子は、悲しむ両親を残したまま、都会で自ら人生に終止符を打った。自殺の原因は個人的な交友関係にあった。自分と家族の体面を保つために死を選ぶべきだ、と彼に告げた者がいたのである。お偉方の子供にも悲劇はある。ただ楽々と官職について成功するだけではない。成功しても、それを維持できなければ、それもまた悲劇なのだ。

時の申し子たち

しかし、お偉方の子供たちなら皆だめな人間で、善人はいない、と一概に決めつけるべきではない。どこにでも例外はあるものだ。一九九二年と九三年に諸外国を訪問して、東欧に住むベトナム人の若者たちと会った時に、私はそのことがよくわかった。私が会ったのは、祖国の民主化のために命をかけている若者たちだった。最初にそれを手がけたのは、モスクワとワルシャワに住む若者たちで、『雪割り草』の本をすぐに送ってほしいと私に手紙で求めてきた。その後、ドイツのマインツとベルリンに住む若者のグループまでが、私宛ての手紙を『ズィエン・ダン〔フォーラム〕』紙（本国といろいろな関係を持つ知識人の若者が意見を寄せるベトナム語の新聞。パリで毎月出されている）に託して、やはり本を送ってほしい、そして機会があれば自分たちに会いに来てほしい、話を聞いて意見交換をしたい、と申し入れて来た。モスクワ・ラジオのイリーナ・ツィズマンも、ベトナム大使館の役人と、愛国心と民主的な意識を持つ若者たちとの関係がぎくしゃくしていることを報せてくれた。

ニュールンベルグやミュンヘン、マインツで、そしてベルリン、ドルトムント、ハンブルグで、私は『燕の翼』『光』『希望』などのベトナム語新聞を発行している若者たちと一緒に過ごし、何度も活発に話し合い、意見を交わした。それはとても感動的で、有意義な経験だった。チェコスロバキアでも、プレツェンや有名な景勝地のカロヴィ・ヴァリで、そしてまた首都プラハで、私は『プラハ・フォーラム』『時事の焦点』などの新聞を出している若者たちと過ごした。私に面会を求めて、ブルガリアとポーランドからドイツにやって来た若者たちとも会った。東欧に住む若者たちは、一九九三年五月に初めてフランクフルトの同胞と顔を合わせ、祖国の状況と東欧に住む若者の責任について議論した。互いに相手を求めて手を振り、呼び合い、集会は情熱に溢れていた。

民主化に命をかける仲間の大部分は非常に若く、二一歳から四〇歳くらいまでで、外国に働きに来てそのまま残った人たちだった。ある者は元学生や実習生で、そのまま残ったか、または一度帰国して再びやって来た者だった。またある者は現在勉強している学生、あるいは大学を卒業してからさらに上の勉強をしている者だった。優秀な成績で、物理学や数学の博士号を取得した有名な学者たちも、この新しい運動に加わっていた。みな以前は、ホー・チ・ミン共産青年団に所属したり、共産党員だった者で、共産党支部の書記をしていた者もいた。昔は軍人で、パイロットだったり、総参謀本部の士官だったり、武装舟艇の操縦士だった者もいた。軍の少将や、中央委員会事務局のスタッフ、地方の省副主席、退役した高級士官などを父親に持つ者もいた。

周知のように、現在、東欧諸国では（ベトナムのように）自由市場が拡大しているが、法律がまだ不備で数々の遺漏があるために、法の網の目をすり抜けた商売が可能で、大胆な人間は濡れ手に粟の大儲けをしている。ビジネスにのめり込んでいるベトナム人青年も大勢いるのは確かである。豊かになる者も、破産する者もいる。騙される者もいれば、密輸で刑務所に入れられる者もいる。

そうした中で、民主化闘争に心血を注いでいる数百人の若者たちがいる。彼らは、あちこち奔走し、考えをめぐらせ、故郷の情報を集め、読書に励み、記事を書いたり、短編小説を書いたり、詩を詠んだり、ニュースを流したりしている。新聞はいずれも綿密に編集され、デザイナーがレイアウトし、販売ルートを確保し、きれいに印刷する設備があり、それぞれ何千部という単位で印刷されていた。それは、健全な思想に基づいた、誠実かつ明晰で、節度のある貴重なメディアだった。そして、貧乏で、後進的で、不平等な祖国を嘆き、それでも故郷と強い絆で結ばれている人々の心情に溢れていた。

チェコでは、若者たちが一九八九年末のビロード革命*について現地で考え、ベトナム情勢との関連を考える会を組織した。旧体制の根幹を揺さぶった革命の中で、警官に殴られて負傷した学生(それをきっかけに激しい闘いの気運が盛り上がり、勝利を導いた)は一人だけで、罪を自覚し、自分の運命を悲観して自殺した当局者も二人だけ(一人は内務省で、一人は治安総局で)だった。新政府は、県の党書記、県知事、副局長、局長以上の職務についていた者は新政権下の選挙に立候補できないと規定しただけで、元政治局員や中央委員はすべてみな普通に暮らしていた。共産党は、もはや国民にまったく信頼されていないとはいえ、相変わらず活動を許されていた。党員たちはそのまま年金を受給した。唯一、元政治局員のビリャクだけが取り調べを受けていた。最近モスクワで、一九六八年にソ連軍のチェコスロバキア進攻を要請した彼の手紙が発見されたのである。その手紙を書いたのが本当に彼なのかどうか、調べられているのだった。その手続きは法律に従って行なわれた。今では、何の旗を掲げようが、旧体制の勲章をつけようがつけまいが、家に誰の写真を飾ろうがまったく自由だ。

国民の大多数が何を望み、何を願っているかは、誰の目にも明らかだった。それは、過去の専制的な体制を完全に断ち切って、民主主義を確立し、改善してゆくことであり、正当な所有権と、自由市場と、法律に基づく国民経済を建設することだった。首都プラハと全農村の生活は速やかに安定した。クリスマスには、首都は昔よりも遥かに華やかに飾られ、豊富な商品が並び、買い物をする人々で賑わった。チェコの通貨コルナの価値は変わらず、むしろ対ドル相場は一年前より上がっていた。肉、酒、ビール、果実も豊富だった。店員たちは、以前よりもまじめで愛想の良い対応をした。商店は前より美しく飾られていた。われわれは五階建てのビルにあるバーター靴店に寄ってみた。一九四八年にカナダに亡命した主人が最近戻って開いた店で、チェコの各地にチェーン店を持ち、クリスマスと新年には、同胞のために安い値段で靴を提供していた。

ベトナム側では、『ハノイ』紙が、モスクワとプラハは不景気で閑散としており、パンからジャガイモまであらゆる物資が不足していると書いていたが、これは不健全な政治的意図から、現状を偽って伝えようとしたものだ。新体制の抱える問題は少なくなかったが、絶対的多数の国民と世界中が民主化過程を強く支持していたので、すでに最も困難な時期は乗り越えていた。チェコの人々と交流して、私は民主化の流れは覆せないことがよくわかった。憲法と法律に忠実に、世論調査と民主的で自発的な投票に基づいて、チェコスロバキアを二つの国に分けたことは時勢にかなっていた。この二ヵ国は、もともと一つの連邦の中の二つの国だったのだし、これまで長い間不平等な関係にあり、不公平で不合理な問題が頻出していたからだ。それを解決するための分離だったのである。チェコの人々は冷静に言った。「二つに分かれたといっても、それが悲劇だとは思わない。夫婦間に問題があって、話し合って離婚したようなものだ。それでもなお、選択の余地を残して、いずれ両者が成長して、互いに相手を必要とし、愛し合うようになったら、また一緒になればいいのだ。肝心なのは、今や隣国どうしになった二国が、平等で緊密な関係を保つことなのだ」

＊　ビロード革命　一九八九年一一月のチェコスロバキアの政権交替。共産主義体制に反対する政治組織「市民フォーラム」によって平和的に権力が奪取され、ヴァーツラフ・ハヴェルが大統領に選出された。これによって四二年間続いた共産党支配に終止符が打たれた。

ベトナム人の若者たちと一緒に、われわれは七七年憲章運動に参加した多くのチェコスロバキアの知識人と会って話をした。ハヴェルと共に闘ったダナ・ネムコヴァが、この運動のスポークスマンを務めていた。彼女は七人の子供がいる敬虔なカトリック教徒で、心理学博士でもあり、深遠なヒューマニズムと不屈の意志の持ち主で、二度も投獄されながら、なおも闘いを呼びかけた人だった。彼女がビロード革命から得た最大の教訓は、「目覚めた知識人が運動の先頭に立つべきである。芸術家を含む知識人は、美と善を求める人間である。旧体制の上からの改革は期待できない。自由と民主主義を勝ち取るために、非暴力で、なおかつ断固とした闘争が必要である」というものだった。彼女は、ベトナムの知識人と芸術家に期待をかけていた。

チェコスロバキアの民主活動家たちは、ベトナムで民主化のために闘う人々に、ハヴェルの心から出た言葉について考察してほしいと言った。それはこういう言葉だった。

「種を蒔いて待つのだ。種を蒔くとはつまり、民主的権利について話し合い、討論し、記事を書き、書物を著すことで、それを宣伝し、広めることだ。健康な種を蒔き、手入れをし、水をやり、土を耕せば、民主の木は芽を出すだろう。芽を出した後は、焦ってはならない。早く大きくなるようにと木を引っ張ったら、木は引きちぎられて死んでしまうだろう。それが自分で大きくなり、大樹にまで成長して、葉を茂らせ、果実を実らせるように手入れをするのだ。チェコの民主の木は、民主化運動と、国民へのアカウンタビリティーと、民度の向上と、闘争によって、日に日に大きくなっている」

東欧で一〇〇〇を超えるベトナム人の民主活動の種が芽を出し、頭角を現していると知れば、奮起せずにはいられない。彼らは能動的で、聡明かつ果敢な民主化の闘士たちだ。彼ら若者たちと出会って、私は目を開かれた。祖国の未来は健全な手に握られている。明晰な知性と、誠実な心に握られているのだ。彼らは今世紀の後半、一九五一年以後に生まれた若者たちで、せいぜい四〇代前半かそれ以下である。彼らは誰と同じでもなく、また誰も自分と同じであってほしくないと思っている。自分で祖国の問題を解決する自信を持っており、怨みを抱かず、将来をまっすぐ見つめている。嬉しいことに、彼らの一部は特権階級の出身で、その階級の不条理、不公平、後進性や罪悪を認め、祖国と自分を救うために真のドイ・モイを追求している。彼らは時代の申し子であり、今や新時代を創り出しているのだ。

チェコスロバキアのベトナム青年たちと別れる時、ある学生は楽しそうに言った。

「私たちは、最近の集まりでこういうアイディアを出しました。全国で一斉に『ベトナムには金輪際、永遠に生きよと祝福される者はいない』と声明するよう呼びかけるんです。個人崇拝は、ただただ有害なだけです。誰でもいつかは死ぬ時が来る。永遠に生きられる人間なんかいません。ただ人民と民族だけが生き永らえ、永遠に残るんです」

未来のない階級

ベトナムでは党や国家や軍隊のあらゆる高級幹部がノーメンクラツーラの階級に属している、と機械的に解釈すべきではない。現実はもっと複雑で説明を要する。特権階級に入らず、清潔で、正直で、良心的で、理想を持って生きる高級幹部も存在する。逆に、人脈と特別な条件を使って、特権階級入りをする中級の幹部もいる。

この階級は、次のような足がかりを得て、この二〇年近い間に発展してきた。

――一九七五年四月三〇日の戦争集結後に戦利品を押収した時。互いの贈り物にされたり、管理がずさんだったせいで押収された、はかり知れない数の家屋や自動車、個々の備品、財産、金銀、外貨などが、でたらめに分けられてしまった。アメリカ側では、戦利品の総額は六〇億ドル前後と見積もっている。どれぐらいが特権階級のポケットに納まったのだろうか？　半分の三〇億ドルぐらいだろうか？　さらに詳しい調査と評価が必要である。

――一九七七～七八年の南部全域における奸商打倒、商工業のブルジョア階級廃絶キャンペーンの時（おそらく、彼らの表や裏の財産の大部分が、賄賂として特権階級の懐に入ってしまったと思われる）。

――内務省が難民を非公式に出国させたり、公式に金を払わせて見逃したり、舟を斡旋したり、金《きん》を取って難民を輸出する「第二計画」* を何度も行なった時。これは一九七七、七八、七九年の各年、約五〇万人が出国し、一人につき三オンスから四〇オンスの金を支払った。公的資金となった金はごく僅かで、ほとんどが中央と各地方の特権階級の懐に納まったことだけはわかっている。金を懐に入れたのが主に治安当局の高官だったことは、はっきり言っておかねばなるまい。その一方で、治安・警察当局の一般職員は、相変わらず苦しい窮乏生活に耐えなければならなかった。同胞を苦しめる人間も一部にはいたが、普通の労働者と貧窮生活を分かち合う者たちもいたのだ。

ベトナムの特権階級の特徴を挙げると、次のようになるだろう。

■人民を指導して独立を勝ち取った後は――とはいえ、この功績はベトナム民族に備わった不屈の精神という伝統のおかげなのだが――傲慢にとらわれ、人類の知性の頂点に立っていると自認しているが、この階級には任務をこなせるだけの知性がない。若い頃から活躍した知識人で、「ニャンヴァン・

ザイファム」事件で弾圧され、一九九一年四月にパリに移住して、遂に九三年四月に亡くなった哲学者チャン・ドゥック・タオ教授は、ベトナム共産党指導者をこう評価している。彼らはマルクス主義について何もわかっていない。彼らはスローガンを叫ぶだけのマルキストだ。もともと知識人を憎み、偏見の目で見て、科学技術というものを理解しない彼らが、どうして知識を持つことができるだろう。彼らは、わが国の平均的な知識水準さえ満たしていない。この基本的な欠点を、彼らは認めようとしないのだ。だから、一九八八年の末に、ハー・シー・フーが「互いに手を取り合って知恵の海に乗り出そう」と書いた時、彼らがたちまち腹を立て、御用知識人に命じて、正直な知識人たちを徹底的に非難し笑いものにする文章を書かせたとしても何の不思議もない。

▣理解力が不足し、なおかつ恥を知らないため、特権階級の言うことは矛盾だらけで、国民の信頼を失い、軽蔑すら買っている。彼らは、口を開けば「自分は人民の公僕だ」と言うが、もっぱら人民を脅し、馬鹿にし、虐待したり、苦しめたりすることもある。彼らは社会的公平を唱えるが、社会体制は不公平だらけだ。彼らは社会主義の優越性を吹聴するが、実際には社会主義はますます欠点と遅れを露呈している。長い間嘘をついてきたため、彼らは自ら信頼を失うことになったが、それでもなお得々と、彼らの指導を信じるよう国民に強制している。

▣まさにシステム化した虚構のおかげで、特権階級は自らの偽りのモラルを露呈してしまった。彼らは日に日に変質している。口を開けば「批判・自己批判の精神」と言うが、実は真の自己批判を潔し

＊「第二計画」　国外脱出を図る人々から組織的に金品を徴集し、同時に危険分子を追放することを意図した内務省の計画の一部。地方の公安当局に、金《きん》と引き換えに舟を斡旋したり、脱出をわざと見逃したりする権限を与えた。第二計画とは主として南部のカ・マウ、フー・クォック、カン・トー、ヴン・タウなどの地域で実施された計画をさす。

とせず、逆に率直な批判にはつねに手ひどい報復を加え、批判者に対して、裏切り者とか、越奸とか、帝国主義者の手先といった、めちゃめちゃなレッテルを貼る。毎日顔を洗うように自己批判を習慣づけよ、と口やかましく言うが、その彼ら自身は顔を洗うのが嫌で、見るに耐えない汚らしい顔をしている。何かにつけ、人間や人権のことを口にするが、実際には市民権を公然と踏みにじり、正直な人間に報復を与えている。ただ多元的民主主義を要求したというだけで、グエン・ダン・クエ医師とドアン・ヴィエト・ホアット教授に二〇年の懲役を科したのが典型的な例だ。また、事あるごとに国際社会の一員になると言いながら、現代世界の民主化の趨勢になおも逆らっている。

彼らは、保守的な路線を適用するために、偽りの道徳にホー・チ・ミン思想を引用している。もう時代遅れになった路線を国民に受け入れさせるために、ホー・チ・ミン主席の威信を利用しているのだ。しかし、その彼ら自身が、ホー・チ・ミンの遺書から「遺体は火葬にするように」「農民の税金を一年間免除するように」という部分を削除し、主席の神聖な願いに背いたのである。

▣ベトナムの特権階級は急速に変質し、退化しつつある。彼ら自身が改革戦略を提示できないため、ドイ・モイ政策は一貫性がなく、効果が薄い。特権階級にはドイ・モイの戦略家たる人物は一人もいない。一九八六年に、彼らはソ連に倣った改革を強いられた。今では中国に倣って改革を続けている。さらに、密かにシンガポールにも学ぼうとしているのである（シンガポールとベトナムの条件はまったく違うというのに）。実際、彼らの本質は、未来よりも過去を見つめる救い難い保守主義者である。荒唐無稽なドイ・モイを生み出す保守主義者だ。アヒルがどうして竜を生み出すことができようか。

▣ここ数年、ベトナムの特権階級は急速に退化の過程を辿っており、ますます有害なマフィアの性格を帯びてきている。彼らは恐るべき二つの国難、すなわち汚職と密輸の元凶である。相変わらず汚職と密輸の撲滅キャンペーンをうち出しているが、彼らの階級の中にこそ、その病根があるのだから、ますます国民の怒りと、不信と、軽蔑を招くだけである。この二つの国難は相変わらず続き、拡大している。外国企業と不均等な売買契約を結び、リベートを手にしているのは、特権階級の人間たちにほかならない。国家の財産である建物や、官邸や、土地を外国企業に売却しているのも、まさに彼らである。彼らは、道徳の退廃や、あちこちにはびこる賭博、売春、麻薬、窃盗について、そしてエイズや栄養失調の恐怖にさらされている民族の血統と将来について、責任を負っているのだ。

良心的で責任感ある人々が、数々の情理をわきまえた意見、提言、提議を出しているにもかかわらず、特権階級はその特権と利権に抵触することはすべて拒絶する。彼らは、自分たちを民族より上に位置づけ、自分たちの階級的、個人的権利を人民の運命より上に置いている。過去の過ちをはっきり認めようとせず、過去数十年の誤りを認める勇気がないのだから、正しい新路線を設定できるはずはない。彼らは、民族の運命、人民の運命を握っており、逃れようのない閉ざされた状況を作り出しているのである。

しかし、道理と人間性を尊重し、英明で優れた不屈のベトナム人民である。特権階級が、その有害な誤りや、教条主義や、保守主義とひきかえに、人民を捕え、拘束して人質にするのを、許すことはないだろう。

第4章　テイク・オフのために

前章までに、過去数十年のベトナム社会の基本的な問題を挙げた。私はここで読者、特に若い読者が、祖国の状況を十分かつ根本的に理解できるように、いまだに隠されていたり、ほとんど議論されていない幾つかの事実を記しておきたい。

これまでは、美しく見せかけよう（そしてさらに捏造しよう）とか、臭いものに蓋をしよう（さらにタブーにしよう）という意図に沿って、宣伝に操られ、一方的にしか事実を理解できなかった。

本書によって、すでに明らかになっている状況を補うような事実を示すことができたと思う。すでに明らかな面については、繰り返すまでもないだろう。つまり、共産党の功績や、侵略者への抵抗によって培われた制度の功績のことだ。党は、民族本来の愛国心や、不屈の精神的伝統を目覚めさせた。その多大な功績は、数え切れない同胞と兵士を犠牲にした民族全体のものである。党はむしろ、実績にかこつけて度を過ぎた権力を求めるという誤りを犯し、自らの過ちと罪を隠そうとした。

政治的混乱はあるか？

ベトナムのメディアと政治文献は、政治的混乱に触れることを禁じられている。昔は、混乱という言葉もタブーとみなされていたことさえあった。一九八六年以後は、混乱に言及することができるようになったが、それも経済的混乱とか、財政の混乱、信念の混乱といった概念として用いられるだけで、ベトナムの政治的混乱に触れることは許されなかった。

敢えて事実を直視せず、したくもないという態度は相変わらずだ。現存社会主義は、あらゆる場所で全面的な混乱に陥った。ソ連で、東欧で、社会主義は破綻し、崩壊した。ベトナムでも、その破綻を回避することはできないだろう。なぜなら、現存社会主義は、その理論上の基本的な問題からして、すでに混乱しているからだ。高い生産性、社会的公平、人格の発展などという理念はみな現実から遠く、実際にはすべてがその目標と反対になっているからである。

ベトナムでは、現存社会主義は政治面で深刻な混乱に陥っている。生産量は少なく、生産性は極度に低い。民主主義が欠如し、市民には言論と思想の自由がなく、集会や結社の自由もなく、報道の自由もない。知識が尊重されず、知性は軽視されている。これは政治的混乱の表れである。もっと重要なことは、政治体制の理論的礎石とされているマルクス・レーニン主義が活力を見出せないことだ。政治的混乱は、そこに厳然と表れている。共産党に対する信頼は前から大幅に低下していたが、党がドイ・モイ政策をうち出してからは、ますます低くなっている。なぜなら、ドイ・モイに一貫性がなく（政治面での明確なドイ・モイがない）、経済面のドイ・モイも、まだ十分な効果がないからだ（農地や不動産の個人的所有権や、経営の自由をいまだに完全に公認せず、相変わらず全民所有というわけのわからないものに固執し、国営部門が中心的役割を果たすとしつこく言い張っている）。さらに、以前のベトナム共産党は、「ベトナム社会主義共和国が属する社会主義ブロック、社会主義陣営は、わが国の政治的、経済的、社会的な力の源、基本的な拠り所である」とつねに考えていた。そのブロック、その陣営が崩壊した今、わが国は当然、危険な政治的混乱に見舞われつつある。それは当然の帰結であって、隠すことはできないのだ。

マルクス・レーニン主義にしがみつき、社会主義にしがみついている共産党の指導体制が、その危険な混乱状況に拍車をかけ、行き止まりの袋小路へと追いやっているのだ。

二年前［一九九〇年頃］、多くの提言が出されていた。マルクス・レーニン主義と社会主義はいったん脇に置いておこう。まだ批判や厳しい告発は必要ないだろう。ともかく民族本来の立場にたち帰って、市民的自由と社会的公平を尊重する独立で民主的な制度を建設し、市民社会をうち立て、本格的に国際共同体の仲間入りをし、あらゆる国の援助と協力を受け入れよう。こういう明断で時宜にかなった提言こそ、政治の基本的なドイ・モイであり、政治面の危険な混乱からわが国を救い出すものだ。共産党指導部は、この基本的な点で、きわめて保守的、教条主義的な性格を露呈した。彼らは、好機をみすみす逃し、遅れた奇妙な政治理念にとらわれて、政治面で全ベトナム社会を慢性的な閉塞状態に陥れたのである。

この最も重要な点を解決しなければ、わが国は政治的混乱から抜け出せず、世界の一員にもなれないだろう。そして、明らかに成果のあった経済面のドイ・モイも無駄になる恐れがあり、経済と財政の混乱、社会の混乱、信念の混乱ときっぱり決別する道も見出せないだろう。

現在の深刻な政治的混乱を賢明かつ果断に解決すること、それがわれわれの基本的な要求であり、現実がそれを命じている。それはまた、ベトナムの指導勢力にとって最大の政治的試練である。混乱に対して目をつぶり、それを覆い隠すのは犯罪的だ。混乱を解決しなければ、わが国全体を閉鎖的な状況に閉じ込めることになるだろう。

民主主義は贅沢品？

もし、ベトナムが一九四五年の独立の後、市民社会を建設し、市民の民主的権利が着実に拡大し、同時に知的水準が徐々に向上していたならば、政治情勢はまったく違うものになっていたと言えよう。

共産党内部で民主主義が正当に適用されていたら、専制的で、独裁的で、封建的家父長体質からくる無数の過ちを抑制できただろう。もし市民が、本当に自由に自らの代表を選んで、政治に参加させる権利を持っていたら、国会はもっと違う性格のものになっただろう。会期のたびに有益なアイディアが噴出して、活気のある国会になり、これまでのように頷くだけの機関にはならないだろう。

誰もが知っているように、民主主義には規律が必要で、極端な度を超した民主主義や、また形式的な民主主義に走ることを防がなければならない。また、市民の民主的権利を排除するために、民主主義が制限されたり、弾圧されるような結果になってはいけない。

ここ数年、市民の民主化の要求に直面して、共産党指導者らは、アジアの竜すなわち香港、台湾、韓国、そして特にシンガポールの経験をひき合いに出し、「速いスピードで国土を発展させ、テイク・オフを果たし、アジアの新しい竜になりたければ、安定（きわめて正当な要求である）が必要で、したがって市民の民主的権利の一部を制限する必要がある」という理屈を述べるようになった。

これは、まったく見当違いの有害な詭弁である。この点で共産党指導者たちは自己矛盾に陥っている。彼らはかつて、わが人民は政治的に成長を果たしたと称賛し、民主的な生き方はベトナム人民の長い伝統である（「王命も村の垣根まで［農村の自治性の高さを表す諺］」）と自負し、わが人民は文盲を一掃し、初等教育の普及を実現し、ラジオと読書を好み、つねに時事問題と祖国の政治情勢に興味を持っているので、相当な知的水準に達している、と説明していた。それが今では、彼らは専制的体制にしがみつくために、わが人民を軽蔑し、その知的水準を低く評価しているのだ。

そのアジアの竜自身が、今や民主主義の実現を強いられており、民主主義こそ、国土の発展のペースを保つため、また社会の進歩を阻んでいる官僚主義と汚職、密輸を克服するために必要な条件だと考えられている。われわれはそのことをはっきり悟る必要があろう。タイをはじめ、香港、台湾、シンガポールで、またフィリピン、インドネシア、韓国で、多元化と複数政党制はすでに現実のものとなり、必然的な民主化の時流に沿って、軍事政権もすでに終焉したか、あるいは終焉しつつある。

ベトナムにとって実に憂うべきことに、一九九三年の初めにハノイを訪問したミッテラン大統領は、「今、人権を尊重することは人類の普遍的な価値である。発展と民主化は切り離せない」と公式に勧告した。つまり、多元的民主主義は混乱につながり発展の障害になる、真の民主主義はまだまだ手の届かない贅沢品だ、というベトナムの指導者たちの考えを否定したのである。

ベトナムの人民は、専制的で独裁的な制度のために、あまりにも多くの皺寄せを受けてきた。民主主義の欠如は根本的な誤りであり、幾多の過ちの中でも最大の過ちであり、わが人民が被ってきたあらゆる災厄の原因なのである。

ジェール・ラグランは、かねてからベトナムの文化と政治に詳しいフランスのジャーナリストで、「自由フランス」の組織ではダニエル・ミッテラン夫人の片腕だが、ミッテラン大統領率いる代表団の一員として訪越した。帰国後、彼はミッテランの名をル・ミテラン（「放浪する神話」の意）にひっかけて、「さまよえる神話」というタイトルの深遠でユーモアに富んだ記事を書いた。ベトナムは、かつては独立のために不撓不屈の闘いを続けている国として尊敬を集めたが、今やその神話は葬り去られてしまった、という内容である。今では、ベトナムといえば、誰もが、貧乏で人民に自由がなく、人権が踏みにじられている国、というイメージを抱いている。その国では、指導部と違う政治的意見を持つ者は、即座に「裏切り者」「帝国主義者の手先」「越奸」の汚名を着せられ、捕えられて起訴され、政府転覆の陰謀を企てたという罪を着せられる。グエン・ダン・クエ医師とドアン・ヴィエト・

ホアット教授に、理不尽にも懲役二〇年の判決が下されたように。また、仏教指導者に重すぎる刑を科したり、あるいはチャン・ティン神父やグエン・ゴック・ラン記者を拘禁したように。

世界中でベトナムの名誉を損ない、ベトナム国民の威信に泥を塗ったのは、誰でもない、ハノイの保守的で教条主義的な指導者たち自身だった。ミッテラン大統領の訪越の前に、インドシナ情勢に詳しいあるフランスの上院議員が、フランス上院の本部であるリュクサンブール宮殿で私に面会してくれた。ベトナムの現状の話になって、四〇分の予定だった会見は二時間近くに延びた。彼の最も穿った意見として私が記憶しているのは、こういうものだ。

「彼ら（ハノイ指導部）は、もったいないことに、ベトナムがかつて持っていた非常に大きな威信という財産を投げ捨て、失くしてしまった。私たちの世代はみな、独立のために闘うベトナム人民の能力と気力を尊敬したものだ。人民のその精神的な財産を、彼らは窓から外に投げ捨ててしまったのだ。もはや指導部と人民を結ぶ絆はない」

経済の自由化と政治の民主化は、現在求められている基本的な方策であり、時代の要求である。それは、国家のあらゆる問題を解決するという奇想天外な話ではなく、根本的な方策なのだ。民主主義と自由があってこそ、現在のベトナムの深刻な混乱を根底から、完璧に解決する道が開けるのである。ベトナムが確かな安定を得て、速いペースで順調に発展し、現代の国際社会の一員となるためには、その関門を突破しなければならないのだ。

民主主義と混乱？

民主主義の欠如は、国家と社会にとっての災いである。それはベトナムの汚点でもあり、発展の障害にもなっている。なぜなら、あらゆる能力が適切に発揮され、運用されるということがないのだから。

保守的で教条主義的な指導者たちは、民主主義を極度に恐れ、民主主義は混乱をもたらす災いであるという化け物じみた話を作り上げた。

彼らは、国民の願望を逆手にとって、国民は誰も祖国が混乱した状態に陥ることを望んでいないと言う。そして、「旧ソ連を見よ。その多元的民主主義のせいで物資は欠乏し、ルーブルは価値を失い、カラバフで内紛が続いているではないか。ユーゴスラビアを見よ。その多元的民主主義のせいで、戦が長びき、社会は混乱しているではないか」と主張する。

彼らは虚言を弄し、原因と結果をすり替えている。そして相も変わらず、国民に他の国々の状況を知らせてはっきり理解させようとはしない。彼らの「志向性のある情報」とはそういうもので、事実を歪曲し、偽り、隠蔽しているのだ。物資が欠乏し、民族どうしが衝突している旧ソ連の現実は、すべてソビエト体制下の誤った政策の後遺症である。さる一九九三年五月の世論調査では、国民の多数（七〇パーセント以上）が、以前に比べて生活は窮乏して、苦しいことも多いが、ソビエト体制には決して戻りたくない、という意見を示している。人々は、有害な間違った体制が七〇年以上も続いたのだから、その深刻な後遺症をすっかり克服するには一〇年程度はかかるだろうと考えている。新体制が抱える障害はあまりにも多いが、元の専制体制よりましなことは確かである。人々は困難を受け入れ、それを乗り越えるために断固として闘っている。

したがって、多元的民主主義が必ず混乱につながるというのは嘘で、それはベトナムを政治的、経済的に遅れた状態にしておくために国民を脅すレトリックなのである。

民主主義のために闘う人々は、こう認識するべきだろう。民主主義とは、ベトナムの問題を説明する時の基本的な言葉である。権力に固執する独断専横の一党独裁体制から一刻も早く脱却することが、今の時代の要求である。力を合わせれば、社会的秩序と、規律と、安定を備えた民主主義を築く道を見つけることができるだろう。

秩序と治安を維持し、激しい混乱を抑えながら民主主義に至るためには、まず共産党指導部が、真に国民の権利を大切にし、その願いを尊重し、祖国を混乱と孤立から脱却させるために心を尽くすことである。そして、真の民主主義に沿って憲法と法律を改正し、国民が自分の代表を選ぶための自由な選挙を実現し、新聞や、ラジオや、テレビを通じて、秩序ある実際的な選挙戦を行ない、党が選んだ者に国民が投票するという不法な、恥ずべきやり方と決別することである。

混乱を防ぐためには、公職選挙法を起草、採択することだ。法律によって、あらゆる暴力的な行為を禁止し、政治団体は一定の人数（たとえば、その地方の有権者の五パーセントなど）がなければ選挙戦に参加できないとか、軍隊と治安勢力は、国家と社会の治安を守り、選挙を防衛する任務を負うとか、市民は投票するかしないかを自由に選ぶ権利があり、軍隊の規律に束縛されないということを規定し、個人攻撃を禁じ、男女や民族を差別したり、北部・中部・南部の対立を煽るような宣伝を禁止するのだ。故人に言及することもやめるべきだろう。死んだ者は、たとえ告発されても自己弁護できないのだから。

また一方で、選挙の準備期間には、有権者と立候補者の会見や、新聞その他のコミュニケーション手段を通じて、国民の多くが選挙に対する自分の態度を表明し、立候補者に政治的な要求を出すことになるだろう。候補者に対して、正しく、節度のある、忠実な人間だということを自ら証明するよう求めたり、冷静で教養のある態度で選挙戦に臨み、世論を尊重するよう求めたり、心から国を愛し、民を思う立場を実際に示し、現実を直視して、祖国の現状と将来に役立つ明確な政見を持つよう求めるのだ。

そういった世論と政治的圧力、社会心理こそが、情熱的かつ忠実に、祖国が必要とする新しいタイプの政治家を選び出すだろう。つまり、祖国のために心血を注ぎ、確固たる見識と広い視野を持つ、民族エリート層に支えられた政治家である。政治的に成熟した国民、有権者、世論は、公明かつ明晰な審判として、日和見主義者や権力亡者、保守的な者、無責任な者を淘汰し、時代が求める国民の代表を適切に選ぶだろう。混乱をひき起こそうと企む者は、世論の前にその正体を暴かれ、公式に告発されるだろう。

今日の世界と比べると、ベトナム国民は、十分な市民権と自由な選挙権、被選挙権については、優に二世紀は遅れている。それらの権利は、一七八九年のフランス革命で登場したものだ。本来、独立を勝ち取った後は、市民社会を建設することが最優先の基本課題だったはずだ。戦争中は制限されていた市民の自由が十分に実現され、耕す者が土地の主人となり、経営者が法律に従って自由に競争し、市民が思想や信仰、政治的信条、移動の自由を享受し、報道、出版の自由が公認されていたら、われわれの社会は現在とはまったく違う進歩を遂げ、全面的な発展を遂げていただろう。民主主義の実現、市民社会の建設、市民権の確立という点では、ベトナムの社会は二〇年も遅れているのだ。

カンボジアのホットな教訓

一九九三年五月末の数日間、カンボジアの総選挙は、最も楽観的な予想を遥かにしのぐ熱狂と興奮の中で実施された。最も思いがけず、興味深かったことは、有権者の九〇パーセント以上が、お祭りのようなうきうきした雰囲気で投票に出向いたことだった。クメール・ルージュの破壊活動が二、三件あったが、大したことはなかった。親ベトナムとみなされているフン・センの人民党の得票率は僅か三六パーセントで、投票日の前に七〇パーセント以上を獲得するという希望を表明していたフン・センとしては、思いがけない苦しい結果となった。さらに手痛い打撃だったのは、人民党が高い得票を期待していた首都プノンペンや、コンポンチャム、クラチエなどの省で、ラナリット殿下の党と較べて半分しか票が入らなかったことだった。

ハノイの保守的指導者たちは、不安な面持ちでカンボジアの総選挙の結果を見守っていた。彼らは、相変わらず主観的に、人民党の勝利は確実だと信じていたからである。われわれが設立した人民党は、カンボジアの国土の八〇パーセント以上に確固たる行政機構を持っている。テレビ局やラジオ局もあり、広く新聞を発行している。その上、四万の軍隊と警察隊、および一〇万人の予備兵力を備えているのだから、と。彼らは、人民党がこれほどまで惨敗するとは思ってもみなかった。

ハノイの共産党指導部の計算は、ことごとく覆された。以前、彼らは「情勢は覆せない」という台詞をよく使っていた。カンボジアにベトナムの軍隊と専門家が駐在していた時、彼らが手伝って起草したカンボジアの憲法は、社会主義と一党独裁の路線に沿ったもので、それは覆せないと考えられていた。三つの共産主義政党が単独支配するインドシナ三国の連盟関係も覆せないものと考えられていた。それらが、今やすべて放棄されてしまったのだ。

当時ベトナムから軽視され、何の役にも立たないと思われていたシアヌーク国王は、今や特別な権限を持つ国家元首となった。ソン・サンも、ベトナムから反乱者とみなされていたが、今や制憲議会の議長となった。カンボジアの世評では、シアヌーク派が国会の議席の三分の二、つまり一二〇議席のうち八〇議席を獲得するだろうと見られていた。ラナリット派が五八議席、ソン・サン派が一〇議席、モリナカ党が一議席を獲得しており、これら三派は、みなシアヌーク国王を支持していたので、シアヌーク派が六九議席を得たも同然だったからだ。シアヌークは、人民党の代表五一議席中の一〇議席ばかりを取り戻せばいいだけだった。というのも、大敗を喫した後の人民党は浮足立ち、急激に分裂していたからである。

ハノイの指導者たちにとって最大の不安は、カンボジアで秩序正しく、高い市民意識の中で展開された多元的民主主義の選挙、激しい選挙戦が、彼らの「多元的民主主義は必ず混乱につながる」という主張を粉々に叩き潰したことだった。つまり、カンボジア人はベトナム人よりも市民権を享受し、遥かに進歩的だということである。ベトナム人民は、遅れた無政府状態に陥り、相変わらずお膳立てされ、押しつけられ、人民と天下の笑いものになっている選挙で、党が選び、党が投票するやり方に甘んじている。

もし、広い視野を持ち、人民と祖国に対する責任感があるなら、ハノイの最高指導者たちは、この機会に次のようなことを実行すべきだろう。

—カンボジア人民に謝罪すること。一九七九年に、クメール・ルージュのジェノサイド一味を破った——それ自体は、カンボジア国民も歓迎したすばらしい行動だったが——その後で、ベトナム指導部が、インドシナ三国の「特別な連盟関係」（当然、六〇〇〇万の人口を持つベトナムが長兄で、それぞれ三〇〇万と六〇〇万の人口しかないラオスとカンボジアは、それに従うだけの弟分である）を構築するという意図の下に、一六万のベトナム軍を長期にわたって駐留させ、内戦を長引かせ、他国の内情に強引に干渉し、カンボジア国民にはかり知れない苦しみをもたらし、三〇〇〇人以上の各部門のベトナム人顧問が大国的な意識で、強制的に、主観的に、貪欲に、カンボジアの内部情勢に多少なりとも干渉したことを謝罪する。

—シアヌーク国王に対し、彼を軽視し、軽蔑し、攻撃し、批判したことを謝罪すること。そのような仕打ちを受けたため、国王はいまだにベトナム訪問を望んでいない。

—ベトナム人民と軍隊に謝罪すること。カンボジアに一〇年近くも軍隊を駐留させ、内戦に関与し、はかり知れない無益な損失を生み、わが国が今日に至るまで孤立し、非難と懲罰を受け、経済制裁と禁輸に苦しむ原因を作ったことを謝罪する。それは、ただインドシナ三国の特別な連盟という荒唐無稽な野望のために行なわれたのである。

ソ連政府は、アフガニスタン侵攻について、アフガニスタン人民とソ連の人民に謝罪した［一九八九年一〇月、ソ連外相が侵攻は誤りであったことを認めた］。また、一九五六年のハンガリー侵攻と、一九六八年のチェコスロバキア侵攻についても、相手国の人民に謝罪した［一九八九年一二月、ワルシャワ条約機構首脳会議でソ連側が介入を自己批判した］。誠実な謝罪ができる国は、国民と国際世論の前に過去の罪を償い、名誉と威信を回復できるだろう。頑固に過ちを認めない国は、孤立して非難を受ける立場に自らを追いやるだけで、いつまでたっても国際社会の一員になれないだろう。

カンボジアから得られる最良の教訓は、多元的な選挙を受け入れるべきだということだ。秩序と治安を守りながら、喜びに溢れた市民と、全世界が歓迎する中で、選挙戦を実行するのである。

恩着せがましい要求

私はまだ憶えているが、一九六四〜六五年当時、学校が各教員にスポーツ・ジャケットと自転車のタイヤを安く売ると発表した時、教員をしていたある友人が、ハノイのザイ橋のたもとで師範大学の学生たちと会い、このような諧謔句を読んで聞かせたことがあった。

裸でいろと強いられたら　裸でいるしかない
ジャケットを与えると言われて　初めてそれが貰える

『金《キム》雲《ヴァン》翹《キョウ》』の一節「波乱の人生を強いられれば波乱の人生。高貴な人生を与えられて、初めてそれを享受できる」をもじったものである。

つまり、党は恩を施し、援助を分け与え、公務員に安い値段で物を分ける。時には布を二メートル、時にはパンツ、スポーツジャケット、時には自転車のタイヤ、石鹸、砂糖を五〇〇グラム、女性用に一月あたり二メートルの布、といったように。国庫補助金政策は、党の恩を受けることを期待する心理を生み出し、一人一人が党に公式な恩恵を受けているという気持ちにさせた。

共産党の独裁的な指導体制の下では、解放という言葉がやたらに使われたが、実際、国民はみな党が養い、教え、手取り足取り導かなければならない未熟者、未完成の人間だとみなされた。つまらない劣った存在である人間は、家の外に出る（外国に出る）ことも許されず、外国人と会って話すことも許されなかった（もし違反したら捕まった）。今でもまだ、一歩一歩、一挙手一投足、一言一句をやさしく教えなければならない幼児とみなされているとは、千年の文献之邦［中華文化圏の文明国］ベトナムの人間としては、恥ずかしい限りである。党が何かを与えれば受け取り、何かをしてもよいと言えばそれをする。党は今でもまだ、国民は何かをする自由を与えられている、と規定している。その深刻かつ理不尽な社会心理を解き放つ時が来ている。全ベトナム人は、わが国も加盟している国連の人権宣言や、人権憲章の内容をよく知る必要があろう。人間は自由な一個人として生まれ、動かし難い自由な権利を持っているのであって、誰もそれを与える必要はないのである。

数千万のベトナム人民は、理不尽で不公平なやり方で自由を剥奪されたため、自由な権利を一つまた一つと失ってしまった。今や、社会と各市民に対して、自分の意見を持つ自由、思想および言論の自由を返還すべき時である。各市民に最も貴重な人間性、つまり自分自身の頭で考えるという人間性を返さなければならないのだ。

各市民が頭を上げて、堂々と自分自身の考えを述べ、誰にも従属せず、自分が考えたことに責任を持ち、いかなる市民も政治的意見を理由に逮捕されたり、自由を奪われたり、拘禁されることのないよう、権利を回復しなければならない。祖国を愛するとは社会主義（ただし、時勢に逆らった不公平で強圧的な貧しい社会主義）を愛することだとか、党と社会主義に反対するのは違法で、指導部を悪く言う（指導部が本当に悪い時でも）ことさえも直ちに違法とするような、専制的で理不尽な態度はもうおしまいにすべきだ。

まもなく二一世紀を迎えようというのに、われわれベトナム人が一八世紀以前の中世・古代にいなければならないという道理はない。

食べられればそれでよい？

現在のベトナムの生活は、非常に活気に満ちている。サイゴン-チョ・ロン地区をはじめ、首都ハノイや北部国境地域、メコンデルタや中部など、全国至る所で賑やかな商売やビジネスが展開している。人々は家を修理したり、敷地を広げたり、家を新築したり、家具を揃えたりして、以前より衣食足りた小綺麗で派手な生活を送っている。あらゆる家で、あらゆる場所で、生計を立て、金を稼ぐ相談をしている。

それはよく理解できることだ。何十年もの間、個人で生計を立てることが禁止され、個人のビジネスは制限ないし禁止され、自由市場システムは徹底的に破壊されていた。今や、党と国家は、自由に生計を立て、経営と商売を行なう権利を人民に返さざるを得ず、経済的に窒息していた人々は、突然息を吹きかえし、誰もがその自由を謳歌している。

市場経済がますます活性化し、各家庭の暮らしが楽になってくると、保守的で教条主義的な経済体制を維持し、何十年も社会全体を困難に陥れていた政治指導者がいかに大きな罪を犯していたか、ますますはっきりとわかるようになった。

ベトナムには、昔から社会の世論を調査する機関というものがなかった。民主的な社会では、国立や私立の情報機関が、社会の一定数の人々の政治的意見を調査したり、声を聞いたりして、統計をとって公表する。最新の正確な世論の動向をはかり、政策につなげるために、それは欠かせない手段である。一九八六年にドイ・モイ政策が実施された当初は、はやる雰囲気もあって、世論調査の組織（当時は喜んで「ベトナムのギャラップ」と呼んでいた）が設置された。それは党中央宣伝・訓練委員会に属しており、後に中央思想・文化委員会に移された。経済と政治のドイ・モイに対する望みや、自由市場に対する見解、国庫補助金制度の廃止について、農業に関する第一〇号決議*について、強制的な農業集団化の廃止についてなどの世論が調査され、公表された。ベトナム通信社や『ラオ・ドン〔労働〕』『トゥオイ・チェー〔若者〕』『ハノイ・モイ〔新ハノイ〕』などの新聞も世論調査を行ない、新聞、雑誌とテレビで結果を公表した。これは情報の民主化に向かう方向として喜ぶべき現象だった。

しかしながら、その歓迎すべき試みは長く続かなかった。ソ連と東欧で社会主義体制が崩壊すると、この世論調査も終わりを告げた。ベトナムの指導部は、元の道、古い路線に逆戻りしてしまった。民主主義とは死ぬほど危険なものだ。指導者たちはそう考えた。世論調査はだんだん衰え、遂には消滅してしまった。

一九八七年の間には、宣伝訓練当局がセミナーを開いて、世論調査の方法を指導していた。調査のテーマの選び方、調査対象の選び方、質問と回答用紙の作り方、結果の集約と統計の出し方、以前の調査結果との比較対照などをである。それが今では、すべて忘れ去られてしまった。というのも、あらゆる調査結果は、実際、両刃の剣だったからである。世論は良い政策を歓迎し、誤ったやり方には異を唱えていた。今や、共産党はその調査結果に重い責任を負わされるようになった。真の民主主義は、遊び半分で戯れに法律を公布したぐらいで実現するものではなく、国民と世論に裁かれるものなのだ。指導者たちは、各テーマについて社会で広く行なわれた調査の結果を受け入れることができなかった。それは、

――人民は共産党の指導を信頼しているか？
――人民は社会主義を信じているか？
――人民はマルクス・レーニン主義を信じているか？
――農地は個人所有にすべきか、全民所有にすべきか？
――現在の汚職対策は効果があるか？
――先の国会議員選挙は本当に自由なものだったか？

等々のテーマだった。

国内の人々は、経済については、共産党が譲歩したため、自分で生計を立てる自由を享受していると言えよう。人々は、党の恩恵を受けることもなければ、党を褒めそやすことも決してない。なぜなら、党がこの数十年間に人々から取り上げてきた自由に生計を立てるという正当な権利を返さざるを得なくなった、ということを知っているからだ。

また一方、国民の多くはまだ祖国の現状に完全に満足しておらず、独裁的な権力を握っている党に対して、個人の所有権を尊重する方向にもっと譲歩し、法律が整い、法が尊重される国家を建設し、有力者が権力を濫用して社会と国家の財源をかすめ取り、食い潰している現状に終止符を打つよう要求している。何かにつけて、党の指導を批判し、指導部の欠点と無力を責めるのが当代の流行になり、道端でも、飲食店でも、家庭でも、職場でさえも、みなそうしている。共産党がまだ崇拝し続けているマルクス・レーニン主義や社会主義は、民衆の目から見ると、以前の神聖さを完全に失っている。

＊　農業に関する第一〇号決議　一九八八年四月の政治局決議。合作社の土地を農家に長期的に分配し、ノルマ分の作物を納入すれば後は自由に販売できると規定したもの。これによって、農業の個人経営が事実上容認された。

強権支配への恐怖は目に見えて低下している。そういう現象はみな、人々の政治的態度が変化し、明らかな批判精神を持つ方へ、自分の民主的権利を肯定する方へ、と進んでいる証である。

人々が、ただ生計を立てることだけに懸命になって、政治に何ら関心を持たないという見解は、事実に反し、意図的に世論の方向を逸らせようとする誤った見解である。経済に関心を持ち、生計を立てることに関心を持つがゆえに、人々は政治にも関心を払うのだ。なぜなら、彼らにはわかっているからである。農地の私有権をはっきりと認め、経営の自由と正当な競争を保証した進歩的な憲法さえあれば、すべての人に平等なチャンスを与えるという原則に沿って、確実に生計を立てる道が保証され、経営能力も発揮されるということを。それはまた、現在の理不尽な特権社会と決別することでもある。

このままで民主主義に行き着くか?

近年、ベトナムはあらゆる面で、長く深刻な混乱を経験した。果たして、共産党指導者たちは目から鱗が落ちて、今までのような傲慢不遜な態度を改めるようになっただろうか?

決してそうはならなかった。それは不治の病なのだ。ハノイの集会でも、パリにおける越僑との会合でも、党の指導者たちはなおも「わが党は、ソ連共産党や中国共産党よりも堅固なことを証明した。ソ連共産党は政治改革だけに専念して、経済改革に力を入れなかったので崩壊したのだ。中国共産党は、経済改革だけに力を入れて、政治改革にしくじったので、天安門事件という危険な問題が発生したのだ」と、うそぶいている。

国内にも国外にも、いまだにその傲慢な論調を信じている人々がいる。確かに、中国は経済改革については、ずっと前からベトナムの先を行っており、この一〇年近くの間に高度成長を遂げた。同時に、保守的な政治のせいで、混乱と衰退の危険が時限爆弾のように潜在している。だが、ベトナムは決して中国よりも政治改革が進んでいるわけではない。相変わらず一党独裁で、相変わらず「党が選び、人民が投票する」スタイルの選挙が行なわれ、相変わらずマルクス・レーニン主義と社会主義（ただしどんな形のものかまだ見つからない）に固執しているのだから。

一方、ソ連邦が解体して続々と誕生した主権国家は、多元的民主主義の確立をめざし、一定の困難を強いられている。しかし、それは発展につきものの困難である。専制的で、教条主義的で、遅れた体制と決別してからは、以前とはまったく異質な方向に進んでいる。ベトナムはまだその敷居を越えていない。新生ロシアは大規模な国際的支援（五〇〇億ドル以上）を受け入れ、莫大な資源を活用し、本来の高い生産性を回復する条件を整えたのに、である。

また、経済のドイ・モイは、自動的に政治のドイ・モイに行き着くと論じる人もいる。焦るべきではない、忍耐強く待つことを知らねばならない、というのだ。越僑の中に、非常に誠実で、心から自分の貧しい同胞のことを思っている若い知識人がいた。彼の主張は、「ベトナムが一人当たりの生産額を倍増（一九九〇年の一八〇ドルから、二〇〇〇年には約四〇〇ドルに）するように、祖国に集中的に経済援助するべきだ。生産が増えれば人民の暮らしは楽になり、貧困ラインから上昇するだろう。そうなってから多元的民主主義を求めればいい」というものだった。彼は、「衣食が先、民主主義は後。腹が満たされて、初めて政治のことを考えられる。米も肉も不足して、飢えて震えている状態では、頭の中も民主主義どころではない」と主張していた。

彼の熱意と善意は、この点では指導者たちの願望と一致して、国民との繋がりを失っている。指導者たちも、自分の特権を長く存続させようとして、同じことを望んでいるのだ。ナイーブな政治的主張が、貪欲な計算と一致してしまうとは！　彼も指導者も、政治と経済の相互関係を無視あるいは隠そうとしている。それではドイ・モイは続かない。政治的に十分な改革がなければ、経済もつまずき、経済的な成果が無駄になる危険がある。

このところ、経済のドイ・モイが進められ、形式的な政治的ドイ・モイも若干行なわれている。しかし、それは時代と世論の圧力によるもので、党の指導部は、気は進まないが、仕方ないので嫌々ながら実行しているということをはっきり認識する必要がある。党外の率直で勇敢な人々と、物事をわきまえた一部の党員の声が、事実上の反体制勢力を作り出し、保守的な党指導部はそれを考慮せざるを得ず、譲歩を強いられているのだ。

党指導部の中では、積極的にドイ・モイ路線を主唱する人物は、今のところ台頭していない。ドイ・モイの青写真を描く設計者といえる人物は誰もいないのである。チュオン・チンは、晩年の一九八六年末に党中央委員会書記長のポストについた時、何らかの信念を持つようになっていた。その後を継いだグエン・ヴァン・リンも、書記長の権力を握ってから二年ほどは、ある信念を持っていた。しかし、ソ連と東欧の社会主義陣営が崩壊すると、書記長と党指導部は慌てふためいて、保守的で教条主義的な路線に逆戻りし、その信念もたちまち萎えてしまった。その時から、彼らは、祖国のドイ・モイと発展と蘇りを阻む邪魔な障害になったのである。そして、国際社会に参入する貴重なチャンスを逃してしまった。

まだ活発ではなく、強くもないが、すでにいくつかの民主勢力の闘争が、密かに、着実に、賢明かつ勇敢に、事実上の反体制勢力を作り出している。それは、祖国が真の安定の中で、真のドイ・モイの道を歩み、発展の道を歩む新たな勢いと力を生み出すようにという、人民の密かな願いを代弁している。それらの勢力は、まだばらばらだが、国の内外で互いに仲間を求め、集まって協力し、国際世論の支持を得ている。きっと急速に有力な勢力に発展して、わが祖国の進歩的な変化に影響を与えるだろう。

第一にじっと坐っているだけ、第二に同意するだけ。これまでの保守的な政治指導者に対して、一部の学識者はこのような批判的な評価をしている。実務能力がないので、彼らは、政治権力を握った後は、そこに安閑と居座り、寝そべっているだけで、一生の間、官僚的な観念から一歩も離れられない。そして、そこに居続けるために、何にでも頷き、何にでも拍手をして賛成し、同意するだけなのである。

それでも、状況が変われば、いくらじっとして動かない指導者でも動揺し、変わらざるを得ない。反体制勢力は、良識と道理に裏付けられた力を持ち、時代の波に乗り、学識者と一般社会の共感を得ているのだから、祖国の行く手を塞いでいる保守勢力を揺さぶり、後退させる力を必ず作り出すだろう。詭弁を弄する押しつけがましい保守派の論調は、長くはもちこたえられないだろう。

自分から口を開けて餌を待っているような、あなたまかせの受動的な態度には共感できない。それではいけないのだ。ベトナム人民はあまりにも多くの時間を失った。一九七五年から今まで、二〇年近くを無駄にしたのだ。あの当時から、指導部が新しい祖国建設の時代に脱皮し、恣意的で主観的な戦争指導のやり方を捨て、次いで教条主義的なマルクス主義も早々に放棄していたなら、ベトナムは完全に変わっていただろう。目の前に発展の道が開け、現在のように行き詰まった、苦しい、遅れた状態にはならなかっただろう。

実際、広い視野を持ちながら発言する勇気がなく、互いに結束することもなく、効果的な闘いの方法を見つけようともしなかった知識人たちにも罪があると言わざるを得ない。これは深遠な苦々しい教訓である。すべての市民に、民と国を救うためには民主主義に命をかけなければならない、ということを訴えかける教訓だ。

保守派の行き詰まり

今、保守派の人間たちは行き詰まっている。一九九二年と九三年の経済的な成果は、決して半端なものではなかった。農業は大きく発展し、年間の米の輸出量は一五〇万トン前後にも及んだ。石油の産出高は一年で一〇億ドルに上った。工業は年一〇パーセントの成長率を記録した。インフレは抑制された。それでも、まだ深刻な問題が存在している。道路、橋、港湾、飛行場などのインフラストラクチャーは劣悪で、再建の費用も不足している。教育と医療は、最も貴重な資源、つまり人材に関係する二大分野だが、これもずっと遅れた状態にある。相変わらず投機や密輸、汚職が横行し、国家の財源や国有資産が浪費、毀損され、道徳や社会的公平という環境は汚染されつくしている。年二〇〇ドルの一人当たりGNP〔国民総生産〕を二〇〇〇年に四〇〇ドルに増やすという謙虚な目標を達成するには、向こう七年間に五〇〇億ドル近くが必要とされている〔実際には二〇〇〇年の一人当たりGNPは四〇〇ドルに達した〕。

外国投資法が公布された一九八八年後半から現在まで、約二〇ヵ国からの投資額は、契約ベースでやっと五〇億ドルばかりで、実際に生産活動に回すことができるのは、その金額のやっと四分の一強である。発展計画が求める数字と比べれば、その資本ではやっと最初の慎ましい一歩を踏み出せる程度で、それより先に進む勢いをつけるには不十分だということは誰の目にも明らかである。その上、前記のように二〇〇〇年に一人当たりGNP四〇〇ドルの目標を達成できたとしても、わが国はまだ発展途上国であり、現在の国連の規定によれば、まだ相対的に貧困国なのである。一人当たり六〇〇ドル以下の国は、まだ平均以下であり、生産と国民生活の水準は低く、諸外国が関心をもって開発援助をしなければならないのである。

巨大な資本をどこから持って来たらいいのだろう？　わが国に大規模な投資をする可能性のある国は、今のところ一つもない。ベトナムは、IMF（国際通貨基金）や、WB（世界銀行）、ADB（アジア開発銀行）などの国際金融機関から、簡便かつ優遇された条件で巨額の融資を受けるしかない。周知のように、これらの金融機関は、最も豊かな先進国の利益を代弁するもので、中でも最大の拠出国であるアメリカが、つねに決定権を握っている。

最近では、日本やフランス、ドイツ、オーストラリア、アメリカなどの諸大国は、みなベトナムの人権擁護と民主化の状況に関心を示している。それらをベトナムとの多面的な関係を改善、強化する条件だとみなしている、と言明する国もある。これらの国々は、「これは、ベトナムに何かを強制し、内政問題に干渉するものではない。いわんやベトナムが各国に武力で対抗し、挑戦したことを理由に復讐しようという意図もない。ベトナムの人民と国土に対する善意と好意によるものだ」とも言明している。各国の主張では、発展と民主主義は対立するものではなく、妨げ合うものでもなく、一方が他方の犠牲になるものではない。むしろ、両者は共に歩み、刺激し合い、相手の役に立つパートナーのような存在である。もし、民主化の度合いが足りなければ、ベトナムは現代の国際共同体からとり残され、時代遅れな価値観の中で、自ら世界の仲間入りを拒み、援助を拒みながら生き続けることになるだろう。

クリントン政権は対越禁輪を解除する方向に向かい［アメリカは一九九四年二月に対越禁輪を解除。米越間では九五年八月に国交正常化が実現］、ベトナムのＩＭＦに対する昔の債務一億四〇〇〇万ドルを数ヵ国が肩代わりしてくれたが、それでもベトナムが反体制知識人や宗教指導者に対する弾圧をやめず、現在のような一党独裁の社会主義を続けるならば、ＩＭＦにせよ、ＷＢにせよ、ＡＤＢにせよ、追加融資できる金額はさして多くない（一〇億ドル以下）だろう。発展のスピードは速まらず、破壊されたインフラの問題も解決されないだろう。党が真に市民権を尊重し、これまで奪ってきた自由を人民と社会に返してこそ、ベトナムは初めて現在の国際社会の真のメンバーとなり、発展のために効果的な援助を受ける希望が開けるだろう。ちょうど、最近のソ連が援助と五〇〇億ドル以上の有利な条件の融資を受けられたように。先進諸国も、経済、金融上の難問を抱えているが、これらの国は多くの選択肢を持っているということを忘れてはならない。他の地域や国々と比べて、ベトナムにはこれといったセールス・ポイントがなく、ただ極度に盲目的な指導者たちが、自国を世界の中心だと思い込み、「ベトナムは絶世の美女なのだから、相手が言い寄るべきで、自分からはアプローチする必要がない」と思い込んでいるだけだ。

ここに、ハノイの保守的な指導部が陥っている行き詰まりがある。これは重要なポイントである。民主化が不十分では、ベトナムは身動きのとれない状態になり、どうにも発展できなくなって、ここ数年の経済成長の成果はゼロに戻ってしまうだろう。ベトナムの非常な発展のスピードが、マルクス・

レーニン主義と、古くさい一党独裁の、いわゆる社会主義なるものに捧げられる生贄にされてしまうだろう。

高度な発展のペースを保ちながら、貧困と遅れから決別するよう国家を導くには、民主化以外の道はない。それは新しく切り開いて行かなければならない道だが、将来は約束されている。それは人間性と進歩の道であり、自由のない状態で生きる屈辱をふるい落としてくれる道だ。指導者たちは、確かに不当な特権は失うだろうが、むしろ彼らは人民と共に多くのものを得るだろう。つまり、自由に生きる権利、すべての人間が自分自身である権利を得るのだ。それは社会の解放、人間の解放である。良心的で、真に国を愛し、民を思う心を持つ多くの共産党員は、保守的で盲目的な指導者たちの偽りの詭弁から解放されたあかつきには、きっとこの解放に賛同し、実現のために命をかけることだろう。

三八年以上も共産党にいた私は、かなり多くの党員はこういう心情を持っている、と言うことができる。つまり、民族独立の闘争を誇りに思いながらも、彼らはいろいろな時に、いろいろなレベルで、不満を感じたり、耐えられないと思ったり、時には屈辱を噛みしめたりしているのだ。そして、党の内部が民主的でなく、専制的な家父長体制が横行し、誠実な声が踏みにじられる状況、飽きもせぬ個人崇拝が続き、理不尽な弾圧が頻発する状況に憤懣を覚えているのである。一般党員、知識人党員、若手の党員が、人民と共に、同胞と共に、民主主義のために命をかけるべき時が来ているのだ。そして、今や党員たちが時代に目覚め、賢明かつ勇敢に深い民主主義の意識を持ち、もし党が専制支配をやめず、民族の立場に戻らなければ党を拒否し、民主主義の闘士たちと共に、民主的な政治組織を設立すべき時でもあるのだ。たとえば、多くの人々が考えているような「民主フォーラム」のような組織をである。

国内の民主勢力

わが国で民主主義を望んでいるのは誰だろうか？　民主主義が混乱の中に進むことを望んでいる者は一人もいない。一方、民主主義が激しい混乱、混迷のない状態に行き着くことは多いし、非常に多くの人々がそれを望んでいると言わねばならない。

青年層は、民主主義をめざして闘う人々の中でも強大な勢力である。青年は古いシステムにあまり束縛されず、特権利権ともあまり結びついておらず、新しいもの、進歩的なものを好むからだ。

本来の意味での知識人、つまり状況を理解し、知性のある知識人青年男女なら、もちろん民主的活動を好むはずだ。なぜなら知識とは創造性であり、進歩的な新しいものへの案内役であり、保守主義や、後進性や、専制に対抗するものだからである。創作活動に没頭する真の芸術家はすべて、民主的体制の中でのみ才能を開化させることができるのだ。

ビジネスに成功するために、法律に基づいた平等な経営活動と、全員に等しいチャンスのある環境を渇望している経営者層は、当然民主的な法治国家の体制を望んでいる。

各地方の農民はみな、土地と、家屋と、田畑の私有権を切実に求めている。彼らは、革命の有力者が、派閥と縁故を拠り所に権勢をふるう世の中が、早く終わりを告げるよう望んでいる。彼らは、村落に活気のある豊かな暮らしが定着するためには、民主的な体制が不可欠なことを知っている。

民主主義がなければ男女平等もなく、民族の平等もなく、信教の自由も口先だけで、実質的なものは何もないのである。それは理論上の話、可能性についての話である。実際、今のところ民主化運動はなりをひそめているように見える。

しかし、ベトナムから来る手紙は、決してそうではないことを物語っている。運動がひっそりとしているのは、その下の深い所にある熱い流れを隠しているからだ。民衆の心理は、深い所で大きく変動しているのである。西欧の外交官たちがいみじくも言ったように、ベトナムでは共産主義の壁は一夜では崩れない。それはゆっくりと、一片ずつ、次から次へ、一日また一日と崩れてゆき、あるレベルまで来た時に倒壊し、廃墟となるのだ。個々の家庭に行ってみれば、すぐにわかるだろう。昔のように党の指導者を敬愛し、尊敬を込めて語る者はもうそれほどいない。人々は自由にものを言い、指摘し、批判する権利を取り戻した。共産党と党の指導者たちはもはや権威を持たず、ましてや神聖な存在などではなくなっている。

人々は、決して遠い未来ではない「ポスト共産党」時代のことを話し、考えるようになっている。多くの共産党員もその時代のことを考えており、それが必然的にやって来る、避けて通れないものと受けとめている。体制に対する含むところのない考えを、腹の中にしまっておかずに、家族や友人にうち明けたり、大勢の人がいる場所でも口に出す人々は少なくない。そうやって指導者たちを断罪し、彼らの愚かさ、蒙昧さ、愚鈍さを批判するのだ。人々は、かつて禁じられていた民主的権利、ものを言う権利、自由な権利の一部を、事実上すでに取り戻している。現在起こっている民衆の心理的変化は、日増しに拡大している。

昔は、党の創立記念集会に参加できることは一つの栄誉であり、人々は喜びいさんで拍手を送った。今では、招待や説得によって、その種の集会に出る人を集めなければならず、場合によっては金で雇うなど、利益で誘導しなければならない時もある。人々はしぶしぶとまばらな拍手をし、テレビやラジオの視聴者は、肩をすぼめて皮肉に笑うか、相変わらずあきれるほどの古くさい茶番だと思うか、あるいは無関心に、勝手にやれ、自分には関係ない、と思うのがせいぜいだ。以前と変わりないとか、運動がなりをひそめているとか言えるだろうか？　いや、状況はまったく変わっており、これからさらに変わるだろう。

象から逃げることは決して恥ではない。だが、その象が歳をとって衰え、牙は折れ、足は弱り、息も絶え絶えだったら、たとえ吼えても、怯えるのはいちばん根性のない弱い連中だけで、勇敢で聡明な者は象をひっくり返す方法を考えるだろう。

どんな社会にも、多数派と優秀な少数派とが存在する。多数派は、時として沈黙したようになる。しかし、優秀な少数派は、やはり多数派とは違っている。彼らは能動的で、早くから情勢を見極め、新しい方向を見出す。彼らはつねに自分を失わず、へつらったり盲従することはない。権力を恐れず、大勢になびくのを良しとしない。開拓者精神を持ち、人々を引きつけ、説得し、影響を広める力がある。彼らが知性の光を放ち、人々の感情を揺さぶると、あたかも物理的な震源か起重機のように、易々と周囲に影響を及ぼす。

かつての植民地時代には、共産党員こそまさにその優秀な少数派だった。彼らは民衆と共に生き、民衆を引きつけた。投獄されようが、たとえギロチンで処刑されようが、彼らは独立を勝ち取るという理想を信じていた。今では逆に、独断的な共産党指導者たちは、民族の行く手を阻もうとしている。そして、それ以外の優秀な人々の層が出現している。彼らは頭脳明晰で、自分に自信を持ち、祖国と同胞の苦悩に心を痛める人々である。それは、数学博士ファン・ディン・ジェウであり、医師ズオン・クイン・ホア（今からちょうど一〇年前に共産党から離脱した）であり、作家ズオン・トゥー・フオンであり、言語学者グエン・ファン・カインである。詩集『祖国を遠く離れて』や『金木水火土』で、その心を表した詩人グエン・ズイであり、ハー・シ・フーの仮名で一九八八年末に「手を取り合って知性の導くままに進もう」を著した学者グエン・スアン・トゥである。文化人ヴィエン・フオン、歴史学者グエン・キエン・ザン、哲学者ホアン・ミン・チンである。最近フランスに渡り、アンジェリで教鞭をとりながら、故郷の民主化のために闘っている数学者グエン・フー・ハオである。また、指導部のグエン・ディン・ティに論争を挑む若い女性作家ファム・ティ・ホアイでもある。イリーナ自由放送のアナウンサーを引き受けて、ベトナム大使館に脅されても一歩も退かないモスクワのうら若き女子学生ブイ・ティ・タイン・フオン（ホアン・ズン）でもある。教義と人生を一致させ、身体は拘禁されても精神は拘禁されることのない新聞記者グエン・ゴック・ランや、神父チャン・ティンである。外国での安楽な暮らしを求めず、祖国の民主化に命を賭ける医師グエン・ダン・クエや、教授ドアン・ヴィエト・ホアットである。国営の宗教システムに反対し、命がけで各宗教の自由を求めるティック・チー・スィエウ、ティック・トゥエ・シ、ティック・フェン・クアン、ティック・クアン・ド、ティック・チー・トゥー、ティック・ハーイ・タンらの僧侶である。三〇年近くも理不尽に拘禁され、青春時代のすべてを失い、病気を患ってもなお、「共産党の独裁より長く生きてみせる」と言う意気軒昂な詩人グエン・チー・ティエン、「霊験」で世論を沸かせた有能で思慮深い作家チャン・フイ・クアンである。さらに、元ホーチミン市副主席グエン・ホ、同市委員会で知識人工作にあたるタ・バー・トンらである。みなその民主主義の信念ゆえに行動を監視され、拘禁されている。

このように、現在、民主主義のために命をかけている闘士たちを、私のきわめて不十分な記憶に頼って、思いつくままに列挙してみた。この他にも、国内の情報・報道関係機関、各大学、各地方から個人的に手紙を寄せてきた何百人という新しい勇士たちの名前もあれば、フランスに来て私と会い、意見を交わし、私を励ましてくれた何十人もの人々——政府各省の役人や、自然科学・社会科学の研究所の所員、学生、大学院生、芸術家などもいる。彼らは、恐怖を克服し、権力者の脅しという試練を乗り越えて、保守的な指導者らの、中途半端な「ドイ・モイ」「おどおどした改革」の路線と政策に異を唱えた人たちだ。その数はますます増えている。それでも、彼らは氷山の一角にすぎない。水面下にある残りの九〇パーセントにあたる大勢の人々は、自分自身の冷めた頭で責任をもって考え、彼らが力を捧げている民主化が遠からず実現すると信じている。

そしてさらに、ドイツやチェコスロバキア、ソ連、ポーランド、ブルガリア、ハンガリーに在住し、祖国の民主化に命をかけて、これまで何度も集会を呼びかけ、今も呼びかけている何百人もの民主主義の闘士たちがいることも記しておかなければなるまい。

今後おそらく、ベトナムにおける民主主義と市民の自由を求める闘いの総括が行なわれるだろう。一九五五〜五七年の「ニャンヴァン・ザイファム」時代の先端をゆく芸術家の運動は、グエン・フー・ダン、ダオ・ズイ・アイン、グエン・マイン・トゥオン、チャン・ドゥック・タオ、チャン・ザン、ホアン・カム、レ・ダット、ファン・コイ、レ・ヴァン、ヴァン・カオ、ダン・ディン・フン、グエン・トゥー・ギエム、ズオン・ビック・リエン、グエン・サン等々（これだけでは足りないが）の健将によって行なわれたが、この運動は適切かつ公平に、公式に再評価されるべきだ。また、トー・ホアイのように、後に罪を認め、党の機関紙上で公式に自分を批判し、民主化の趨勢に共感を示した者もいる。

また、ダン・クォック・バオのように、社会主義の混乱状況をいち早く見抜いた党員たちがいたことも記しておく必要があろう。バオは一九四五年末に一八歳で入隊し、弱冠二三歳で連隊の幹部になった。その後、一九八〇年に少将クラスにあたる軍事技術研究所の所長の地位につき、さらにホー・チ・ミン共産青年団の第一書記に任命された。一九八六年には、党の科教委員長、党中央委員の地位についた。彼はたびたび外国へ行く機会があり、ソ連やチェコスロバキア、ドイツ民主共和国、ポーランドなど、当時の社会主義諸国に出かけた。

一九八五年から八八年までの間に、バオはいくつかの小さな集まりで、マルクス・レーニン主義の再評価をしなければならないと提言した。「現存社会主義モデルは生命力がなく、破綻しており、社会に受け入れられていない。社会主義諸国の人権侵害は最悪の状態にあり、きわめて深刻な理論上のパニックが生じている」というのである。「民主的な共産党など一つもない。いわゆる全党の知恵などというものは、一握りの人間の意図にすぎない。中央委員会のレベルは、社会の平均的なレベルでしかない。農業の強制的な集団化は、農民に対するきわめて重大な過ちである。ベトナムの社会主義の思想体系は、単なる農民の思想体系だ」

彼は、いくつかの資本主義国（いわゆる「瀕死」の！）では、失業手当てが月に約四〇〇ドルで、ソ連の大学教員一人分の給料を上回っているという実態を指摘した。また、このような事実も指摘した。彼の隣の家の助教授が、選ばれて一年間オランダに留学した。彼が受けた補助金はオランダ人の失業手当てと同額だったが、帰国した彼は、今世紀の終わりまで安楽に暮らせるほど裕福だったという。このような現象をどう説明したらいいのだろう？

彼の率直な意見は、批判と妨害に遭い、広まることはなかった。彼の従兄弟であるチュオン・チン（ダン・スアン・クー）は、バオの話を聞いたが、その意見を棚上げすることにした。バオは中央委員に再選されることはなかった。彼の話では、今では「何もしないか、あるいは同意するだけのイエスマンの知識人」が、彼に代わって党中央科教委員会の委員長に居座っているという。

私の知る限り、ベトナム共産党の内部では、ダン・クォック・バオやチャン・スアン・バイックのような人間はそれほど珍しくない。チャン・ド★もそのような人物の一人だった。彼は、一九八二年の第五回党大会の後に、中央文化・文芸委員長に選出された。彼は作家のグエン・ゴックを励まして、若者の声に注目させ、グエン・ゴックが当時総編集長をしていた『ヴァン・ゲ』紙の内容と格式を一新させた。自分の意見が党指導部の公式見解と衝突していることを知っていたチャン・ドは、一九八九年末に開催された作家協会の大会には出席しなかった。しかし、彼の助手である文化・文芸委員会副委員長グエン・ヴァン・ハイン教授を通じて書簡を送り、党員作家たちの小さな集まりで読ませた。その書簡は政治局から強く批判され、ハイン教授の行動は、党指導部と内務省の中枢からひどく責められた。一九九〇年初めの第八回中央委員会総会で、彼は中央委全体から訴状を突きつけられた。それは、彼がとんでもない考えを抱いて、自分個人の考えを述べた文章を、雑誌『クーア・ヴィエト「ベトナムの扉」』に送るような真似をしたことを譴責するものだった。創造の自由という考え方を弾圧しやすくするために、党中央文化・文芸委員会は党中央宣伝・訓練委員会に組み入れられ、思想・文化委員会という大委員会が作られた。チャン・ド自身は、一九九二年には国会副議長を解任され、引退して隠居生活を送ることになった。

私は、これらの人物いずれとも、報道の仕事を通じて親しいつき合いがあった。『ニャン・ザン』の国家・国防委員長（一九八二〜八四年）をしていた時や、文化・文芸委員長（一九八四〜九〇年）をしていた時、そして一九八九年初めから『ニャン・ザン日曜版』を直接担当するようになって知り合ったのである。

ここで、グエン・コ・タイック★元外相についても書いておかねばなるまい。政治局員の大部分が旧態依然たる保守主義者であるにもかかわらず、タイックは他人の意見を聞き、外国の書物を読み、議論することが非常に好きな人物である。私はハノイとバンコクのベトナム大使館で何度か彼と会ったが、彼は私が出席した国際会議の話を熱心に聞いていた。彼は民主的な意識の持ち主で、若者の才能を大切にしていた。そして、(彼の言い方によれば)将来を見つめ、過去にとらわれない態度で、アメリカ、フランス、日本、オーストラリアとの関係を改善すべきだ、という願いをはっきりと語っていた。グエン・コ・タイックは、かつての敵であるフランスおよびアメリカとの和解では、ヴォー・グエン・ザップ大将が積極的な外交的役割を果たすであろうこと、そして彼の影響力が必要なことを理解していた。彼はまた、アメリカにおけるテレビの効用を理解しており、それをうまく利用すれば、アメリカの大衆はテレビの画面の映像にすぐに感動することを知っていた。タイックは北京との関係改善には反対しなかったが、同時に多方面の関係を改善しなければならないと考えていた。北京との関係改善を過度に重視すれば、混乱に陥るだろうと言うのだった。

一九九一年一一月と九二年五月に私が会見したアメリカ外務省の官僚たちは、フランスで会った多くの西側の外交官たちと同様、みなグエン・コ・タイックの外相辞任［一九九一年八月］を非常に残念がっていた。彼らの話では、タイックは西側諸国および東南アジアの政治家たちとの間に、個人的に好ましい関係を築くことができる人だった。タイックに代わって就任した現在の外相の話になると、多くの人が肩をすぼめ、率直にこう評価した。「グエン・マイン・カム★は、単純で平凡なありきたりの官僚にすぎず、つまらない教条主義者で、タイックとは比べものにならない。レ・マイ★やチャン・

クアン・コら、現在の外務次官よりも遥かに劣っている」。ハノイのたいがいの公務員は、こういう意見があることを知っており、党中央組織委員会や、政府の政権組織委員会もよく知っているのだ。それでも、敢えて外相を交替させせろと言う者は誰もいない。結局、人民は、決して改められない対外路線の悪しき結果を耐え忍ばなければならないのだ。つまり、共通の社会体制（社会主義！）を持ち、共に共産党が指導し、マルクス・レーニン主義を理論的基礎とする仲だというだけで、北京に膝を屈する対外関係である。それは唇と歯の伝統的な関係である（歯が唇を何度噛み切ったか、指導者たちは努めて忘れるようにしているのだ）。

一九九二年九月、共産党第三回中央委員会決議（一九九二年六月）を広める会議が外務省の会議場で開かれた時、それに出席したある外務省高官が語ったところでは、党中央委員である外相自身が決議を広め、ベトナムとの関係の濃淡と、敵対・友好の度合いに従って、各国を五種類に分類したという。それは次のようなものだった。

第一は、ベトナムと最も親しい国家群で、中国、北朝鮮、キューバを中心とし、カンボジアとラオスも含まれる。これらは、共にマルクス・レーニン主義に従う共産主義、社会主義の国である。中国は急成長を遂げつつあり、一〇億以上の人口を有するベトナムの隣国であり、きわめて重要な国である。

第二は、かつて社会主義だった東欧諸国と旧ソ連で、本来の親密な関係を維持する必要があり、関係を悪化させてはならない国々である。これら諸国は、共産党が復権して、再び社会主義に戻る可能性がある。このグループにはインドを加えるべきである。インドは旧社会主義諸国と非常に親密な大国である。

第三は、東南アジアの近隣諸国、つまりASEAN原加盟五ヵ国［インドネシア、マレーシア、タイ、フィリピン、シンガポール］とミャンマー、ブルネイで、協力関係を勝ち取るべき国々である。第四は、アフリカとラテンアメリカの第三世界に属する国々（アラブ首長国連邦、イラン、イラク、アルジェリア、チリなど）、フランス、イタリアなどの西洋諸国、そしてオーストラリア、最後に日本である。これは、わが国との協力をすでに拡大したか、現に拡大しつつある国家群である。最後の第五がアメリカである。もともとベトナムの主要な敵、直接的な敵で、今もなお敵対しており、ベトナムにおける「和平演変」を企てようとしている。

この外務省高官の話では、この会議では、ブレジンスキーとリチャード・ニクソンの著書（ブレジンスキーの一九九〇年の『大いなる失敗』と、ニクソンの一九八八年の『一九九九年――戦争なき勝利』。いずれも現存社会主義陣営の必然的な衰退と崩壊について述べたもの）を訳した資料が配られ、帝国主義者が復讐と雪辱のためにベトナムに特別な陰謀を企てている証拠とされた。

決して新しくはないこれら二冊の本は、第三回中央委員会総会に奉仕すべく、ベトナム通信社によって急いで翻訳され、会議に間に合うように印刷された。この会議は、暑い季節の只中に、二週間以上という長期にわたって行なわれた。世界では五、六年前から知られていたことを、ベトナムの指導部は一九九二年の半ばに初めて知り、初めて唖然となり、そして、初めて「和平演変の危機」なるものを創作したのである。彼らは、アメリカこそ東欧とソ連の共産主義体制を転覆させた張本人で、ニクソンとブレジンスキーという軍事指導者が描いた和平演変を実行し、今やその矛先をベトナムに向け、わが国を転覆させようとしている、とますます信じるようになった。

その後、本来なら世界の主要な放送局の好感を得るよう努めるべき時に、ベトナムの公式メディアは、BBC、RFI、VOA、モスクワ自由放送に対して、これらはみな帝国主義勢力の和平演変の道具だ、と侮辱の言葉を吐いたのである。

ベトナム人民は、このような決議や論理をもはや全く信じていない。人々は肩をすくめ、首を横に振るだけだ。自律的に考えて、物事を見極める精神、批判精神が頭をもたげ、社会の中に広まり、民主勢力が台頭しているのである。

民主主義の闘士たち、反体制の人物、誠実な心の持ち主、共産党内の不満分子たちは、新しい社会の精華を作り出すだろう。彼らの小グループは、人々を引き寄せる中核になるだろう。そこから、家族や友人、社会のネットワークを通じて、進歩的な思想が日増しに広まってゆくだろう。密かなうねりが押し寄せているのだ。

海外の民主勢力

外国にはおよそ二〇〇万人のベトナム人がいる。そのうちかなりの数が、在住国の国籍を取得している。彼らは、ベトナム系のアメリカ人、フランス人、オーストラリア人等々である。最も古いのがフランス軍の兵士だった老人たちで、その次が留学先で身を立て、定住した人々である。かなり多いのが、一九七五年以降に出国した人々である。一九七八、七九年から現在までの間には、非常にたくさんのボート・ピープルが出た。合法出国計画に従った出国や、「再教育」を受けた旧サイゴン政府と軍の関係者の人道的出国のケースもある。海外のベトナム人は、あらゆる面で様々なカラーを持つ共同体を形成している。すでに第一世代、第二世代、第三世代が揃い、第四世代も登場しようとしている。

彼らは、ほとんどみな民主的な意識の持ち主である。なおも保守的で、封建的な観念にとらわれ、ハノイ政府に従い、あたかも父母の教えに従うように、故国の政府や、党や、「わが大使館」の言うことに無条件に従う者たちもいるが、それはごく一部の例外だ。

彼らはみな、多かれ少なかれ故郷と結びついており、民族の伝統を誇っている。故国の専制的な政治体制に怒り、反対したり、批判したりするが、故国の政治情勢に対しては非常に限られた影響力しかない。多くの人が、流浪の身の上を呪いながらも、他方でかなりの成功をおさめ、子孫も教育を受けて身を立て、暮らしは安定しているので、将来帰国しようと実際に考えている人はごく僅かである。

民主主義のために断固として激しく闘っているのは、国内の同胞たちである。彼らこそが、自由と市民的権利を踏みにじる専制制度の直接の被害者なのだから。長い間抑圧された結果、時機が到来すれば弾け出す力がますます強くなっている。海外のベトナム人がそれを応援し、人や資源を動員し、励まし、掩護することには大きな意味があり、それは限りなく重要なことである。

国内の同胞が、スローガンのような演説にうんざりしているという事実についても、指摘しておく必要があろう。国内の大きな集会で読み上げられる中味のないシュプレヒコールのような演説に飽き飽きし、長たらしく、黴のはえたような言い回しと、硬直した公式見解ばかりの新聞記事に嫌気がさしているのである。彼らは、演台でマイクを前にした時代遅れの指導者たちの儀礼的な写真を嘲笑している。同じようなスタイルで行なわれる外交活動にも嫌気がさし、それを馬鹿にしている。相変わらずの古めかしい儀式、うっとうしい旗とスローガン、もったいぶった官僚たち、格式ばった主席団、公式見解通りのだらだらした演説。相変わらず二つの形の木の舌が互いに罵り合っているが、所詮は同類なのだ。人々は、その形や中味が、自分たちの生活や環境、気持ちや心情とはあまりにもかけ離れていると感じている。それらが自分たちの切実な問題を理解し、解決することはあり得ず、市民権を求める闘いに役立つこともない、と感じているのである。

海外の組織も、良心的な同胞の日常生活を侵害するような暴力的な活動、銃や爆弾を使った破壊活動はきっぱりと放棄すべきだ。過激な政治活動家たちは、焼身自殺のような向こう見ずな行動を煽って、国内の同胞に非難され、当局に取り締まりを強化する口実を与えてしまった。

私は、国内の民主化闘争に最高のインパクトを及ぼすものとして、海外の政治活動に期待をかけている。もっと実際的な組織を設けて、資金面の援助を拡大すべきだと思う。それには、次のような方向が考えられる。

―重度の栄養失調の子供（〇～六歳までの子供およそ二〇〇万人）を救済する基金を設立する（ここ一五年のベトナムの新生児は、平均体重より二〇〇グラム以上軽く、平均身長より二センチ以上小さい。これは種族としての危機である）。

―中程度以上の障害を負った傷痍軍人（その数はおよそ三〇万人に及ぶ）のための基金を設立し、南北どちら側の軍隊にいた者でも区別なく援助する。現在の彼らの生活はきわめて悲惨である。

―奨学金を設けて国内の優秀な生徒に給付し、外国の大学への留学を援助する（差し当たり毎年二〇〇人ほどを対象にし、後に八〇〇人、一〇〇〇人、二〇〇〇人というように枠を広げる）。

―史跡保存のための基金を設立する（ユネスコが援助しているフエの王宮と皇帝陵の他にも、修復して保存すべき価値のある史跡がおよそ二五〇も存在する。その中には、ニン・ビン［ニン・ビン省］にあるホア・ルーの大きな廟や寺院、現在は国防省の敷地内にある李朝期からのタン・ロン城や、グエン・ズ、ダン・チャン・コン、グエン・クエン、グエン・ディン・チェウなどの歴史的人物の墳墓が含まれる）。

これは、思いやり基金の第一〜第四種とでも名づけられるだろう。寄付金が汚職官僚のポケットに入ってしまう心配はない。これら基金がみな末端まで配分されるように、国内に管理事務局を置くのだ。

在外ベトナム人コミュニティーの力を合わせて、奨学金給付や史跡保存と共に、食品やビタミン剤、ミルク、傷痍軍人のための各種の車椅子などを援助できれば、きっと在外ベトナム人の影響力を祖国で発揮できるに違いない。それは、何百もの演説や、アピールや、決議と同じくらいのインパクトを及ぼすだろう。そうなったあかつきには、演説や決議の文章は、国内の生活にもっと密着したものになり、人々の心に速やかに、深く浸透するはずだ。

今となっては少し遅いかも知れないが、それでもまだこういった切実な行動が求められていると思う。これは善と義の行為であり、また非常に政治的な行為でもあり、国外のベトナム人の意志と、国内のベトナム人の心に適っており、国内の民主化運動にとって非常に現実的な支援となるだろう。

国の内外で思いやりの心が浸透すれば、ベトナム人コミュニティーはいろいろなアイディアを発揮できるだろう。寄付、チャリティーの公演、パーティー、ダンスパーティー、展覧会、バザーを催したり、月給の一日分をカンパしたり、ボランティア活動をしたりして援助基金を作ることができるだろう。思いやりが深まれば、それに応じて基金は数千万ドルから数億ドルにもなるだろう。

政治が民主化の方向に変われば、海外の経済、金融、科学技術などの専門家は、きわめて貴重な人材として祖国の建設と発展に加わるだろう。そして、ベトナム人コミュニティーは、各国、各国際組織、各団体にはたらきかけて、ベトナムに最高レベルの最も効果的な支援と援助、協力を行なうだろう。

海外には、ベトナムの民主化運動を心から支援してくれる外国人（フランス人、イギリス人、アメリカ人、日本人など）の友人たちもいる。知識人や、ジャーナリスト、弁護士、芸術家など、各分野で活躍する人々である。その代表的な例は、モスクワ自由放送局の局長を務めるロシア人のイリーナ・ズィスマンだ。彼女はベトナム語が堪能で、ベトナム国民を心から愛している。取材と放送局の宣伝のために、何度かパリに来たことがあるが、彼女が私に語ったところでは、モスクワのベトナム大使館員たちが、彼女の声がベトナムの人々に届くのを恐れて、その口を塞ごうと躍起になっているそうだ。彼女は、ロシア人は誤った路線と政策に従ってきたので、自分は今その罪を償っているのだと考えている。私と彼女は、こういう話もした。ロシアや、ポーランド、ドイツ、チェコなどのベトナム大使館員は、みな公然とパスポートや結婚証書、離婚証書、運転免許証、大学の卒業証書などを、金のある者なら誰にでも売りつけている。それらの書類にはみな、外務省領事局や、ハノイやサイゴンの行政委員会、各国大使館の正式なスタンプが押してあるのだ。大使館のシステムまで使って、悪辣な金の儲け方をしている国など聞いたこともない。イリーナ、あなたの率直で魅力的な声は、あまたのベトナム人家庭と個人に希望をもたらすことだろう。

押し寄せる変革

各民主勢力の、密かな、堅実な、不屈の、非常に自信に満ちた活動が、専制体制の長い夜を経た祖国に変革をもたらそうとしている。生活に一生懸命だからといって、国民が政治に何も関心がないとは、すぐに決めつけないでいただきたい。何かがそこまで近づいているはずなのだ。

われわれは、多くの歴史的事件を通じて、いくつかの急激な変動を見ることができる。一九四五年八月の初め、日本軍はまだ降伏しておらず、ベトナムでは日本軍がまだ非常に大きな勢力を持っていた。チャン・チョン・キム政府は、まだ自信と気勢を保っていた。ベトミンはまだ多くの地域で存在を知られておらず、金星紅旗も見られなかった。にもかかわらず、僅か二週間あまりで状況はすっかり変わってしまった。二、三週間前までのような奴隷国の王よりも、自由な国の市民になる方がよい、というバオ・ダイの言葉を予想できた者はなかった。

一九五四年の初めの時点で、ディエン・ビエン・フーのような大きな戦いがあるだろうとは、誰も予想できなかったし、その数ヵ月後にフランス軍が北部ベトナムから撤退を余儀なくされるということも、一人も予想していなかった。一九七五年の初めに、三、四ヵ月後には情勢が激変して、サイゴン政権が倒れ、残留米軍が混乱の中を慌てて撤退するだろうは、一人として予想だにしなかった。一九八九年より前に、ベルリンの壁が、僅か一夜のうちに、一発の銃声も聞かずに崩れると考えた者がいただろうか？　そして、一九九〇年以前に、ソビエト連邦が突然解体し、各共和国に分裂するなどと予想した者がいただろうか？　かつて、ファシスト・ドイツに対して、連合軍と共に輝かしい勝利をおさめ、人工衛星をうち上げ、初めて人間を宇宙に送り出し、アメリカと肩を並べる戦略的パワーを持っていたソ連がである。

世は激動の時代である。大きな思いがけない変動を、正確に予想するのは非常に困難だ。もう少しで二〇世紀の終わりに行き着き、新しい世紀を迎えることになる。より広範な進歩と民主主義に向かって、歴史はさらに歩みを速め、より変化に富んだ、面白いものになっていくだろう。

民主化のシナリオ

ベトナムはどんなシナリオで民主化の道を歩むのだろうか?

国内でも海外でも、すでに多くの提言や提案、提議、主張、方針がうち出され、予測、推測が行なわれている。経済を自由化すれば、長い目で見れば、いずれ自然に政治の自由化と多元的民主主義に行き着くだろう、という受動的なシナリオから、共産主義者は無条件に退陣し、共産党は即刻その幻想ばかりの傲慢な体質を引っ込めるべきだ、という要求まで、様々な性格のシナリオが揃っている。

武装勢力による暴力的な方法――国民はみなこれには賛成せず、再び戦争や内戦、流血、破壊、混乱が起きることに反対なのは確かである――を放棄したら、残るのは政治的な闘争だけだ。とはいえ、まだ自由な選挙がなく、市民権がまだ実質的に抑えられているので、議会で闘うだけというわけにはいかない。したがって、政治的闘争とは広い意味で解釈されるべきである。

それは、権力に固執して譲らない共産党指導者たちに抵抗する意志にもとづいた、熱く激しい闘いである。それは、世論を鼓舞し、その支持を呼び、勝ち取るための宣伝とアピールによる幅広い闘争である。

これは、下から一歩一歩上がって行く、堅実で、密かな、着実な闘争である。節目節目で具体的かつ適切な目標を提示しなければならない。低い目標では、人民の心、特に社会の有用な階層、進歩的な階層の心を摑むことはできないだろう。高すぎる非現実的な目標を掲げても、やはり一般大衆の心を引きつけることはできないだろう。

当面の目標は、次のようなものだろう。

—経済的成果を維持、拡大し、土地と農地、家屋の私有権を要求する。全民所有という概念が、実際は所有者の存在しない、法的に非常に規定しにくい概念であり、所有権の混乱を生じるだけで、公共の財産と個人の財産がみな濫用されている現状を明らかにする。経営の自由権を要求し、国内の投資家が少なくとも諸外国と同じ条件で利益を得られるようにする。

—法律のドイ・モイを維持、拡大する。市民権に関する法律を補い、訴訟法を確立し、弁護士（国選、私選を問わず）の地位を高める。法律のみに従う司法部門を確立する（党を国家から切り離す）。誰も政治的意見や信仰を理由に起訴、拘禁、追放されることがないように、人権憲章を正しく適用する。政府に対し、国際人権機関（アムネスティ・インターナショナルやアジア・ウォッチなど）の監視下で、政治思想を理由に有罪とされたり、現在告発されたり、拘禁されている人々（良心の囚人）のケースを逐一見直すよう要求する。

一九九二年憲法で認めているにもかかわらず、「法律の規定によって」なおも制限されている報道の自由化を要求する。民主主義の確立と普及のために、内外で出された提言や発表、記事などを改めて印刷するよう国内の各印刷所を活用する。

情報化時代の中で、民主主義のために闘う国内の進歩的闘士たちは、あらゆる通信手段の効用をきわめてはっきりと理解し、それを使いこなしている。かつて、家庭にあるタイプライター一台でも公安当局に届け出なければならず、いちいち監視されていた時代が長く続いた。個人は誰も自宅に電話を持っていないという時代も、かなり長く続いた。昔は、ラジオのある家はみな、「この家では敵の放送を聞いていません」という貼り紙をしなければならなかった。一九八五～八六年頃から、そういった話は過去のものとなった。今では、大きな通りには必ずコピーを取れる店があり、多くの公共機関や個人企業、研究機関にはファックスが備わっている。ラジオは五〇〇万台以上普及しており、テレビも数百万台に及んでいる。電話は自由に引くことができ、金さえあれば電話機を購入できる。唯一、ブラックリストに載せられた人物だけがその例外である。さらに、各種のコンピューター・ネットワークもあれば、本何百冊分の情報を記録でき、持ち運びに便利なコンパクトディスクという文明の利器もある。

現在の民主革命は、コミュニケーション技術による革命と呼ぶことができるだろう。これら平和的な武器は、勇ましい宣伝部隊に匹敵する。どのような検閲の障壁も、それらを妨げることはできないのだ。唯一の問題といえば、それら手段と宣伝内容を、社会の「好み」に応じて使いこなせるかどうかである。無駄な使い方、時機をはずした不適切な使い方をしてはならない。人心に適ってさえいれば、あらゆる文書や政治的見解は、速やかに受け入れられるだろう。

このように、当面の闘いの内容は初歩的に見えるが、決定的に利害を左右するだろう。その理由は次のようなものだ。

―一般大衆が共鳴しやすい。

―共産党が拒絶しにくい。なぜなら、党自身がそのようなドイ・モイの内容を示しているからだ。党もまた、私有権や土地法について意見を述べ、アイディアを寄せるよう、人民に求めている。党自身も、経済のドイ・モイをさらに進め、一歩一歩政治のドイ・モイを進め、法律のドイ・モイを実現し、コミュニケーションの発達をはかり、「率直に、事実を、余すところなく語ろう」とか、「民を基本とする」ことを主張しているのだ。民主勢力はただ、党に自分の言ったことを本当に実行するよう求めればよい。空約束をしたり、言質を取り消したり、つじつまの合わないことを言ったりさせないようにするのだ。一段階上がれば、さらに高い一段階に進めるのである。

共産主義者たちが行き詰まっているのは、うっかりドイ・モイ路線をうち出してしまったために、その通りに突き進むしかなく、途中でやめることもできず、ますます後戻りができなくなっているからだ。

—広い国際世論の支持が受けられる。法律面のドイ・モイと、十分な市民権の実現を求め、政治的理由のみで拘禁、投獄されている人々の釈放を求めること等々は、人権憲章の尊重を求めることと一致する。フランスのミッテラン大統領や、アメリカのビル・クリントン大統領、日本政府、ＥＣ諸国、オーストラリア首相、ブトロス・ガリ国連事務総長らが、異口同音にベトナム政府にそれを求めていることを思い出すべきだ。事はあまりにも明らかである。今や、人権の尊重が現代世界の普遍的な価値となり、どこかの国の国民がその政府によって自由を奪われているのを、国際社会が見逃してはならない、という責任感が存在する。人道的干渉の義務が国際場裡で声高に主張されているのだ。ベトナム政府は、何度も厳かに自国民の権利の尊重を誓ってきた。だが、政府が事実を隠し、あれこれ嘘をついていることが暴露されて、ベトナム政府はその都度おろおろし、対応に窮している。この問題で、政府は最も深刻な分裂を見た。経済と外交の担当者は、やはりこの問題をめぐって、治安や内政の担当者と不毛な論争を展開している。

これらのことは、当面は多元的民主主義を求めてゆくということでもある。政治的意見の多元化、文芸創作活動の多元化、また、多くの経済セクターや、様々な所有制度の多元化であり、それは個人所有を基本としなければならない。

われわれは、ひき続き政治組織の多元化を求めてゆかなければならない。この要求を掲げる際、現在民主化を提唱している人々は肝に命じておくべきだろうが、一部の旧社会主義国であったように、政治団体が雨後の筍のように芽を出して、果てしない対立を繰り返し、政治的、社会的な混乱をひき起こす状態に陥ってはならない。人々は、当面は一つの組織、一つの戦線、一つの運動、あるいは一つの政党だけでやってゆきたいと願っている。専制制度と決別し、偏らない民主主義を実現し、市民権が十分に尊重されるよう願う者は、明確な民主意識のある共産党員も含めて、みなこの政治団体——民主連合とでも名づけるべきか——に、加わるようお勧めする。進歩を好み、前向きなパワーのある男女青年なら、こぞって参加するだろう。平等と民主主義を求めて闘うベトナム女性は、きっとこの団体の大きな勢力になるだろう。これまで二級市民のような差別待遇を受けてきた、仏教、カトリック、プロテスタントその他各宗派の信徒も、この民主団体に加わるだろう。合法的に、真面目に、金を儲けたいと望んでいる誠実な経営者たちも、この民主団体のメンバーになるだろう。

このような政治団体の設立を必要とするまでに、情勢は熟しているのだ。この団体は、共産党に対して、平等で、開放的で、誠実に対応し、互いに尊重し、人民と祖国への奉仕を競い合い、双方の建設的な精神と善意に基づいて批判し合うことだろう。

フランスやアメリカ、イタリア、イギリスなどの、最近の大統領選挙や国会議員選挙を観たことのある者は、そこに民主的なスタイルを見ることができるだろう。当選者は自信に溢れ、奮い立ってはいても、目前に幾多の試練があることを知っているので、傲慢にはなれない。そして、正々堂々と闘ってくれたライバルに誠実に感謝する。選挙戦に破れて地位を退いた者は、堂々と自分の負けを認めるが、落胆はせず、自分がその地位にあった時にいつも緊張を与えてくれたライバルに感謝し、彼らを建設的なライバルと呼ぶのである。それは民主的な選挙戦の英雄的精神でもある。

ベトナム人民は、政治的に受動的な時代と決別するだろう。積極的に生計を立てながら、積極的に政治活動に参加し、国家の政治と人事について公然と議論するだろう。互いの間で、世論と、社会心理と、社会的意思を生み出すだろう。世論は過激な現象、あるいは極端な、保守的な現象を阻む力になるだろう。人民は、誠実かつ有能で、公共心のある団体や個人を見分ける公明正大な審判になるだろう。世論は、法律を遵守し、社会的公正を実現させる圧力となるだろう。

報道の自由も実現されるようになる。ベトナムのメディアは、専制的な抑圧から逃れ得るだろう。書き手は、もはや指導者に読ませるためではなく、人民が読むために書くことになる。人民は新聞紙上に多くの意見を寄せ、どの新聞、どの記事が、社会にとって有益で奨励すべきものか、あるいは社会の進歩に有害で批判すべきものか、正確に評価できるようになるだろう。官僚的で保守的な新聞、極端で過激な新聞は世論の非難を受け、ボイコットされるだろう。

その次に求められるのは、新旧の各政治団体による合同会議を開き、新憲法を制定する国会議員選挙を準備することである。選挙は真に活発で熱のこもったものになり、職権を濫用して自ら人民と称し、人民の代表を自認する一党制の時代と決別するものになるだろう。祖国の状況と対策を議論する合同会議は、祖国戦線が主催してはどうか。この組織なら任務をこなせるだろう。主催団体は、ただその時期と場所を報せるだけだ。会議の議題については、各団体が持ち寄ったものを平等に協議すると通知すればよい。

全ベトナム人民は一つの関門を突破し、現在の世界が歓迎する中で、祖国を本当の新時代に導いてゆくだろう。

変化の時が始まろうとしている。この時期に必要ないくつかの規則が制定されるだろう。つまり、責任感を発揮し、民主的な活動を一歩一歩拡大し、社会の秩序と治安を保障し、生産活動と行政が絶えず機能して、日和見主義者に利用されないようにするための規則である。

国を愛し、民を思う——民主化の原動力

愛国心はベトナム民族古来の精神的価値であり、道徳である。自分の国を思い、民を思う心も、その愛国心が発する深遠な意識である。

かつて、ベトナムが共産主義〔北〕と国家主義〔南〕という二つの虚構の陣営に分かれていた時、その双方に、民族主義的精神を持ち、国を愛し、民を思う人々が存在した。どちらの側も、その伝統的価値があるのはわが方だけだと主張することはできない。また、いずれの陣営にも、日和見主義者や、無責任な人間、民族の権利より個人の権利を優先する者がいたのである。かつて両陣営に分かれていた真の民主的人物は、互いに認め合い、手を握り、力を合わせて新しい組織を作り、強力な民主勢力となるべきだ。人民はそれを待望している。人民は、信頼に価し、将来性のある野党勢力が出現すれば、はっきりした態度をとるだろう。新勢力結集の機は熟している。それは祖国の進歩と発展の趨勢を代表し、時代の趨勢に一致した組織である。良心的で現実的な認識を備えた、冷静で節度ある組織であり、人民大衆に共通な意識の核となる組織である。

本書の第一章から三章までは、ベトナムの長い過去の状況を、少しでも明らかにするために書いたものである。私は責任感をもって、客観的に、批判精神に従ってこれを記した（共産主義者がつねに主張する自己批判と批判の精神にも従っている）。

私は、共産党員も含めた内外の大勢の読者がこれを読んで、意見を出し、率直で健全な論争をひき出してくれるよう望んでいる。ベトナムの歴史家たちは、きっと責任感と情熱をもって自国の歴史を書き直すだろう。本書の第四章は、やはり過去への評価を通じて、目前の問題の解決法を示したものだ。

新憲法に関する問題、新しい政治制度に関する問題は、人民の中で幅広い討論が行なわれるだろう。特定の一国の制度をモデルや規範にすべきではない。西側でも、イギリスの政治制度はドイツのそれとは全然違っており、アメリカの制度はフランスのそれとは大きく異なり、スウェーデンの制度はイタリアのそれとはまったく違うのだ。それぞれの国が、自国の条件に最も適した形を見つける必要がある。聖人のような完璧な人間が決して存在しないように、完全な民主主義に行き着いた国などどこにもない。人間の本質には、つねに良い面と悪い面がある。社会にしても同じことだ。民主主義という目標はつねに前方にあり、一日一日それに向けて無限に改善を続けなければならない。民主主義の興味深いところ、民主主義の魅力というものはそこにあるのだ。

民族と国家の生活と運命にとって、民主主義の建設という問題は一つの関門のようなものだ。それは、発展と安定、繁栄、国際社会への参入をめざす道にまたがった、避けて通れない関門である。この関門をくぐり抜けてこそ、人民各層の意思や知恵、知性、経験、財産、そして有形無形の国家の財産を含むすべての人的潜在力と資源が活用され、貧困と遅れから脱却し、豊かな民と強い国家をめざすという目標が初めて活きてくるだろう。安定と繁栄の時代を開くことができるのだ。それはまた、ベトナム民族が自分を再発見し、新しい価値によってさらに豊かになる時だろう。つまり、われわれの子孫が互いに愛し合い、心と力を一つに祖国建設の喜びを分かち合うために、兄弟で殺し合う戦争が終わったら、怨みを捨てて互いに愛し合い、和解と協調を遂げるという価値観である。

独立と民主という一対の翼によって、わが国はテイク・オフを果たし、人類の天空を飛ぶ健やかで勇敢な鳥の群れに加わって、高く遠く飛んで行くだろう。

年表

一八八七年　仏領インドシナ連邦成立。
一八九〇年頃　ホー・チ・ミン誕生。
一九〇五〜〇八年　ファン・ボイ・チャウ、ファン・チュー・チンらの民族運動。
一九一二年　ホー・チ・ミン渡仏。
一九一九年　第三インターナショナル（コミンテルン）設立（〜一九四三年）。
一九二〇年代　ベトナム南部の労働運動高揚。
一九二四年　グエン・アイ・クォック（ホー・チ・ミン）、モスクワのコミンテルン第五回大会に出席。「ベトナム青年革命同志会」設立（関東）。
一九三〇年　インドシナ共産党設立（香港）。ベトナム国民党によるイェン・バイ蜂起失敗。
一九三一年　仏植民地当局による共産党弾圧。チャン・フー書記長獄死。以後ベトナム国内の共産党による運動下火に。
一九三五年　共産党第一回党大会（マカオ）、民族独立と革命戦略を決定。
一九三〇年代後半　南部でトロツキスト・グループの運動発展。
一九四〇年　日本軍、北部仏印進駐。
一九四一年　ホー・チ・ミン、「ベトナム独立同盟（ベトミン）」設立。
一九四五年　三月　日本軍による仏印処理。バオ・ダイ皇帝を擁立しチャン・チョン・キムを首相とする政府樹立。八月革命。ホー・チ・ミン、「ベトナム民主共和国」の独立宣言。チャン・チョン・キム政府崩壊。バオ・ダイ帝退位。フランス軍ベトナムに復帰。インドシナ共産党偽装解散、「マルクス主義研究会」として継続。ベトミン、トロツキスト指導者らを暗殺。
一九四六年　ホー・チ・ミン、「ベトナム国民連合（リエンベト）」結成。抗仏戦争（第一次インドシナ戦争）勃発。

一九四八年　フランス、バオ・ダイを擁立し「ベトナム国」を成立させる。
一九四九年　中華人民共和国成立。
一九五〇年　中国とソ連、ベトナム民主共和国を承認。ホー・チ・ミン、ソ連訪問。
一九五一年　第二回党大会(ヴィエト・バック地方)。「ベトナム労働党」の名で党を公開。党規約採択。カンボジア人民革命党、ラオス人民革命党成立。
一九五四年　ディエン・ビエン・フーの戦い。ジュネーブ会議で北緯一七度線を停戦ラインと定め、抗仏戦争終結。北部で土地改革開始。
一九五五年　北部で祖国戦線結成。南部でゴ・ディン・ジェムが大統領に就任。
一九五六年　ソ連共産党二〇回大会、スターリン批判。ジェム大統領、ジュネーヴ協定で定めた統一選挙を無視。北ベトナム(ベトナム民主共和国)と南ベトナム(ベトナム共和国)に分断が固定化。北ベトナムで土地改革の失敗によりチュオン・チンが党書記長を辞任。「ニャンヴァン・ザイファム」運動。
一九五九年　北ベトナムの党中央委員会、南ベトナムの武力解放を決定。アメリカの南ベトナム援助拡大。この頃より抗米戦争(第二次インドシナ戦争＝ベトナム戦争)始まる。
一九六〇年　第三回党大会(ハノイ、以下同)、北部と南部の革命の戦略的任務決定。レ・ズアン党書記長就任。南ベトナム解放民族戦線結成。
一九六三年　南ベトナムでクーデター、ジェム大統領殺害。
一九六四年　トン・キン湾事件。米議会、ジョンソン大統領に戦争拡大の権限を認める(トン・キン湾決議)。
一九六五年　米軍による北ベトナム爆撃(北爆)開始。南ベトナムに米軍地上部隊派遣。ベトナム戦争エスカレート。
一九六八年　テト攻勢。パリで米越会談開始。
一九六九年　ホー・チ・ミン死去。

一九七〇年　パリでレ・ドゥック・トとキッシンジャーによる秘密会談開始。
一九七二年　解放勢力による春季大攻勢。ニクソン大統領訪中。
一九七三年　パリ協定調印。米軍、ベトナムより撤退。
一九七五年　三月　「ホー・チ・ミン作戦」開始。
四月　カンボジアで「クメール・ルージュ」がプノンペン制圧。
四月三〇日　解放勢力がサイゴン制圧、南ベトナム降伏。ベトナム戦争終結。
六月　南ベトナム軍・政府関係者の「再教育」開始。
一九七六年　「ベトナム社会主義共和国」成立。第四回党大会、南部の社会主義改造路線採択。「労働党」から「共産党」に改名。
一九七七年　クメール・ルージュの「民主カンプチア」、ベトナムと国境紛争、国交断絶。
一九七八年　四月　南部で企業の国営化と農業の集団化政策開始。ボート・ピープルの流出激化。
五月　中国、華人迫害を理由に対越援助停止。
一一月　ソ連・ベトナム友好協力条約締結。
一二月　ベトナム軍、民主カンプチアに侵攻。
一九七九年　一月　ベトナム軍プノンペン制圧。「カンプチア人民共和国」樹立。
二月　中国、ベトナム北部を攻撃(中越戦争)。
一九八二年　第五回党大会、ヴォー・グエン・ザップ政治局員解任。
カンボジアで「シエムレアプ事件」発生。
一九八五年　ソ連共産党書記長にゴルバチョフ就任。「ペレストロイカ」開始。
一九八六年　六月　レ・ズアン書記長死去、後継にチュオン・チン就任。
一二月　第六回党大会、「ドイ・モイ」路線採択。対中関係改善を呼びかけ。グエン・ヴァン・リン書記長就任。

一九八八年　農業の個人経営を容認する政治局一〇号決議採択。
一九八九年　八月　党指導部、ポーランドの「連帯」内閣を批判。
九月　カンボジア駐留ベトナム軍完全撤退。
一〇月　リン書記長東独訪問。
一一月　ベルリンの壁崩壊。
一九九一年　六月　第七回党大会。リン書記長引退。ドー・ムオイ書記長就任。ドイ・モイ継続。
八月　ソ連のクーデター計画失敗。
一〇月　パリでカンボジア和平合意文書調印。
一一月　中越国交正常化。
一二月　ソ連邦崩壊。
一九九二年　新憲法(ドイ・モイ憲法)採択。
一九九三年　カンボジア総選挙。
一九九四年　一月　党中間期大会、「工業化・近代化」路線採択。
二月　クリントン政権、対越経済制裁を解除。
一九九五年　七月　ベトナムＡＳＥＡＮに正式加入。
八月　米越国交正常化。
一九九六年　第八回党大会、経済発展戦略加速を決議。
一九九七年　党中央委、末端レベルの民主化政策決定。タイ・ビン省、ドン・ナイ省などで農民の抗議行動。
一九九八年　九月　政治犯の大量釈放。
一一月　ベトナムＡＰＥＣ加入。
一九九九年　五月　党内「批判・自己批判」運動開始。
一二月　中越陸上国境協定調印。

二〇〇〇年　七月　米越通商協定調印。
一一月　クリントン大統領訪越。
一二月　中越海上国境協定調印。
二〇〇一年　二月　中部高原で少数民族による抗議行動。
四月　第九回党大会、全民大団結路線採択。

訳者あとがき

本書はベトナム共産党の元幹部タイン・ティンが、一九九〇年のフランス亡命後に出版した二冊目の政治回想録である。一冊目の『ベトナム革命の内幕（原題「雪割り草（Hoa Xuyên Tuyết）」）』（めこん、一九九七年）では、著者は元ベトナム人民軍の将校として祖国の不名誉になることは明かせないという思いから、なおもいくつかの事実に言及しなかった。しかし、本書ではそれらも敢えて公表し、客観的な歴史の検証を求めている。

タイン・ティンは筆名で本名はブイ・ティンという。彼は一九二七年一二月二九日ハノイ近郊のハー・ドンで王朝の官僚を務める家系に生まれた。父ブイ・コンはバオ・ダイ王朝の司法長官であり、後にホー・チ・ミンの抗戦政府の国会常務委員長も務めている。

一九世紀末にフランスの植民地となったインドシナでは、二〇世紀初頭からファン・ボイ・チャウ（一八六七〜一九四〇年）やファン・チュー・チン（一八七二〜一九二六年）など、近代的知識人による民族運動が活発化した。多様な愛国者の中には、現在の歴史認識の中で一定の評価を与えられている人物もあれば、黙殺されて埋もれたままの人物や、近年再評価されるようになった人物もある。

ベトナム独立の父ホー・チ・ミンは、一九二四年にコミンテルン東方支部の一員として、中国の広州で「ベトナム青年革命同志会」を組織し、一九三〇年にマカオで現在のベトナム共産党の原型となる「インドシナ共産党」を結成した。第二次世界大戦で日本軍が仏領インドシナに進駐すると、ホー・チ・ミンは「ベトナム独立同盟（ベトミン）」を組織し、日本の降伏直後の一九四五年八月一九日に一斉蜂起によって権力を奪取した。

ブイ・ティンはベトミンの一員として、この八月革命のハノイ蜂起に参加し、同年九月から人民軍に入隊した。日本の敗戦後、ベトナム北部に進駐した中国国民党軍と、それに支援されたベトナム人組織「ベトナム革命同盟会」「ベトナム国民党」など、様々な勢力が並存する中で、ホー・チ・ミンは共産党以外の勢力も取り込んだ民族連合政府「ベトナム国民連合（リエンベト）」を形成した。しかし、現在のベトナム指導部の歴史認識では、複数の政党が存在する多元的な体制は混乱をもたらしただけであったと評価されている。

抗仏戦争（第一次インドシナ戦争）では、ブイ・ティンは中部ベトナム、中部ラオス、北部ベトナム地域での戦闘を経て、フランスに対する勝利を決定づけた一九五四年のディエン・ビエン・フーの戦いに参加した。同年のジュネーヴ休戦協定によって、ベトナムは軍事境界線で南北に分断され、北ベトナムはホー・チ・ミンの「ベトナム民主共和国」、南ベトナムは「ベトナム共和国」の体制下に入った。北ベトナムでは、労働党（現共産党）指導下に土地改革が実施されたが、本書にもあるように、中国をモデルにした過激な政策は多数の犠牲者を出し、農民の激しい反発を呼ぶ結果となった。

一九五九年に労働党政権が南部の武力解放を決定すると、ブイ・ティンは南部に向かう兵士の選抜の任につき、一九六三年にゴ・ディン・ジェム南ベトナム大統領が暗殺された後には、南部の戦況を研究する軍幹部グループの一員となった。アメリカが本格的なベトナム介入に踏み切り、抗米戦争（第二次インドシナ戦争＝ベトナム戦争）がエスカレートした一九六五年以降は、人民軍機関紙『クァンドイ・

ニャンザン（人民軍隊）』編集部で、軍事と国際関係の論評を担当するようになった。同時に党機関誌『タプチ・コンサン（共産雑誌）』の軍事・国際関係論評も手がけ、アメリカ側の軍事理論も含めた様々な情報を伝えた。

一九七三年のパリ協定締結後、ブイ・ティンは北ベトナム代表団の一員としてサイゴンに赴き、北側のスポークスマンを務めると同時に、米軍の撤退を見届ける任についた。一九七五年のサイゴン陥落に際し、彼は部隊と共に南ベトナム大統領官邸に入り、ズオン・ヴァン・ミン政府の降伏に立ち会った。

一九七八年ベトナムと中国の関係悪化が表面化すると、ベトナム人民軍は中国に支援された「民主カンプチア（ポル・ポト政権）」に進攻、翌七九年一月プノンペンに親ベトナム派による「カンプチア人民共和国」政府を樹立した。ブイ・ティンはカンボジア進攻部隊に同行し、その後二年間同国に駐在、カンボジア軍の機関紙発行を支援した。この時期の取材で得た情報の中には、本書で紹介されている「シエムレアプ事件」をはじめ、ベトナム当局が公表していない重要な事実が含まれている。

一九八二年からブイ・ティンは党機関紙『ニャン・ザン（人民）』編集部に入り、国防・治安・国際関係のニュースを担当した。その後同紙副編集長となり、一九八八年以降は『ニャン・ザン日曜版』の編集長を務めた。この間、人民軍代表団の一員として、ソ連、中国、東欧、北朝鮮など社会主義諸国のほか、アジア、太平洋、アフリカ各国を訪問し、見聞を広めている。

彼がベトナム共産党の支配体制に疑問を抱くようになったのは、一九七五年の南北統一以後のことである。本書で記されているように、旧南ベトナム政府・軍関係者に対する「再教育」、カンボジアにおける「ベトナム志願軍」の実態、ボート・ピープルの流出などの現実を見た彼は、共産党の変質、特権化した党官僚の腐敗、法が機能せず、政治的・市民的自由のない社会に危機感を抱くようになった。

一九七〇年代末から八〇年代前半にかけて、南部の急激な社会主義改造の失敗に加え、中国・カンボジアとの紛争、資本主義諸国による経済制裁によって、ベトナムは未曾有の経済困難と国際的な孤立状態に陥った。この状況を打開するため、党は一九八六年一二月に「ドイ・モイ（刷新）」路線を採択、民主化と公開化、対外開放、市場経済システムの導入に着手した。ブイ・ティンはこれを機に党書記長に意見書を送り、本格的なドイ・モイの推進と真の民主主義、国際共同体への参入を訴えた。しかし、一九八九年以降の東欧、そしてソ連における共産主義体制の動揺は、ベトナム指導部に大きな衝撃を与えた。ブイ・ティンの提言は党の路線に違反するものとして糾弾され、彼の息子はこのような祖国を見限って香港へ脱出、教育の機会を求めてアメリカに渡った。

一九九〇年九月、『リュマニテ』紙の会議と軍事史シンポジウムに出席するためパリに赴いたブイ・ティンは、そのまま国外に留まり、祖国に向けて自分の政治的見解を発信しようと決意した。法治国家の建設、政治的・市民的権利の回復、一党独裁体制の放棄を求める彼の一二項目の建議は、「一市民の提言」と題してベトナム向けのＢＢＣ放送によって祖国に伝えられた（日本語訳は『ベトナム革命の内幕』巻末に収録）。

共産党はブイ・ティンの党籍を剥奪し、ベトナムの公式メディアは彼を批判した。ハノイに残った彼の家族も、様々な形で嫌がらせを受けた。薬学の教員であった妻は早期退職を余儀なくされ、医師であった娘は閑職に追いやられた。自宅の電話は切断され、二人の孫娘にも公安当局の監視がつけられた。

亡命後の一〇年余、ブイ・ティンはパリを拠点にフランス、アメリカ、香港などの新聞・雑誌に寄稿し、各国の電波メディアを通じて祖国の民主化を訴え続けた。ベトナム語による『ベトナム革命の内幕』ならびに本書『ベトナム革命の素顔（原題「素顔（Mặt Thật）」）』のほか、*Following Ho Chi Minh, From Enemy to Friend* がフランス、イギリス、アメリカ、オーストラリア、タイで出版されており、七四歳の現在も健筆をふるっている。

本書は、前著書『ベトナム革命の内幕』の内容を補うものであり、さらにまた次のような意味を含んでいる。第一に、現在ベトナムで公的に語られている同国の現代史は、ホー・チ・ミンが指導する共産党による民族解放闘争の歴史である。ブイ・ティンは共産党員としてその闘争に参画した人物でありながら、ホー・チ・ミン自身の功罪を客観的に評価する一方で、共産党の位置づけを相対化し、それ以外の民族主義勢力にも比重を置いて、歴史的役割の再評価を試みている。第二に、公式の現代史では隠蔽ないし黙殺され、諸外国には詳しく知られていない諸事実、すなわち北ベトナムにおける土地改革の誤り、「ニャンヴァン・ザイファム」事件をはじめとする知識人・芸術家への弾圧、テト攻勢時の大量殺人、南部の過激な社会主義改造、ボート・ピープルを利用した汚職、カンボジアの「シエムレアプ事件」などを敢えて公表し、科学的な検証の必要性を訴えている。

本書の執筆からすでに一〇年近くが経過しているが、ベトナムの政治体制は基本的に変化していない。対外開放と市場経済化によって人々の生活は表面的には大きく変わったが、ホー・チ・ミン批判と政治的多元化の主張は、依然として最大のタブーである。本書にも登場する反体制知識人ハー・シー・フーは二度の投獄を経て自宅軟禁の状態にあり、「ベトナム統一仏教会」の僧ティック・クアン・ドは、南北統一後二〇年近くを刑務所または自宅軟禁の下で過ごしている。国家と民族の利益のために共産主義を放棄すべしと主張した古参革命家チャン・ド将軍は、一九九九年に党から除名された。二〇〇一年二月には、中部高原の少数民族が中央の土地政策に抗議し、暴動に発展する事件があったが、当局はその地域を封鎖し、外国の報道陣に自由な取材を許さなかった。

このように、本来ドイ・モイの柱の一つである「民主化・公開化」については、むしろ逆行する現象も起きている。二〇〇一年四月の共産党第九回大会では、民族、宗教、党員・非党員の区別なく、また国外在住者も含めた「全民大団結」路線がうち出された。これは国民の多様性・多元性を容認する路線のようであるが、却ってそれが共産党支配を正当づけるための隠れ蓑になっている面もある。現実に、かつての南ベトナムを基盤とする政治勢力との和解は進んでおらず、二〇〇一年五月に逮捕されたカトリック司祭グエン・ヴァン・リーの例のように、「民族大団結路線に違反した」という理由で政治的・市民的自由が抑圧される場合もある。

このような具体的な事件から見えて来るものは、国益よりも党益、しかも特権的党官僚の生き残りを最重視した統治体制である。

ベトナムの政治文化には、かつての東欧諸国のような急激な変革はふさわしくないのかも知れない。国際的なコミュニケーションが発展し、指導者が世代交替してゆくうちに、いつの間にか国名から「社会主義」の字句が消え、気がつけばハノイ市内のレーニン像も撤去されていたというのがベトナム的と言えなくもない。

しかし、権力側にとって不都合な歴史上の事実が隠蔽され、客観的に検証されず、責任の所在が明らかにされないままでは、民族分断の傷は癒されず、今後も国民統合と国家建設の障害となるだろう。本書で紹介されているような諸事件を歴史上に正しく位置づけるのはベトナムの歴史家の責任であり、同国に関心をもつ諸外国の研究者の任務でもある。
最後に、本書の出版に尽力いただいた「めこん」社、「隣人をよく知ろう」プログラム翻訳出版促進助成をいただいた財団法人トヨタ財団に深甚の感謝を表したい。また、本書の政治的性格上、氏名を挙げることはさし控えるが、翻訳にあたって貴重な助言をいただいた在日ベトナム人、日本のベトナム研究者に心からの感謝を捧げたい。

中川明子（仮名）

ベトナム革命の素顔

初版印刷　2002年4月15日
第1刷発行　2002年4月20日

定価　3500円＋税

著者　タイン・ティン
訳者　中川明子
装丁　菊地信義
発行者　桑原晨
発行　株式会社めこん
〒113-0033東京都文京区本郷3-7-1　電話03-3815-1688　FAX03-3815-1810
Eメール　mekong@bolero.plala.or.jp
ホームページ　http://www.mekong-publishing.com
印刷　ローヤル企画・平河工業社
製本　三水舎

ISBN4-8396-0152-6　C0030Y3500E
0030-0201150-8347

ベトナム革命の内幕
タイン・ティン　中川明子訳
定価三五〇〇円＋税

本書の姉妹編・原題『雪割り草』。ドイ・モイに踏み切ったのに、ベトナムはなぜ停滞しているのか。指導者の無能と腐敗が最大の問題だ——党機関紙『ニャン・ザン』副編集長の生命をかけた内部告発の書です。

ブラザー・エネミー——サイゴン陥落後のインドシナ
ナヤン・チャンダ　友田錫・滝上広水訳
定価四五〇〇円＋税

ベトナムはなぜカンボジアに侵攻したのか。中国はなぜポル・ポトを支援したのか。大国のパワー・ゲームに翻弄されるインドシナの悲劇を実証的に解き明かしたとして世界中から最大級の賛辞を得た傑作。著者は『ファー・イースタン・エコノミック・レビュー』編集長。

はるか遠い日——あるベトナム兵士の回想
レ・リュー　加藤則夫訳
定価二八〇〇円＋税

ドイ・モイ路線導入直後、五〇万部を超える大ベスト・セラーとなった小説。戦争の英雄の結ばれぬ恋物語というテーマも受けたが、北部の村とハノイの町の対照的な生活、人間描写が実にリアルでベトナムくさいのが共感を呼んだ最大の理由です。

ベトナムのこころ——しなやかさとしたたかさの秘密
皆川一夫
定価一九〇〇円＋税

鳥のように、柳のように自然体でしなやかに人生を生きていくベトナム人たち。フランスやアメリカと戦って勝ったエネルギーはどこから出てくるのでしょう。ベトナム人を妻に持つ異色の外交官が綴る体験的ベトナム人論。

カンボジア・僕の戦場日記
後藤勝
定価二五〇〇円＋税

一九九七～九八年、カンボジアではラナリット派とフン・セン派の内戦でまたも多くの血が流れました。砲弾の炸裂する最前線で恐怖に震えながら撮った兵士たちの素顔と戦場日記。奇跡のように見る人の心を打つ写真ばかりです。